PSAT는 상상

2022 대비
최신판

수포자도 이해하는

PSAT

Public
Service
Atitude
Test

자료해석

김은기 저

 온라인 강의 》 상상공무원 sangsanggong.com

 기출분석을 통한 선지 구성 원리를 통해
시간 절약의 효율적 팁 제공

 이론→예시→기출문제 3단 구성의 체계적 학습

 시험장에서 바로 사용할 수 있는 맞춤 해법 제시

 쉽고 상세한 해설을 통한 자료해석 원리 이해

 상상공무원

도서
출판 오스틴북스

수험생에게 보내는 편지

공직적격성평가(PSAT)를 준비하는 수험생 여러분, 반갑습니다. 자료통역사 김은기입니다.

자료해석이라는 과목은 분명히 한글, 그리고 사칙연산으로 이뤄져있습니다.

그런데, 참으로 이상하게도 어렵게만 느껴지실겁니다.

도대체 왜 그런걸까요?

그것은 **자료해석은 외국어처럼 우리에게 친숙하지 않은 용어, 문장의 구성, 숫자들로 구성**됐기 때문입니다.

그래서 **외국어를 한국어로 통역해주는 통역사**처럼 **자료해석을 한국어로 통역**해드리려 합니다.

여러분이 자료해석을 낯설어하는 이유는 여러분의 문제가 아닙니다.

통상적인 교육과정을 겪었다면, 자료해석의 용어가 당연히 낯설 수밖에 없습니다. 자료해석의 사칙연산이 어렵게 느껴질 수밖에 없습니다.

그렇기에, 당연하게도 자료해석을 낯설고 어렵게 느껴지는 것이 당연합니다.

이제부터 자료통역사는 자료해석이라는 외국어를 어떠한 **관점**으로 봐야하는지 설명 드릴겁니다.

여러분이 저와 같은 **관점**으로 자료해석을 보게 된다면, 그때부터 자료해석은 외국어가 아닌 한국어로 여러분에게 다가갈겁니다.

목차

PART 03 30초 바라보기

PSAT 알아보기

공직적격성평가(PSAT)란?

PSAT(공직 적격성 평가, Public Service Atitude Test)는 지식 기반 사회에서 정치, 경제, 사회 문화의 급속한 변화에 신속히 적응하고 공직과 관련된 상황에서 발생하는 새로운 문제에 대처할 수 있는 문제 해결의 잠재력을 가진 사람을 선발하기 위해 도입된 시험이다.

PSAT는 특정 과목에 대한 전문 지식의 성취도 검사를 지양하고 신임 관리자로서 필요한 기본적인 소양과 자질을 측정하는 시험으로 이를 위해 논리적·비판적 사고 능력·자료의 분석 및 정보 추론 능력, 판단 및 의사 결정 능력 등 종합적 사고력을 평가한다.

1. PSAT영역

언어논리	글의 이해, 표현, 추론, 비판과 논리적 사고 등의 능력을 검정
자료해석	수치 자료의 정리와 이해, 처리와 응용계산, 분석과 정보 추출 등의 능력을 검정
상황판단	상황의 이해, 추론 및 분석, 문제해결, 판단과 의사결정 등의 능력을 검정

1) 언어논리영역

① 정의

글을 논리적으로 이해하고 표현하고 비판하는 능력을 검정한다.

② 평가항목

이해	• 글의 주요 부분을 파악하고 전체적인 내용을 이해할 수 있는가? • 다양한 지문을 사용하여 폭넓은 독서를 유도하는 문제를 출제한다. 처세술이나 제태크 관련 글은 피하고 대신 공직자가 읽어야 할 만한 고전을 활용한다. 문학작품의 감상능력은 평가하지 않는다.
표현	• 글의 재료를 수집하여 개요를 구성하고 문단을 조직화하며 고쳐쓰기를 통해 글을 완성할 수 있는가? • 맞춤법, 띄어쓰기 등 문법적 지식을 직접 묻는 문제는 출제하지 않는다.
추론	• 주어진 글을 바탕으로 새로운 정보를 이끌어낼 수 있는가? • 기호논리학을 알아야만 풀 수 있는 문제는 출제하지 않는다. 논리학의 전문용어를 묻는 문제는 출제하지 않는다. 지나치게 복잡한 과정을 거쳐야만 풀 수 있는 문제는 출제하지 않는다.
비판	• 글에 들어있는 논증 구조를 분석하여 타당성, 일관성, 관련성 등의 기준에 의해 논증의 설득력을 비판적으로 평가할 수 있는가? • 추론능력 이외의 모든 논리적 사고능력은 모두 이 범주에 속한다.

③ 언어논리 지문의 소재

- 특정 학문의 전공자에게 유리하지 않도록 지문의 소재를 인문과학, 사회과학, 자연과학 등에서 골고루 사용한다.
- 공직자에게 권할만한 좋은 책이나 다양한 분야의 고전뿐만 아니라 서신, 설명, 홍보, 연설, 대화 등 실용적인 글도 지문으로 이용할 수 있다. 문학지문은 가급적 사용하지 않는다.
- 문제를 푸는데 필요한 지식은 대학의 교양수준을 넘지 않는 수준에서 구성하였으며, 대학교양 수준을 넘는 전문용어가 포함될 경우 비전공자도 충분히 이해할 수 있도록 용어의 의미를 주석으로 달아준다.

2) 자료해석영역

① 정의

수치자료의 정리와 이해, 처리와 응용계산, 분석과 정보 추출 등의 능력을 측정한다. 자료해석능력은 일반적 학습능력에 속하는 것으로 수치, 도표, 또는 그림으로 되어 있는 자료를 정리할 수 있는 기초통계능력, 수 처리능력, 수학적 추리력 등이 포함되며 수치 자료의 정리 및 분석 등의 업무수행에 필수적인 능력이다.

② 평가항목

이해	• 제시된 표 또는 그래프가 가진 의미를 다른 별도의 내용과 관련짓지 않고 직접 읽어낼 수 있는 능력을 말한다. • 예를 들어 표 또는 그래프를 보고 이것의 의미를 말로 바꾸어 표현할 수 있는 능력을 말한다. • 공직상황에서 표나 그래프의 형태로 주어지는 자료를 해석하는 능력
적용	• 주어진 개념이나 방법, 절차, 원리, 법칙 그리고 일반화된 방법 등을 주어진 장면이나 구체적 장면에 맞추어 사용할 수 있는 능력을 말한다. • 법칙과 원리를 적용하는 문제, 도표나 그래프를 작성하는 문제, 자료 수집의 방법과 절차를 바르게 사용하는 문제 등이 여기에 속한다. • 다른 상황에서 적용된 통계자료를 자신의 상황에 맞게 적용하는 능력
분석	• 주어진 자료를 구성요소로 분해하고 그 구성요소 간의 관계와 그것이 조직되어 있는 원리를 발견하는 능력을 말한다. 또한 자료에 나타난 외적 현상 밑에 잠재되어 있는 아이디어 혹은 조직원리 등을 찾아내는 능력이다. • 자료에서 가설과 증거사이의 관계, 부분과 부분 사이의 관계, 결론을 지지하는 증거를 찾아내는 능력, 관계있는 자료와 관계없는 자료를 식별하는 능력 등이 분석력에 해당된다. • 주어진 복잡한 자료를 정리하여 자료 속에 숨어 있는 아이디어를 찾아내고 주어지지 않은 정보를 찾는 능력
종합 평가	• 여러 개의 요소나 부분을 결합하여 하나의 새로운 전체를 구성하는 능력 및 주어진 결론을 도출하기 위한 절차를 판단하고 자료를 통합하여 주장하는 바를 검증하는 능력이 여기에 포함된다. • 주어진 기준에 비추어 자료에서 얻어진 주장이나 결론 자체를 평가할 뿐만 아니라 그러한 주장이나 결론이 도출되는 과정 역시 평가하게 된다. • 공직 상황에서 주어진 여러 가지 자료를 이용하여 가장 합리적인 판단을 내리는 데 요구되는 능력

③ 자료해석 자료의 소재

자료해석 영역에서 출제될 수 있는 문항의 소재는 분야가 제한되어 있지 않다. 따라서 모든 분야에서 사용되는 자료들이 출제의 대상이 될 수 있다. 이러한 분야는 경제, 경영, 심리, 교육학과 같은 사화과학으로부터 물리, 화학, 생물, 천문학과 같은 자연과학의 분야뿐만 아니라 한국사 그리고 시사적 자료까지 다양한 소재가 사용될 수 있다.

자료해석 영역에서는 다양한 분야의 지표(GDP, 기업재고, 실업급여 청구율, 시청률 등) 또는 지수(주가지수, 지능지수, 소비자 평가지수 등)을 이용하여 문제가 출제될 수 있으며 통계치(빈도, 백분율, 상관계수 등)을 이용한 문제역시 출제될 수 있다. 그러나 지수나 지표 혹은 통계치, 그 자체의 개념이나 정의를 직접 묻는 문제나 혹은 그 개념을 미리 알고 있어야만 답을 할 수 있는 문제는 출제되지 않는다.

3) 상황판단영역

① 정의

상황판단영역은 구체적으로 주어진 상황을 이해·적용하여 문제를 발견하는 능력 및 이러한 문제점을 해결하기 위하여 다양한 가능성(대안)을 제시하고, 일정한 기준에 의해서 최선의 대안을 선택하는 능력을 측정하는 영역

② 평가항목

이해	• 제시된 상황의 주요 쟁점 및 문제점을 이해할 수 있는 능력 • 주어지 개념/원리들을 새로운 상황이나 구체적인 사례에 적용할 수 있는 능력 • 복잡한 상황 속에 숨어 있는 해결해야 할 문제와 그 문제의 본질을 찾아내는 능력
적용	• 상황을 대안으로 설정하기 위한 주요 요인을 추론하는 능력 • 여러 형태의 대안을 비교·분석하는 능력 • 복잡한 상황 속에서 해결해야 할 문제의 대안을 추론하고 분석하는 능력
분석	• 문제해결을 위한 대안을 설정하고, 그 대안의 실행전략을 유추하며, 그에 따른 결과를 예측하는 능력 • 복잡한 상황 속에서 해결해야 할 문제의 대안들을 찾아나가는 능력
종합 평가	• 문제해결을 위한 다양한 형태의 대안을 평가하는 기준을 설정하고 비교 평가하여, 합리적 대안을 선택하는 능력 • 복잡한 상황 속에서 해결해야할 문제의 여러 대안들을 비교·평가하여 최적(최선)의 대안을 도출해 내는 능력

③ 상황판단영역에 출제되는 소재

상황판단영역에서 출제되는 문항(지문)의 소재는 특정분야에 치우치지 않고 인문과학, 사회과학, 자연과학 등 다양한 분야에서 공직자들이 접하게 될 실제적인 상황, 구체적인 사회적 이슈, 공공정책 등을 사용한다.

문항(지문)의 소재를 다양화한 것은 수험자들의 학습 부담을 늘리기 위한 것이 아니라 다양한 상황에 접근할 수 있는 논리적·비판적 사고능력과 문제해결능력 등을 함양하여 그 능력을 새롭고 다양한 분야에 적용할 수 있도록 하기 위해서이다.

다양한 독서를 통해 넓고 깊은 교양을 쌓은 수험자가 유리하도록 종합적이고 심도 있는 사고를 요하는 문제를 중심으로 출제한다.

문제를 푸는 데 필요한 지식은 대학의 교양 수준을 넘지 않는 수준에서 구성한다. 단, 교양 수준을 넘는 전문적인 용어가 사용되었을 경우에는 각주 등을 사용하여 그 용어를 이해할 수 있게 설명한다.

2. 학습 시 주의사항

첫째, 자료해석을 공부한다는 것은 자신의 기존 관점을 잊고 자료해석에서 요구하는 새로운 관점을 받아들이는 과정입니다.

마치 오른손잡이가 왼손잡이가 되도록 연습하는 것과 같은 것입니다. 이때는 무의식적으로 오른손이 나가기도 하고, 마음이 조급해지기도 합니다. 그러나 그럴수록 더 의식적으로 왼손을 사용하는 연습을 해야 합니다. 따라서 첫 번째 주의사항은 다음과 같습니다.

① '새로운 관점'이 '나의 무의식적 관점'이 될 때까지 천천히, 의식적으로 '새로운 관점'으로 문제를 풀자.

둘째, 공부를 하다보면, "시간을 측정해야한다."라는 이야기를 정말 많이 들을 겁니다. 하지만 "절대 시간을 측정할 필요는 없습니다." 우리의 학습 목표는 '새로운 관점'을 익히는 것이지 문제를 빠르게 푸는 것이 아닙니다. 게임을 예로 들면, 낮은 레벨에서 하는 퀘스트와 높은 레벨이 해야 할 퀘스트가 다릅니다. 우리의 학습도 그렇습니다. 지금 우리가 해결해야 할 퀘스트는 '새로운 관점'을 익히는 것, 그것뿐입니다. 새로운 사고방식을 충분히 습득하였을 때, 그때부터 시간을 측정해도 늦지 않습니다. 만약, '새로운 관점'을 충분히 익혔다면, 그때부터는 목표가 바뀝니다. 의식적으로 배운 사고방식을 무의식에서도 적용 할 수 있는지 확인하기 위해 시간을 측정이 필요합니다. 따라서 우리의 제 1목표는 '새로운 관점'의 습득입니다. 따라서 두 번째 주의사항은 아래와 같습니다.

② 시간 측정을 할 필요가 없다. 중요한 것은 '새로운 관점'을 익히는 것이다.

셋째, 어림셈을 체화해야 합니다. 숫자를 계산할 때 무의식적으로 손을 이용하려고 하는 것은 그동안의 교육과정에 비추어 볼 때 당연한 결과입니다. 그러나 자료해석을 공부하기로 마음먹은 순간부터 우리는 기존의 손을 사용하는 습관을 버려야합니다. 따라서 세 번째 주의사항은 아래와 같습니다.

③ 손으로 적으며 계산하지 말고 눈으로 암산하려 노력하자.

넷째, 이 책은 최대한 이론을 습득하여 문제풀이에 적용하는 기존 공부방식을 차용하여 챕터를 나누기는 하였지만 자료해석 과목의 특성상 내용 간 유기적 관계가 존재합니다. 따라서 네 번째 주의사항은 아래와 같습니다.

④ 앞에서 배운 내용을 뒤에서도 적용하고 있는지 지속적으로 점검하자.

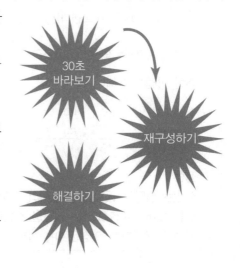

마지막으로, 자료해석의 문제풀이는 다음과 같은 3단계로 진행됩니다.

① 30초 바라보기 → ② 재구성하기 → ③ 해결하기

하지만, 숫자에 대한 계산을 가장 어려워하기 때문에, 이 책은 ③ 해결하기 → ② 재구성하기 → ① 30초 바라보기 순으로 진행됩니다.

⑤ 책의 진도는 ③ → ② → ①순이다.

PSAT 알아보기

┤재미로 보는 자료해석 감각 테스트├

▶ 나의 중학교 시절 모든 수학 성적은 80점 이상이다. (Y/N)

▶ 나는 분자가 증가할 때 분수값의 증감여부를 알고 있다. (Y/N)

▶ 나는 분모가 감소할 때 분수값의 증감여부를 알고 있다. (Y/N)

▶ 다음 분수값이 20%보다 큰지, 작은지 암산으로 쉽게 알 수 있다. (Y/N)

$$\frac{1,685}{7,451}$$

▶ 나는 연립 방정식의 해를 구하는 방법을 정확하게 알고 있다. (Y/N)

▶ 나는 집합에 대하여 잘 알고 있다. (Y/N)

🠢 **만약 하나라도 N라고 답했다면** 아래의 기초수학을 **익혀야합니다.**

▶ 나는 도표와 차트를 보는데 어려움이 없다. (Y/N)

▶ 다음 단어들의 정의가 무엇인지 알고 있으며, 각각의 차이점을 명확하게 알고 있다. (Y/N)

　증가율, 감소율, 변화율, 이전, 이후, 전년대비

▶ 나는 1인당 GDP와 GDP 값이 있으면 인구를 구할 수 있다. (Y/N)

▶ 나는 'A국의 1인당 범죄자 수는 B국의 1인당 범죄자 수보다 많다.'라는 문장을 이해하는데 큰 어려움이 없다.(Y/N)

🠢 **만약 하나라도 N라고 답했다면** 다음 페이지 자료해석의 기초를 **익혀야합니다.**

┤기초 수학├

▶ 분수($A = \dfrac{C}{B}$)

A의 크기는 C가 커질수록, B가 작아질수록 커진다. A의 크기는 C가 작아질수록, B가 커질수록 작아진다.

▶ 분수값 읽기($A = \dfrac{C}{B}$)

A = C÷B → C = A×B

B에 얼마를 곱하면 C가 될까?

$\dfrac{1685}{7451}$ 와 20%를 비교한다면, 20% = 0.2이다.

7451의 0.2배는 약 1,500이므로 $\dfrac{1685}{7451}$ 는 0.2보다 크다.

▶ 연립 방정식의 해 구하기

$$
\begin{array}{rcrcl}
ax & + & by & = & d \\
- \quad ax & + & cy & = & e \\
\hline
= \quad 0x & + & (b-c)y & = & d-e
\end{array}
\quad \rightarrow \quad y = \frac{d-e}{b-c}
$$

▶ 집합

A라는 집단을 동일한 특성끼리 묶어 놓은 것을 집합이라고 한다.

예를 들어, A대학교라는 집단을 성별이라는 특성으로 묶는다면

남성은 남성끼리, 여성은 여성끼리 동일한 집합에 속하게 된다.

3. 자료해석의 기초

1) 자료해석의 문제풀이 순서

자료해석 문제풀이 과정은 다음의 3단계로 구성된다.

자료를 파악하고 자료를 이해하는	① 30초 바라보기
선지가 물어보고자 하는 것을 이해하는	② 재구성하기
물어보고자 하는 것의 정오를 판단하는	③ 해결하기

다음 〈표〉는 '갑'국의 연령대별 생필품 구매액에 대한 자료이다. 다음 중 옳지 않은 것을 고르면?

〈표〉 '갑'국의 연령대별 생필품 구매액

(단위: 천원)

1. 30초 바라보기
주어진 자료를 파악하자.
① 외적구성
② 내적구성
③ 추가정보

→

연령대＼품목	주방용품	위생용품	청소용품	가전제품	문구
20대	812	1,234	378	2,357	158
30대	782	1,154	421	3,354	168
40대	1,157	1,287	443	4,524	234
50대	1,378	1,351	387	2,234	272
60대	1,125	1,104	409	1,123	225

※ 생필품은 위의 5가지 품목으로만 구성됨

↓

---

2. 재구성하기
선지의 구성을 파악하고, 자신이 기억하기 편하게 재구성하자. 재구성한 선지를 기반으로 자료에서 정보를 찾아내자.

→

1) 주방용품의 평균구매액은 50대가 20대의 1.5배 이상이다.
2) 모든 연령대에서 가전제품의 평균 구매액이 가장 높다.
   ↓(step ① 재구성하기)

1) 주방용품 50대가 20대의 1.5배야?
2) 가전제품의 평균구매액 모든 연령대에서 가장 높아?
   ↓(step ② 자료와 선지 연결하기)

1) 50대 = 1,378 / 20대 = 812
2) 20대 = 2,357 / 30대 = 3,354 / 40대 = 4,524 / 50대 = 2,234
   60대 = 1,123

↓

---

3. 해결하기
'자료통역사의 관점'을 적용하여 정오를 판단하자.

→

1) 주방용품 50대가 20대의 1.5배야?
   → 20대 = 812, 50대 = 1,378
   → 플마찢기 관점 적용

   $$\frac{1,378}{812} = \frac{1,200+178}{800+12} \rightarrow \frac{178}{12} > 1.50이므로$$

   $\frac{1,378}{812}$ 는 1.5배 이상이다.

2) 가전제품의 평균구매액 모든 연령대에서 가장 높아?
   → 60대의 경우 가전제품(1,123)보다 높은 품목이 존재한다.
   → 옳지 않은 것은 2)이다.

PSAT 알아보기

2) 자료와 선지의 구성

다음 〈표〉는 국가별 인구수와 범죄자 수에 대한 자료이다. 다음 중 옳지 않은 것을 고르면?

〈표〉 국가별 인구수와 범죄자수 현황

(단위: 천명)

구분 국가	인구수	범죄자수	1인당 범죄자 수
A	3,133	1,635	0.52
B	4,822	2,128	0.44
C	( )	( )	0.35
D	( )	( )	0.32

1) A국의 1인당 범죄자 수는 B국의 1인당 범죄자 수보다 많다.

2) C국 인구와 D국 인구가 동일하다면 C국 의 범죄자수는 D국의 범죄자 수보다 많다.

1. 자료의 구성
① 외적구성: 자료를 개괄한다.

② 내적구성: 자료의 정확한 내용 설명

③ 추가정보: 직접담기 어려운 내용을 추가적으로 설명
ex) 발문, 각주, 가시성, 다중자료

2. 선지의 구성
① 찾아야할 정보: 자료에서 찾아야 하는 정보를 알려주는 부분
② 정오 판단: 문장의 정오의 판단이 필요한 부분
③ 가정: 자료에 주어지지 않은 내용에 대한 가정 통해 추가적인 정보를 주는 부분

3) 선지의 재구성

1) A국의 1인당 범죄자 수는 B국의 1인당 범죄자 수보다 많다.

	인구수	범죄자수	1인당 범죄자 수
A	3133	1635	0.52
B	4822	2128	0.44
C	( )	( )	0.35
D	( )	( )	0.32

3. 선지 재구성하기
주어진 선지를 기억하기 쉬운 형태로 변환 시킨다.

4. 해결하기
선지에서 요구하는 정보를 찾아 해당 선지의 정오를 판단한다.

3-1) 1인당 범죄자수 A국이 B국보다 많아?

4-1) A국: 0.52
B국: 0.44
A국 〉 B국

2) C국 인구와 D국 인구가 동일하다면 C국의 범죄자수는 D국의 범죄자 수보다 많다.

국가 \ 구분	인구수	범죄자수	1인당 범죄자 수
A	3133	1635	0.52
B	4822	2128	0.44
C	( )	( )	0.35
D	( )	( )	0.32

3-2) C국 D국 인구가 동일하다면 / 범죄자 수 C국이 D국보다 많아?

4-2) 범죄자
= 1인당 범죄자 × 인구
인구가 동일하다면,
범죄자 ∝ 1인당 범죄자
C국: 0.35
D국: 0.32
C국 〉 D국

4) 대표 선지별 선지의 재구성

〈표〉 '갑'회사의 과목별 강의 매출액

연도 \ 과목	언어논리	자료해석	상황판단
2008년	1,600	2,800	1,400
2009년	2,000	2,600	1,900
2010년	2,400	2,200	2,100
2011년	2,800	2,000	1,900

① A는 매년 증가/감소한다. → 필요한 정보: A, 정오판단의 기준: 매년 증가/감소

　ex) '갑'회사의 언어논리 매출액은 매년 증가하였다. → 선지의 재구성: 언어논리 매년 증가?

② A는 B보다 크다./작다. → 필요한 정보: A와 B, 정오판단의 기준: A가 크다

　ex) 2009년 '갑'회사의 언어논리 매출액은 자료해석 판매액보다 작다.

　　→ 선지의 재구성: 09년 언어가 자료보다 작아?

③ A는 B의 n배 이상이다. → 필요한 정보: A와 B, 정오판단의 기준: A가 1.5배 이상인가?

　ex) '갑'회사의 2008년 자료해석 매출액은 언어논리 매출액의 1.5배 이상이다.

　　→ 선지의 재구성: 08년 자료해석 언어논리의 1.5배 이상?

④ A의 크기는 '갑'이 n등이다. → 필요한 정보: A의 크기 기준: '갑'이 n등이야?

　ex) '갑'회사의 상황판단 매출액은 매년 가장 작다. → 선지의 재구성: 상황판단이 매년 꼴등이야?

⑤ A가 클수록 B도 크다. → 필요한 정보: A와 B의 크기 기준: 동일한 방향이야?

　ex) '갑'회사의 자료해석 매출액이 많을수록 언어논리 매출액은 적다. → 선지의 재구성: 자료가 크면 언어는 작아?

⑥ A의 크기는 n 이상이다. → 필요한 정보: A의 크기. 기준: n이야?

　ex) '갑'회사의 자료해석 매출액은 2,000만원 이상이다. → 선지의 재구성: 자료해석이 2,000만원 이상이야?

선지의 재구성: 찾아야 할 정보 부분과 정오판단 분만 기억

시험안내

국가직 공무원 7급 공개경쟁 채용시험

✽ 시험의 목적

공무원 신규채용시 불특정 다수인을 대상으로 경쟁시험을 실시하여 공무원으로 채용하는 제도로서 균등한 기회보장과 보다 우수한 인력의 공무원 선발에 있음

✽ 7급 시험실시 기관

- 인사혁신처장: 교정·보호·검찰·마약수사·출입국관리·행정·세무·관세·사회복지·감사·공업(일반기계·전기·화공직류)·농업(일반농업직류)·시설(도시계획·일반토목·건축·교통시설·도시교통설계직류)·전산직렬 공채시험
- 소속장관: 인사혁신처장이 실시하는 시험을 제외한 기타 채용시험

✽ 채용절차

시험공고 → 응시원서접수 → 시험실시 → 합격자발표 → 채용후보자등록

임용 ← 임용추천·배치 ←

✽ 채용시험절차

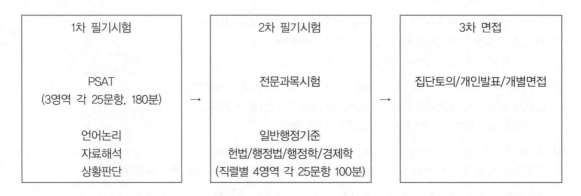

1차 필기시험	2차 필기시험	3차 면접
PSAT (3영역 각 25문항, 180분) 언어논리 자료해석 상황판단	전문과목시험 일반행정기준 헌법/행정법/행정학/경제학 (직렬별 4영역 각 25문항 100분)	집단토의/개인발표/개별면접

2021년 국가직 7급 시험통계

✻1차 필기시험

2021년도 국가공무원 7급 공채 제1차시험 합격선 및 합격인원 현황

모 집 단 위	선발 예정 인원	출원 인원	응시 인원	2021년도		비 고
				합격선	합격인원	
전 모집단위 합계	815	38,947	24,723	–	5,758	–
일반 모집 계	757	38,533	24,470	–	5,638	–
행정(일반행정:일반)	215	14,810	9,537	70.33	1,586	
세무(세무:일반)	136	3,371	2,245	53.33	1,046	
공업(일반기계:일반)	42	1,092	672	57.33	308	
외무영사(외무영사:일반)	41	3,354	2,673	67.66	294	

2021년도 국가공무원 7급 공채 제2차시험 점수 분포 현황

	계	95 이상	90 이상 95 미만	85 이상 90 미만	80 이상 85 미만	75 이상 80 미만	70 이상 75 미만	65 이상 70 미만	60 이상 65 미만	55 이상 60 미만	50 이상 55 미만	50 미만	비고 (과락)
총 계	24,723	1	22	111	421	710	1,450	2,239	2,791	2,391	3,189	2,614	8,784
행정(일반행정 전국:일반)	9,537		12	68	257	406	762	995	1,149	886	1,152	880	2,970
세무(세무:일반)	2,245		1	4	15	40	92	177	254	238	345	263	816
공업(일반기계:일반)	672			5	10	17	37	85	84	87	86	70	191
외무영사(외무영사:일반)	2,673	1		1	23	44	113	215	284	251	343	320	1,078

✻2차 필기시험

2021년도 국가공무원 7급 공채 제2차시험 합격선 및 합격인원 현황

모 집 단 위	선발 예정 인원	출원 인원	응시 인원	2021년도		비 고
				합격선	합격인원	
전 모집단위 합계	815	38,947	5,171	–	984	–
일반 모집 계	757	38,533	5,056	–	929	–
행정(일반행정:일반)	215	14,810	1,411	89.00	254	
세무(세무:일반)	136	3,371	947	78.00	166	
공업(일반기계:일반)	42	1,092	326	80.00	51	
외무영사(외무영사:일반)	41	3,354	260	86.00	52	

2021년도 국가공무원 7급 공채 제2차시험 점수 분포 현황

	계	95 이상	90 이상 95 미만	85 이상 90 미만	80 이상 85 미만	75 이상 80 미만	70 이상 75 미만	65 이상 70 미만	60 이상 65 미만	55 이상 60 미만	50 이상 55 미만	50 미만	비고 (과락)
총 계	5,171	105	320	437	514	458	431	441	424	321	180	92	1,448
행정(일반행정 전국:일반)	1,411	65	152	178	160	118	104	116	126	89	53	24	226
세무(세무:일반)	947	3	27	36	66	81	71	74	75	45	28	17	424
공업(일반기계:일반)	267		10	12	23	29	19	16	19	13	5	1	120
외무영사(외무영사:일반)	260	7	22	29	40	25	30	20	23	18	6		40

PSAT
수포자도 이해하는 자료해석

PART

01

해결하기

>> 학습 목표

① 숫자에 대한 관점 익히기
② 선지해결에 대한 관점 익히기

관점 바꾸기

> 우리가 12년간 교육받은 정확한 값을 도출하는
> 숫자에 대한 '관점'은 자료해석과 어울리지 않는다.
>
> 자료해석에 어울리는
> 숫자에 대한 '관점'을 익히자.
>
> $$풀이시간 = \frac{계산량}{계산속도} \ 이다.$$
>
> 관점을 이용하면 계산량이 줄어든다.
> 그러면 풀이시간도 줄어든다!

1 숫자에 대한 관점 바꾸기

❶ 숫자가 무서운가? 📑 이론에 대한 개괄

혹시 숫자를 보면 큰 숫자를 보면 자신도 모르게 위축된 경험이 있지 않은가?

그것이 단순히 자신이 수학을 어려워하기 때문이라고 생각하지는 않았는가?

그렇지 않다. '큰 숫자를 어렵다고 느끼는 것은 인간의 본능이다.'

심지어 수학과 친한 과학자들도 큰 숫자에 대한 어려움을 알고 있어 '단위'를 이용해 큰 숫자를 작은 숫자로 만들어 이용한다.

한 번 더 말하지만 큰 숫자를 보면 어렵다고 느끼고, 위축되는 것은 당연하다.

하지만 우리는 문제를 풀어야 하는 입장이므로 이것을 이겨내야 한다.

그렇다면 이를 어떻게 이겨 낼 수 있을까?

극복하기 위해 우리는 '출제자들의 의도를 파악'해야 한다.

출제자들은 우리에게 빠르고 정밀한 계산을 요구할까? '절대 아니다.'

그랬다면 자료해석 과목은 영어나 한국사처럼 주산 자격증이 대신하였을 것이다.

그렇다면 출제자들은 우리에게 무엇을 묻고자 하는가? '데이터의 비교' 즉, 숫자의 비교이다.

하지만 12년간의 교육과정을 거쳤다면, 숫자의 인식은 '비교'가 아닌 '정밀성'을 기반으로 인식한다.

그렇기에, 숫자에 대한 인식은 최고 자릿수가 아니라 일의자리 숫자에서 시작한다.

예를 들어, 사람들은 3,485,754를

'3,---,---'으로 시작하는 것이 아니라 '-,---,--4'부터 시작한다는 것이다.

하지만 출제자가 요구하는 것은 '정밀함'이 아닌 '비교'이다.

> ex) 900,000 VS 199,999 → 더 큰 값은 900,000이다.

위 예시처럼 비교에서 중요한 건 높은 자릿수이다.

그래서, 우리는 비교를 위한 관점을 익히기 위해서 2단계(step)로 나누어진 훈련을 해보자.

step ①: 앞숫자 3개의 인식하기 → step ②: 자릿점(,)을 이용하여 자릿수 파악하기

(※ step ②는 항상 필요한 것은 아니다. 하지만, 필요한 경우가 있으므로 꼭 훈련해야한다.)

> step ① 앞숫자 3개의 인식하기
>   71,358,956,875 → 713
> step ② 자릿점(,) 이용하여 자릿수 인식하기(필요에 따라)
>   71,3—,——,—— → 자릿점(,)이 3개 → 단위: 십억 → 71.3십억 → 713억

❷ 자릿수 암기하기 📄 지식 습득부분

> 1 ,000 ,000 ,000 ,000 ,000
> ↑천조 ↑조   ↑십억 ↑백만   ↑천

❸ 자릿수 인식 Tip 📄 Tip 부분

㉠ 48,732,165

위의 숫자에서 천만의 자릿수를 인식하는 것이 어려운가?

그렇다면 우리가 친숙한 자릿수를 기준으로 찢어내자.

step ①: 48,732,165

step ②: 48 × 1,000,000(십 × 백만)

step ③: 48 × 100 × 10,000(십 × 백 × 만)

step ④: 4800 × 10,000(천 × 만) → 자릿수는 천만

㉡ 5,878(백만)

위의 숫자가 십억의 자릿수를 지닌 것을 인식하는 것이 어려운가?

그렇다면 우리가 친숙한 자릿수를 기준으로 찢어내자.

step ①: 5,000 × 100 × 10,000(천 × 백 × 만)

step ②: 500,000 × 10,000(십만 × 만) → 자릿수는 십억

한국인이 친숙한 자릿수 십(10), 백(100), 천(1,000), 만(10,000)

앞＼뒤	십	백	천
십	십×십 = 백	십×백 = 천	십×천 = 만
백	백×십 = 천	백×백 = 만	백×천 = 십만
천	천×십 = 만	천×백 = 십만	천×천 = 백만

❹ 숫자인식 – 관점 적용해보기 📑 훈련하기 부분

step ① 숫자는 맨 앞의 3개 숫자만 인식한다.

실제숫자	인식한 숫자	실제숫자	인식한 숫자	실제숫자	인식한 숫자
34,368,904	343	787,987,998	787	84,884	848
590,542,389		1,654,981		3,498,768	
98,732,165		64,878,412		879,321	
786,513		18,587		192,654,984	

step ② 맨 앞의 숫자는 얼마인가?

실제 숫자	얼마인가?	실제숫자	자릿수는?	실제숫자	자릿수는?
5,905,423,890	50억	7,878,821	700만	846,484,684	8억
18,587		41,871		9,879,712	
34,368,904		18,337,877		417,481	
411,888,151		1,654,981		87,168,812	

실제숫자	자릿수는?	실제숫자	자릿수는?
78,368 백만	700억	88,787천	8,000만
1,590천		955천	
4,581백만		647,878백만	
347,879천		50,581십억	

step ① + step ② 맨 앞 숫자 3개와 자릿수를 같이

실제숫자	인식한 숫자	실제숫자	인식한 숫자
34,368,904	3,43–만	18,787,987,998	187억
5,905,423,890		1,654,981	
98,732,165		64,878,412	
786,513		18,587	

2 덧셈에 대한 관점 바꾸기

❶ 덧셈 관점 바꾸기란?

덧셈을 해보자. 78,456 + 788,833 = ?

정밀셈에 익숙한 우리는 당연하게 일의 자리부터 더하고 있는 자신을 발견할 것이다.

하지만 당연하게도 덧셈에서도 출제자의 요구는 '비교'이다. 따라서 비교를 목적으로 하는 덧셈법을 익혀야 할 필요가 있다. 앞서 말한 것처럼 비교에 가장 큰 영향을 주는 높은 자릿수이므로 덧셈도 높은 자릿수부터 더해야한다.

그렇다면 높은 자릿수부터 덧셈을 진행하기 위해서는 무엇이 필요할까? 일의 자리부터 받아 올림을 통해 더해가는 형식의 덧셈이 이니리 높은 자릿수부터 시작하여 결과 값을 출력하는 방식으로 진행하는 것이다.

예를 들어, 74,681+68,445이 있다면 "만의 자릿수인 7과 6이 더해지면 13이 출력되므로 결과값은 130,000 + @가 된다."라는 방식으로 덧셈을 진행하는 것이다.

높은 자릿수부터 덧셈을 진행하기 위해서는 아래와 같은 과정이 필요하다.

> step ① 숫자의 인식 → step ② 결과 계산(X) 출력(O) → step ③ 필요한 경우 자릿수 인식

> 78,456+788,833
> step ① 숫자의 인식 → 78,4—— + 788,——
> step ② 결과에 대한 출력 → 866,——(백의 자리 이하의 숫자는 필요에 따라 생각)
> step ③ 필요에 의해 자릿수 인식 → 866,0— → 86만 6——

❷ 덧셈 암기하기

2	(1,1)	10	(1,9),(2,8),(3,7),(4,6),(5,5)
3	(1,2)	11	(2,9),(3,8),(4,7),(5,6)
4	(1,3),(2,2)	12	(3,9),(4,8),(5,7)
5	(1,4),(2,3)	13	(4,9),(5,8),(6,7)
6	(1,5),(2,4),(3,3)	14	(5,9),(6,8),(7,7)
7	(1,6),(2,5),(3,4)	15	(6,9),(7,8)
8	(1,7),(2,6),(3,5),(4,4)	16	(7,9),(8,8)
9	(1,8),(2,7),(3,6),(4,5)	17	(8,9)
		18	(9,9)

※ 우측의 숫자들은 받아올림(자리올림)이 생기는 숫자이므로 출력 시 주의하자.
  결과 값이 9와 10인 경우 출력을 더욱 편하게 만들어주기 때문에 더 친숙하게 만들자.

❸ 덧셈 Tip

받아올림(자리올림)이 있는 경우 덧셈을 편하게 하는 tip → 00 만들기
xyz라는 3자리 숫자가 있다면 y와 만났을 때 9가 되는 숫자, z를 만났을 때 0이 되는 숫자를 출력하자.

378,566+55,152
step ① 숫자의 인식 → 378,--- + 55,1-- → 378 기준 y= 7 z= 8
7과 만났을 때 9가 되는 숫자 → 2, 8과 만났을 때 0이 되는 숫자 → 2
step ② 378에 필요한 22를 만들어주기 위해 55를 22와 나머지로 찢는다. 55=22+33
step ③ 378 + 22 + 33 = 433

❹ 덧셈 - 관점 적용해보기

덧셈				숫자의 인식		숫자 찢기		결과
47,860	+	28,019	→	478— + 280—	→	478=458+20	→	75,8—
72,022	+	82,104	→	720— + 821—	→		→	154,1—
21,965	+	45,105	→		→		→	
69,149	+	80,400	→		→		→	
52,232	+	43,981	→		→		→	
34,527	+	71,233	→		→		→	
20,131	+	4,764	→		→		→	
44,993	+	8,994	→		→		→	
44,476	+	89,298	→		→		→	
14,031	+	7,520	→		→		→	
76,200	+	94,643	→		→		→	
6,151	+	92,845	→		→		→	
27,569	+	14,221	→		→		→	
97,084	+	51,555	→		→		→	
41,963	+	55,368	→		→		→	
13,469	+	96,316	→		→		→	
55,994	+	53,568	→		→		→	
49,891	+	93,307	→		→		→	
56,861	+	27,291	→		→		→	
83,569	+	75,092	→		→		→	
23,339	+	22,726	→		→		→	
35,996	+	8,526	→		→		→	
79,041	+	74,421	→		→		→	

※ 숫자 찢기는 필요할 때만 사용합니다.

3 뺄셈에 대한 관점 바꾸기

❶ 뺄셈 관점 바꾸기란?

뺄셈을 해보자. 327,456 - 191,833 = ?

정밀한 계산에 익숙한 우리들은 당연하게도 일의 자리부터 빼고 있는 자신을 발견할 것이다.

하지만 뺄셈에서도 출제자의 요구는 '비교'이다. 따라서 비교를 목적으로 하는 뺄셈 방법을 익혀야 할 필요가 있다. 앞서 말한 것처럼 비교에 가장 큰 영향을 주는 최고 자릿수이므로 뺄셈도 최고 자릿수부터 진행해야한다.

그렇다면 높은 자릿수부터 뺄셈을 진행하기 위해서는 무엇이 필요할까? 일의 자리부터 받아내림(자리내림)을 통해 빼가는 형식의 뺄셈이 아니라 높은 자릿수부터 시작하여 결과 값을 출력하는 방식으로 진행하는 것이다.

예를 들어, 86,787-68,158이 있다면 "만의 자릿수인 8에서 6이 빼지면 2가 출력되므로 결과값은 20 - @가 된다."라는 방식으로 뺄셈을 진행하는 것이다.

높은 자릿수부터 뺄셈을 진행하기 위해서는 아래와 같은 과정이 필요하다.

step ① 숫자의 인식 → step ② 결과 계산(X) 출력(O) → step ③ 필요한 경우 자릿수 인식

58,978 - 4,885
step ① 숫자의 인식 → 58,9—— - 4,88——
step ② 결과 계산(X) 출력(O) → 54,1——(백의 자리 이하의 숫자는 필요에 따라 생각)
step ③ 필요한 경우 자릿수 인식→ 54,09— → 5만 409—

❷ 뺄셈 암기하기

9	(9-0),(8-9),(7-8),(6-7),(5-6),(4-5),(3-4),(2-3),(1-2),(0-1)
8	(9-1),(8-0),(7-9),(6-8),(5-7),(4-6),(3-5),(2-4),(1-3),(0-2)
7	(9-2),(8-1),(7-0),(6-9),(5-8),(4-7),(3-6),(2-5),(1-4),(0-3)
6	(9-3),(8-2),(7-1),(6-0),(5-9),(4-8),(3-7),(2-6),(1-5),(0-4)
5	(9-4),(8-3),(7-2),(6-1),(5-0),(4-9),(3-8),(2-7),(1-6),(0-5)
4	(9-5),(8-4),(7-3),(6-2),(5-1),(4-0),(3-9),(2-8),(1-7),(0-6)
3	(9-6),(8-5),(7-4),(6-3),(5-2),(4-1),(3-0),(2-9),(1-8),(0-7)
2	(9-7),(8-6),(7-5),(6-4),(5-3),(4-2),(3-1),(2-0),(1-9),(0-8)
1	(9-8),(8-7),(7-6),(6-5),(5-4),(4-3),(3-2),(2-1),(1-0),(0-9)
0	(9-9),(8-8),(7-7),(6-6),(5-5),(4-4),(3-3),(2-2),(1-1),(0-0)

밑줄이 있는 경우 받아내림(자리내림)이 발생한다.

❸ 뺄셈 Tip

앞자리부터 빼는데 어려움을 느끼는 가장 큰 이유는 받아내림(자리내림) 때문이다. 따라서 바로 뒷자리 받아내림이 발생하는지를 먼저 확인하면 뺄셈을 수월하게 할 수 있다.

728,589 − 375,357

step ① 숫자의 인식 → 728,--- − 375,---

step ② 앞자리부터 빼기 최고자릿수부터 빼기

　　　　백의 자리 뺄셈 → 72 − 37 → 십의자리에서 받아내림이 발생한다.

　　　　　　　　　　　　→ 7−3=3(받아내림 발생)

　　　　십의 자리 뺄셈 → 28 − 75 → 일의자리에서 받아내림이 발생하지 않는다.

　　　　　　　　　　　　2−7 →5(받아내림 발생하지 않음)

　　　　일의 자리 뺄셈 → 8−5 = 3(받아내림 발생하지 않음)

　　　　따라서, 728,--- − 375,--- = 353,---

❹ 뺄셈 − 관점 적용해보기

뺄셈				숫자의 인식		결과
93,274	−	65,336	→	932-- − 65,3--	→	27,9--
56,853	−	21,563	→	568-- − 21,5--	→	35,3--
77,442	−	39,657	→		→	
98,579	−	40,014	→		→	
65,662	−	2,413	→		→	
87,857	−	17,312	→		→	
78,279	−	63,632	→		→	
65,668	−	5,072	→		→	
20,484	−	17,167	→		→	
66,176	−	47,866	→		→	
49,217	−	21,895	→		→	
76,790	−	52,870	→		→	
83,585	−	61,109	→		→	
41,192	−	14,864	→		→	
84,234	−	5,507	→		→	
11,290	−	5,519	→		→	
66,750	−	47,178	→		→	
81,826	−	64,302	→		→	
71,702	−	22,611	→		→	
89,905	−	48,211	→		→	
39,833	−	35,633	→		→	
62,508	−	10,163	→		→	

4 곱셈에 대한 관점 바꾸기

① 곱셈 관점 바꾸기란?

곱셈을 해보자. 825 × 757

자료해석에서 물어보는 것이 '비교'라는 말을 무려 3번이나 들었기 때문에 최고자릿수인 백의 자리부터 곱셈을 진행하려고 하는 자신을 발견할 것이다.

그런데 한 가지 문제가 있다. 곱셈의 경우, 덧셈이나 뺄셈과 달리 단순하게 최고 자릿수만 이용할 수는 없다. 예를 들어, 500×600 과 420×760을 비교할 때 최고 자릿수만을 고려한다면
5×6 = 30이고, 4×7 = 28으로 5×6이 크다고 잘못된 결과값이 산출된다.
(※ 500×600 = 300,000, 420×760 = 319,200)

그렇다면 어떻게 해야 할까? 단순히 최고 자릿수만을 이용하는 것이 아니라 다음에 배울 어림셈 방법을 통해서 곱셈을 생각해야한다.

곱셈의 어림셈 순서는 아래처럼 3단계로 구성된다.

---
step ① 세 번째 자리 가공 → step ② 두 번째 자리 가공 → step ③ 정밀도 조정

427,740 × 142,937 → 427,000 × 142,000
step ① 세 번째 자리 가공(반올림 처리)
　　　　→ 427×142 → 7과 2를 반올림 → 430×140
step ② 두 번째 자리 가공(첫 번째 자리가 3 이상의 숫자인 경우에만 진행)
　　　　두 번째 자리 1,2,3 → 내림(ex 530 → 500)
　　　　두 번째 자리 4,5,6 → 5(ex 760 → 750)
　　　　두 번째 자리 7,8,9 → 올림(ex 670 → 700)
　　　　→ 430×140 → 400 × 140(430의 경우 앞자리가 4이므로 내림)
step ③ 정밀도 조정
　　　　427과 142가 400과 140으로 변화됐으므로, 두 숫자 모두 작아졌다.
　　　　즉, 400 × 140은 실제 결과 값보다 작다.
　　　　→ 정밀도 조정에서는 실제값보다 작아졌는지, 커졌는지만 확인하면 충분하다.
　　　　(만약, 숫자의 변동 폭이 크다면 증가율, 감소율 생각하기)

❷ 곱셈 암기하기

제곱수				
11×11=121	12×12=144	13×13=169	14×14=196	15×15=225
16×16=256	17×17=289	18×18=324	19×19=361	20×20=400

❸ 곱셈 - 관점 적용해보기(정밀도 조정부분을 정밀하게 접근할 필요는 없다.)

곱하기				step ① 세 번째 자리 가공		step ② 두 번째 자리 가공
637	×	221	→	640 × 220	→	650 × 220(실제값보다 큼)
398	×	734	→	400 × 730	→	400 × 700(실제값보다 작음)
413	×	621	→		→	
779	×	672	→		→	
687	×	384	→		→	
230	×	219	→		→	
104	×	429	→		→	
315	×	422	→		→	
186	×	631	→		→	
381	×	936	→		→	
467	×	398	→		→	
173	×	807	→		→	
184	×	259	→		→	
760	×	115	→		→	
971	×	222	→		→	

5 곱셈의 계산법

1) 곱셈암기

❶ 곱셈의 계산법-1 곱셈암기란?

앞서 우리는 어림셈을 위한 숫자의 가공 방법을 익혔다. 어림셈을 위한 숫자 가공의 종류는 총 3가지로 나뉜다.

case.1 $365 \times 485(\fallingdotseq 177,000) \rightarrow 400 \times 500(=200,000)$

　　　두 숫자가 모두 커지는 경우 → 결과가 실제값에 비해 많이 커질 우려가 있다.

case.2 $518 \times 768(\fallingdotseq 398,000) \rightarrow 500 \times 800(=400,000)$

　　　하나의 숫자는 커지고 하나는 작아지는 경우 → 대부분의 경우 오차가 크지 않다.

case.3 $433 \times 628(\fallingdotseq 272,000) \rightarrow 400 \times 600(=240,000)$

　　　두 숫자가 모두 작아지는 경우 → 결과가 실제값에 비해 많이 작아질 우려가 있다.

위 3가지 케이스 중 숫자가 모두 증가 또는 감소하는 case.1 과 csae.3는 어림셈의 정밀도가 많이 하락할 우려가 있다. 이것을 해소하기 위한 첫 번째 방법으로 우리는 곱셈 결과를 암기해보자.

일의 자리 × 십의 자리의 곱셈 결과를 외운다면 두 숫자 중 하나의 숫자는 높은 정밀도를 유지 할 수 있어 어림셈의 정밀도가 올라간다. 따라서 편하게 더 정밀한 결과를 도출할 수 있다.

case.1의 숫자를 예로 들어보면 $365 \times 485 \rightarrow 370 \times 500 = 185,000$으로 정밀도가 많이 증가한 것을 볼 수 있다.

곱셈의 어림셈 순서는 위에서 배운 것처럼 3단계로 구성된다.

> step ① 세 번째 자리 가공 → step ② 두 번째 자리 가공 → step ③ 정밀도 조정

이때, 암기하기를 이용한다면, step ②에서 1개의 숫자만을 가공하자.

486×371를 예로 들어보면, $(486 \times 371 = 180,306)$

일반적인 어림셈

$486 \times 371 \rightarrow 490 \times 370 \rightarrow 500 \times 400 = 200,000$

→ 486과 271이 모두 증가하기 때문에, 원래의 값보다 10% 가량 커졌다.

암기하기를 이용한 어림셈

① $486 \times 371 \rightarrow 490 \times 370 \rightarrow 500 \times 370 = 185,000$

② $486 \times 371 \rightarrow 490 \times 370 \rightarrow 490 \times 400 = 196,000$

→ 두 숫자 모두 증가시키지 않고, 한 개의 숫자만 증가시키면 정밀도를 높힐 수 있다. 그러나, ①의 경우처럼 더 적게 변화하는 숫자를 증가시켜야, 정밀도를 더 높힐 수 있다.

---

❷ **곱셈 암기하기**(암기는 'APPLE → 사과'를 외우는 것이 아니다. 암기는 'APPLE ↔ 사과' 모두 외우는 것이다.)

• × 2

십의자리 \ 일의자리	_0	_1	_2	_3	_4	_5	_6	_7	_8	_9
1_	20	22	24	26	28	30	32	34	36	38
2_	40	42	44	46	48	50	52	54	56	58
3_	60	62	64	66	68	70	72	74	76	78
4_	80	82	84	86	88	90	92	94	96	98
5_	100	102	104	106	108	110	112	114	116	118
6_	120	122	124	126	128	130	132	134	136	138
7_	140	142	144	146	148	150	152	154	156	158
8_	160	162	164	166	168	170	172	174	176	178
9_	180	182	184	186	188	190	192	194	196	198

• × 3

십의자리 \ 일의자리	_0	_1	_2	_3	_4	_5	_6	_7	_8	_9
1_	30	33	36	39	42	45	48	51	54	57
2_	60	63	66	69	72	75	78	81	84	87
3_	90	93	96	99	102	105	108	111	114	117
4_	120	123	126	129	132	135	138	141	144	147
5_	150	153	156	159	162	165	168	171	174	177
6_	180	183	186	189	192	195	198	201	204	207
7_	210	213	216	219	222	225	228	231	234	237
8_	240	243	246	249	252	255	258	261	264	267
9_	270	273	276	279	282	285	288	291	294	297

• × 4

십의자리＼일의자리	_0	_1	_2	_3	_4	_5	_6	_7	_8	_9
1_	40	44	48	52	56	60	64	68	72	76
2_	80	84	88	92	96	100	104	108	112	116
3_	120	124	128	132	136	140	144	148	152	156
4_	160	164	168	172	176	180	184	188	192	196
5_	200	204	208	212	216	220	224	228	232	236
6_	240	244	248	252	256	260	264	268	272	276
7_	280	284	288	292	296	300	304	308	312	316
8_	320	324	328	332	336	340	344	348	352	356
9_	360	364	368	372	376	380	384	388	392	396

• × 5

십의자리＼일의자리	_0	_1	_2	_3	_4	_5	_6	_7	_8	_9
1_	50	55	60	65	70	75	80	85	90	95
2_	100	105	110	115	120	125	130	135	140	145
3_	150	155	160	165	170	175	180	185	190	195
4_	200	205	210	215	220	225	230	235	240	245
5_	250	255	260	265	270	275	280	285	290	295
6_	300	305	310	315	320	325	330	335	340	345
7_	350	355	360	365	370	375	380	385	390	395
8_	400	405	410	415	420	425	430	435	440	445
9_	450	455	460	465	470	475	480	485	490	495

2) 플마찢기

❶ 곱셈의 계산법-2 플마찢기란?

다음 곱셈을 해보자.

68×98

앞에서 우리는 정밀도를 올리는 방법인 암기하기를 통해서 해결 가능한 숫자는 두 개의 숫자 중 하나라도 최고자릿수가 1~5인 경우에만 가능하다는 한계가 명확하다. 따라서, 우리는 또 다른 방법이 필요하다. 그것이 이번에 배울 방법인 '플마찢기'이다.

'플마찢기'를 알기 위해서는 곱셈의 정의를 알아야한다. 곱셈의 정의는 덧셈들이 모인 것이다. 곱셈의 정의를 역으로 이용한 것이 바로 플마찢기이다.

그렇다면 이런 플마찢기는 어떠한 이득을 주는 것일까? 복잡한 숫자를 플마찢기를 이용하면 쉬운 숫자 (암기한 값)의 형태로 만들 수 있다.

예를 들어, $68 \times 95 = 68 \times (100-5) = 68 \times 100 - 68 \times 5 = 6,800 - 340 = 6,460$

A × B는 사각형의 넓이(A × B)로 표현할 수 있다는 사실을 이용하여, 플마 찢기를 시각화하면 아래와 같다.

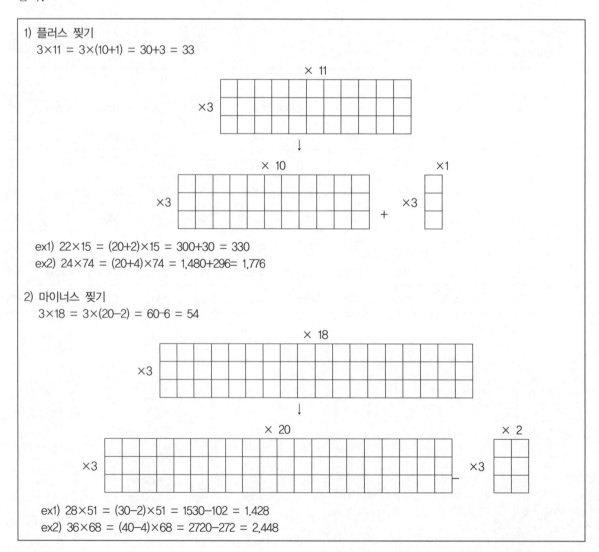

1) 플러스 찢기

$3 \times 11 = 3 \times (10+1) = 30+3 = 33$

ex1) $22 \times 15 = (20+2) \times 15 = 300+30 = 330$
ex2) $24 \times 74 = (20+4) \times 74 = 1,480+296 = 1,776$

2) 마이너스 찢기

$3 \times 18 = 3 \times (20-2) = 60-6 = 54$

ex1) $28 \times 51 = (30-2) \times 51 = 1530-102 = 1,428$
ex2) $36 \times 68 = (40-4) \times 68 = 2720-272 = 2,448$

❷ 곱셈 – 플마찢기 적용해보기

곱하기				쉬운 형태로 가공 (1~5의 숫자의 구성으로)	곱하기				쉬운 형태로 가공 (1~5의 숫자의 구성으로)
49	×	55	→	(49) × (50+5)	18	×	83	→	(20−2) × 83
27	×	95	→		72	×	11	→	
94	×	16	→		13	×	35	→	
83	×	28	→		17	×	73	→	
93	×	45	→		35	×	19	→	
54	×	27	→		49	×	13	→	

❸ 플마찢기의 응용 – 증가율, 감소율처럼 생각하기

플마찢기를 응용하여 생각하면 1) 증가율 또는 2) 감소율처럼 생각할 수도 있다.

1) 증가율로 생각하기 36×125 → 36×(100+25) → 3600이 25%증가하였다. → 4500

2) 감소율로 생각하기 65×80 → 65×(100−20) → 6500이 20%감소하였다. → 5200

> 증가율이란, 기존의 값에서 추가 되는 것을 의미한다.
> 증가율이란, 기존의 값에서 빠져 나가는 것을 의미한다.

❹ 곱셈 – 증가율 감소율처럼 생각하기 적용해보기

곱하기				증가, 감소율로 생각해보기					
49	×	125	→	4900이 25%(=$\frac{1}{4}$)증가하였다.	92	×	50	→	
85	×	80	→		18	×	67	→	
33	×	133	→		84	×	95	→	
88	×	75	→		32	×	120	→	
73	×	130	→		82	×	90	→	
81	×	65	→		68	×	110	→	
58	×	115	→		75	×	48	→	

3) 곱셈찢기

❶ 곱셈의 계산법-3 곱셈찢기란?

다음 곱셈을 진행해보자.

85×68

위의 숫자는 잘라내어 쉬운 숫자로 가공하려 하기 어려운 형태의 숫자 구성을 지녔다. 따라서 우리는 다른 방법을 하나 더 익힐 필요가 있다. 그것이 이번에 배울 '곱셈 찢기'이다.

플마찢기에서는 숫자를 +와 −를 이용하여 숫자를 찢었다면 이번에는 ×를 이용하여 숫자를 찢는 연습을 할 것이다. (※ 인수분해)

소수가 아닌 숫자들은 곱셈을 기준하여 숫자를 찢는 것이 가능하다. 예를 들어 24라는 숫자는 4×6으로 찢어 나타 낼 수 있다.

그렇다면 이런 곱셈 찢기는 어떠한 이득을 주는 것일까? 위에서 진행하지 못한 곱셈인 85×68를 곱셈 찢기를 이용하여 구해보자. 85과 68에 곱셈 찢기를 적용하면 85 = 5×17과 68 = 4×17으로 표현할 수 있다.

즉, 85 × 68 = (5×17) × (4×17) = (5×4) × (17×17) = 20 × 289 = 5,780으로 구해진다.

A × B는 사각형의 넓이(A × B)로 표현할 수 있다는 사실을 이용하여, 곱셈 찢기를 시각화하면 아래와 같다.

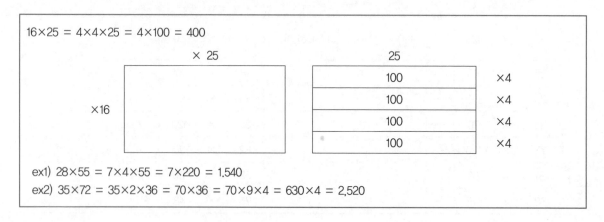

ex1) 28×55 = 7×4×55 = 7×220 = 1,540
ex2) 35×72 = 35×2×36 = 70×36 = 70×9×4 = 630×4 = 2,520

❷ 곱셈 찢기 암기하기(※ 인수분해)

1 = 1	26 = 2×13	51 = 3×17	76 = 2×38 = 4×19
2 = 2 (소수)	27 = 3×9	52 = 2×26 = 4×13	77 = 7×11
3 = 3 (소수)	28 = 2×14 = 4×7	53 = 53 (소수)	78 = 3×26 = 6×13
4 = 2×2	29 = 29 (소수)	54 = 2×27 = 3×18 = 6×9	79 = 79 (소수)
5 = 5 (소수)	30 = 2×15 = 3×10 = 5×6	55 = 5×11	80 = 5×16 = 8×10
6 = 2×3	31 = 31 (소수)	56 = 2×28 = 4×14 = 7×8	81 = 3×27 = 9×9
7 = 7 (소수)	32 = 2×16 = 4×8	57 = 3×19	82 = 2×41
8 = 2×4	33 = 3×11	58 = 2×29	83 = 83 (소수)
9 = 9 (소수)	34 = 2×17	59 = 59 (소수)	84 = 6×14 = 7×12
10 = 2×5	35 = 5×7	60 = 4×15 = 5×12	85 = 5×17
11 = 11 (소수)	36 = 3×12 = 4×9 – 6×6	61 = 61 (소수)	86 = 2×43
12 = 2×6 = 3×4	37 = 37 (소수)	62 = 2×31	87 = 3×29
13 = 13 (소수)	38 = 2×19	63 = 3×21 = 7×9	88 = 4×22 = 8×11
14 = 2×7	39 = 3×13	64 = 2×32 = 4×16 = 8×8	89 = 89 (소수)
15 = 3×5	40 = 2×20 = 4×10 = 5×8	65 = 5×13	90 = 5×18 = 6×15
16 = 2×8 = 4×4	41 = 41 (소수)	66 = 3×22 = 6×11	91 = 91 (소수)
17 = 17 (소수)	42 = 2×21	67 = 67 (소수)	92 = 2×46 = 4×23
18 = 2×9 = 3×6	43 = 43 (소수)	68 = 2×34 = 4×17	93 = 3×31
19 = 19 (소수)	44 = 2×22 = 4×11	69 = 3×23	94 = 2×47
20 = 2×10 = 4×5	45 = 3×15 = 5×9	70 = 5×14 = 7×10	95 = 5×19
21 = 3×7	46 = 2×23	71 = 71 (소수)	96 = 6×16 = 8×12
22 = 2×11	47 = 47 (소수)	72 = 4×18 = 6×12 = 8×9	97 = 97 (소수)
23 = 23 (소수)	48 = 3×16 = 4×12 = 6×8	73 = 73 (소수)	98 = 2×49 = 7×14
24 = 2×12 = 3×8 = 4×6	49 = 7×7	74 = 2×37	99 = 3×33 = 9×11
25 = 5×5	50 = 2×25 = 5×10	75 = 3×25 = 5×15 =	100 = 4×25 = 10×10

❸ 곱셈 − 곱셈찢기 적용해보기

곱하기				step ① 곱셈찢기		step ② 쉬운 것부터 계산하기
34	×	55	→	2 × 17 × 55	→	17 × 110 = 1870
13	×	52	→	13 × 4 × 13		4 × 169 = 4 × (170 − 1) = 1352
72	×	15	→	36 × 2 × 15		36 × 30 = 1080
75	×	28	→			
16	×	84	→			
25	×	48	→			
35	×	16	→			
72	×	15	→			
33	×	35	→			
28	×	45	→			
85	×	18	→			
65	×	13	→			

6 분수(나눗셈)에 대한 관점 바꾸기

① 분수(나눗셈) 관점 바꾸기란?

아래 분수값을 읽어보자.

$$\frac{7,891}{34,468}$$

우리는 출제자의 의도가 '비교'라는 것을 알고 있고, 이에 따라 어림셈을 해야 한다는 사실도 알고 있을 것이다. 하지만 위의 분수값을 비교를 위해 어떻게 어림셈해야 할지 감이 잘 안 잡힐 것이다.

그렇다면 비교가 목적인 분수(나눗셈)은 어떤 식으로 어림셈해야 할까? 분수(나눗셈)는 곱셈은 역의 관계 라는 것을 이용한다면 분수의 어림셈도 어렵지 않다. 위에서 우리는 1~5의 곱셈 결과를 암기했다. 이것을 이용해서, 분수의 어림셈을 익혀보자.

분수(나눗셈)의 어림셈의 순서는 아래처럼 3단계(step)로 구성된다.

step ① 숫자의 인식 → step ② 암기한 곱셈 이용하기 → step ③ 정밀도 조정

$\dfrac{7,891}{34,468}$ 를 위의 3단계를 이용하여 어림셈을 하면,

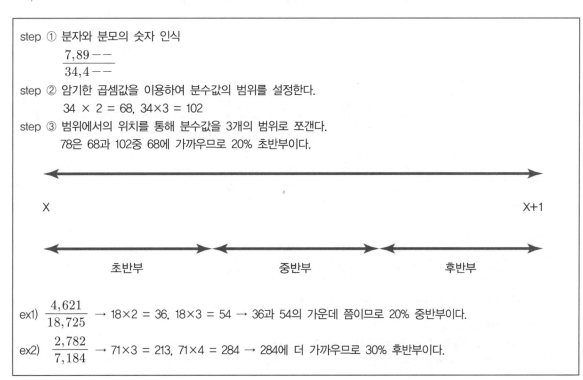

step ① 분자와 분모의 숫자 인식

$$\frac{7,89--}{34,4--}$$

step ② 암기한 곱셈값을 이용하여 분수값의 범위를 설정한다.

　　34 × 2 = 68, 34×3 = 102

step ③ 범위에서의 위치를 통해 분수값을 3개의 범위로 쪼갠다.

　　78은 68과 102중 68에 가까우므로 20% 초반부이다.

X　　　　　　　　　　　　　　　　　　　　X+1

초반부　　　　　　중반부　　　　　　후반부

ex1) $\dfrac{4,621}{18,725}$ → 18×2 = 36, 18×3 = 54 → 36과 54의 가운데 쯤이므로 20% 중반부이다.

ex2) $\dfrac{2,782}{7,184}$ → 71×3 = 213, 71×4 = 284 → 284에 더 가까우므로 30% 후반부이다.

❷ 분수(나눗셈) – 관점 적용해보기(정밀할 필요는 없다. 대에~충~보면 충분하다.)

기준	암기한 곱셈값을 생각하며 어디에 가까운지 생각하세요. ex) $\dfrac{936}{672}$ → 67×1 = 67, 67×2 = 134 → 93은 67과 134의 중간쯤이다.								
1~2사이	213	250	525	623	602	626	840	1477	1436
	192	245	311	482	533	602	701	890	960
위치는?	초반부								
2~3사이	371	590	738	1119	1555	1886	1985	2286	2188
	131	287	326	461	542	671	730	876	944
위치는?									
3~4사이	554	756	1164	1476	2063	2211	2820	3111	3391
	173	214	360	409	556	622	796	831	998
위치는?									
4~5사이	590	1003	1508	1775	2280	3113	3469	3640	4355
	130	219	314	417	558	678	761	831	978
위치는?									
1~2사이	154	299	660	736	763	1196	1262	1374	1540
	129	261	384	418	585	664	719	892	951
위치는?									
2~3사이	386	567	914	978	1149	1667	1674	1698	2792
	171	262	356	443	506	601	748	808	986
위치는?									
3~4사이	341	857	1403	1883	1992	2657	2165	2526	3379
	112	258	395	491	549	693	703	803	985
위치는?									
4~5사이	815	968	1461	1842	2278	2685	3484	3479	3850
	173	206	359	431	504	629	742	842	957
위치는?									

※ 펜을 사용하지 말고, 눈으로만 해결하자!
※ 조금 틀려도 큰 문제가 없으니 눈으로 대~~~~충 짐작하자.

7 분수(나눗셈) 계산법

1) 여집합

❶ 분수의 계산법-1 여집합이란?

아래 분수값을 어림셈을 이용하여 읽어보자.

$\dfrac{3,812}{3,987}$

우리는 1~5까지의 곱셈 결과만 외웠기 때문에 위 분수처럼 첫 자릿수의 값이 5보다 큰 숫자인 6~9의 경우에는 이용할 수 없다. 따라서 우리는 다른 방법이 필요하다. 그것이 이번에 배울 방법인 '여집합'이다. '여집합'적으로 생각하기 위해서는 우선 '집합'에 대해서 알아봐야한다.

아래의 원형을 집합으로 생각해보자.

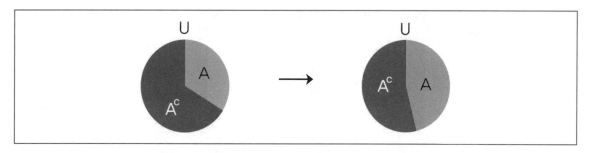

파란색의 넓이와 회색의 넓이를 합치면 전체가 된다는 것을 알 수 있다.

→ 파란색(A) + 회색(A^c) = 전체(U)

따라서 파란색(A)이 차지하는 넓이가 넓어지면 회색(A^c)이 차지하는 넓이는 좁아진다.

반대로 파란색(A)이 차지하는 넓이가 좁아지면 회색(A^c)이 차지하는 넓이는 넓어진다.

이처럼 집합에서는 하나의 요소가 커지면 다른 요소는 작아 질 수밖에 없다.

이러한 특성을 분수에 적용하자.

주어진 분수(A)가 1(전체) 얼마나(A^c) 빠졌는지 생각하면 주어진 분수(A)를 구할 수 있다.

예를 들어, 위의 $\dfrac{3,812}{3,987}$ 에 여집합 개념을 이용하여 분수를 어림셈해보자.

$\dfrac{3,812}{3,987}$ (A)는 1에서 $\dfrac{175}{3,987}$ (=5%↓)(A^c)가 빠져나갔으므로 $\dfrac{3,812}{3,987}$ (A)는 95% 이상이다.

다른 예시문제를 통해서 여집합을 이용하는 방법을 더욱더 완벽하게 익혀보자.

ex1) $\dfrac{16,021}{18,125}$ → 1에서 $\dfrac{2,000}{18,125}$ (10%↑) 가량이 빠져나갔으므로 $\dfrac{16,021}{18,125}$ 는 90% 이하이다.

ex2) $\dfrac{5,282}{7,184}$ → 1에서 $\dfrac{1,900}{7,184}$ (30%↓) 가량이 빠졌으므로 $\dfrac{5,382}{7,184}$ 는 70% 이상이다.

단, 여집합을 통한 접근은, 뺄셈으로 인한 계산량이 추가되므로 앞에서 배운 어림셈처럼 초반, 중반, 후반이 아니라 두 숫자 중 어디에 가까운지만 생각하자.

❷ 분수 – 여집합 적용해보기

1에서 얼마나 빠졌는지 생각하며 어림셈을 진행하세요.

ex) $\dfrac{1226}{1304}$ 은 1에서 $\dfrac{100}{1304}$ (5~10%) 빠졌으므로 0.9에 더 가깝다.

1~0.9	1206	2075	3678	4355	5388	5849	7472	8794	9711
	1304	2096	3753	4399	5856	6030	7624	8973	9809
더 가까운 숫자는?	0.9								

0.9~0.8	997	2092	2835	4232	4638	5325	6724	7588	7922
	1187	2350	3222	4755	5522	6192	7555	8980	9780
더 가까운 숫자는?									

0.8~0.7	995	1569	2495	3277	3816	5238	5159	6237	7366
	1381	2141	3436	4141	5173	6589	7336	8769	9322
가까운 숫자는?									

1~0.9	1139	2179	3301	4158	5045	5876	7095	8097	8707
	1238	2368	3403	4287	5367	6318	7240	8628	9070
더 가까운 숫자는?									

0.9~0.8	989	1778	2840	3567	4696	5040	6421	7569	7944
	1207	2053	3302	4008	5590	6072	7466	8700	9457
더 가까운 숫자는?									

0.8~0.7	718	1863	2712	3772	3969	5144	5258	6310	7662
	1002	2576	3834	4974	5111	6724	7090	8614	9808
더 가까운 숫자는?									

※ 여집합을 통한 어림셈은 어디에 더 가까운지만 판단하자.

※ 펜을 사용하지 말고, 눈으로만 해결하자!

※ 조금 틀려도 큰 문제가 없으니 눈으로 대~~~~충 짐작하자.

기준	결과 값(답지)								
1~0.9	0.92	0.99	0.98	0.99	0.92	0.97	0.98	0.98	0.99
0.9~0.8	0.84	0.89	0.88	0.89	0.84	0.86	0.89	0.84	0.81
0.8~0.7	0.72	0.73	0.73	0.79	0.74	0.79	0.70	0.71	0.79
1~0.9	0.92	0.92	0.97	0.97	0.94	0.93	0.98	0.94	0.96
0.9~0.8	0.82	0.87	0.86	0.89	0.84	0.83	0.86	0.87	0.84
0.8~0.7	0.72	0.72	0.71	0.76	0.78	0.77	0.74	0.73	0.78

2) 분수암기

❶ 분수의 계산법-2 분수암기

우리는 곱셈의 암기를 이용한 분수 어림셈 방법을 익혔다. 숫자에 익숙한 삶을 살아온 사람이 아니라면 어림셈이라고 하지만 생각보다 쉽지 않다고 느껴질 것이다.(※ 쉽지 않다고 느껴진다면, 익숙해질 수 있도록 계속 연습해야 한다.)

사실 우리가 곱셈의 암기를 이용한 분수 어림셈 방법을 익힌 이유는 자료해석에 등장하는 선지의 유형 중 고난도 선지의 유형을 해결하기 위해서이다.

자료해석에 등장하는 선지는 크게 2가지로 나누어진다.

case 1. 정보 VS 정보

ex) $\dfrac{672}{3815}$와 $\dfrac{1421}{6872}$을 비교하는 형태

case 2. 정보 VS 상수

ex) $\dfrac{1009}{3915}$와 25%를 비교하는 형태

case 2. 정보 VS 상수를 해결하기 위한 방법으로 곱셈의 암기를 이용한 분수의 어림셈 방법을 사용하는 것은 너무 정밀하다. 따라서 우리는 조금은 덜 정밀하지만 정보 VS 상수를 판단하는 데는 훨씬 유용한 새로운 방법을 익힐 것이다. 이번에 배울 것은 분수의 암기를 이용한 어림셈이다.

분수의 암기를 이용한 어림셈을 알기 위해서는 우선 다음을 알아야 한다. 분수는 $\dfrac{분자}{분모}$로 구성된다.

분자의 값이 커지면 분수의 값이 커지고, 분자의 값이 작아지면 분수의 값도 작아진다.
분모의 값이 커지면 분수의 값은 작아지고, 분모의 값이 작아지면 분수의 값은 커진다.

그렇다면 분자의 값은 커지고, 분모의 값은 작아지면 어떻게 될까? → 분수값은 커진다.
또한 분자의 값은 작아지고 분모의 값은 커지면 어떻게 될까?　　→ 분수값은 작아진다.

분자와 분모의 증감에 따른 분수값		
	분자 ↑	분자 ↓
분모 ↑	알 수 없음	감소
분모 ↓	증가	알 수 없음

※ 분자와 분모가 동시에 증가 또는 감소하는 경우는 뒤에 배울 '플마찢기'를 이용하자

이러한 원리를 통해서 위에 주어진 $\dfrac{1009}{3915}$과 25%를 비교해보자.

$25\% = \dfrac{1}{4}$인데, $\dfrac{1009}{3915}$은 $\dfrac{1000+9}{4000-85}$으로 분자는 커지고, 분모는 작아졌으므로 25% 이상이다.

다른 예시들도 비교해보자.

$\frac{88}{312}$ 과 33.3%의 비교, 33.3% ≒ $\frac{1}{3}$, $\frac{88}{312}$ 는 $\frac{100-12}{300+12}$ 이므로 33.3%($\frac{1}{3}$) 이하이다.

$\frac{88}{312}$ 과 25%의 비교, 25% = $\frac{1}{4}$, $\frac{88}{312}$ 는 $\frac{80+8}{320-8}$ 이므로 25%($\frac{1}{4}$) 이상이다.

따라서 $\frac{88}{312}$ 의 크기는 25%보다 크고 33.3%보다 작다는 사실도 추론할 수 있다.

② **분수값 암기하기**(암기는 'APPLE→사과'를 외우는 것이 아니다. 암기는 'APPLE↔사과'를 모두 외우는 것이다.)

분수 값		% 크기		분수 값							
$\frac{1}{2}$	=	50.0%	=	$\frac{2}{4}$	= $\frac{3}{6}$	= $\frac{4}{8}$	= $\frac{5}{10}$	= $\frac{6}{12}$	= $\frac{7}{14}$	= $\frac{8}{16}$	= $\frac{9}{18}$
$\frac{1}{3}$	=	33.3%	=	$\frac{2}{6}$	= $\frac{3}{9}$	= $\frac{4}{12}$	= $\frac{5}{15}$	= $\frac{6}{18}$	= $\frac{7}{21}$	= $\frac{8}{24}$	= $\frac{9}{27}$
$\frac{2}{3}$	=	66.6%	=	$\frac{4}{6}$	= $\frac{6}{9}$	= $\frac{8}{12}$	= $\frac{10}{15}$	= $\frac{12}{18}$	= $\frac{14}{21}$	= $\frac{16}{24}$	= $\frac{18}{27}$
$\frac{1}{4}$	=	25.0%	=	$\frac{2}{8}$	= $\frac{3}{12}$	= $\frac{4}{16}$	= $\frac{5}{20}$	= $\frac{6}{24}$	= $\frac{7}{28}$	= $\frac{8}{32}$	= $\frac{9}{36}$
$\frac{3}{4}$	=	75.0%	=	$\frac{6}{8}$	= $\frac{9}{12}$	= $\frac{12}{16}$	= $\frac{15}{20}$	= $\frac{18}{24}$	= $\frac{21}{28}$	= $\frac{24}{32}$	= $\frac{27}{36}$
$\frac{1}{5}$	=	20.0%	=	$\frac{2}{10}$	= $\frac{3}{15}$	= $\frac{4}{20}$	= $\frac{5}{25}$	= $\frac{6}{30}$	= $\frac{7}{35}$	= $\frac{8}{40}$	= $\frac{9}{45}$
$\frac{2}{5}$	=	40.0%	=	$\frac{4}{10}$	= $\frac{6}{15}$	= $\frac{8}{20}$	= $\frac{10}{25}$	= $\frac{12}{30}$	= $\frac{14}{35}$	= $\frac{16}{40}$	= $\frac{18}{45}$
$\frac{3}{5}$	=	60.0%	=	$\frac{6}{10}$	= $\frac{9}{15}$	= $\frac{12}{20}$	= $\frac{15}{25}$	= $\frac{18}{30}$	= $\frac{21}{35}$	= $\frac{24}{40}$	= $\frac{27}{45}$
$\frac{4}{5}$	=	80.0%	=	$\frac{8}{10}$	= $\frac{12}{15}$	= $\frac{16}{20}$	= $\frac{20}{25}$	= $\frac{24}{30}$	= $\frac{28}{35}$	= $\frac{32}{40}$	= $\frac{36}{45}$
$\frac{1}{6}$	=	16.6%	=	$\frac{2}{12}$	= $\frac{3}{18}$	= $\frac{4}{24}$	= $\frac{5}{30}$	= $\frac{6}{36}$	= $\frac{7}{42}$	= $\frac{8}{48}$	= $\frac{9}{54}$
$\frac{5}{6}$	=	83.3%	=	$\frac{10}{12}$	= $\frac{15}{18}$	= $\frac{20}{24}$	= $\frac{25}{30}$	= $\frac{30}{36}$	= $\frac{35}{42}$	= $\frac{40}{48}$	= $\frac{45}{54}$
$\frac{1}{7}$	=	14.2%	=	$\frac{2}{14}$	= $\frac{3}{21}$	= $\frac{4}{28}$	= $\frac{5}{35}$	= $\frac{6}{42}$	= $\frac{7}{49}$	= $\frac{8}{56}$	= $\frac{9}{63}$
$\frac{2}{7}$	=	28.5%	=	$\frac{4}{14}$	= $\frac{6}{21}$	= $\frac{8}{28}$	= $\frac{10}{35}$	= $\frac{12}{42}$	= $\frac{14}{49}$	= $\frac{16}{56}$	= $\frac{18}{63}$
$\frac{3}{7}$	=	42.8%	=	$\frac{6}{14}$	= $\frac{9}{21}$	= $\frac{12}{28}$	= $\frac{15}{35}$	= $\frac{18}{42}$	= $\frac{21}{49}$	= $\frac{24}{56}$	= $\frac{27}{63}$
$\frac{4}{7}$	=	57.1%	=	$\frac{8}{14}$	= $\frac{12}{21}$	= $\frac{16}{28}$	= $\frac{20}{35}$	= $\frac{24}{42}$	= $\frac{28}{49}$	= $\frac{32}{56}$	= $\frac{36}{63}$
$\frac{5}{7}$	=	71.4%	=	$\frac{10}{14}$	= $\frac{15}{21}$	= $\frac{20}{28}$	= $\frac{25}{35}$	= $\frac{30}{42}$	= $\frac{35}{49}$	= $\frac{40}{56}$	= $\frac{45}{63}$
$\frac{6}{7}$	=	85.7%	=	$\frac{12}{14}$	= $\frac{18}{21}$	= $\frac{24}{28}$	= $\frac{30}{35}$	= $\frac{36}{42}$	= $\frac{42}{49}$	= $\frac{48}{56}$	= $\frac{54}{63}$

분수 값	% 크기	분수 값							
$\frac{1}{8}$	= 12.5%	= $\frac{2}{16}$	= $\frac{3}{24}$	= $\frac{4}{32}$	= $\frac{5}{40}$	= $\frac{6}{48}$	= $\frac{7}{56}$	= $\frac{8}{64}$	= $\frac{9}{72}$
$\frac{3}{8}$	= 37.5%	= $\frac{6}{16}$	= $\frac{9}{24}$	= $\frac{12}{32}$	= $\frac{15}{40}$	= $\frac{18}{48}$	= $\frac{21}{56}$	= $\frac{24}{64}$	= $\frac{27}{72}$
$\frac{5}{8}$	= 62.5%	= $\frac{10}{16}$	= $\frac{15}{24}$	= $\frac{20}{32}$	= $\frac{25}{40}$	= $\frac{30}{48}$	= $\frac{35}{56}$	= $\frac{40}{64}$	= $\frac{45}{72}$
$\frac{7}{8}$	= 87.5%	= $\frac{14}{16}$	= $\frac{21}{24}$	= $\frac{28}{32}$	= $\frac{35}{40}$	= $\frac{42}{48}$	= $\frac{49}{56}$	= $\frac{56}{64}$	= $\frac{63}{72}$
$\frac{1}{9}$	= 11.1%	= $\frac{2}{18}$	= $\frac{3}{27}$	= $\frac{4}{36}$	= $\frac{5}{45}$	= $\frac{6}{54}$	= $\frac{7}{63}$	= $\frac{8}{72}$	= $\frac{9}{81}$
$\frac{2}{9}$	= 22.2%	= $\frac{4}{18}$	= $\frac{6}{27}$	= $\frac{8}{36}$	= $\frac{10}{45}$	= $\frac{12}{54}$	= $\frac{14}{63}$	= $\frac{16}{72}$	= $\frac{18}{81}$
$\frac{4}{9}$	= 44.4%	= $\frac{8}{18}$	= $\frac{12}{27}$	= $\frac{16}{36}$	= $\frac{20}{45}$	= $\frac{24}{54}$	= $\frac{28}{63}$	= $\frac{32}{72}$	= $\frac{36}{81}$
$\frac{5}{9}$	= 55.5%	= $\frac{10}{18}$	= $\frac{15}{27}$	= $\frac{20}{36}$	= $\frac{25}{45}$	= $\frac{30}{54}$	= $\frac{35}{63}$	= $\frac{40}{72}$	= $\frac{45}{81}$
$\frac{7}{9}$	= 77.7%	= $\frac{14}{18}$	= $\frac{21}{27}$	= $\frac{28}{36}$	= $\frac{35}{45}$	= $\frac{42}{54}$	= $\frac{49}{63}$	= $\frac{56}{72}$	= $\frac{63}{81}$
$\frac{8}{9}$	= 88.8%	= $\frac{16}{18}$	= $\frac{24}{27}$	= $\frac{32}{36}$	= $\frac{40}{45}$	= $\frac{48}{54}$	= $\frac{56}{63}$	= $\frac{64}{72}$	= $\frac{72}{81}$
$\frac{1}{10}$	= 10.0%	= $\frac{2}{20}$	= $\frac{3}{30}$	= $\frac{4}{40}$	= $\frac{5}{50}$	= $\frac{6}{60}$	= $\frac{7}{70}$	= $\frac{8}{80}$	= $\frac{9}{90}$
$\frac{3}{10}$	= 30.0%	= $\frac{6}{20}$	= $\frac{9}{30}$	= $\frac{12}{40}$	= $\frac{15}{50}$	= $\frac{18}{60}$	= $\frac{21}{70}$	= $\frac{24}{80}$	= $\frac{27}{90}$
$\frac{7}{10}$	= 70.0%	= $\frac{14}{20}$	= $\frac{21}{30}$	= $\frac{28}{40}$	= $\frac{35}{50}$	= $\frac{42}{60}$	= $\frac{49}{70}$	= $\frac{56}{80}$	= $\frac{63}{90}$
$\frac{9}{10}$	= 90.0%	= $\frac{18}{20}$	= $\frac{27}{30}$	= $\frac{36}{40}$	= $\frac{45}{50}$	= $\frac{54}{60}$	= $\frac{63}{70}$	= $\frac{72}{80}$	= $\frac{81}{90}$

$\frac{1}{11}$ =	9.09%	$\frac{1}{12}$ =	8.33%	$\frac{1}{13}$ =	7.69%	$\frac{1}{14}$ =	7.14%	$\frac{1}{15}$ =	6.66%
$\frac{10}{11}$ =	90.9%	$\frac{11}{12}$ =	91.6%	$\frac{12}{13}$ =	92.3%	$\frac{13}{14}$ =	92.8%	$\frac{14}{15}$ =	93.3%
$\frac{1}{16}$ =	6.25%	$\frac{1}{17}$ =	5.88%	$\frac{1}{18}$ =	5.55%	$\frac{1}{19}$ =	5.26%	$\frac{1}{20}$ =	5.00%
$\frac{15}{16}$ =	93.75%	$\frac{16}{17}$ =	94.1%	$\frac{17}{18}$ =	94.4%	$\frac{18}{19}$ =	94.7%	$\frac{19}{20}$ =	95.0%

❸ 분수 – 분수암기 적용해보기

기준	암기한 분수를 생각하며 기준과의 대소를 판별하세요. ex) $\dfrac{103}{996} > \dfrac{100}{1000}$ → 분모 작아지고, 분자는 커졌다.								
$\dfrac{1}{10}$	103	189	307	398	478	677	728	815	892
	996	2015	2985	4052	5037	5912	6952	7917	9031
	↑								
$\dfrac{1}{5}$	198	423	652	787	987	1163	1477	1593	1776
	1024	1935	2928	4022	5021	6079	6926	8025	9015
$\dfrac{3}{10}$	290	612	897	1169	1515	1792	2197	2412	2679
	1041	1989	3070	4036	4954	6031	6952	7983	9066
$\dfrac{2}{5}$	412	798	1322	1665	2026	2336	2798	3263	3556
	942	2026	2920	3940	4965	6063	7061	7960	9085
$\dfrac{1}{2}$	501	912	1495	1935	2573	3131	3427	4146	4483
	998	2022	3048	4020	4982	5972	7016	7977	9011
$\dfrac{3}{5}$	666	1230	1722	2492	2898	3547	4274	4726	5456
	994	1912	3073	3961	5029	6093	6992	8031	8977
$\dfrac{7}{10}$	680	1314	2112	2723	3535	4192	4914	5549	6312
	1006	2079	2913	4013	4964	6084	6940	8024	8917
$\dfrac{4}{5}$	789	1645	2414	3188	3912	4835	5551	6453	7124
	1053	1997	2952	4095	5060	5932	7012	7983	9138
$\dfrac{9}{10}$	887	1792	2612	3654	4441	5455	6357	7198	8123
	1022	2062	3183	3977	5182	5921	6982	8043	8991

기준	결과 값(답지)								
10%	크다	작다	크다	작다	작다	크다	크다	크다	작다
20%	작다	크다	크다	작다	작다	작다	크다	작다	작다
30%	작다	크다	작다	작다	크다	작다	크다	크다	작다
40%	크다	작다	크다	크다	크다	작다	작다	크다	작다
50%	크다	작다	크다	작다	크다	크다	작다	크다	작다
60%	크다	크다	작다	크다	작다	작다	크다	작다	크다
70%	작다	작다	크다	작다	크다	작다	크다	작다	크다
80%	작다	크다	크다	작다	작다	크다	작다	크다	작다
90%	작다	작다	작다	크다	작다	크다	크다	작다	크다

3) 플마찢기

❶ 분수의 계산법-3 플마찢기

앞에서 우리는 분자와 분모의 증감에 따른 분수값의 변화를 배웠다.

	분자 ↑	분자 ↓
분모 ↑	알 수 없음	감소
분모 ↓	증가	알 수 없음

※ 분자와 분모가 동시에 증가 또는 감소하는 경우는 뒤에 배울 '플마찢기'를 이용하자

하지만 분자와 분모가 동시에 증가 또는 감소하는 경우에 대한 처리 방법을 익히지 못하였다. 따라서 $\frac{4,181}{11,581}(=\frac{3,500+681}{10,000+1,581})$과 35%를 비교하는데 어려움이 있다. 이러한 경우의 비교를 위해서 우리는 이번에 플마찢기를 배워볼 것이다.

플마찢기란 정보와 상수 비교 시, 분자와 분모가 동시에 증가하거나 감소하는 경우에 사용하는 어림셈 방법이다. 정보와 상수를 비교하는 방법은 플러스 찢기와 마이너스 찢기를 통해서 자세하게 서술하였다.

❷ 플러스 찢기 $\dfrac{A}{B} = \dfrac{C+E}{D+F}$ (분자와 분모가 모두 증가하는 경우)

$\dfrac{A}{B}$(나중)는 $\dfrac{C}{D}$(초기)에 $\dfrac{E}{F}$를 추가했다고 생각하자.

㉠ 파란물에 물을 타면 어떻게 될까? → 색상이 연해져서 연파란물이 된다.

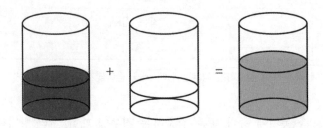

$\dfrac{C}{D} > \dfrac{E}{F}$인 경우, 파란물에 농도보다 더 연한 농도의 물을 추가하는 것과 같다. 더 연한 농도가 잘 이해

가지 않는다면 '물'이라고 생각하자. $\dfrac{A}{B} = \dfrac{C+E}{D+F}$에서, $\dfrac{C}{D} > \dfrac{E}{F}$라면 파란물에 물을 탄 것과 같으므로

$\dfrac{A}{B}$는 $\dfrac{C}{D}$보다 작다.

ex) $\dfrac{481}{331}$와 1.5를 비교한다면 $\dfrac{481}{331} = \dfrac{450+31}{300+31}$, $\dfrac{31}{31} < 1.5$이므로 파란물에 물을 넣은 것과 같다.

즉, $\dfrac{481}{331}$는 1.5보다 작다. → 나중이 초기보다 작다.

㉡ 파란물에 파란 잉크를 타면 어떻게 될까? → 색상이 진해져 진파란물이 된다.

$\dfrac{C}{D} < \dfrac{E}{F}$인 경우, 파란물의 농도보다 더 진한 농도의 물을 추가한 것과 같다. 더 진한 농도가 잘 이해가

지 않는다면 '파란 잉크'라고 생각하자. $\dfrac{A}{B} = \dfrac{C+E}{D+F}$에서 $\dfrac{C}{D} < \dfrac{E}{F}$라면 파란물에 잉크를 탄 것과 같으

므로 $\dfrac{A}{B}$는 $\dfrac{C}{D}$보다 크다.

ex) $\dfrac{501}{331}$와 1.5 비교 시, $\dfrac{501}{331} = \dfrac{450+51}{300+31}$, $\dfrac{51}{31} > 1.5$이므로 파란물에 잉크를 넣은 것과 같다.

즉, $\dfrac{501}{331}$는 1.5보다 크다. → 나중이 초기보다 크다.

❸ 마이너스 찢기 $\frac{A}{B} = \frac{C-E}{D-F}$ (분자와 분모가 모두 감소하는 경우)

$\frac{A}{B}$ (나중)는 $\frac{C}{D}$ (초기)와 $\frac{E}{F}$ 를 빼낸다고 생각하자.

㉠ 파란물에서 물을 빼면 어떻게 될까? → 색상이 짙어져 진파란물이 된다.

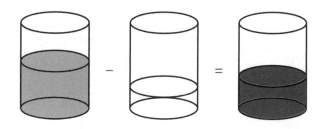

$\frac{C}{D} > \frac{E}{F}$ 인 경우, 기존 파란물의 농도보다 더 연한 농도의 물이 빠진 것과 같다. 더 연한 농도의 개념이

잘 이해가지 않는다면 '물'이라고 생각하자. $\frac{A}{B} = \frac{C-E}{D-F}$ 에서 $\frac{C}{D} > \frac{E}{F}$ 라면 파란물에서 물을 뺀 것과

같으므로 $\frac{A}{B}$ 는 $\frac{C}{D}$ 보다 크다.

ex) $\frac{89}{281}$ 와 30%를 비교하면 $\frac{89}{281} = \frac{90-1}{300-19}$, $\frac{1}{19} < 0.3$ 이므로 파란물에서 물을 뺀 것과 같다.

즉, $\frac{89}{281}$ 는 30%보다 크다. → 나중이 초기보다 크다.

㉡ 파란물에서 파란 잉크를 빼면 어떻게 될까? → 색상이 연해져 연파란물이 된다.

$\frac{C}{D} < \frac{E}{F}$ 인 경우, 기존 파란물의 농도보다 더 진한 농도의 물이 빠진 것과 같다. 더 진한 농도의 개념이

잘 이해가지 않는다면 '파란 잉크'라고 생각하자. $\frac{A}{B} = \frac{C-E}{D-F}$ 에서, $\frac{C}{D} < \frac{E}{F}$ 라면 파란물에서 잉크를

뺀 것과 같으므로 $\frac{A}{B}$ 는 $\frac{C}{D}$ 보다 작다.

ex) $\frac{83}{281}$ 와 30%를 비교하면 $\frac{83}{281} = \frac{90-7}{300-19}$, $\frac{7}{19} > 0.3$ 이므로 파란물에서 잉크를 뺀 것과 같다.

즉, $\frac{83}{281}$ 는 30%보다 작다. → 나중이 초기보다 작다.

④ **분수값 암기하기**(암기는 'APPLE → 사과'를 외우는 것이 아니다. 암기는 'APPLE ↔ 사과' 모두 외우는 것이다.)

%크기	분수 값									
5%	=	$\dfrac{5}{100}$	=	$\dfrac{10}{200}$	=	$\dfrac{20}{400}$	=	$\dfrac{30}{600}$	=	$\dfrac{40}{800}$
15%	=	$\dfrac{15}{100}$	=	$\dfrac{30}{200}$	=	$\dfrac{60}{400}$	=	$\dfrac{90}{600}$	=	$\dfrac{120}{800}$
25%	=	$\dfrac{25}{100}$	=	$\dfrac{50}{200}$	=	$\dfrac{100}{400}$	=	$\dfrac{150}{600}$	=	$\dfrac{200}{800}$
35%	=	$\dfrac{35}{100}$	=	$\dfrac{70}{200}$	=	$\dfrac{140}{400}$	=	$\dfrac{210}{600}$	=	$\dfrac{280}{800}$
45%	=	$\dfrac{45}{100}$	=	$\dfrac{90}{200}$	=	$\dfrac{180}{400}$	=	$\dfrac{270}{600}$	=	$\dfrac{360}{800}$
55%	=	$\dfrac{55}{100}$	=	$\dfrac{110}{200}$	=	$\dfrac{220}{400}$	=	$\dfrac{330}{600}$	=	$\dfrac{440}{800}$
65%	=	$\dfrac{65}{100}$	=	$\dfrac{130}{200}$	=	$\dfrac{260}{400}$	=	$\dfrac{390}{600}$	=	$\dfrac{520}{800}$
75%	=	$\dfrac{75}{100}$	=	$\dfrac{150}{200}$	=	$\dfrac{300}{400}$	=	$\dfrac{450}{600}$	=	$\dfrac{600}{800}$
85%	=	$\dfrac{85}{100}$	=	$\dfrac{170}{200}$	=	$\dfrac{340}{400}$	=	$\dfrac{510}{600}$	=	$\dfrac{680}{800}$
95%	=	$\dfrac{95}{100}$	=	$\dfrac{190}{200}$	=	$\dfrac{380}{400}$	=	$\dfrac{570}{600}$	=	$\dfrac{760}{800}$

※ 1) 10%, 20%, 30%, 40%, 50%, 60%, 70%, 80%, 90%는 분수의 암기에 있는 항목이므로 생략

❺ 분수 – 플마찢기 적용해보기

〈연습 해보기(분수)〉

기준	플마찢기와 암기한 분수를 이용하여 기준과의 대소를 판별하세요. ex) $\dfrac{4191}{6822} = \dfrac{3600+591}{6000+822}$ 〉 60%								
$\dfrac{1}{10}$	150	227	369	448	613	677	728	727	992
	1596	2139	3832	4102	5681	6412	7052	8017	9431
$\dfrac{1}{5}$	328	517	652	999	1163	1377	1513	1795	1976
	1724	2535	3328	4822	5579	6526	7725	8420	9715
$\dfrac{3}{10}$	330	896	972	1545	1733	1909	2262	2512	2879
	1141	2889	3170	4936	5754	6631	7452	8783	9466
$\dfrac{2}{5}$	712	798	1322	1765	2426	2536	2798	3363	3856
	1842	2026	3320	4440	5965	6563	7261	8160	9585
$\dfrac{1}{2}$	725	1515	1555	2435	2803	3131	3727	4246	4883
	1452	2993	3148	4920	5692	6202	7416	8377	9666
$\dfrac{3}{5}$	1066	1230	2122	2892	3362	3947	4674	5326	5456
	1794	2012	3573	4861	5729	6493	7892	8731	9277
$\dfrac{7}{10}$	1032	1459	2485	2964	4110	4750	5486	5997	6316
	1456	2079	3513	4213	5864	6884	7740	8424	9117
$\dfrac{4}{5}$	1414	1708	2381	3644	4252	5027	5850	7205	7676
	1761	2097	3002	4595	5260	6332	7212	8883	9638
$\dfrac{9}{10}$	1520	2607	2891	3723	4749	5496	6461	7553	8410
	1722	2962	3183	4177	5282	6021	7182	8443	9291

기준	결과 값(답지)								
10%	작다	크다	작다	크다	크다	크다	크다	작다	크다
20%	작다	크다	작다	크다	크다	크다	작다	크다	크다
30%	작다	크다	크다	크다	크다	작다	크다	작다	크다
40%	작다	작다	작다	작다	크다	작다	작다	크다	크다
50%	작다	크다	작다	작다	작다	크다	크다	크다	크다
60%	작다	크다	작다	작다	작다	크다	작다	크다	작다
70%	크다	크다	크다	크다	크다	작다	크다	크다	작다
80%	크다	크다	작다	작다	크다	작다	크다	크다	작다
90%	작다	작다	크다	작다	작다	크다	작다	작다	크다

〈연습 해보기(분수)〉

플마찢기와 암기한 분수를 이용하여 기준과의 대소를 판별하세요.

ex) $\dfrac{2813}{4782} = \dfrac{260+213}{4000+782}$ 〈 65%

기준									
5%	106	166	178	203	249	369	382	360	535
	1893	2980	3994	4013	5356	6889	7818	8294	9029
15%	172	333	466	640	822	1064	1074	1219	1521
	1116	2053	3282	4421	5427	6940	7894	8815	9435
25%	249	600	863	1187	1313	1476	1939	2090	2442
	1032	2460	3327	4467	5308	6036	7511	8388	9515
35%	443	800	1399	1665	2087	2132	2722	2948	3516
	1224	2261	3874	4862	5868	6092	7731	8269	9635
45%	630	1285	1670	1966	2297	2776	3118	3840	4037
	1349	2981	3607	4411	5196	6021	7194	8648	9105
55%	1050	1246	2146	2743	3309	3897	4383	4623	5458
	1858	2247	3900	4831	5803	6809	7883	8292	9937
65%	1121	1688	2624	3186	3590	3950	4969	5666	6046
	1749	2679	3966	4758	5519	6054	7813	8474	9078
75%	1120	2152	2401	3432	3759	4950	5623	6567	7252
	1484	2918	3178	4626	5052	6593	7618	8777	9582
85%	1409	2484	2715	3641	4475	5437	6271	7717	7768
	1675	2890	3175	4313	5201	6278	7370	8995	9317
95%	1798	2273	3231	4391	4834	5894	7102	7860	8922
	1889	2419	3410	4694	5140	6209	7391	8345	9482

기준	결과 값(답지)								
5%	크다	크다	작다	크다	작다	크다	작다	작다	크다
15%	크다	크다	작다	작다	크다	크다	작다	작다	크다
25%	작다	작다	크다	크다	작다	작다	크다	작다	크다
35%	크다	크다	크다	작다	크다	작다	크다	크다	크다
45%	크다	작다	크다	작다	작다	크다	작다	작다	작다
55%	크다	크다	크다	크다	크다	크다	크다	크다	작다
65%	작다	작다	크다	크다	크다	크다	작다	크다	크다
75%	크다	작다	크다	크다	작다	작다	크다	작다	크다
85%	작다	크다	크다	작다	크다	크다	크다	크다	작다
95%	크다	작다	작다	작다	작다	작다	크다	작다	작다

CHAPTER

2

관점 익히기

> 우리가 해야 할 것은 문제를 푸는 것이다.
> 문제를 풀기위해 필요한 것은 단 하나 '정오판단'뿐이다.
>
> '정오판단'을 위한 '관점'을 익히자.
>
> $$풀이시간 = \frac{계산량}{계산속도} 이다.$$
>
> 관점을 이용하면 계산량이 줄어든다.
> 그러면 풀이시간도 줄어든다!

---

1 자료해석 기본용어

❶ 자료해석 기본용어란?

용어 ① 분수 구조 3형제

A당 B		ex) 인구당 GDP
A 대비 B 비율	$= \dfrac{B}{A}$	ex) 가격 대비 성능 비율
A 중 B의 비율		ex) 전체 인구 중 남성의 비율

〈표〉 '갑'기업의 직원 및 매출액현황

직원수	여성 직원수	매출액	영업이익
A	B	C	D

① 갑 기업의 직원수 대비 매출액 비율은 얼마인가?
② 갑 기업의 전체 직원수 중 여성 직원수의 비율은 얼마인가?
③ 갑 기업의 매출액 중 영업이익의 비율은 얼마인가?

정답〉 ① $= \dfrac{C}{A}$, ② $= \dfrac{B}{A}$, ③ $= \dfrac{D}{C}$

직원수	여성 직원수	매출액	영업이익
A	B	C	D

〈표〉 '갑'기업의 직원 및 매출액현황

① 갑 기업의 직원수 대비 매출액 비율은 얼마인가?

② 갑 기업의 전체 직원수 중 여성 직원수의 비율은 얼마인가?

③ 갑 기업의 매출액 중 영업이익의 비율은 얼마인가?

💡답〉 ① $= \dfrac{C}{A}$, ② $= \dfrac{B}{A}$, ③ $= \dfrac{D}{C}$

용어 ② 전년 대비

전년 대비에 대한 정보를 알기 위해서는 '과거값'의 정보가 필요하다.

〈표〉 '갑'국 연도별 출생인구 및 사망인구

구분 \ 연도	2014	2015	2016	2017	2018
출생인구	15,781	16,782	17,725	18,125	19,245
사망인구	13,781	14,782	15,725	16,125	17,245

① 2015년 이후 출생인구는 전년 대비 매년 증가하였다. 몇 년도의 정보부터 필요한가?

② 2014년 이후 출생인구는 매년 증가하였다. 몇 년도의 정보부터 필요한가?

③ 2014년 이후 사망인구는 전년 대비 매년 증가하였다. 몇 년도의 정보부터 필요한가?

④ 2013년 이후 사망인구는 매년 증가하였다. 몇 년도의 정보부터 필요한가?

💡답〉 ①, ② = 2014년도   ③, ④ = 2013년
→ ①와 ②는 알 수 있으나, ③과 ④는 알 수 없다.

용어 ③ 폭폭폭과 율율율(전년대비, 또는 A년도 대비 B년도)

전년도(A년도)	현년도(B년도)
과거값	현재값

폭폭폭 3형제		율	
증가폭	현재값 − 과거값	증가율	$\dfrac{증가폭}{과거값} = \dfrac{현재값-과거값}{과거값}$
감소폭	과거값 − 현재값	감소율	$\dfrac{감소폭}{과거값} = \dfrac{과거값-현재값}{과거값}$
변화폭(증감폭)	$|현재값-과거값|$	변화율(증감율)	$\dfrac{변화폭}{과거값} = \dfrac{|현재값-과거값|}{과거값}$

〈표〉 '갑'기업 공채 응시인원

연도	2015	2016	2017
응시인원(천명)	40	50	40

① 2016년 전년대비 응시인원의 증가폭 / 증가율은 얼마인가?
② 2017년 전년대비 응시인원의 감소폭 / 감소율은 얼마인가?
③ 2016년 전년대비 응시인원의 변화폭 / 변화율은 얼마인가?
④ 2017년 전년대비 응시인원의 변화폭 / 변화율은 얼마인가?

💡답〉 ① = 10 / $\frac{10}{40}$ = 25%, ② = 10 / $\frac{10}{50}$ = 20%, ③ = 10 / $\frac{10}{40}$ = 25%, ④ = 10 / $\frac{10}{50}$ = 20%

용어 ④ % 증가/감소와 %p 증가/감소

%(퍼센트)증가/감소 = 퍼센트의 증가/감소는 증가율과 감소율을 의미한다.

%p(퍼센트포인트)증가/감소 = 퍼센트 포인트는 두 백분율 간의 차이값(증가/감소)을 나타낸다.

〈표〉 연도별 청소년 흡연율

구분＼연도	1990	2000
남자청소년	10%	20%
여자청소년	5%	7.5%

예시1) 1990년 대비 2000년의 남자 청소년의 흡연율은 10%p 증가하였다.
예시2) 1990년 대비 2000년의 남자 청소년의 흡연율은 100% 증가하였다.

① 1990년 대비 2000년의 여자 청소년의 흡연율은 (   )%p 증가하였다.
② 1990년 대비 2000년의 여자 청소년의 흡연율은 (   )% 증가하였다.

💡답〉 ① = 2.5   ② = 50(※ %와 %p를 이용한 함정은 빈출이기 때문에 절대 헷갈리면 안 된다.)

② 자료통역사의 관점이란?

❶ 자료통역사의 관점이란?

계속 강조한 것처럼 자료해석 출제자의 의도는 '비교'이다.

4가지 '관점'으로 선지의 정오를 판단하면 평소보다 적은 계산량으로 쉽게 '비교'할 수 있다.

$$\frac{계산량 \downarrow}{계산실력 \uparrow} \rightarrow \text{풀이시간} \downarrow$$

※ 재미로 보는 계산량의 중요성

계산실력을 50% 증가시킨다면 계산실력은 1.5배가 된다.

→ $\dfrac{계산량}{1.5 \times 계산실력} = 0.66 \times 풀이시간$

→ 계산실력을 50% 증가시키면 풀이시간이 34%가 감소한다.

반면, 계산량을 50% 감소시킨다면 계산량은 0.5배가 된다.

→ $\dfrac{0.5 \times 계산량}{계산실력} = 0.5 \times 풀이시간$

→ 계산량을 50% 감소시키면 풀이시간이 50% 감소한다.

❷ 자료통역사의 관점 미리보기

〈자료통역사의 관점〉은 4가지이다.

관점 1. 후보군: 보기의 정오를 판단할 때 보기가 제시한 값을 정확히 계산할 필요는 없다. 주어진 후보군
을 이용하여 오직 정오만을 판단하자.(※ 반례 확인)

관점 2. 계산의 2단계: 정밀셈이 아닌 어림셈으로 접근하자. 계산이 아닌 논리로 접근하자.

관점 3. 계산이 아닌 가공: 주어진 계산의 목적은 비교를 통한 정오판단이므로 정확한 값을 구할 필요는
없다. 논리적인 가공을 통하여 대소를 비교하여 정오를 판단하자.

관점 4. 공통과 차이: 대소비교에서 공통부분은 영향을 주지 않는다. 오직 차이 부분만 영향을 준다.
차이에 집중하자.

3 관점

1) 후보군

① 관점.1 후보군이란? 📄 이론 부분

$$\frac{956}{993}, \frac{441}{392}, \frac{893}{740}, \frac{1171}{978}$$

Q. 다음의 4개의 분수 중에 가장 큰 것은 $\frac{441}{392}$ 인가?

혹시 위 Q.를 해결하기 위해 가장 큰 값($\frac{893}{740}$)이 무엇인지 찾았는가?

가장 큰 분수를 찾는 관점으로 접근했다면 $\frac{893}{740}$ 와 $\frac{1171}{978}$ 를 비교가 쉽지 않았을 것이다.

그런데 위의 Q.를 해결하기 위해서 정말로 가장 값을 찾아야 할까?

그렇지 않다. Q.에서 물어본 것은 엄밀하게 따지면 $\frac{441}{392}$ 이 가장 큰지에 물어본 것 그뿐이다.

그렇기에, $\frac{441}{392}$ 보다 큰 값이 있는지 확인하는 '관점'으로 접근하면 훨씬 쉽게 해결 할 수 있다.

그렇다. 우리가 해야 할 것은 단 한 가지, '정오판단' 뿐이다.

따라서, 시키는 대로가 아닌, 정오 판단하는 '관점'으로 접근해야 한다.

> ☑ Tip | 정오를 판단할 때 실제로 선지의 문장이 옳은 문장인지를 판단하는 것보다 선지의 문장에 '반례가 없는가?'라는 관점으로 접근하는 것이 더욱 빠른 경우가 종종 있다.

이 때, 정오판단의 대상 또는 반례의 기준을 후보군이라고 하자.

예를 들어, 위의 Q의 후보군은 $\frac{441}{392}$ 이다.

② 빈출 선지에 후보군 적용해보기 📄 예시 부분

빈출 선지

① A는 B의 n배 이상, n% 이상/이하이다.

  → 판별 방법: $\frac{B}{A}$ 와 특정값(n)과 비교할 때 옳은 문장인가?(n을 후보로 생각하여 반례찾기)

② A가 n등이다.(1등인 경우 가장 크다. 꼴등일 경우 가장 작다.)

  → 판별 방법: A보다 더 큰 값이 n개 이상 있는가?(A를 후보로 생각하여 반례찾기)

③ A와 n을 비교하는 경우

  → 판별 방법: 특정값(n)을 대입했을 때 일치하는가?(A에 n(후보)을 대입하여 반례찾기)

④ A가 클수록 B도 크다.

  → 판별 방법: A는 증가했는데 B는 감소한 부분이 존재하지 않는가?(반례찾기)

⑤ A는 매년 증가/감소한다.

  → 판별 방법: A가 감소/증가한 곳이 존재하지 않는가?(반례찾기)

3 대표문제 같이 풀어보기 📄 예제문제 부분

〈표〉 '갑'사 실무진의 직급별 인원 구성

호봉 〳 구분	전체	남성	여성
팀장	56	36	20
대리	239	161	78
사원	123	66	57
전체	418	263	155

1. 실무진 중 남성 비율이 가장 높은 실무진은 사원이다. (O, X)

2. 전체 실무진중 사원이 차지하는 비율은 30% 이상이다. (O, X)

▶ 자료통역사의 관점 적용하기

1. (X)

후보군 = 사원의 남성비율 ($\frac{66}{123}$) = 60% 이하

사원보다 남성비율이 큰 직급이 있을까? → 팀장($\frac{36}{56}$) = 60% 이상

사원의 남성비율이 가장 높지 않다.

Q1 〉 가장 높은 직급이 무엇인지 알아야 할 필요가 있을까?

2. (X)

후보군 = 30%

실무진중 사원이 차지하는 비율($\frac{123}{418}$) = $\frac{120+3}{400+18}$ → $\frac{123}{418}$ 〈 30%

(※ 나눗셈 플마찢기를 이용한 결과이다.)

사원이 차지하는 비율은 30% 이하이다.

Q2 〉 실무진 중 사원이 차지하는 정확한 비율을 알아야 할 필요가 있을까?

④ 기출문제와 제작문제에 관점 적용해보기 📄 기출문제 풀이

문 1. (5급 17-28)

다음 〈표〉는 세조 재위기간 중 지역별 흉년 현황을 나타낸 것이다. 이에 대한 설명으로 옳지 않은 것은?

① 30초 바라보기
세조시기 지역별 흉년

〈표〉 세조 재위기간 중 지역별 흉년 현황

재위년 \ 지역	경기	황해	평안	함경	강원	충청	경상	전라	흉년 지역 수
세조1	×	×	×	×	×	○	×	×	1
세조2	○	×	×	×	×	○	○	×	3
세조3	○	×	×	×	×	○	○	○	4
세조4	○	( )	( )	( )	×	( )	×	( )	4
세조5	○	( )	○	○	○	×	×	×	( )
세조8	×	×	×	×	○	×	×	×	1
세조9	×	○	×	( )	○	×	×	×	2
세조10	○	×	×	○	○	○	×	×	4
세조12	○	○	○	×	○	○	×	×	5
세조13	○	×	( )	×	○	×	×	( )	3
세조14	○	○	×	×	○	( )	( )	×	4
흉년 빈도	8	5	( )	2	7	6	( )	1	

② 선지 재구성
평안보다 흉년빈도 높은 곳 3곳뿐이야?

※ 1) ○(×): 해당 재위년 해당 지역이 흉년임(흉년이 아님)을 의미함.
　2) 〈표〉에 제시되지 않은 재위년에는 흉년인 지역이 없음.

Q ﹥ 후보는 무엇인가?

1. 흉년 빈도가 네 번째로 높은 지역은 평안이다. (O, X)

A ﹥ 평안

▶ 자료통역사의 관점 적용하기

1. (X)

네 번째로 높은 지역은 평안이다 = 평안 지역보다 높은 곳은 3지역뿐이다. 나머지 지역을 흉년빈도순으로 살펴보면 경기(8), 강원(7), 충청(6) 황해(5)이다. 즉 평안보다 흉년빈도가 높은 곳이 3곳뿐이려면 평안은 5번의 흉년이 발생했어야한다. 그러나 평안의 경우, 주어진 O가 2개, 빈칸이 2개이므로 빈칸을 모두 O로 채워도 최대 흉년 빈도는 4번뿐이다.

정답 (X)

다음 〈표〉는 임차인 A ~ E의 전·월세 전환 현황에 대한 자료이다. 이에 대한 〈보기〉의 설명 중 옳은 것만을 모두 고르면?

〈표〉 임차인 A ~ E의 전·월세 전환 현황

(단위: 만원)

임차인	전세금	월세보증금	월세
A	( )	25,000	50
B	42,000	30,000	60
C	60,000	( )	70
D	38,000	30,000	80
E	58,000	53,000	( )

※ 전·월세 전환율(%) = $\dfrac{월세 \times 12}{전세금 - 월세보증금} \times 100$

1. A의 전·월세 전환율이 6%라면 전세금은 3억 5천만원이다. (O, X)

2. C의 전·월세 전환율이 3%라면 월세보증금은 3억 6천만원이다. (O, X)

① 30초 바라보기
　전세 월세 현황

② 선지 재구성
1. A 전세 3,5억이면 6%?
2. C 보증금 3,6억이면 3%?

Q 〉 전월세 전환율을 이용하여 구해보는 방법은 어떠한가?

● 자료통역사의 관점 적용하기

1. (O)

A의 전월세 전환율이 6%라면 전세금은 3억 5천만원이다. ＝ A의 전세금이 3.5억일 때 전월세 전환율은 6%이다.

$\dfrac{50 \times 12}{35,000 - 25,000} = \dfrac{600}{10,000}$ = 6%이므로 옳다.

2. (X)

C의 보증금이 3.6억 원일 때 전월세 전환율이 3%이다.

$\dfrac{70 \times 12}{60,000 - 36,000} = \dfrac{70 \times 12}{24,000} = \dfrac{70}{2,000}$ = 3.5%이므로 옳지 않다.

정답 (O, X)

문 3. (제작문항)

다음 〈표〉는 지역별 재정자립도에 대한 자료이다. 이에 대한 〈보기〉의 설명 중 옳은 것만을 모두 고르면?

〈표〉 2014~2016년 지역별 재정 자립도

(단위: %)

지역 \ 연도	2014	2015	2016
A	78.5	77.6	78.2
B	72.2	75.2	73.2
C	75.3	74.6	74.2
D	69.8	69.2	70.1
E	71.3	71.5	71.8
F	64.7	63.2	60.2
G	38.6	40.2	41.2
H	61.6	63.2	65.3
I	39.5	39.5	39.6
J	45.6	45.5	45.5
전국	53.7	53.6	53.8

1. 2014년 전국 재정자립도보다 1.2배 이상 높은 지역은 5개이다. (O, X)

① 30초 바라보기
연도와 지역별 재정자립도

② 선지 재구성
전국 재정자립도 1.2배 이상 지역 5개?

▶ 자료통역사의 관점 적용하기

1. (X)

1.2배 이상인 지역이 5개라면 재정자립도 6등 지역은 1.2배 이하이고, 5등 지역은 1.2배 이상이다.

5등인 D지역의 재정자립도는 69.8이고, 6등인 F지역은 64.7이다.

D지역은 1.2배 이상인 것이 쉽게 보인다. F지역은 확인한다. $\dfrac{64.7}{53.7} = \dfrac{60+4.7}{50+3.7}$ → 1.2배 이상이다.

따라서 1.2배 이상인 지역은 5개가 아니다.

정답 (X)

다음 〈표〉는 2016년 경기도 10개 시의 문화유산 보유건수 현황에 대한 자료이다. 이에 대한 설명으로 옳은 것은?

〈표〉 경기도 10개 시의 유형별 문화유산 보유건수 현황

(단위: 건)

유형 시	국가 지정 문화재	지방 지정 문화재	문화재 자료	등록 문화재	합
용인시	64	36	16	4	120
여주시	24	32	11	3	70
고양시	16	35	11	7	69
안성시	13	42	13	0	68
남양주시	18	34	11	4	67
파주시	14	28	9	12	63
성남시	36	17	3	3	59
화성시	14	26	9	0	49
수원시	14	24	8	2	48
양주시	11	19	9	0	39
전체	224	293	100	35	( )

※ 문화유산은 국가 지정 문화재, 지방 지정 문화재, 문화재 자료, 등록 문화재로만 구성됨

1. '국가 지정 문화재'의 시별 보유건수 순위는 '문화재 자료'와 동일하다. (O, X)

① 30초 바라보기
지역별 문화유산 보유건수

② 선지 재구성
국가 높을수록 문화재 높아?

Q 〉 순위에 대한 비교는 어떤 방식으로 해야 할까?

▶ 자료통역사의 관점 적용하기

1. (X)

A가 높을수록 B가 높다는 순위 관련 지문에서는 다음이 성립한다. 'A에서 동일한 순위는 B에서도 동일한 순위여야 한다.' 국가에서 파주, 화성, 수원의 보유건수는 각각 14개라는 같은 값으로 구성된다. 즉, 국가가 높을수록 문화재가 높으려면 화성, 수원의 경우, 문화재 역시 시별 보유건수가 같은 값으로 구성돼야한다. 그런데 파주와 화성의 문화재는 9로 같지만 수원은 8이다. 즉, 국가가 높을수록 문화재가 높지 않다.

정답 (X)

문 5. (민 실-01)

다음 〈그림〉은 '갑'회사의 대리점별 매출액 자료이다. 이에 대한 〈보기〉의 설명 중 옳은 것을 모두 고르면?

① 30초 바라보기
　대리점별 매출액

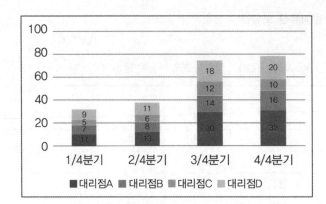

② 선지 재구성
　대리점 매출액 감소한
　적 없어?

1. 각 대리점의 분기별 매출액은 매년 증가하였다. (O, X)

▶ 자료통역사의 관점 적용하기

1. (X)

　대리점 C의 경우 4/4분기 매출액(10)이 3/4분기 매출액(12)보다 감소하였다.

정답 (X)

다음 〈표〉는 2006 ~ 2012년 '갑'국의 문화재 국외반출 허가 및 전시 현황에 관한 자료이다. 이에 대한 설명으로 옳은 것은?

① 30초 바라보기
문화재 전시 건수

〈표〉 문화재 국외반출 허가 및 전시 현황

(단위: 건, 개)

연도	전시건수		국외반출 허가 문화재 수량		
	국가별 전시건수 (국가 : 건수)	계	지정문화재 (문화재 종류 : 개수)	비지정 문화재	계
2006	일본 : 6, 중국 : 1, 영국 : 1, 프랑스 : 1, 호주 : 1	10	국보 : 3, 보물 : 4, 시도지정문화재 : 1	796	804
2007	일본 : 10, 미국 : 5, 그리스 : 1, 체코 : 1, 중국 : 1	18	국보 : 18, 보물 : 3, 시도지정문화재 : 1	902	924
2008	일본 : 5, 미국 : 3, 벨기에 : 1, 영국 : 1	10	국보 : 5, 보물 : 10	315	330
2009	일본 : 9, 미국 : 8, 중국 : 3, 이탈리아 : 3, 프랑스 : 2, 영국 : 2, 독일 : 2, 포르투갈 : 1, 네덜란드 : 1, 체코 : 1, 러시아 : 1	33	국보 : 2, 보물 : 13	1,399	1,414
2010	일본 : 9, 미국 : 5, 영국 : 2, 러시아 : 2, 중국 : 1, 벨기에 : 1, 이탈리아 : 1, 프랑스 : 1, 스페인 : 1, 브라질 : 1	24	국보 : 3, 보물 : 11	1,311	1,325
2011	미국 : 3, 일본 : 2, 호주 : 2, 중국 : 1, 타이완 : 1	9	국보 : 4, 보물 : 12	733	749
2012	미국 : 6, 중국 : 5, 일본 : 5, 영국 : 2, 브라질 : 1, 독일 : 1, 러시아 : 1	21	국보 : 4, 보물 : 9	1,430	1,443

② 선지 재구성
프랑스에 전시 건수 있는 해의 미국 비중이 가장 작아?

※ 1) 지정문화재는 국보, 보물, 시도지정문화재만으로 구성됨.
　 2) 동일년도에 두 번 이상 전시된 국외반출 허가 문화재는 없음.

1. 2007년 이후, 연도별 전시건수 중 미국 전시건수 비중이 가장 작은 해에는 프랑스에서도 전시가 있었다. (O, X)

⊙ 자료통역사의 관점 적용하기

1. (O)

미국 비중이 가장 작은 해에는 프랑스의 전시가 있다고 하였으므로 프랑스 전시가 있는 해의 미국 비중보다 미국 비중이 작은 해가 있는지 확인해보자.

프랑스의 전시 건수가 있는 해는 09,10년 2개이고, 09와 10년의 미국의 전시 건수는 $\frac{8}{33}$ 과 $\frac{5}{24}$ 이다.

$\frac{5}{24}$ ≒20%이므로 다른 연도 중에 20%보다 작은 해가 있는지 확인해보면 없다는 것을 알 수 있다.

정답 (O)

2) 계산의 2단계

❶ 관점.2 계산의 2단계

725,811 VS 65,175+15,780+8,775+38,226+22,578+15,872+21,152+7,882+44,421+14,515+2,223

Q. 다음 중 더 큰 숫자는 무엇인가?

혹시 위 Q를 해결하기 위해 11개의 항을 지닌 우측항의 합을 구했는가?
만약에 그렇게 했다면 최고자릿수 위주로 인식하였다고 해도 상당한 시간이 걸렸을 것이다.
그런데 위의 Q의 의도가 11개의 항의 덧셈일까?
그렇지 않다. 좌측 숫자가 72만인데 비하여
우측 11개 항의 가장 큰 수도 7만보다 작다.
실제로 더하지 않고 대~충 생각해도 72만 미만임을 쉽게 알 수 있다.
이처럼 무조건 정확하게 확인하려는 것이 아니라 정말 가볍게 보는 단계를 먼저 적용 하는 '계산의 2단계'
라는 관점으로 접근한다면 훨씬 쉽게 정오를 판단할 수 있다.

이미 설명한 것처럼 정오판단 시 처음부터 정확하게 확인하려고 하지 말자.
step ① 어림셈과 논리적 타당성을 통한 정오판단
step ② 정밀셈을 통한 정오판단
즉, step ①을 거친 후, step ②로 접근하자.

예를 들어, $\dfrac{2,878}{6,172}$와 45%를 비교한다고 생각하자.

step ① 어림셈 $\dfrac{287}{617}$ 62×4 = 248, 62×5 = 310인데, 287은 310에 더 가까우므로 45% 이상이다.

step ① 논리적 타당성 $\dfrac{270+17}{600+17}$ → 소금물(45%)에 소금을 더 넣으면 45% 이상이다.

만약 step ①으로 해결되지 않는다면 그 때 step ②로 접근한다.

step ② 6,172의 45% ≒ 2,777이므로 $\dfrac{2,878}{6,172}$은 45% 이상이다.

❷ 대표문제 같이 풀어보기

〈표〉 지역별 농장 현황

지역 \ 구분	농장수 (개)	재배면적(ha)	재배면적당 수확량(kg/ha)
A	635	878	3.6
B	875	1,146	2.9
C	1,123	1,421	2.6

1. 농장당 재배면적은 A지역이 B지역보다 크다. (O, X)

2. 수확량은 B지역이 C지역보다 작다. (O, X)

▶ 자료통역사의 관점 적용하기

1. (O)

A지역의 농장당 재배면적 = $\frac{878}{635}$ ≒ 1.3 , B지역의 농장당 재배면적 = $\frac{1,146}{875}$ ≒ 1.3

계산의 2단계

→ A지역 $\frac{878}{635} = \frac{800+78}{600+35}$ → $\frac{4}{3}$ ↑

→ B지역 $\frac{1,146}{875} = \frac{1200-54}{900-25}$ → $\frac{4}{3}$ ↓

A지역이 B지역보다 크다.(※ 감각적으로 A지역이 더 크다는 것이 보이면 가장 좋다.)

Q1 ▷ 정확한 값을 계산 하는 것이 더 쉬울까?

2. (O)

수확량 = 재배면적당 수확량 × 재배면적
B지역의 수확량 = 1,146×2.9 → 115×3 = 345
C지역의 수확량 = 1,421×2.6 → 140×2.5 = 350
계산의 2단계
B지역의 경우 1,146과 2.9를 숫자크기를 모두 키웠으므로 실제 값은 345↓
C지역의 경우 1,421과 2.6의 숫자크기를 모두 줄였으므로 실제 값은 350↑
→ 더 이상의 정밀셈이 필요 없이 B지역이 C지역보다 작다.

Q2 ▷ 더 정확해야 할 필요가 있을까?

❸ 기출문제와 제작문제에 관점 적용해보기

문 1. (5급 18–04)

다음 〈표〉는 2017년 스노보드 빅에어 월드컵 결승전에 출전한 선수 '갑'~'정'의 심사위원별 점수에 관한 자료이다. 이에 대한 〈보기〉의 설명 중 옳은 것만을 모두 고르면?

① 30초 바라보기
선수별 점수

〈표〉 선수 '갑'~'정'의 심사위원별 점수

(단위: 점)

선수	시기	심사위원				평균 점수	최종 점수
		A	B	C	D		
갑	1차	88	90	89	92	89.5	183.5
	2차	48	55	60	45	51.5	
	3차	95	96	92	( )	( )	
을	1차	84	87	87	88	( )	( )
	2차	28	40	41	39	39.5	
	3차	81	77	79	79	( )	
병	1차	74	73	85	89	79.5	167.5
	2차	89	88	88	87	88.0	
	3차	68	69	73	74	( )	
정	1차	79	82	80	85	81.0	( )
	2차	94	95	93	96	94.5	
	3차	37	45	39	41	40.0	

② 선지 재구성
최종점수 정이 을보다
낮아?

※ 1) 각 시기의 평균점수는 심사위원 A~D의 점수 중 최고점과 최저점을 제외한 2개 점수의 평균임

2) 각 선수의 최종점수는 각 선수의 1~3차 시기 평균점수 중 최저점을 제외한 2개 점수의 합임

1. 최종점수는 '정'이 '을'보다 낮다. (O, X)

Q 〉 빈칸을 먼저 채우고
접근하는 방법이 좋
은 방법일까?

A 〉 아니다.

▶ 자료통역사의 관점 적용하기

1. (X)

해당 문제는 빈칸을 채울 필요가 없다.

각주 2)에 따르면 최종점수는 1–3차 점수 중 최저점 제외 2개 점수 합으로 구성된다.

정의 점수는 81점과 94.5점의 합이다.

을의 점수의 경우, 39.5가 최저점이므로 나머지 2개의 점수의 합으로 구성된다.

을의 1차는 84~88점의 사이의 점수로 구성되며, 2차의 경우 77~81점으로 구성된다.

을의 1차(84~88점)는 정의 2차(94.5점)보다 낮고, 을의 2차(77~81점)는 정의 1차(81점)보다 낮다.

따라서 두 점수의 합도 을이 정의 점수보다 낮다.

정답 (X)

다음 〈표〉는 '갑'국 A~E 대학의 재학생수 및 재직 교원수와 법정 필요 교원수 산정기준에 관한 자료이다. 이에 근거하여 법정 필요 교원수를 충족시키기 위해 충원해야 할 교원수가 많은 대학부터 순서대로 나열하면?

① 30초 바라보기
대학의 재학생과 교원
법정 필요 교원 기준

〈표 1〉 재학생수 및 재직 교원수

(단위: 명)

구분\대학	A	B	C	D	E
재학생수	900	30,000	13,300	4,200	18,000
재직 교원수	44	1,260	450	130	860

〈표 2〉 법정 필요 교원수 산정기준

재학생수	법정 필요 교원수
1,000명 미만	재학생 22명당 교원 1명
1,000명 이상 10,000명 미만	재학생 21명당 교원 1명
10,000명 이상 20,000명 미만	재학생 20명당 교원 1명
20,000명 이상	재학생 19명당 교원 1명

※ 법정 필요 교원수 계산시 소수점 아래 첫째 자리에서 올림.

① B, C, D, A, E
② B, C, D, E, A
③ B, D, C, E, A
④ C, B, D, A, E
⑤ C, B, D, E, A

Q > 교원수가 많은 순서를 정말로 구해야할까?

A > 아니다.

● 자료통역사의 관점 적용하기

필요교원수를 충족하기 위해 충원해야할 교원수를 구하려면 먼저 필요교원수를 알아야한다.
(참고: 충원 교원수 = 필요 교원수 - 재직 교원수)

필요교원수 = $\dfrac{재학생수}{법정필요교원수}$ ex) 재학생: 20,000명, 필요교원수= $\dfrac{20,000}{19}$

법정 필요 교원수의 경우, 재학생 20명 당 1명을 제외한 나머지 기준은 결과값을 구하기 쉽지 않으므로 모두 재학생 20명 당 1인이라고 가정하자. 단, 다음과 같이 논리적 타당성을 부여해야한다.

즉, A대학의 경우 $\dfrac{900}{20}$ = 45이나 실제로는 재학생 22명당 교원 1명이므로 분수값을 45↓로 표시한다.

필요교원수 → A = 45↓, B = 1500↑, C = 655, D = 210↓ E = 900
충원교원수 → A = 1↓, B = 240↑, C = 205 D = 80 ↓ E = 40
따라서 B, C, D, E, A순이다.

정답 ②

문 3. (행 14-40)

다음 〈표〉는 A국 5개 산(가 ~ 마) 시작고도의 일 최저기온과 해당 산의 고도에 관한 자료이다. 〈규칙〉에 따라 단풍 절정기 시작날짜를 정할 때, 〈표 1〉의 날짜 중 단풍 절정기 시작날짜가 가장 늦은 산은?

① 30초 바라보기
산의 시작고도에 따른 온도 산의 시작고도와 정상고도 단풍절정기의 시기

〈표 1〉 A국 5개 산 시작고도의 일 최저기온

(단위: ℃)

날짜 \ 산	가	나	다	라	마
10월 11일	8.5	8.7	10.9	10.1	10.1
10월 12일	8.7	9.2	9.7	9.1	9.5
10월 13일	7.5	8.5	8.5	9.5	8.4
10월 14일	7.1	7.2	7.7	8.7	7.9
10월 15일	8.1	7.9	7.5	7.6	7.5
10월 16일	8.9	8.5	9.7	10.1	9.7
10월 17일	7.1	7.5	9.5	10.1	9.0
10월 18일	6.5	7.0	8.7	9.0	7.7
10월 19일	6.0	6.9	8.7	8.9	7.4
10월 20일	5.4	6.4	7.3	7.9	8.4
10월 21일	4.5	6.3	7.5	7.1	7.3
10월 22일	5.7	6.1	8.1	6.5	7.1
10월 23일	6.4	5.7	7.2	6.4	6.9
10월 24일	4.5	5.7	6.9	6.2	6.5
10월 25일	3.2	4.5	6.3	5.8	6.8
10월 26일	2.8	3.1	6.5	5.6	5.3
10월 27일	2.1	2.4	5.9	5.5	4.5
10월 28일	1.4	1.5	4.1	5.2	3.7
10월 29일	0.7	0.8	3.2	4.7	4.0

※ 각 산의 동일한 고도에서는 기온이 동일하다고 가정함.

〈표 2〉 A국 5개 산의 고도

(단위: m)

산 \ 고도	시작고도(S)	정상고도(T)
가	500	1,600
나	400	1,400
다	200	900
라	100	700
마	300	1,800

〈규칙〉

• 특정 고도의 일 최저기온이 최초로 5℃ 이하로 내려가면 해당 고도에서 단풍이 들기 시작한다.
• 각 산의 단풍 절정기 시작날짜는 해당 산의 고도 H(= 0.8 S + 0.2 T)에서 단풍이 들기 시작하는 날짜이다.
• 고도가 10 m 높아질 때마다 기온이 0.07 ℃씩 하강한다.

Q ❯ 실제로 고도가 높아지면 온도가 어떻게 될까?

① 가   ② 나   ③ 다   ④ 라   ⑤ 마

A ❯ 온도가 내려간다.

❍ 자료통역사의 관점 적용하기

단풍 절정기 시작날짜는 고도 H에서의 기온이 5℃ 이하로 내려갔을 때이다. 주어진 〈표 1〉은 S(시작고도)에 대한 기온이고, 구하고자 하는 기온은 고도가 H일 때의 기온이다.

H= 0.8 S + 0.2 T는 다음과 같이 정리할 수 있다. → H = 1.0(S) + 0.2(T−S)

고도가 높아질수록 기온이 하강하므로 H와 S간의 고도 차이가 크면 기온이 내려간다. H와 S간의 고도 차이가 크다는 것은 0.2(T−S)의 크기가 크다는 것이다. 즉, T(정상고도)와 S(시작고도)간의 차이가 크다는 것은 고도의 차이가 크다는 것을 말한다. 고도 차이가 크면 기온이 많이 하강하므로 T와 S간의 차이가 크면 기온하강 폭이 크다. 이를 통하여 T와 S의 차이가 비슷하면 기온이 하강하는 정도도 비슷하다. 기온 하강 정도가 비슷한 산끼리 3개 그룹으로 나누어 생각해보자.

그룹 A = 가, 나 / 그룹 B = 다, 라 / 그룹 C = 마.

S(시작고도)에서의 기온 추이를 고도 차이 (T−S)를 그룹끼리 비교해보면 S(시작고도)에서의 기온은 B 〉 C 〉 A이고, 고도 차이 (T−S)는 C 〉 A 〉 B 순이다. 고도 차이가 작을수록, 기온이 높을수록 절정기가 늦으므로 C그룹이 가장 늦게 시작한다. C그룹의 S(시작고도)에서 전반적인 추이는 '라' 〈 '다'이다. 따라서 시작 날짜가 가장 늦은 산은 '다'이다

※ 해당 문제의 접근에서 가장 중요한 것은 계산량을 줄이는 방향으로 접근하려고하는 것이다.

C그룹의 전반적인 S(시작고도)에서의 온도가 보이지 않는다면 다와 라만을 계산하여 비교하자.

정답 ③

문 4. (행 21~39)

다음 〈표〉는 S시 공공기관 의자 설치 사업에 참여한 '갑'~'무'기업의 소요비용에 대한 자료이다. 이에 대한 〈보기〉의 설명 중 옳은 것만을 모두 고르면?

① 30초 바라보기
의자 설치 소요비용

〈표〉 기업별 의자 설치 소요비용 산출근거

기업	의자 제작비용 (천 원/개)	배송거리 (km)	배송차량당 배송비용(천 원/km)		배송차량의 최대 배송량(개/대)
			배송업체 A	배송업체 B	
갑	300	120	1.0	1.2	30
을	250	110	1.1	0.9	50
병	320	130	0.7	0.9	70
정	400	80	0.8	1.0	40
무	270	150	0.5	0.3	25

※ 1) 소요비용 = 제작비용 + 배송비용
  2) '갑'~'무' 기업은 배송에 필요한 최소대수의 배송차량을 사용함.

② 선지 재구성
 1. 업체A 500개 설치 시 을이 제일 싸?
 2. 업체B 300개 설치 시 무가 제일 싸?

1. 배송업체 A를 이용하여 의자 500개를 설치할 때, 소요비용이 가장 적은 기업은 '을'이다.

(O, X)

Q > 소요비용의 크기에 대해서 물어보면 어 떻게 해야 할까?

2. 배송업체 B를 이용하여 의자 300개를 설치할 때, 소요비용이 가장 적은 기업은 '무'이다.

(O, X)

A > 계산의 2단계를 유지 한다.

▶ **자료통역사의 관점 적용하기**

소요비용: 제작비용 + 배송비용 / '갑'기업을 예시로 생각해보면, 제작비용은 1개당 300(천원)
배송비용은 30개당 1.0×120(천원) 또는 1.2×120(천원)이므로 1개당 4.0(천원) 또는 4.8(천원)이다.
→ 제작비용의 영향은 배송비용의 영향보다 지배적이다.(다른 기업도 제작비용의 영향이 배송비용의 영향보다 지배적이다. 이를 염두에 두고 문제를 해결하자.)

1. (O)

제작비용이 가장 저렴한 기업은 '을'이므로 소요비용도 을이 가장 저렴할 것이다. 계산결과: 을의 배송비용: 50개당 110×1.1 = 121(천원). 즉, 1개당 2.42천원이다.
→ '을'의 의자 1개당 소요비용 = 250 + 2.42 = 252.42천원
다른 기업의 경우, 제작비용만 252.2(천원)보다 크다. 즉, 을이 가장 저렴하다.

2. (X)

제작비용이 가장 저렴한 기업은 '을'이므로 소요비용도 을이 가장 저렴할 것이다. 계산결과: 을의 배송비용을 구해보면 50개 당 110×0.9 = 99(천원). 즉, 1개당 1.98천원이다.
→ '을'의 의자 1개당 소요비용 = 250 + 1.98 = 251.98천원.
다른 기업의 경우, 제작비용만 251.98(천원)보다 크다. 즉, 을이 가장 저렴하다.

정답 (O, X)

3) 계산이 아닌 가공

❶ 관점.3 계산이 아닌 가공이란?

1,748+1,572+1,352 VS 3,848+572+352
Q 다음 중 더 큰 숫자는 무엇인가?

위 Q를 해결하기 위해 실제값을 더하여 비교했는가?
만약 그렇게 했다면 1,748+1,572+1,352 = 4,672과 3,848+572+352 = 4,772를 구하여 우측이 더 크다는 사실을 알 수 있지만 계산에 많은 시간이 걸린다.
그런데 위의 Q에서 의도하려는 것이 정말로 더하기를 열심히 하게 하려는 것이었을까?
그렇지 않다. 두 숫자를 다음과 같이 정렬해보면 의도가 더 잘 드러나게 된다.
1,748+1,572+1,352
3,848+ 572+ 352
위 숫자와 아래 숫자간의 증감을 확인하면
1,748 → 3,848은 2,100이 증가하였고,
1,572 →   572는 1,000이 감소하였고
1,352 →   352는 1,000이 감소하였다.

1748+1572+1352 → 3848+572+352은 2,100이 증가하고, 2,000이 감소하였다. 따라서 우측이 더 크다는 것을 판단할 수 있다.

자료통역사의 관점으로 접근하여 정오를 판단하는 것을 '계산이 아닌 가공'이라고 한다.
위의 예시처럼 접근의 관점을 달리하면 훨씬 더 쉽게 정오를 판단할 수 있다.

계속 강조하듯이 정오판단 시 무조건 계산으로 접근하려고 해서는 안 된다.
혹시 다른 접근방법은 없는지 항상 생각하여 계산량을 줄이는 방향으로 접근하자.

❷ 대표문제 같이 풀어보기

〈표〉 '갑'지역 고등학교별 학업평가 기초미달률

지역 \ 구분	갑지역	고 고등학교	릴 고등학교	라 고등학교
학생수(명)	( )	1521	832	987
기초미달자	( )	423	87	220
기초미달률(%)	( )	27.8	10.5	22.3

1. 갑지역의 전체 기초미달률은 20% 이상이다. (O, X)

▶ 자료통역사의 관점 적용하기

1. (O)

계산이 아닌 가공 → 기초미달률을 소금물로 생각해보자. 27.8%의 소금물과 10.5%의 소금물과 22.3%의 소금물을 섞으면 '갑'지역 전체가 나온다. 만약 릴 고등학교의 소금물의 농도가 20% 이상이라면 '갑'지역 전체는 당연히 20% 이상이다. 고 고등학교의 기초 미달자(소금)는 320만 있어도 20% 이상이므로 100을 릴 고등학교에 넘겨주자.

$\frac{187}{832}$ 은 20%를 넘어가므로 '갑'지역의 고릴라 고등학교 모두 20%보다 크기 때문에 '갑'지역은 당연히 20% 이상이다.

❸ 기출문제와 제작문제에 관점 적용해보기

문 1. (5급 20-09)

다음은 2014 ~ 2018년 부동산 및 기타 재산 압류건수 관련 정보가 일부 훼손된 서류이다. 이에 대한 〈보기〉의 설명 중 옳은 것을 고르면?

2014~2018년 부동산 및 기타 재산 압류건수
(단위: 건)

구분 연도	부동산	기타 재산	전체
2014	122,148	6,148	128,296
2015	136	27,783	146,919
2016	743	34,011	158,754
2017	9	34,037	163,666
2018		29,814	151,211

1. 부동산 압류건수는 매년 기타 재산 압류건수의 4배 이상이다. (O, X)

① 30초 바라보기
   연도별 재산압류

② 선지 재구성
   부동산 매년 기타의
   4배?

Q ▶ 2014~2018년 중 어
   느 것을 먼저 확인하
   는 것이 좋을까?

A ▶ 2015년 이후

▶ 자료통역사의 관점 적용하기

1. (X)

전체는 부동산 + 기타로 구성된다. 즉, 부동산이 기타재산의 4배 이상이라면 전체는 기타의 5배 이상이어야 한다.

2016년의 경우 $\frac{158,754}{34,011} = \frac{150,000 + 8,754}{30,000 + 4,011}$ 이므로 5배 이하이다.

(※ 정오판단을 위해서는 반례를 생각하자. 5배 이하가 되기 위해선 기타재산은 커야하고, 전체는 작아야한다. 기타재산이 크고, 전체는 작은 반례가 될 가능성이 높은 2016년 이후부터 확인하자.)

정답 (X)

CHAPTER 2 관점 익히기 **71**

문 2. (5급 20-24)

다음 〈표〉는 2014 ~ 2018년 A기업의 직군별 사원수 현황에 대한 자료이다. 이에 대한 〈보기〉의 설명 중 옳은 것을 고르면?

〈표〉 2014 ~ 2018년 A기업의 직군별 사원수 현황

(단위: 명)

연도 \ 직군	영업직	생산직	사무직
2018	169	105	66
2017	174	121	68
2016	137	107	77
2015	136	93	84
2014	134	107	85

※ 사원은 영업직, 생산직, 사무직으로만 구분됨.

1. 전체 사원수는 매년 증가한다. (O, X)

① 30초 바라보기
   A기업 연도별 직원수

② 선지 재구성
   사원 매년 증가?

Q ▶ 위에서 아래로 확인
   하려면 어떻게 해야
   할까?

A ▶ 매년 감소로 판단

▶ 자료통역사의 관점 적용하기

1. (X)

전체 사원수가 감소하는 경우는 없어?
전체 사원수 = 영업직 + 생산직 + 사무직
감소하는 경우 = 다른 직렬의 증가폭보다 감소폭이 큰 경우
14년도 → 15년도의 경우, 영업직은 2 증가했으나, 생산직은 14 감소하고, 사무직은 1 감소하였다.
따라서 전체 사원수는 감소하였다.

정답 (X)

다음 〈표〉는 2011 ~ 2015년 군 장병 1인당 1일 급식비와 조리원 충원인원에 관한 자료이다. 이에 대한 설명으로 옳지 않은 것은?

① 30초 바라보기
군 장병 급식자료

〈표〉군 장병 1인당 1일 급식비와 조리원 충원인원

구분 \ 연도	2011	2012	2013	2014	2015
1인당 1일 급식비(원)	5,820	6,155	6,432	6,848	6,984
조리원 충원인원(명)	1,767	1,924	2,024	2,123	2,195
전년대비 물가상승률(%)	5	5	5	5	5

※ 2011 ~ 2015년 동안 군 장병 수는 동일함.

② 선지 재구성
Case 2의 형태.
한 번에 해결하려 하
지말자.

1. 2012년의 조리원 충원인원이 목표 충원인원의 88%라고 할 때, 2012년의 조리원 목표 충원인원은 2,100명보다 많다. (O, X)

Q〉가정형의 선지일 때
는 어떤 식으로 해결
하는 것이 좋을까?

A〉단계별로 나누어 생각

● 자료통역사의 관점 적용하기

1. (O)

해당 선지는 목표 충원인원이 2,100명 보다 많을 때, 목표율($\frac{현재\ 충원인원}{충원\ 목표인원}$)이 88%인지를 물어 보는 것이다. 즉,

88% = $\frac{1,924}{2,100 \uparrow}$ 인지를 물어보고 있는 것이다.

분모의 크기가 2,100보다 커졌을 때, 88%여야 하므로 분모의 크기가 2,100일때는, 88%보다 커야한다. (분모값이 ↓면

분수값은 ↑) $\frac{1,924}{2,100}$ 가 88% 이상인가? $\frac{1,760+164}{2,000+100}$ 이므로 88% 이상이다.(소금물에 소금 넣기)

(※ 여집합을 이용하여 생각해봐도, 90% 이상임을 알 수 있다.)

목표율이 88% 이상이므로 조리원 목표 충원인원은 2,100명보다 많다.

✓Tip | 분수($\frac{A}{B} = N$)에서 정오판단의 기준(x)의 위치에 따른 정오판단 기준 표

	x 이상이냐	x 이하이냐
분수가 판단의 기준(x)인 경우	$\frac{A}{B} > x$	$\frac{A}{B} < x$
분모가 판단의 기준(x)인 경우	$\frac{A}{x} > N$	$\frac{A}{x} < N$
분자가 판단의 기준(x)인 경우	$\frac{x}{B} < N$	$\frac{x}{B} > N$

정답 (O)

문 4. (5급 12-04)

다음 〈표〉는 A시와 B시의 민원접수 및 처리 현황에 대한 자료이다. 이에 대한 설명으로 옳은 것은?

① 30초 바라보기
시별 민원접수 및 처리

〈표〉 A, B시의 민원접수 및 처리 현황

(단위: 건)

구분	민원접수	처리 상황		완료된 민원의 결과	
		미완료	완료	수용	기각
A시	19,699	( )	18,135	( )	3,773
B시	40,830	( )	32,049	23,637	( )

② 선지 재구성
미완료 비중 10%p
이상차이?

※ 1) 접수된 민원의 처리 상황은 '미완료'와 '완료'로만 구분되며, 완료된 민원의 결과는 '수용'과 '기각'으로만 구분됨.

2) 수용비율(%) = $\dfrac{수용건수}{완료건수} \times 100$

1. A시와 B시 각각의 '민원접수' 건수 대비 '미완료' 건수의 비율은 10%p 이상 차이가 난다.
(O, X)

▶ 자료통역사의 관점 적용하기

1. (O)

민원접수는 미완료와 완료로 구성된다. 따라서 전체에서 완료와 미완료가 각각 차지하는 비율을 합치면 100%이다.
즉, 미완료 비율 간 10%p 차이가 있다면 완료 비율 간에도 10%p 차이가 있다.
(여집합에서 배운 것처럼 하나가 커지면 다른 하나는 작아지기 때문이다.)

A시의 경우, $\dfrac{18135}{19699}$ 이므로 90% 이상이다. B시의 경우, $\dfrac{32049}{40830}$ 이므로 80% 이하이다. 따라서 완료가 차지하는

비율이 10%p 차이가 나고 그로 인하여 미완료가 차지하는 비율도 10%p의 차이가 난다.
(간단 증명 → C+D(=100) = E+F(=100)이라면 C와 E의 차이는 C-E = F-D이다.)

정답 (O)

4) 공통과 차이

❶ 관점.4 공통과 차이란?

10+20+30+40+50+60+70+80+90+100+110+120+130+140+150+6+11

40+20+50+10+70+60+30+80+90+110+150+120+130+140+100+8+5

Q. 위의 두 숫자 중 더 큰 숫자는 무엇인가?

혹시 위 Q를 해결하기 위해 주어진 숫자를 모두 더하여 비교했는가? 그러지 않았을 것이라고 생각한다. 위 두 식은 모두 10~150까지 더한 것이므로 그 부분을 제외한 나머지 항, 즉, 6+11과 8+5를 비교했을 것이다.

이처럼 비교 시에는 공통부분(10~150까지의 합)은 비교에 영향을 주지 않는다. 따라서 차이(6+11과 8+5)에 집중해야한다.

위에서 배운 것처럼 숫자 비교에서는 '공통'은 영향을 주지 못한다. 따라서 '공통'을 무시하고, '차이'에 집중해야 한다. 이 관점을 '공통과 차이'라고 한다.

공통을 무시하고 차이에 집중하기 위해 해당 구성에서 공통과 차이가 각각 어느 부분인지 찾아야 한다.

❷ 대표문제 같이 풀어보기

〈표〉 '갑'국의 세율 변경 전 후

구분	월소득		
	0~200만원	200~400만원	400만원 이상
세율변경 전	15%		
세율변경 후	5%	15%	25%

※ 세율변경 후의 세금은 소득에 따라서 누진제가 적용됨.

예를 들어, 300만원의 소득을 버는 사람이라면 0~200만원에 대한 소득은 5%의 세율을 200~300만원에 대한 세율은 15%에 대한 세율이 부과됨.

1. 월소득이 600만원인 근로자의 경우 세율의 변경전과 변경후의 세금은 동일하다.(O, X)

▶ 자료통역사의 관점 적용하기

1. (O)

공통과 차이 → 세율 변경전의 세율인 15%와 차이 나는 부분에만 집중하자.

0~200인 구간 → 기존세율(15%)에 비하여 10% 감소하였다.

　　　　　　　→ 200×10%만큼 덜 낸다.

200~400인 구간 → 기존세율(15%)와 동일하므로 세금은 동일하다.

400~600인 구간 → 기존세율(15%)에 비하여 10% 증가하였다. → 200×10%만큼 더 낸다.

덜 내는 세금은 200×10% 이고, 더 내는 세금도 200×10%이므로 월소득이 600만원인 근로자의 경우, 세금의 변화가 없다.

❸ 기출문제와 제작문제에 관점 적용해보기

다음 〈표〉는 2018년 A ～ C 지역의 0 ～ 11세 인구 자료이다. 이에 대한 〈보기〉의 설명 중 옳은 것만을 모두 고르면?

〈표 1〉 A ～ C 지역의 0 ～ 5세 인구(2018년)

(단위: 명)

지역＼나이	0	1	2	3	4	5	합
A	104,099	119,264	119,772	120,371	134,576	131,257	729,339
B	70,798	76,955	74,874	73,373	80,575	76,864	453,439
C	3,219	3,448	3,258	3,397	3,722	3,627	20,671
계	178,116	199,667	197,904	197,141	218,873	211,748	1,203,449

〈표 2〉 A ～ C 지역의 6 ～ 11세 인구(2018년)

(단위: 명)

지역＼나이	6	7	8	9	10	11	합
A	130,885	124,285	130,186	136,415	124,326	118,363	764,460
B	77,045	72,626	76,968	81,236	75,032	72,584	455,491
C	3,682	3,530	3,551	3,477	3,155	2,905	20,300
계	211,612	200,441	210,705	221,128	202,513	193,852	1,240,251

※ 1) 인구 이동 및 사망자는 없음.
  2) 나이 = 당해연도 - 출생연도

1. 2019년에 C 지역의 6 ～ 11세 인구의 합은 전년대비 증가한다. (O, X)

① 30초 바라보기
   18년의 나이별 인구 구성

② 선지 재구성
   19년, 6~11세 인구 증가해?

Q 〉 19년도에 인구수를 알 수 있는 나이는 몇 세부터 몇 세인가?

A 〉 1~12세

▶ 자료통역사의 관점 적용하기

1. (O)

2018년 기준 5~10세의 인구가 6~11세의 인구보다 많은지 묻는 내용이다.
2019년 6~11세는 2018년을 기준으로 5~10세이다.
2018년 기준 6~10세의 인원은 공통적인 부분이므로 차이가 나는 부분인 2018년 C지역의 5세와 11세 인구를 비교하면 된다. 이때, 5세(3,627) 〉 11세(2,905) 이다. 따라서 2019년 6~11세의 인구는 전년대비 증가하였다.

정답 (O)

다음 〈표〉는 각각 3명의 아동이 있는 A와 B가구의 11월 학원등록 현황에 대한 자료이다. 이에 대한 설명으로 옳지 않은 것은?

〈표 1〉 A가구 아동의 11월 학원등록 현황

아동 \ 학원	갑	을	병
송이	○	○	–
세미	○	–	–
휘경	–	○	○

〈표 2〉 B가구 아동의 11월 학원등록 현황

아동 \ 학원	갑	을	병
민준	○	○	○
재경	–	○	–
유라	–	–	○

※ 1) ○: 학원에 등록한 경우, –: 학원에 등록하지 않은 경우
　 2) 표에 나타나지 않은 학원에는 등록하지 않음.
　 3) A, B 가구 아동의 12월 학원등록 현황은 11월과 동일함.

〈표 3〉 11월 학원별 1개월 수강료

(단위: 원)

학원	갑	을	병
수강료	80,000	60,000	90,000

※ 1) 학원등록은 매월 1일에 1개월 단위로만 가능함.
　 2) 별도의 가정이 없으면, 12월의 학원별 1개월 수강료는 11월과 동일함.

1. 11월 가구별 총 수강료는 B 가구가 A 가구보다 1만원 더 많다. (O, X)

2. 학원 '을'과 '병'이 12월 수강료를 10% 할인한다면 12월 총 수강료는 A 가구보다 B 가구가 18,000원 더 많다. (O, X)

① 30초 바라보기
　A,B가구의 학원과 학원비

② 선지 재구성
　1. B가 A보다 1만 비싸?
　2. 학원 할인하면 A가 B보다 1.8만 비싸?

Q ＞ 한 학원에 2명 이상의 아동이 등록한 경우 할인을 해준다면 공통과 차이를 어떻게 사용해야 할까?

A ＞ 공통 할인을 소거하자.

● 자료통역사의 관점 적용하기

A가구는 갑 2, 을 2 병 1을 등록하였고, B가구는 갑 1, 을 2, 병 2를 등록하였다.

1. (O)

A가구와 B가구의 공통은 갑1, 을2, 병1이고, 차이는 갑1과 병1이다. 병이 갑보다 1만원 더 비싸므로 B가구의 수강료가 1만원 더 많다.

2. (X)

을과 병이 각각 10%를 할인하여도 A, B가구 아동들의 학원등록 현황은 변화하지 않는다. 공통이 되는 부분은 소거하고 차이가 되는 부분만 생각하자. A가구는 갑학원에 한 명 더 등록하였고, B가구는 을학원을 한 명 더 등록하였다. 둘의 차이는 80,000–81,000으로 1,000원 차이이다.

정답 (O, X)

문 3. (5급 14-26)

다음 〈표〉는 화학경시대회 응시생 A~J의 성적 관련 자료이다. 이에 대한 설명 중 옳은 것만을 모두 고르면?

〈표〉 화학경시대회 성적 자료

구분 응시생	정답 문항수	오답 문항수	풀지않은 문항수	점수(점)
A	19	1	0	93
B	18	2	0	86
C	17	1	2	83
D	( )	2	1	( )
E	( )	3	0	( )
F	16	1	3	78
G	16	( )	( )	76
H	( )	( )	( )	75
I	15	( )	( )	71
J	( )	( )	( )	64

※ 1) 총 20 문항으로 100점 만점임.
　2) 정답인 문항에 대해서는 각 5점의 득점, 오답인 문항에 대해서는 각 2점의 감점이 있고, 풀지 않은 문항에 대해서는 득점과 감점이 없음.

1. 80점 이상인 응시생은 5명이다. (O, X)

2. 응시생 I의 '풀지않은 문항수'는 3이다. (O, X)

① 30초 바라보기
　응시생의 성적 결과

② 선지 재구성
　1. 80 이상 5명이야?
　2. I 안 푼 거 3개야?

Q ▶ 만약 각주 2)가 없다면, 어떤 응시생을 이용하는 것이 좋을까?

A ▶ 응시생 A~C

Q ▶ 점수의 구성을 보면 떠오르는 것은 없는가?

A ▶ 내림차순

▶ 자료통역사의 관점 적용하기

1. (X)

D의 경우 C에 비하여 오답 문항수는 1 늘고, 풀지 않은 문항수는 1 줄어 정답 문항수는 똑같이 17이다. 풀지 않은 문항은 점수에 영향이 없고, 오답문항의 1 증가는 2점 감점이므로 D는 81점이다. 같은 논리로 E는 79점이다. 즉, 80점을 넘는 사람은 A,B,C,D로 총 4명이다.

2. (O)

I의 경우 F에 비하여 7점이 낮은데 정답 문항수는 1이 적다(-5). 이는 추가 감점요소 2점이 있다는 의미이다. 따라서 I는 F보다 틀린 문항수가 1이 더 많다. 즉, 틀린 문항수는 2, 풀지 않은 문항수는 3이다.

정답 (X, O)

다음 〈표〉는 소프트웨어 A~E의 제공 기능 및 가격과 사용자별 필요 기능 및 보유 소프트웨어에 관한 자료이다. 이에 대한 〈보기〉의 설명 중 옳은 것만을 모두 고르면?

① 30초 바라보기
소프트웨어의 가격과
사용자별 필요 기능

〈표 1〉 소프트웨어별 제공 기능 및 가격

(단위: 원)

구분 소프트웨어	기능										가격
	1	2	3	4	5	6	7	8	9	10	
A	○		○		○		○	○		○	79,000
B		○	○	○		○			○	○	62,000
C	○	○	○	○	○	○		○			58,000
D		○				○	○		○		54,000
E	○		○	○	○	○	○	○			68,000

※ 1) ○: 소프트웨어가 해당 번호의 기능을 제공함을 뜻함.
   2) 각 기능의 가격은 해당 기능을 제공하는 모든 소프트웨어에서 동일하며, 소프트웨어의 가격은 제공 기능 가격의 합임.

② 선지 재구성
1,5,8랑 10의 기능가격
차이 3천원 이상이야?

1. 기능 1,5,8의 가격 합과 기능 10의 가격 차이는 3,000원 이상이다. (O, X)

Q 〉 기능 1과 기능 2,4,9
의 가격 차이도 구
할 수 있는가?

A 〉 구할 수 없다.

● 자료통역사의 관점 적용하기

1. (O)

소프트웨어의 가격은 제공 기능 가격의 합이다. 그러나 기능은 10개인데 소프트웨어의 종류는 5개뿐이므로 해를 구할 수 없다. (부정방정식) 따라서 1,5,8의 기능이 있지만 10의 기능 없는 소프트웨어, 혹은 반대로 1,5,8의 기능은 없지만 10의 기능은 있는 소프트웨어가 없다면 알 수 없다.
1, 5, 8의 기능은 있으나 10의 기능이 없는 소프트웨어는 C와 E이다.
1, 5, 8의 기능은 없으나 10의 기능이 있는 소프트웨어는 B이다.
소프트웨어 B와 E의 차이는 (1,5,7,8)과 (2,10)이다.
소프트웨어 B와 C의 차이는 (1,5,8)과 (10)이다. 따라서 B와 C의 가격 차이를 확인해야한다.
B와 C의 가격차이는 62,000-58,000 = 4,000원이므로 3,000원 이상 차이난다.

정답 (O)

문 5. (민 13-25)

다음 〈표〉는 '갑'국 개인 A~D의 연소득에 대한 자료이고, 개인별 소득세산출액은 〈소득세 결정기준〉에 따라 계산한다. 이를 근거로 A~D 중 소득세산출액이 가장 많은 사람과 가장 적은 사람을 바르게 나열한 것은?

① 30초 바라보기
소득과 그에 따른
소득세

〈표〉 개인별 연소득 현황

(단위: 만원)

개인	근로소득	융소득
A	15,000	5,000
B	25,000	0
C	20,000	0
D	0	30,000

※ 1) 근로소득과 금융소득 이외의 소득은 존재하지 않음.
   2) 모든 소득은 과세대상이고, 어떤 종류의 공제·감면도 존재하지 않음.

─── 〈소득세 결정기준〉 ───

• 5천만원 이하의 금융소득에 대해서는 15%의 '금융소득세'를 부과함.
• 과세표준은 금융소득 중 5천만원을 초과하는 부분과 근로소득의 합이고, 〈과세표준에 따른 근로소득세율〉에 따라 '근로소득세'를 부과함.
• 소득세산출액은 '금융소득세'와 '근로소득세'의 합임.

〈과세표준에 따른 근로소득세율〉

(단위: %)

과세표준	세율
1,000만원 이하분	5
1,000만원 초과 5,000만원 이하분	10
5,000만원 초과 1억원 이하분	15
1억원 초과 2억원 이하분	20
2억원 초과분	25

• 예를 들어, 과세표준이 2,500만원인 사람의 '근로소득세'는 다음과 같음.
1,000만원 × 5% + (2,500만원 − 1,000만원) × 10% = 200만원

	가장 많은 사람	가장 적은 사람
①	A	B
②	A	D
③	B	A
④	D	A
⑤	D	C

▶ 자료통역사의 관점 적용하기

소득세산출액은 근로소득세와 금융소득세로 구성된다. 단, 금융소득은 5천만원까지만 금융소득으로 취급하고, 나머지는 근로소득으로 취급한다.

	A	B	C	D
근로소득	15,000	25,000	20,000	25,000
금융소득	5,000	0	0	5,000

세율은 소득에 비례하여 증가하므로 D가 가장 많은 세금을 내는 것은 당연하다. A와 C의 경우 근로소득 15,000에 대한 세금은 동일하므로 차이가 나는 부분인 금융소득 5,000과 근로소득 15,001~20,000의 구간에 대한 세금을 비교해야한다. 근로소득이 1억이 넘으면 세율이 20% 이므로 근로소득에 의한 세율(20%)이 금융소득에 의한 세율(15%)보다 높다. 즉, A가 세금을 덜 낸다.

정답 ④

다음 〈표〉는 스마트폰 기종별 출고가 및 공시지원금에 대한 자료이다. 〈조건〉과 〈정보〉를 근거로 A ~ D에 해당하는 스마트폰 기종 '갑' ~ '정'을 바르게 나열한 것은?

① 30초 바라보기
   스마트폰 기종과 비용

〈표〉 스마트폰 기종별 출고가 및 공시지원금

(단위: 원)

기종 \ 구분	출고가	공시지원금
A	858,000	210,000
B	900,000	230,000
C	780,000	150,000
D	990,000	190,000

② 선지 재구성
   공시지원금 일때가, 요금할인 보다 더 저렴한 기종은 B야?

─── 〈조건〉 ───

• 모든 소비자는 스마트폰을 구입할 때 '요금할인' 또는 '공시지원금' 중 하나를 선택한다.
• 사용요금은 월정액 51,000원이다.
• '요금할인'을 선택하는 경우의 월 납부액은 사용요금의 80%에 출고가를 24(개월)로 나눈 월 기기값을 합한 금액이다.
• '공시지원금'을 선택하는 경우의 월 납부액은 출고가에서 공시지원금과 대리점보조금 (공시지원금의 10%)을 뺀 금액을 24(개월)로 나눈 월 기기값에 사용요금을 합한 금액이다.
• 월 기기값, 사용요금 이외의 비용은 없고, 10원 단위 이하 금액은 절사한다.
• 구입한 스마트폰의 사용기간은 24개월이고, 사용기간 연장이나 중도해지는 없다.
• 단, '공시지원금'을 선택했을 때 월 납부액이 '요금할인'을 선택했을 때의 월 납부액보다 적은 기종은 1개 존재한다.

Q〉월 납부액을 가장 많이 내야 하는 기종은 무엇일까?

1. '공시지원금'을 선택하는 경우의 월 납부액이 '요금할인'을 선택하는 경우의 월 납부액보다 적은 기종은 'B'이다. (O, X)

A〉기종 D

● 자료통역사의 관점 적용하기

1. (O)

선지는 동일한 기종의 할인 종류에 따른 월 납부액의 비교에 대해 묻고 있다.

1) 월 납부액은 사용요금(51,000)과 월 기기값(출고가)에서 할인액을 뺀 금액으로 구성되며, 기종이 동일하면 사용요금 (51,000)과 월기기값(출고가)이 동일하다.

2) 할인의 종류는 요금할인(사용요금에 대한 할인)과 공시지원금(출고가에 대한 할인)으로 구성된다.
   공시지원금으로 인한 할인액: 〈표〉에 주어진 것처럼 기종마다 상이.
   요금할인으로 인한 할인액: 할인액이 월정액의 20%으로 기종과 무관.

〈조건〉에서 해당 선지를 만족하는 기종이 1개 존재한다고 주어졌다. 요금할인은 기종과 상관없이 할인액이 동일하므로 공시지원금이 가장 높은 기종의 할인액이 요금할인으로 인한 할인액보다 클 것이다. 따라서 공시지원금이 가장 높은 B기종은 '공시지원금'을 선택했을 시의 월 납부액이 '요금할인'을 선택했을 시의 월 납부액보다 적다.

정답 (O)

관점 적용하기

> '자료통역사의 관점'에서 배운 '관점'을 곱셈과 분수에 적용하여,
> 비교를 더욱 편하게 만들어 보자.
>
> $$풀이시간 \ = \frac{계산량}{계산속도} \ 이다.$$
>
> 관점을 적용하면 계산량이 줄고,
> 이에 따라 풀이시간도 줄어든다!

1 곱셈 비교

❶ 곱셈 비교란?

우리는 곱셈 관점 바꾸기와 곱셈 계산법 익히기를 통하여 곱셈의 어림셈 방법을 배웠다.
이번에는 곱셈간의 크기 비교를 배울 것이다.

곱셈의 값을 구하는 것과 곱셈 간의 크기를 비교하는 것 가장 큰 차이점은 '자릿수의 무시' 여부이다.
만약 900×13,000의 크기를 구해야 한다면 11,700,000이라고 자릿수까지 생각하여 값을 구해야 한다.

반면, 9,812×4,812 VS 14,812×3,612와 같이 곱셈간의 크기 비교의 경우,
정확한 값이 아니라 단순히 무엇이 더 큰지 묻는 것이므로
양변에서 동일한 자릿수를 공통으로 생각하여 '무시'해도 큰 영향을 주지 않는다.

즉, 9,812×4,812 VS 14,812×3,612 비교와 98×148 VS 148×36 비교에서는 동일한 결과가 도출된다.

따라서 '숫자 관점 바꾸기'에서 배운 것처럼 높은 자릿수를 위주로 생각하고, 그 아래 숫자를 동일한 자릿
수만큼 무시하여 비교하자.

✅ Tip | A×B와 C×D 비교

	A ⟩ C	A ⟨ C
B ⟩ D	A×B ⟩ C×D	추가 확인 필요
B ⟨ D	추가 확인 필요	A×B ⟨ C×D

A와 B가 각각 C와 D에게 작거나 큰 경우는 곱셈값도 당연히 작거나 크다. 반면, 둘 중 하나는 작고, 하나는 크다면 추가적인 확인이 필요하다.

❷ 곱셈 비교의 순서

step ① 후보군　　　　　　　→　　　　　정오판단 기준잡기 (반례찾기)
↓
step ② 공통과 차이　　　　　→　　　　　공통부분 무시 (동일 자릿수 무시)
↓
step ③ 계산의 2단계　　　　　→　　　　　어림셈과 논리를 이용하기
↓
step ④ 계산이 아닌 가공　　　→　　　　　비교법(돋보기)을 이용한 비교하기

※ 대부분의 문제는 step ③에서 해결된다. 추가로 필요할 때만 step ④를 활용하자.

❸ 빈출 선지별 정오판단의 기준

1. A가 가장 크다. → A보다 더 큰 곱셈값은 없어?

2. A는 B보다 크다. → A가 B보다 커?

3. A는 B의 n배 이상이다. → $\dfrac{A}{B}$가 n보다 커?

4. A는 매년 증가하였다. → A는 감소한 적 없어?

④ 대표문제 같이 풀어보기

〈표〉 국가별 GDP와 GDP대비 수출액

	A국	B국	C국	D국
GDP(백만달러)	42,157	35,781	78,217	73,215
GDP 대비 수출액	25.3%	22.5%	12.0%	11.3%

1. 수출액이 가장 큰 국가는 A국인가? (O, X)

▶ 자료통역사의 관점 적용하기

1. (O)

  step ① 후보군 (반례찾기)

      A국보다 수출액(GDP × GDP 대비 수출액)이 큰 국가 없어?

      ① A국보다 GDP와 GDP 대비 수출액이 모두 작다면 → 당연히 작다.

      ② A국보다 GDP와 GDP 대비 수출액중 하나는 작고 하나는 크다면 → 확인 필요.

      ③ A국보다 GDP와 GDP 대비 수출액이 모두 크다면 → 당연히 크다.

      → 반례를 찾아야 하므로 집중해야하는 부분은 ②과 ③

  step ② 공통자릿수 무시

      기준으로 잡은 A를 이용하여 공통자릿수를 무시하자.

      42,157(백만) × 25.3(%)

      → 백만과 %무시, GDP에서 앞자리 3개를 제외한 나머지 무시(십의 자리이하 무시)

A국	B국	C국	D국
421	357	782	732
25.3	22.5	12.0	11.3

  step ③ 계산의 2단계

      A국보다 수출액이 크기 위한 조건은 GDP 또는 GDP 대비 수출액

      A국과 B국 → A국의 GDP와 GDP 대비 수출액이 모두 크다. → ① 확인 불필요

      A국과 C국 → 비교할 필요가 있다. → ② 확인 필요

      A국과 D국 → 비교할 필요가 있다. → ② 확인 필요

      단, C국의 GDP와 GDP 대비 수출액이 모두 D국보다 크므로 C국과 A국만 비교하자.

      A국: 421 × 25.3 → 400 × 25 C국: 782 × 12.0 → 800 × 12.0

      A국은 400의 1/4 → 100 (실제 421×25.3값은 100보다 더 크다.)

      C국은 800의 1.2배 → 80×1.2 = 96 (실제 782 × 12.0값은 96보다 더 작다.)

      A국이 C국보다 더 크다.

5 기출문제와 제작문제에 관점 적용해보기

문 1. (민 18-07)

다음 〈표〉는 조선시대 A지역 인구 및 사노비 비율에 대한 자료이다. 이에 대한 〈보기〉의 설명 중 옳은 것만을 모두 고르면?

〈표〉 A지역 인구 및 사노비 비율

조사년도 \ 구분	인구(명)	인구 중 사노비 비율(%)			
		솔거노비	외거노비	도망노비	전체
1720	2,228	18.5	10.0	11.5	40.0
1735	3,143	13.8	6.8	12.8	33.4
1762	3,380	11.5	8.5	11.7	31.7
1774	3,189	14.0	8.8	12.0	34.8
1783	3,056	14.9	6.7	9.3	30.9
1795	2,359	18.2	4.3	6.5	29.0

※ 1) 사노비는 솔거노비, 외거노비, 도망노비로만 구분됨.
　 2) 비율은 소수점 둘째 자리에서 반올림한 값임.

1. A지역 사노비 수는 1774년이 1720년보다 많다. (O, X)

① 30초 바라보기
　연도별 인구 및 사노비비율

② 선지 재구성
　사노비, 74년이 20년보다 많아?

Q ▷ A지역의 조사연도 중 사노비가 가장 많은 해는 언제일까?

A ▷ 1774년

◉ 자료통역사의 관점 적용하기

1. (O)

　step ① 후보군 (반례찾기)
　　　　사노비(인구 × 전체 사노비 비율), 1774년이 1720년보다 커?
　step ② 공통자릿수 무시
　　　　인구에서 1의 자리 이하 무시
　step ③ 계산의 2단계
　1774년: 318×34.8%→ 300 × 33.3% = 100
　(74년이 더 큰지 묻는 보기이다. 35%로 어림셈을 하면 값이 더 커지므로 더 작은 33.3%로 대체한다.)
　1720년: 222×40%→ 220 × 40% = 88
　(실제값은 222를 220으로 줄였으므로 1%정도 더 크다.)
　1774년이 1720년보다 더 크다.

정답 (O)

문 2. (행 15-08)

다음 〈표〉는 직육면체 형태를 가진 제빙기 A ~ H에 관한 자료이다. 이에 대한 〈보기〉의 설명 중 옳은 것만을 모두 고르면?

① 30초 바라보기
제빙기의 제원

〈표〉 제빙기별 세부제원

제빙기	1일 생산량 (kg)	저장량 (kg)	길이(mm)			냉각방식	생산가능 얼음형태
			가로	세로	높이		
A	46	15	633	506	690	공냉식	사각
B	375	225	560	830	1,785	수냉식	가루
C	100	55	704	520	1,200	수냉식	사각
D	620	405	1,320	830	2,223	수냉식	반달
E	240	135	560	830	2,040	수냉식	사각
F	120	26	640	600	800	공냉식	가루
G	225	130	560	830	1,936	수냉식	반달
H	61	26	633	506	850	수냉식	사각

※ 바닥면적 = 가로 × 세로

② 선지 재구성
부피 가장 작은 게 바닥면적도 가장 작아?

1. 부피가 가장 작은 제빙기의 바닥면적보다 더 작은 바닥면적을 가진 제빙기는 없다.

(O, X)

Q ﹥ 제빙기의 1일 생산량과 저장량이 크려면 부피는 어떠해야 할까?

A ﹥ 커야한다.

▶ 자료통역사의 관점 적용하기

1. (O)

  step ① 후보군 (반례찾기)
      부피가 가장 작은 제빙기의 바닥면적 보다 더 작은 면적은 없어?
      → 바닥면적 가장 작은 제빙기가 부피도 가장 작은가? → 바닥면적이 가장 작은 제빙기를 찾자.

  step ② 공통자릿수 무시
      D 외에는 모두 3자리이므로 무시할 것이 없다.

  step ③ 계산의 2단계
  A를 기준으로 대소를 비교하자.
  B,E,G는 가로, 세로의 위치를 바꾸면 각각 모두 A보다 크다. 따라서 바닥면적도 크다.
  C,D,F는 가로와 세로 모두 A보다 크므로 바닥면적도 크다.
  (※ 수포자를 위한 Tmi: 면적 = 가로 × 세로인데, 가로와 세로가 모두 크면 당연히 바닥도 크다.)
  A와 H의 바닥면적이 가장 작다. 그런데 A의 높이가 가장 작다. 따라서 A의 부피가 가장 작다.

정답 (O)

다음 〈그림〉과 〈표〉는 '갑'국의 재생에너지 생산 현황에 관한 자료이다. 이에 대한 〈보기〉의 설명 중 옳은 것만을 모두 고르면?

① 30초 바라보기
에너지 생산량과 에너지원별 생산량

〈그림〉 2011 ~ 2018년 재생에너지 생산량

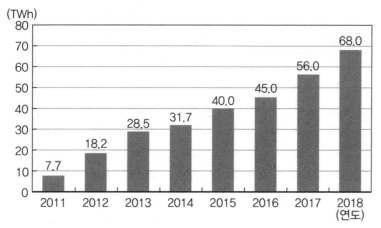

② 선지 재구성
태양광 생산량 매년 증가?

〈표〉 2016 ~ 2018년 에너지원별 재생에너지 생산량 비율

(단위: %)

에너지원 \ 연도	2016	2017	2018
폐기물	61.1	60.4	55.0
바이오	16.6	17.3	17.5
수력	10.3	11.3	15.1
태양광	10.9	9.8	8.8
풍력	1.1	1.2	3.6
계	100.0	100.0	100.0

1. 2016 ~ 2018년 태양광을 에너지원으로 하는 재생에너지 생산량은 매년 증가하였다.

(O, X)

▶ 자료통역사의 관점 적용하기

1. (O)

   step ① 후보군 (반례찾기)
      태양광 생산량(그림×표의 태양광비율)의 감소한 해 없어?
   step ② 공통자릿수 무시
      2016~2018년 모두 3자리 이하이므로 무시하지 않는다.
   step ③ 계산의 2단계
   2016년: 45.0 × 10.9 → 45 × 11 = 495
   2017년: 56.0 × 9.8 → 56 × 10 = 560
   2018년: 68.0 × 8.8 → 68 × 9 = 680-68 = 612
   (실제값은 8.8을 9로 늘렸으므로 2%정도 작다.) 이므로 매년 증가하였다.

정답 (O)

문 4. (민 12-18)

다음 〈표〉는 2006 ~ 2011년 어느 나라 5개 프로 스포츠 종목의 연간 경기장 수용규모 및 관중수용률을 나타낸 것이다. 이에 대한 설명 중 옳은 것은?

① 30초 바라보기
스포츠별 수용규모와
관중수용률

〈표〉 프로 스포츠 종목의 연간 경기장 수용규모 및 관중수용률

(단위: 천명, %)

종목	구분	2006	2007	2008	2009	2010	2011
야구	수용규모	20,429	20,429	20,429	20,429	19,675	19,450
	관중수용률	30.6	41.7	53.3	56.6	58.0	65.7
축구	수용규모	40,255	40,574	40,574	37,865	36,952	33,314
	관중수용률	21.9	26.7	28.7	29.0	29.4	34.9
농구	수용규모	5,899	6,347	6,354	6,354	6,354	6,653
	관중수용률	65.0	62.8	66.2	65.2	60.9	59.5
핸드볼	수용규모	3,230	2,756	2,756	2,756	2,066	2,732
	관중수용률	26.9	23.5	48.2	43.8	34.1	52.9
배구	수용규모	5,129	5,129	5,089	4,843	4,409	4,598
	관중수용률	16.3	27.3	24.6	30.4	33.4	38.6

※ 관중수용률(%) = $\dfrac{연간\ 관중\ 수}{연간\ 경기장\ 수용규모} \times 100$

② 선지 재구성
09년 배구가 핸드볼
보다 관중 많아?

1. 2009년 연간 관중 수는 배구가 핸드볼보다 많다. (O, X)

▶ 자료통역사의 관점 적용하기

1. (O)

step ① 후보군 (반례찾기)

연관 관중 수(관중수용률 × 연간경기장 수용규모) 09년 배구가 핸드볼보다 커?

step ② 공통자릿수 무시

관객은 백의 자리 이하 무시

step ③ 계산의 2단계

09년 배구 = 484×30% → 480 × 30% = 144

(48×3을 외웠다면 500X30%로 계산하여 정밀도를 낮출 필요는 없다.)

09년 핸드볼 = 275×43.8% → 280 × 45% = 140 × 90%

140이 이미 144보다 작으므로 추가 계산이 필요하지 않다. 당연히 배구가 핸드볼보다 크다.

정답 (O)

2 곱셈 비교테크닉

1) 배수테크닉

① 배수테크닉이란

57×98과 49×119
Q. 위 두 숫자 중 더 큰 숫자는 무엇인가?

위의 Q를 해결하기 위해 주어진 어림셈으로 두 개의 곱셈값을 구하였는가?
그렇다면 어림셈으로 답을 찾았는가?
만약 어림셈으로 풀려고 시도했다면 필히 저자를 욕하고 있을 것이다.
왜냐하면 두 곱셈의 어림셈 결과는 둘 다 6,000이고, 둘 다 6,000보다 작기 때문이다.
속으로, 정밀셈하지 말라고 했으면서! 라고 외치면서 정밀셈을 하고 있을 것이다.

그렇다면 이러한 곱셈은 어떻게 비교해야할까?
이는 이항을 이용하여 생각하면 쉽게 비교가 가능하다.

$57×98$과 $49×119$ → $\dfrac{119}{98}$ VS $\dfrac{57}{49}$ → $\dfrac{119}{98}=\dfrac{120-1}{98-2}>1.2$, $\dfrac{57}{49}=\dfrac{60-3}{50-1}<1.2$

좌측은 1.2 이상이고, 우측은 1.2 이하이므로 좌측이 더 크다고 쉽게 판별할 수 있다.
하지만 실제로 이항을 통해서 비교한다면 머릿속이 많이 복잡해질 것이 분명하다.
위의 연습하기에서 대~충 보라는 것을 지킬 수 없게 된다.

따라서 우리는 '이항'을 대신하여 곱셈을 구성하는 숫자의 크기가 서로 몇 배 관계인지 파악하는 '관점'으로 바라볼 것이다. 그리고 우리는 이제 이것을 '곱셈의 배수테크닉' 이라고 부르자.

> 배수테크닉의 정의: 하나의 숫자를 기준으로 생각하고 다른 숫자와 기준 간의 '배수' 관계를 이용하여 곱셈을 비교하는 테크닉

위 57×98과 49×119를 곱셈의 배수테크닉으로 풀어보자.

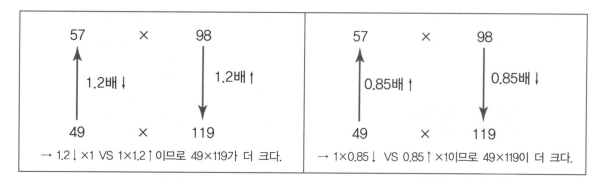

② 배수테크닉 적용해보기

다음 중 더 큰 숫자는?	
297×44 ○ 342×35	391×81 ○ 481×72
143×28 ○ 163×20	608×62 ○ 473×74
186×78 ○ 254×68	997×26 ○ 301×75

③ 배수테크닉의 다른 용도

앞서 배운 것처럼 곱셈의 배수테크닉은 사실 이항을 다른 관점으로 바라본 것이다.
따라서 두 숫자를 모두 이항한다고 생각하면 두 곱셈의 배수 관계도 알 수 있다.

예를 들어, $40 \times 120 \rightarrow 100 \times 60$이 몇 배 관계인지 궁금하면

40과 120을 이항하자. $\dfrac{100 \times 60}{40 \times 120} = \dfrac{100}{40} \times \dfrac{60}{120} = 2.5 \times 0.5 = 1.25$배가 된다.

이것을 곱셈의 배수테크닉, 즉 화살표로 생각하면 아래의 그림처럼 변환된다.

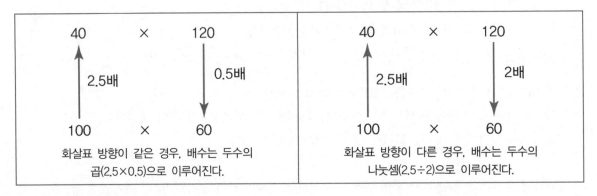

화살표 방향이 같은 경우, 배수는 두수의 곱(2.5×0.5)으로 이루어진다.	화살표 방향이 다른 경우, 배수는 두수의 나눗셈(2.5÷2)으로 이루어진다.

※ 곱셈의 배수테크닉: $(1+x)(1+y) = (1+x+y+xy)$
xy가 작은 경우에는 $(1+x)(1+y) \fallingdotseq (1+x+y)$

④ 배수테크닉의 다른용도 적용해보기

배수는?(아래의 예시는 이해 돕기 위한 것이지, 실제로 이항식을 적으면 안된다.)	
247×35 → 310×43	$\dfrac{310}{247} \times \dfrac{43}{35} \rightarrow \fallingdotseq$1.2배 × $\fallingdotseq$1.2배
605×60 → 795×50	$\dfrac{795}{605} \div \dfrac{60}{50} \rightarrow \fallingdotseq$1.3배 ÷ $\fallingdotseq$1.2배
473×62 → 612×76	
157×45 → 213×60	
378×80 → 581×62	
213×53 → 337×43	

❺ 대표문제 같이 풀어보기

〈표〉 지역별 가구수 및 1인 가구 비율

지역 \ 구분	전체 가구 수	1인 가구 비율
A지역	58,712	18.7%
B지역	28,782	35.2%
C지역	6,572	28.5%
D지역	8,112	9.3%

1. A지역의 1인가구는 B지역보다 많다. (O, X)

2. C지역의 1인가구는 D지역보다 2배 이상 많다. (O, X)

▶ 자료통역사의 관점 적용하기

1. (O)

- step ① 후보군(반례찾기)
  - A의 1인 가구(전체 가구 수 × 1인 가구 비율)는 B보다 커?
- step ② 공통자릿수 무시
  - 전체 가구 수의 십의 자리 이하는 무시한다.
- step ③ 계산의 2단계
  - A = 587 × 187 → 600 × 190 = 114,000
  - (60000의 2배에서 6000이 빠졌다고 생각하자.)
  - B = 287 × 350 → 290 × 350 = 115,000↓
  - → A가 B보다 크다.
- step ④ 비교법 이용하기 (곱셈의 배수테크닉) 이용하기 (※ 필요에 의하여)
  - A: 587×187 B: 287×352
  - 전체 가구 수는 A가 B에 비해 2배↑ 인데, 1인 가구 비율은 B가 A에 비해 2배↓ 이다.
  - 즉, A: 2↑×1 B: 1×2↓ 이므로 A가 B보다 크다.

2. (O)

- step ① 후보군
  - 1인 가구 (전체 가구 수 × 1인 가구 비율)는 C가 D의 2배 이상 큰가?
- step ② 공통자릿수 무시
  - 전체가구수의 일의 자리 이하는 무시한다.
- step ③ 계산의 2단계
  - C = 657 × 258 → 650 × 250 = 162,500
  - (650의 1/4이라고 생각하자. 4를 곱했을 때 65근처가 나오는 값이 16이므로 16의 부근)
  - D = 811 × 93 → 800 × 90 = 72,000
  - → C가 D의 2배 이상이다.
- step ④ 비교법 이용하기 (곱셈의 배수테크닉) 이용하기 (※ 필요에 의하여)
  - C: 657×258 D: 811×93
  - → 전체 가구 수는 C가 D에 비하여 1.5배↓인데, → 1인 가구 비율은 D가 C에 비하여 3배↓ 이다.
  - 즉, C: 1×3↑ D: 1.5↓×1 이므로 C가 D에 비하여 2배 이상이다.

❻ 기출문제와 제작문제에 배수테크닉 적용해보기

문 1. (민 18-11)

다음 〈그림〉은 A ~ F국의 2016년 GDP와 'GDP 대비 국가자산총액'을 나타낸 자료이다. 이에 대한 〈보기〉의 설명 중 옳은 것만을 모두 고르면?

〈그림〉 A ~ F국의 2016년 GDP와 'GDP 대비 국가자산총액'

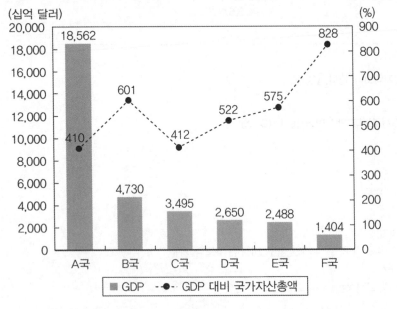

$$\text{※ GDP 대비 국가자산총액(\%)} = \frac{\text{국가자산총액}}{GDP} \times 100$$

1. 국가자산총액은 F국이 D국보다 크다. (O, X)

① 30초 바라보기
  A~F국의 GDP관련 정보

② 선지 재구성
  국가자산총액 F국이 D국보다 커?

Q ▷ A~F국 중 어느 나라의 국가자산총액이 가장 클까?(이미지로 생각해보기)

A ▷ A국

▶ 자료통역사의 관점 적용하기

1. (X)

 step ① 후보군 (반례찾기)
  국가자산총액(GDP × GDP 대비 국가자산총액) F국이 D국 보다 커?
 step ② 공통자릿수 무시
  GDP 일의 자리 이하 무시
 step ③ 계산의 2단계
  F국 = 140 × 828 → 140 × 800 = 112,000
  D국 = 265 × 522 → 270 × 500 = 90 × 1500 = 135,000
  F국이 D국보다 작다.
 step ④ 비교법 이용하기 (※ 필요에 의하여)
  F국: 140×828 D국: 265 × 522
  GDP는(140 → 265) D국이 F국에 비하여 1.8배↑인데,
  GDP대비~는(522 → 828) F국이 D국에 비하여 1.8배↓이다.
  즉, F국: 1×1.8↓, D국: 1.8↑ × 1이므로 D국이 F국보다 크다.

정답 (X)

다음 〈표〉와 〈그림〉은 2017년 지역별 정보탐색에 관한 자료이다. 이에 대한 설명으로 옳은 것은?

① 30초 바라보기
지역별 인구 시도율 성공률

〈표〉 지역별 인구수 및 정보탐색 시도율과 정보탐색 성공률

(단위: 명, %)

지역 \ 성별 구분	인구수		정보탐색 시도율		정보탐색 성공률	
	남	여	남	여	남	여
A	5,800	4,200	35.0	39.0	90.1	91.6
B	1,000	800	28.0	30.0	92.9	95.8
C	2,500	3,000	15.0	25.0	88.0	92.0
D	4,000	3,500	37.0	40.0	91.2	92.9
E	4,800	3,200	42.0	45.0	87.3	84.7
F	6,000	6,500	20.0	33.0	81.7	93.2
G	1,200	900	35.0	28.0	95.2	95.2
H	1,400	1,600	16.0	13.0	89.3	91.3

② 선지 재구성
인구수 가장 적은 지역 남성 성공자도 가장 적어?

※ 1) 정보탐색 시도율(%) = $\dfrac{\text{정보탐색 시도자수}}{\text{인구수}} \times 100$

2) 정보탐색 성공률(%) = $\dfrac{\text{정보탐색 성공자수}}{\text{정보탐색 시도자수}} \times 100$

1. 인구수가 가장 작은 지역과 남성 정보탐색 성공자 수가 가장 작은 지역은 동일하다. (O, X)

▶ 자료통역사의 관점 적용하기

1. (X)

step ① 후보군 (반례찾기)
인구수(남성+여성인구) 가장 작은 지역 = B지역,
B지역보다 성공자수(인구 × 시도율 × 성공률) 작은 지역이 있는가?
B지역보다 성공자수가 작기 위해서는 인구, 시도율, 성공률 중 적어도 1개는 B지역보다 작아야 한다.

step ② 공통자릿수 무시
무시할만한 자릿수는 없다.

step ③ 계산의 2단계
B지역 = 1000 × 28% × 92.9%
B지역의 경우 숫자가 깔끔하여 값을 구하는 것이 어렵지 않지만 다른 지역은 숫자 3개를 곱하기 때문에 어려울 수 있다. 곱셈의 배수테크닉을 이용하여 B와 비교 하자.

step ④ 비교법 이용하기 (※ 필요에 의하여)
성공한 인구수가 B지역보다 작으려면 인구수, 시도율, 성공률의 3가지 중 적어도 하나가 B지역 보다 작아야 한다.
B지역과 다른 지역들의 성공률은 0.9~1.1배의 근소한 차이만 있으므로 인구수와 시도율에 집중하자.
B지역보다 인구수가 작은 지역은 없고, 시도율이 작은 지역은 C와 H이다.
C지역은 B지역에 비하여 인구가 2.5배나 많으므로 B보다 작을 수 없다.
H지역은 B지역에 비하여 인구는 1.4배 많으나 시도율은 B지역이 1.5배↑ 크다.
심지어 성공률도 B지역이 H지역에 비하여 크기 때문에 H지역이 B지역보다 작다.

정답 (X)

문 3. (행 17-38)

다음 〈그림〉은 A기업의 2011년과 2012년 자산총액의 항목별 구성비를 나타낸 자료이다. 이에 대한 〈보기〉의 설명 중 옳은 것만을 모두 고르면?

① 30초 바라보기
자산의 구성

〈그림〉 자산총액의 항목별 구성비

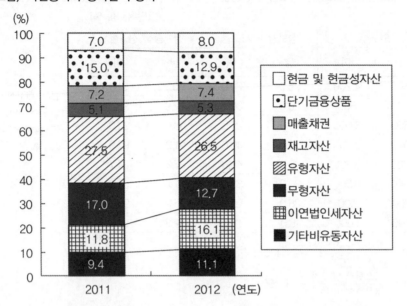

② 선지 재구성
현금자산 작년이 비해 증가?

※ 1) 자산총액은 2011년 3,400억원, 2012년 2,850억원임.
　 2) 유동자산 = 현금및현금성자산 + 단기금융상품 + 매출채권 + 재고자산

1. '현금및현금성자산' 금액은 2012년이 2011년보다 크다. (O, X)

▶ 자료통역사의 관점 적용하기

1. (X)

　step ① 후보군 (반례찾기)
　　　현금 및 현금성자산(자산총액×구성비) 12년이 11년보다 커?
　step ② 공통자릿수 무시
　　　무시할 만한 자릿수 없음
　step ③ 계산의 2단계
　　　12년: 285×8 → 570 × 4 = 2280
　　　11년: 340×7 = 2380
　　　(3400 - 30%라고 생각해보자)
　　　→ 12년보다 11년이 더 크다.
　step ④ 비교법 이용하기 (※ 필요에 의하여)
　　　12년: 285×8 11년: 340×7

　　　자산총액은(285 → 340) 11년이 12년에 비하여 대략 1.2배($\frac{340}{285}$)인데,

　　　현금 및 현금성자산은(7.0→ 8.0) 12년이 11년에 비하여 대략 1.15배($\frac{8}{7}$)이다. (※ $\frac{1}{7}$ = 14.2857%)

　　　즉, 12년: 1.15×1, 11년: 1×1.20이므로 11년이 12년보다 크다.

정답 (X)

다음 〈표〉는 '갑'국의 주택보급률 및 주거공간 현황에 대한 자료이다. 이에 대한 〈보기〉의 설명 중 옳은 것만을 모두 고르면?

① 30초 바라보기
주택 현황

〈표〉 '갑'국의 주택보급률 및 주거공간 현황

연도	가구수 (천가구)	주택보급률 (%)	주거공간	
			가구당(m^2/가구)	1인당(m^2/인)
2000	10,167	72.4	58.5	13.8
2001	11,133	86.0	69.4	17.2
2002	11,928	96.2	78.6	20.2
2003	12,491	105.9	88.2	22.9
2004	12,995	112.9	94.2	24.9

② 선지 재구성
면적 04년이 00년의
2배 이상?

※ 1) 주택보급률(%) $= \dfrac{주택수}{가구수} \times 100$

2) 가구 당 주거공간(m2/가구) $= \dfrac{주거공간\ 총면적}{가구수}$

3) 1인당 주거공간(m2/인) $= \dfrac{주거공간\ 총면적}{인구수}$

1. 2004년 주거공간 총면적은 2000년 주거공간 총면적의 2배 이상이다. (O, X)

Q 〉 인구수를 구할 수 있
을까?

A 〉 구할 수 있다.

▶ 자료통역사의 관점 적용하기

1. (O)

step ① 후보군 (반례찾기)
주거공간 총면적 (가구수×가구당 주거공간) 04년이 00년의 2배 이상?

step ② 공통자릿수 무시
가구수의 경우 십의자리 이하를 무시한다.

step ③ 계산의 2단계
04년: 129 × 94.2 → 130 × 95 = 12,350
(13,000에서 5%가 빠졌다고 생각하자.)
00년: 101 × 58.5 → 100 × 60 = 6,000
04년은 00년의 2배 이상이다.

step ④ 비교법 이용하기 (※ 필요에 의하여)
04년: 129 × 94.2 00년: 101 × 58.5
가구수는 00년에 비하여 04년에 1.25배↑
가구당 주거공간은 00년에 비하여 04년에 1.6배↑
04년: 1.25×1.6 = 2↑이므로 00년에 비하여 04년에 2배 이상 증가하였다.
(※1.25×1.6 = 2.5×0.8 = 1.0×2 = 2)

정답 (O)

다음 〈표〉와 〈그림〉은 2011～2015년 국가공무원 및 지방자치단체공무원 현황에 관한 자료이다. 이에 대한 설명으로 옳지 않은 것은?

① 30초 바라보기
공무원의 성별 현황

〈표〉 국가공무원 및 지방자치단체공무원 현황

(단위: 명)

구분 \ 연도	2011	2012	2013	2014	2015
국가공무원	621,313	622,424	621,823	634,051	637,654
지방자치단체공무원	280,958	284,273	287,220	289,837	296,193

〈그림〉 국가공무원 및 지방자치단체공무원 중 여성 비율

② 선지 재구성
국가 여성은 지방 여성의 매년 3배 이상이야?

Q ▶ 2013년의 남성 국가공무원의 증감을 2013년 여성 국가공무원의 증감을 통하여 구할 수 있을까?

A ▶ 구할 수 없다.

1. 매년 국가공무원 중 여성 수는 지방자치단체공무원 중 여성 수의 3배 이상이다. (O, X)

● 자료통역사의 관점 적용하기

1. (O)

　step ① 후보군 (반례찾기): 여성공무원(공무원수 × 여성비율) 3배 이상 아닌 연도 있어?
　step ② 공통자릿수 무시: 공무원수 백의자리 이하 무시
　step ③ 계산의 2단계 → 계산량이 너무 많다. 비교법을 활용하자.
　step ④ 비교법 이용하기 (※ 필요에 의하여)

	2011	2012	2013	2014	2015
국가 여성공무원	621×47	622×48.1	621×48.1	634×49	637×49.4
지방 여성공무원	280×30	284×30.7	287×31.3	289×32.6	296×33.7
지방 대비 국가 공무원 배수	2배↑	2배↑	2배↑	2배↑	2배↑
지방 대비 국가 여성비율 배수	1.5배↑	1.5배↑	1.5배↑	1.5배↑	1.5배↓

2015년을 제외한 나머지는 모두 3배 이상이다. 2015년의 경우 공무원이 2배가 되기 위해 필요한 국가공무원 수는 600이다. 600보다 큰 값은 모두 여성비율에 옮겨주자. 630 = 600×1.05 1.05를 여성비율에 옮겨주자.

→ 600×1.05×50.0 = 600×52.5

$\dfrac{52.5}{33.7} = \dfrac{45+7.5}{30+3.7}$으로 1.5배 이상이므로, 2015년도 3배 이상이다.

정답 (O)

2) 사각테크닉

❶ 사각테크닉이란?

27×78과 37×58

Q. 위의 두 숫자 중 더 큰 숫자는 무엇인가?

위의 Q를 해결하기 위해서 앞에서 배운 어림셈과 곱셈의 배수테크닉을 사용하였는가?

$27 \rightarrow 37$ 약 1.3~1.4배 / $58 \rightarrow 78$ 약 1.3~1.4배

곱셈의 배수테크닉으로도, 어림셈으로도 쉽게 구해지지 않는 것을 보며

이번엔 어떤 방법을 알려줄지 기대하고 있을 것이다.

그렇다. 이번에 배울 방법은 사각테크닉이다.

사각테크닉은 '두 개의 숫자의 곱셈은 사각형의 넓이와 같다.'에서 것에서 착안한 방법이다.

앞서 자료통역사의 관점에서 배운 비교 시 '공통'의 영향은 없고, '차이'만 영향을 준다는 것을 확장하여

생각하자. 두 개의 사각형을 포갰을 때 '공통'을 무시하고, '차이'의 넓이만 비교할 수 있다.

> 사각테크닉: 곱셈을 사각형으로 만들어, 공통 사각형의 넓이는 무시하고 차이 부분의 넓이에 집중하자.

27×78과 37×58를 사각테크닉으로 풀어보자.

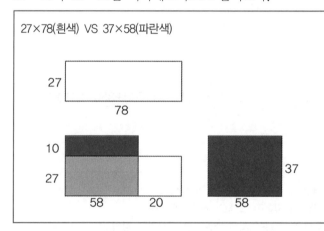

27×78(흰색) VS 37×58(파란색)

37×58와 27×78에서 공통부분(27×58)는 비교에 영향을 주지 못하므로

10×58과 27×20의 비교를 통하여

→ 10×58이 더 크다.

차이가 더 크면 원래값도 크므로

→ 37×58이 더 크다.

❷ 사각테크닉 적용해보기

		공통부분 찾기		공통소거		더 큰 값은?
143×28 VS 163×20	→	143×20	→	143×8 VS 20×20	→	143×28
28×152 VS 148×32	→	148×28	→	28×4 VS 148×4	→	148×32
56×78 VS 68×92	→		→		→	
57×123 VS 100×87	→		→		→	
25×78 VS 87×21	→		→		→	
45×48 VS 15×148	→		→		→	

③ 사각테크닉의 다른 용도

Q. $37 \times 58 - 27 \times 78$는 얼마인가?

만약 두 곱셈값의 차이를 묻는다면 어떻게 계산할 것인가?
각각의 실제 값을 구해 그 차이를 구할 것인가?
그러면 계산량이 너무 많지는 않은가?

방금 배운 사각테크닉에서 공통 넓이(연파란색색 사각형)를 소거하고 남은 사각형의 넓이를 비교하였다.
동일한 넓이를 소거했기 때문에 차이값에는 영향을 주지 못한다.

즉, 원래 곱셈의 차이값과 공통을 소거한 곱셈의 차이는 같다.
→ $37 \times 58 - 27 \times 78$ → $10 \times 58 - 27 \times 20 = 580 - 540 = 40$
(※ 공통 $= 27 \times 58$)

그런데 $55 \times 38 - 35 \times 28$처럼 한 곱셈항의 구성숫자가 다른 곱셈항의 구성숫자들보다 모두 큰 경우에는
공통소거가 생각보다 쉽지 않다.
이 때는 아래 공식을 이용하자.

> 공식으로 외우는 사각테크닉: $A \times B - C \times D$ → $(A-C) \times B - C \times (D-B)$

$55 \times 38 - 35 \times 28$에 위 공식을 적용하면
$55 \times 38 - 35 \times 28$
→ $(55-35) \times 38 - 35 \times (28-38) = 20 \times 38 - 35 \times (-10) = 20 \times 38 + 35 \times 10 = 760 + 350 = 1,110$이다.

④ 노래로 외우는 사각테크닉

> 앞에선 앞에꺼 빼~고 뒤에껀 그대로~ 빼빼빼고~
> 뒤에선 뒤에꺼 빼~고 앞에껀 그대로~~요요요요~
> (자신만의 멜로디를 붙여주세요 자료통역사의 멜로디가 궁금하면 강의로)

50×70와 35×75를 비교하고 싶다고?
앞에선 앞에꺼 빼~고 (50-35) 뒤에껀 그대로~ (70) 빼빼빼고~ (−)
뒤에선 뒤에꺼 빼~고 (75-70) 앞에껀 그대로~ (35)
즉, $(15 \times 70) - (35 \times 5) > 0$이므로 50×75가 더 크다.

❺ 사각테크닉의 다른 용도 적용해보기

		차이값은?
148×32 − 28×152		148×4 − 28×4 = 120×4 = 480
78×60 − 58×80		
125×88 − 95×58		
555×78 − 455×58		
124×520 − 74×20		

❻ 대표문제 같이 풀어보기

〈표〉5월의 버스 노선별 이용 승객수 및 이용요금

구분 \ 버스종류	일반	좌석	직행좌석	외곽순환	광역급행
이용 승객 수 (천명)	2,442	1,215	1,079	1,242	1,157
요금 (원)	1,250	2,050	2,400	2,600	2,400

※ 전체 매출액 = 이용 승객수 × 이용요금

1. 전체매출액이 가장 큰 버스종류는 일반버스이다. (O, X)

▶ 자료통역사의 관점 적용하기

1. (X)

    step ① 후보군 (반례찾기)
            일반버스보다 전체매출액이 큰 버스 종류가 없어?
    step ② 공통자릿수 무시 → 둘 다 일의 자리를 무시한다.
    step ③ 계산의 2단계
            → 일반 = 244 × 125 → 240 × 125 → 24,000 × 1.25 = 30,000
            → 좌석 = 121 × 205 → 120 × 210 → 27,500↓
            → 직행, 외곽, 광역 중 외곽이 이용승객수도 많고, 요금도 가장 비싸므로 외곽만 비교
    step ④ 비교법 이용하기 (사각테크닉) 이용하기 (※ 필요에 의하여)
            244×125(일반) VS 124×260(외곽순환)
            → 공통(124×125)소거 → 120×125(일반) VS 124×135(외곽순환) → 외곽순환이 더 크다.
            일반버스보다 전체 매출액이 더 큰 버스 종류가 있다.

❼ 기출문제와 제작문제에 사각테크닉 적용해보기

다음 〈표〉는 2008 ~ 2013년 '갑'국 농·임업 생산액에 대한 자료이다. 이에 대한 〈보기〉의 설명 중 옳은 것만을 모두 고르면?

① 30초 바라보기
농임업 분야별 생산액

〈표〉 농·임업 생산액 현황

(단위: 10억원, %)

구분 \ 연도		2008	2009	2010	2011	2012	2013
농·임업 생산액		39,663	42,995	43,523	43,214	46,357	46,648
분야별 비중	곡물	23.6	20.2	15.6	18.5	17.5	18.3
	화훼	28.0	27.7	29.4	30.1	31.7	32.1
	과수	34.3	38.3	40.2	34.7	34.6	34.8

② 선지 재구성
화훼 매년 증가해?

※ 1) 분야별 비중은 농·임업 생산액 대비 해당 분야의 생산액 비중임.
　2) 곡물, 화훼, 과수는 농·임업의 일부 분야임.

1. 화훼 생산액은 매년 증가한다. (O, X)

▶ 자료통역사의 관점 적용하기

1. (O)

　step ① 후보군 (반례찾기)
　　　　화훼생산액(생산액×비중) 감소한 적 없어?
　　　　화훼생산액이 감소하기 위해서는 생산액과 비중중 적어도 1개는 감소해야한다.
　step ② 공통자릿수 무시
　　　　생산액에서 십의자리 이하 무시
　step ③ 계산의 2단계
　　　　모든 연도를 비교하기 앞서 생산액이 확실히 증가한 년도를 소거한다.
　　　　그 후, 반례가 될 것 같은 년도끼리 정밀하게 비교한다.
　　　　08→09 생산액 증가, 비중 감소 → 비교 필요
　　　　09→10 생산액 증가, 비중 증가 → 증가 → 비교 불필요
　　　　10→11 생산액 감소, 비중 증가 → 비교 필요
　　　　11→12 생산액 증가, 비중 증가 → 증가 → 비교 불필요
　　　　12→13 생산액 증가, 비중 증가 → 증가 → 비교 불필요
　step ④ 비교법 이용하기 (※ 필요에 의하여)
　　　　08→09
　　　　08년: 396 × 280, 09년: 429 × 277
　　　　공통사각형(396×277) 소거 → 08년: 396×3 09년: 33 × 277 → 09년이 더 크므로 증가.
　　　　10→11
　　　　10년: 435 × 294, 11년: 432 × 301
　　　　공통사각형(432×294) 소거 → 10년: 3×294 11년: 432 × 7 → 11년이 더 크므로 증가.

정답 (O)

문 2. (민 14-23)

다음 〈표〉는 '갑'국의 2013년 11월 군인 소속별 1인당 월지급액에 대한 자료이다. 이에 대한 설명으로 옳지 않은 것은?

〈표〉 2013년 11월 군인 소속별 1인당 월지급액

(단위: 원, %)

구분 \ 소속	육군	해군	공군	해병대
1인당 월지급액	105,000	120,000	125,000	100,000
군인수 비중	30	20	30	20

※ 1) '갑'국 군인의 소속은 육군, 해군, 공군, 해병대로만 구분됨.
2) 2013년 11월, 12월 '갑'국의 소속별 군인수는 변동 없음.

1. 2013년 11월 공군과 해병대의 월지급액 차이는 육군과 해군의 월지급액 차이의 2배 이상이다. (O, X)

① 30초 바라보기
군인별 월급

② 선지 재구성
(공군 해병), (육군,해군) 월지급액 차이 2배 이상이야?

Q 〉 월 지급액이 가장 많은 소속은 어디인가?

A 〉 공군

▶ 자료통역사의 관점 적용하기

1. (O)

step ① 후보군 (반례찾기)
월지급액(1인당 월지급액 ×비중)은
공군과 해병대의 차이와 육군과 해군의 차이가 2배 이상이야?

step ② 공통자릿수 무시
특별히 무시할 자릿수 없음 (0은 크게 영향을 주지 않기에)

step ③ 계산의 2단계
차이값을 묻는 질문이므로 바로 사각테크닉을 활용한다.

step ④ 비교법 이용하기 (※ 필요에 의하여)
공군과 해병대
공군: 125×30 해병대: 100×20
차이값을 위한 사각테크닉 $(A×B) - (C×D) = (A-C) × B - C × (D-B)$
$25×30 - 100×(-10) = 750 + 1,000 = 1,750$
육군: 105×30 해군: 120×20
차이값을 위한 사각테크닉 $(A×B) - (C×D) = (A-C) × B - C × (D-B)$
$15×20 - 105×(10) = 300 - 1,050 = -750 →$ 차이액이므로 750
→ 1,750과 750은 2배 이상 차이난다.

정답 (O)

문 3. (행 19~28)

다음 〈표〉는 '갑'국의 가사노동 부담형태에 대한 설문조사 결과이다. 이에 대한 〈보고서〉의 내용 중 옳은 것만을 모두 고르면?

〈표〉 가사노동 부담형태에 대한 설문조사 결과

(단위: %)

부담형태 구분		부인 전담	부부 공동분담	남편 전담	가사 도우미 활용
성별	남성	87.9	8.0	3.2	0.9
	여성	89.9	7.0	2.1	1.0
연령대	20대	75.6	19.4	4.1	0.9
	30대	86.4	10.4	2.5	0.7
	40대	90.7	6.4	1.9	1.0
	50대	91.1	5.9	2.6	0.4
	60대 이상	88.4	6.7	3.5	1.4
경제활동 상태	취업자	90.1	6.7	2.3	0.9
	미취업자	87.4	8.6	3.0	1.0

※ '갑'국 20세 이상 기혼자 100,000명(남성 45,000명, 여성 55,000명)을 대상으로 동일시점에 조사하였으며 무응답과 중복응답은 없음.

1. 가사노동을 부인이 전담한다고 응답한 남성과 여성의 응답자 수 차이는 8,500명 이상임. (O, X)

① 30초 바라보기
  가사분담 설문조사

② 선지 재구성
  부인전담 인원, 남성과 여성 8,500명 이상 차이나?

Q〉 부부를 조사한 것인데, 남성과 여성의 비율이 다른 이유는 무엇일까?

A〉 주관적이기 때문이다.

▶ 자료통역사의 관점 적용하기

1. (O)

step ① 후보군 (반례찾기)
   부인 전담(응답자수 × 설문조사 결과)은 남성과 여성의 차이가 8,500 이상이야?
step ② 공통자릿수 무시
   특별히 무시할 자릿수 없음 (0은 크게 영향을 주지 않기 때문)
step ③ 계산의 2단계
   차이값을 묻는 질문이므로 바로 사각테크닉을 활용한다.
step ④ 비교법 이용하기 (※ 필요에 의하여)
남성과 여성
남성: 45×87.9% 여성: 55×89.9% → 여성이 더많은 것이 당연하므로 여성을 A×B로 생각
차이값을 위한 사각테크닉 (A×B) − (C×D) = (A−C) × B − C × (D−B)
10×89.9% – 45×(−2%)
→ 실제값을 계산할 필요 없이 10,000×87.9%만 해도 8,500명 이상이다.

정답 (O)

다음 〈표〉는 A~E 리조트의 1박 기준 일반요금 및 회원할인율에 관한 자료이다. 이에 대한 〈보기〉의 설명 중 옳은 것만을 모두 고르면?

① 30초 바라보기
리조트의 가격

〈표 1〉 비수기 및 성수기 일반요금(1박 기준)

(단위: 천 원)

구분＼리조트	A	B	C	D	E
비수기 일반요금	300	250	200	150	100
성수기 일반요금	500	350	300	250	200

〈표 2〉 비수기 및 성수기 회원할인율(1박 기준)

(단위: %)

구분＼리조트 회원유형		A	B	C	D	E
비수기 회원할인율	기명	50	45	40	30	20
	무기명	35	40	25	20	15
성수기 회원할인율	기명	35	30	30	25	15
	무기명	30	25	20	15	10

※ 회원할인율(%) = $\dfrac{\text{일반요금} - \text{회원요금}}{\text{일반요금}} \times 100$

② 선지 재구성
B리조트의 최저값과
최고값의 차이는
125,000원이야?

1. 리조트 1박 기준, B 리조트의 회원요금 중 가장 높은 값과 가장 낮은 값의 차이는 125,000원이다. (O, X)

Q > 할인율은 어떻게 이
해해야 할까?

● 자료통역사의 관점 적용하기

1. (O)

step ① 후보군 (반례찾기)

B리조트 회원요금(일반요금×(1-할인율)) 최고가와 최저가의 차이는 125,000원이야?

step ② 공통자릿수 무시: 특별히 무시할 자릿수 없음 (0은 크게 영향을 주지 않기 때문)

step ③ 계산의 2단계: 차이값을 묻는 질문이므로 바로 사각테크닉을 활용한다.

step ④ 비교법 이용하기 (※ 필요에 의하여)

최저가를 찾기 위해 일반요금과 (1-할인율) 둘 다 모두 가장 작은 것이 있는지 확인하자.

일반요금은 비수기의 250이 가장 작고, (1-할인율)은 비수기 기명이 가장 작다.

즉, 비수기 기명이 가장 낮은 가격을 지녔다.

최고가를 찾기 위해 일반요금과 (1-할인율) 둘 다 모두 가장 큰 것이 있는지 확인하자.

일반요금은 성수기의 350이 가장 크고, (1-할인율)은 성수기 무기명이 가장 크다.

즉, 성수기 무기명이 가장 높은 가격을 지녔다.

(※ (1-할인율)의 크기는 할인율과 반비례하므로

(1-할인율)이 가장 작으려면 할인율이 가장 크고, (1-할인율)이 가장 크려면 할인율은 가장 작다.

비수기 기명과 성수기 무기명

성수기 무기명: 350×75% 비수기 기명: 250×55%

차이값을 위한 사각테크닉 (A×B) − (C×D) = (A−C) × B − C × (D−B)

100×75% − 250×(−20%) = 75 + 50 = 125, 〈표1〉의 단위가 천원이므로 125,000원이다.

정답 (O)

문 5. (민 15-10)

다음 〈표〉는 A발전회사의 연도별 발전량 및 신재생에너지 공급 현황에 관한 자료이다. 이에 대한 〈보기〉의 설명 중 옳은 것만을 모두 고르면?

〈표〉 A발전회사의 연도별 발전량 및 신재생에너지 공급 현황

구분 〰 연도		2012	2013	2014
발전량(GWh)		55,000	51,000	52,000
신재생 에너지	공급의무율(%)	1.4	2.0	3.0
	자체공급량(GWh)	75	380	690
	인증서구입량(GWh)	15	70	160

※ 1) 공급의무율(%) = $\dfrac{\text{공급의무량}}{\text{발전량}}$ × 100

　 2) 이행량(GWh) = 자체공급량 + 인증서구입량

1. 공급의무량과 이행량의 차이는 매년 증가한다. (O, X)

① 30초 바라보기
발전량 및 에너지
공급

② 선지 재구성
공급의무량과 이행량
차이 매년 증가?

▶ 자료통역사의 관점 적용하기

1. (X)

step ① 후보군 (반례찾기)
공급의무량(발전량×의무율)과 이행량(자체+인증서)의 차이 감소한 적 없어?

step ② 공통자릿수 무시
특별히 무시할 자릿수 없음 (0은 크게 영향을 주지 않기 때문)

step ③ 계산의 2단계
실제값을 계산하는 방법도 있지만 학습을 위하여 사각테크닉을 활용해보자.

step ④ 비교법 이용하기 (※ 필요에 의하여)
2012년 공급의무량 = 55000×1.4% = 77000% = 770, 이행량 = 75+15 = 90

기본 가정
공급의무량과 이행량의 차이가 매년 증가하기 위해서는 공급의무량의 증가량이 이행량의 증가량보다 크거나,
공급의무량은 증가하고 이행량은 감소하거나, 공급의무량의 감소량보다 이행량의 감소량이 커야한다.

2013년의 공급의무량 변화량
2013년(510×2.0), 2012년(550×1.4)
차이값을 위한 사각테크닉 (A×B) − (C×D) = (A−C) × B − C × (D−B)
510×0.6 − 40×1.4 = 306 − 56 = 250, 공급의무량의 증가폭 = 250
이행량의 증가폭은 300 이상이므로 둘의 차이는 적어진다.

정답 (X)

3) 합차테크닉

❶ 합차테크닉이란

48×52, 46×54, 44×56, 42×58

Q. 위의 숫자를 크기순대로 나열하라.

위의 Q를 해결하기 위해서 모든 곱셈의 결과를 모두 구했는가? 그렇다면 너무 오래 걸리지 않았는가?

우리가 위에서 배운 방법인 어림셈, 곱셈의 배수테크닉, 사각테크닉은 1:1비교에 특화된 테크닉이다. 즉, 많은 숫자를 비교할 때는 다른 방법이 필요하다. 그래서 이번에 배울 것이 합차테크닉이다. 합차테크닉이란 곱셈 A×B의 숫자 간 합(A+B)와 숫자 간의 차(A−B)를 이용하여 곱셈의 크기를 비교하는 방법이다.

합(A+B)이 같은데 차(A−B)가 다른 숫자	차(A−B)가 같은데 합(A+B)이 다른 숫자
$1 \times 9 = 9$	$5 \times 3 = 15$
$2 \times 8 = 16$	$6 \times 4 = 24$
$3 \times 7 = 21$	$7 \times 5 = 35$
$4 \times 6 = 24$	$8 \times 6 = 48$
$5 \times 5 = 25$	$9 \times 7 = 63$
차(A−B)가 작아질수록 A×B는 커진다.	합(A+B)이 커질수록 A×B는 커진다.

※ 간단 증명 $A = (X-Y)$, $B = (X+Y)$ 라고 가정하면 $A \times B = (X-Y) \times (X+Y) = (X^2-Y^2)$ → A×B의 크기는 X가 클수록 커지고, Y가 클수록 작아진다. $A+B=2X$, $A-B=2Y$이므로 A×B의 크기는 합(A+B)이 클수록 커지고, 차(A−B)가 클수록 작아진다.

❷ 합차테크닉 적용해보기

		합 확인하기		차 확인하기		더 큰 값은?
28×30 VS 32×26	→	58,58	→	2,6	→	28×30
55×35 VS 30×60	→		→		→	
37×32 VS 38×31	→		→		→	
77×25 VS 70×32	→		→		→	
42×18 VS 25×35	→		→		→	
55×61 VS 51×65	→		→		→	

ex 2) 19×26와 21×20를 비교해보자.

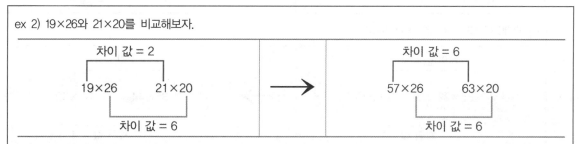

차이값(A−C, D−B)을 살펴보면 2(=21−19)와 6(=26−20)이다. 19와 21를 3배 해주면 차이값(A−C, D−B)이 둘 다 6이 된다. 차이값(A−C, D−B)이 같아지면 합도 같아진다. (57×26 VS 63×20, 둘 다 합이 83)
57×26 VS 63×20 → 차(A−B, C−D)가 더 작은 57×26이 더 크다. 칸이 있으면 ③ 합차테크닉 사용방법에 넣기.

❸ 합차테크닉-2

합이 같은 경우, 합차테크닉이 매우 유용함을 알게 되었다.

하지만 모든 곱셈 비교의 합이 같을 리가 없다. 그렇다면 두 곱셈의 합을 같게 만들 방법이 없을까?

가능하다.

두 곱셈 A×B와 C×D를 비교한다고 가정했을 때, 곱셈 숫자 간의 차이값(A−C, D−B)의 크기가 같아지면 합도 같아진다.

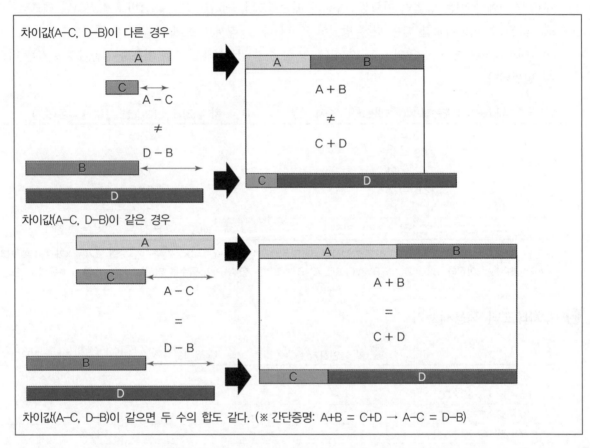

차이값(A−C, D−B)이 같으면 두 수의 합도 같다. (※ 간단증명: A+B = C+D → A−C = D−B)

그렇다면 차이값(A−C, D−B)은 어떻게 같게 만들 수 있을까? 양변에 같은 값을 곱하여 차이값(A−C, D−B)을 같게할 수 있다.

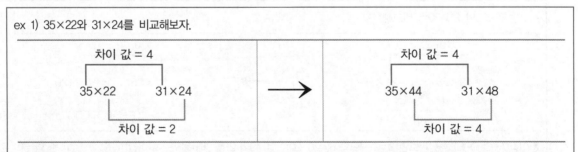

ex 1) 35×22와 31×24를 비교해보자.

차이값(A−C, D−B)을 살펴보면 4(=35−31)와 2(=24−22)이다. 22와 24를 2배 해주면 차이값(A−C, D−B)이 둘 다 4가 된다. 차이값(A−C, D−B)이 같아지면 합도 같아진다. 35×44 VS 31×48 → 차(A−B, C−D)가 더 작은 35×44이 더 크다.

④ 합차테크닉-2 적용해보기

		차이값 확인하기		차이값 같게 만들기		더 큰 값은?
25×18 VS 20×28	→	5,10	→	50×18 VS 40×28	→	40×28
24×15 VS 20×31		4,12		96×15 VS 80×31	→	80×31
17×26 VS 19×22						
52×19 VS 47×39						
33×65 VS 13×75						
25×48 VS 35×43						

⑤ 합차테크닉-3

앞서 합차테크닉을 사용하기 위해 차이값을 같게 만드는 방법을 훈련했다.

그런데 차이값을 같게 하기 위해 양변에 같은 값을 곱할 때, 실제 결과도 구해야 할까? → 그렇지 않다.

위 35×22 vs 31×24를 위해 차이값을 같게 만든 35×44 vs 31×48를 수직선에 나타내면 다음과 같다.

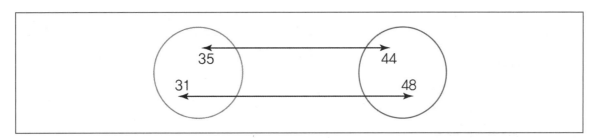

회색 원의 숫자(31, 35)를 작은 숫자 쌍, 파란색 원의 숫자(44, 48)를 큰 숫자 쌍이라고 칭할 때, 작은 숫자 쌍에서 큰 숫자(35) / 큰 숫자 쌍에서 작은 숫자(44)를 지니고 있는 35×44가 더 크다.

※ 합을 같게 만들었기 때문에, 작은 숫자 쌍에서 큰 숫자를 가지면 큰 숫자 쌍에서는 작은 숫자를 가진다.

위에서 풀었던 35×22 VS 31×24를 다시 한 번 비교해보자.

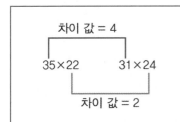

차이값의 크기를 맞추기 위해 22와 24에 2를 곱해야 한다.
22와 24에 2를 곱하면 어떻게 될까?
22와 24는 44와 480이 된다. 즉, 22와 24의 크기가 35와 31보다 커진다.
차이값을 같게 했을 때의 숫자쌍은 작은 숫자 쌍 (31, 35) / 큰 숫자 쌍 (22, 24)
큰 숫자 쌍에서는 작은 숫자(22), 작은 숫자 쌍에서는 큰 숫자(35)를 가지고 있는
22×35가 더 크다.

이번에는 조금 더 응용해보자.

예를 들어, 24×37 VS 21×44를 비교한다고 가정해보자.

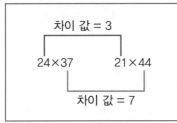

차이값의 크기를 맞추기 위해 24와 21에 2.33을 곱해야 한다.
실제로 2.33을 곱한 값을 구하기는 어렵다. 따라서 큰 숫자 쌍과 작은 숫자 쌍을 이용하자.
24와 21에 2.33배를 하면 어떻게 될까? → 24와 21의 크기가 37와 44보다 커진다.
차이값을 같게 만들었을 때의 숫자 쌍은 작은 숫자 쌍 (37, 44) / 큰 숫자 쌍 (21, 24)
작은 숫자 쌍에서 큰 값을 가진 곱셈이 더 크므로 21×44가 더 크다.

❻ 노래로 외우는 합차테크닉

> 차이값을 확인해~ 확인해~
> 차이값을 같게해~ 같게해~
> 작은 숫자쌍을 찾아! 거기선 큰 숫자!
> 큰 숫자쌍을 찾아! 거기선 작은 숫자!
> (자신만의 멜로디를 붙여주세요. 자료통역사의 멜로디가 궁금하면 강의로)

50×70와 35×75를 비교하려면,

차이값을 확인해~ 확인해~ (15, 5) 차이값을 같게 해~ 같게 해~ (70, 75에 ×3)

작은 숫자쌍을 찾아! (50, 35) 거기선 큰숫자! (50) 큰 숫자쌍을 찾아! (70, 75) 거기선 작은숫자! (70)

더 큰 곱셈은 50×70

❼ 합차테크닉-3 적용해보기

		차이값 확인하기		더 큰 값은?
33×12 VS 30×14	→	3,2	→	30×14
18×30 VS 25×28	→		→	
17×33 VS 25×28				
51×33 VS 43×36				
38×18 VS 28×22				
32×27 VS 35×20				

❽ 문제 같이 풀어보기

〈표〉 '고릴라'의 요일별 운동 루틴

(단위: kg, 회)

구분 \ 요일	월	화	수	목	금
운동 무게(kg)	155	145	135	120	95
횟수(회)	8	10	12	15	20

※ 운동볼륨 = 무게 × 횟수

1. 운동 볼륨은 월<화<수<목<금 순이다. (O, X)

▶ 자료통역사의 관점 적용하기

1. (O)

step ① 후보군 (반례찾기) 운동 볼륨은 해당 순위대로 나열됐는가?

step ② 공통자릿수 무시 → 무시할 자릿수가 없다.

step ③ 계산의 2단계 → 비교법을 이용하자.

step ④ 비교법 이용하기 (곱셈의 배수테크닉) 이용하기 (※ 필요에 의하여)

월요일(155×8) VS 화요일(145×10)

차이 = 10, 2 → 2를 10으로 만들자. → 155×40 VS 145×50 → 차이값이 더 작은 145×10이 155×8보다 크다.

화요일(145×10) VS 수요일(135×12)

차이 = 10, 2 → 2를 10으로 만들자. → 145×50 VS 135×60 → 차이값이 더 작은 135×12가 145×10보다 크다.

수요일(135×12) VS 목요일(120×15)

차이 = 15, 3 → 3를 15로 만들자. → 135×60 VS 120×75 → 차이값이 더 작은 120×15가 135×12보다 크다.

목요일(120×15) VS 금요일(95×20)

차이 = 25, 5 → 5를 25로 만들자. → 120×75 VS 95×100 → 차이값이 더 작은 95×20이 120×15보다 크다.

월<화<수<목<금 순이다. → 외곽순환이 더 크다. 일반버스보다 전체 매출액이 더 큰 버스 종류가 있다.

⑨ 기출문제와 제작문제에 관점 적용해보기

문 1. (행 18-16)

다음 〈표〉는 A ~ E 리조트의 1박 기준 일반요금 및 회원할인율에 관한 자료이다. 이에 대한 〈보기〉의 설명 중 옳은 것만을 모두 고르면?

① 30초 바라보기
  리조트의 가격

〈표 1〉비수기 및 성수기 일반요금(1박 기준)

(단위: 천 원)

구분＼리조트	A	B	C	D	E
비수기 일반요금	300	250	200	150	100
성수기 일반요금	500	350	300	250	200

〈표 2〉비수기 및 성수기 회원할인율(1박 기준)

(단위: %)

구분＼회원유형＼리조트		A	B	C	D	E
비수기 회원할인율	기명	50	45	40	30	20
	무기명	35	40	25	20	15
성수기 회원할인율	기명	35	30	30	25	15
	무기명	30	25	20	15	10

② 선지 재구성
  성수기 일반요금 낮을
  수록 성수기 무기명
  회원요금도 낮은가?

$$※ \ 회원할인율(\%) = \frac{일반요금 - 회원요금}{일반요금} \times 100$$

1. 리조트 1박 기준, 성수기 일반요금이 낮은 리조트일수록 성수기 무기명 회원요금이 낮다.
(O, X)

▶ 자료통역사의 관점 적용하기

1. (O)

step ① 후보군 (반례찾기) 성수기 일반요금이 낮을수록 성수기 무기명 회원요금이 낮은가?
    → 성수기 무기명 회원요금(성수기 일반요금 × (1-할인율))은 A〉B〉C〉D〉E순인가?
step ② 공통자릿수 무시 특별히 무시할 자릿수 없음 (0은 크게 영향을 주지 않기에)
step ③ 계산의 2단계 다수의 비교이기에 합차를 이용해보자.
step ④ 비교법 이용하기 (※ 필요에 의하여) 일반요금을 10으로 나누어주면

	A	B	C	D	E
성수기 일반요금	50	35	30	25	20
1-할인율	70	75	80	85	90

B~E까지는 성수기 일반요금도 5씩 차이 나고, 1-할인율도 5씩 차이 나는 상태이다. 즉, 모두의 합이 같은 상태이다. 숫자간의 거리가 가까울수록 곱이 크다는 것을 이용하면 B〉C〉D〉E 순 이라는 것을 알 수 있다. A와 B의 비교
A: 50×70 B: 35×75
50과 35의 차이는 15 70과 75의 차이는 5이므로 70과 75에 3배를 해주어 차이값을 같게 만들자.
A: 50×210 B: 35×225 → A가 두 숫자간의 거리가 더 가깝기 때문에 A〉B이다. 즉, 성수기 무기명 회원요금은 A 〉 B 〉 C 〉 D 〉 E순이다.

정답 (O)

다음 〈그림〉은 A ~ E 학교의 장학금에 대한 자료이다. 이를 근거로 해당 학교의 전체 학생 중 장학금 수혜자 비율이 가장 큰 학교부터 순서대로 나열한 것은?

① 30초 바라보기
   학교별 장학금 현황

〈그림〉 학교별 장학금 신청률과 수혜율

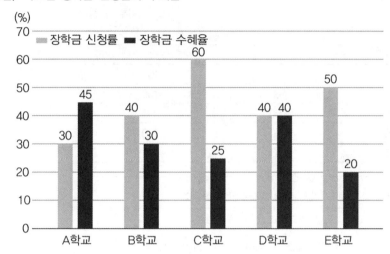

※ 1) 장학금 신청률(%) = $\dfrac{\text{장학금 신청자}}{\text{전체 학생}} \times 100$

   2) 장학금 수혜율(%) = $\dfrac{\text{장학금 수혜자}}{\text{장학금 신청자}} \times 100$

Q ▷ A~E학교 중 무엇을 기준으로 잡는 것이 가장 좋을까? (가시적으로 생각하기)

① A, B, D, E, C   ② A, D, B, C, E

③ C, E, B, D, A   ④ D, C, A, B, E

⑤ E, D, C, A, B

A ▷ D학교

▶ 자료통역사의 관점 적용하기

step ① 후보군 (반례찾기) 전체 학생중 장학금 수혜자 = 신청률 × 수혜율
step ② 공통자릿수 무시 특별히 무시할 자릿수 없음 (0은 크게 영향을 주지 않기에)
step ③ 계산의 2단계 다수의 비교이기에 합차를 이용해보자.
step ④ 비교법 이용하기 (※ 필요에 의하여)

	A	B	C	D	E
신청률	30	40	60	40	50
수혜율	45	30	25	40	20
합	75	70	85	80	70

두수의 합을 확인해보면 D는 A,B,E보다 두수의 합이 큰데 차이는 가장 작다. 즉, C와 D만 비교해보면 1등을 확정할 수 있다. 60과 40은 20차이이고, 25와 40은 15차이이다. → 합차에 적합하지 않다. 사각테크닉을 이용하자.
C: 60×25 D: 40×40 → 공통사각형 (40×25) 소거 C: 20×25 D: 40×15
C보다 D가 더 크므로 전체 학생 중 장학금 수혜자가 가장 큰 값은 D이므로 정답은 ④이다.

정답 ④

문 3. (행 13~36)

다음 〈표〉는 갑 자동차 회사의 TV 광고모델 후보 5명에 대한 자료이다. 〈조건〉을 적용하여 광고모델을 선정할 때, 총 광고효과가 가장 큰 모델은?

① 30초 바라보기
광고모델의 광고효과

〈표〉 광고모델별 1년 계약금 및 광고 1회당 광고효과

(단위: 만원)

광고모델	1년 계약금	1회당 광고효과	
		수익 증대 효과	브랜드 가치 증대 효과
지후	1,000	100	100
문희	600	60	100
석이	700	60	110
서현	800	50	140
슬이	1,200	110	110

〈조건〉

• 광고효과는 수익 증대 효과와 브랜드 가치 증대 효과로만 구성된다.

총 광고효과 = 1회당 광고효과 × 1년 광고횟수

1회당 광고효과 = 1회당 수익 증대 효과 + 1회당 브랜드 가치 증대 효과

• 1회당 광고비는 20만원으로 고정되어 있다.

$$1년 광고횟수 = \frac{1년 광고비}{1회당 광고비}$$

• 1년 광고비는 3,000만원(고정값)에서 1년 계약금을 뺀 금액이다.

1년 광고비 = 3,000만원 − 1년 계약금

Q ▶ 계약비 비싸면 1회당 광고효과가 높아질까?

① 지후　　　　　　② 문희
③ 석이　　　　　　④ 서현
⑤ 슬이

▶ 자료통역사의 관점 적용하기

step ① 후보군 (반례찾기) 총 광고효과가 가장 큰 모델은?

$$총 광고효과 = 1회당 광고효과 × 1년 광고횟수 = (1회당 광고효과) × \frac{3,000 - 계약금}{20}$$

step ②, step ④ 공통 무시+비교법 사용하기 20은 공통이므로 무시한다. 총 광고효과 ∝ (Σ증대효과)×(3,000−계약금)

	지후	문희	석이	서현	슬이
1회당 광고효과	200	160	170	190	220
광고비(3,000−계약금)	2000	2400	2300	2200	1800
1회당 광고효과는 10을 나누어주고 광고비는 100으로 나누어주면					
1회당 광고효과	20	16	17	19	22
광고비	20	24	23	22	18

서현을 제외한 나머지는 모두 합이 40으로 동일하다. 따라서 차이가 가장 적은 지후의 총 광고효과가 가장 크다. 지후와 서현을 비교하면 지후: 20×20, 서현: 19×22 증대효과는 1차이고 광고비는 2차이므로 증대효과에 2를 곱하면 지후: 40×20, 서현: 38×22 → 서현이 더 크므로 정답은 ④이다.

정답 ④

다음 〈표〉와 〈조건〉은 대중교통 환승유형과 환승정책에 관한 자료이다. 신규 환승정책 시행 전과 시행 후를 비교할 때, A～E의 환승유형을 연간 총 교통요금 절감액이 큰 순서대로 나열한 것은?

① 30초 바라보기
　 대중교통의 환승

〈표〉 연간 환승유형별 이용건수

(단위: 천건)

환승유형	환승내용	연간 환승유형 이용건수
A	버스 → 버스	1,650
B	버스 → 지하철	1,700
C	지하철 → 버스	1,150
D	버스 → 버스 → 버스	800
E	버스 → 지하철 → 버스	600

※ 1) '→'는 환승을 의미함.
　 2) 환승유형 이용 1건은 1명이 이용한 것을 의미함.
　 3) 연간 환승유형별 이용건수는 신규 환승정책 시행 전과 시행 후가 동일함.

─────── 〈조건〉 ───────

• 모든 승객은 교통카드만 이용하고, 교통카드를 통해서 환승유형(A～E)이 확인되었다.
• 신규 환승정책 시행 전후, 지하철과 버스의 기본요금은 각각 950원이고 기본요금에 대한 요금할인은 없다.
• 신규 환승정책 시행 전에는 대중교통 수단을 이용할 때마다 각각의 기본요금을 지불하였다.
• 신규 환승정책 시행 후에는 환승유형 이용 1건당 지불요금은 다음과 같다.
　 − 최초 탑승시 기본요금
　 − 동일 교통수단으로 환승할 때마다 150원의 환승요금
　 − 다른 교통수단으로 환승할 때마다 200원의 환승요금

① A − B − D − C − E　　　　② A − D − B − E − C
③ B − A − D − C − E　　　　④ D − A − B − E − C
⑤ D − B − A − C − E

▶ 자료통역사의 관점 적용하기

step ① 후보군 (반례찾기) 교통요금 절감액이 큰 유형은?
　　　　　절감액 = 환승 이용건수 × 환승 할인액
　　　　　(할인액 = 기본요금 − 환승요금)

step ④ 비교법 사용하기

	A	B	C	D	E
이용건수	1650	1700	1150	800	600
할인액	950−150=800	950−200=750	950−200=750	1900−300=1600	1900−400=1500

선지에 의하여 A, B, D중 1등이 존재하므로 A, B, C를 비교하자. A와 B는 합이 같으므로 차가 작은 A 〉 B이다. A와 D의 경우 1650×800(A)과 800×1600(D)의 비교이므로 A 〉 D이다. B와 D를 비교하면 1700과 1600의 차이는 1000이고, 800과 750의 차이는 50이므로 800과 750을 두 배로 만들어주면 1700×1500(B)와 1600×1600(D)이므로 D가 더 크다. A 〉 D 〉 B순이므로 정답은 ②이다.

정답 ②

3 곱셈 비교의 요약

❶ 곱셈 비교의 일반적 순서

step ① 어림셈을 통한 크기 예상

step ② 어림셈을 통하여 곱셈의 배수테크닉으로 접근

step ③ 사각테크닉을 통한 접근(※ 배수의 크기, 차이값의 크기, 다수의 합차비교는 제외한 경우)

ex) 137×37 VS 152×33 (1 :1 비교이므로 굳이 step ①은 적용하지 않음)

step ① 곱셈의 배수테크닉: 137 → 152 1.1배 이상 상승, 33→ 37 1.1배 이상 상승

　　　　→ 가벼운 배수 관계까지만 파악하고 그 이상은 다른 비교법을 이용하자.

　　　　→ 만약 곱셈의 배수테크닉으로 해결되지 않는다면 합차테크닉을 이용하자.

step ② 사각테크닉 → 공통사각형(137×33) 소거 → 137×4 VS 15×33 → 137×4가 더 크다.

❷ 선지 유형별 곱셈 비교

1. A가 가장 크다.

step ① A 기준으로 어림셈하여 A 크기 예상하기.

　　　　(단, 너무 복잡하거나 어렵다면 굳이 구하지 않아도 된다.)

step ② 정밀하게 비교할 필요가 없는 대상들 소거하기

step ③ 비교법을 활용하여 비교하기.

　　　　(※ 일반적으로 유용한 비교법 = 곱셈의 배수테크닉, 사각테크닉)

2. A는 B보다 크다.

step ① 비교법을 통하여 바로 비교하기

　　　　(※ 일반적으로 유용한 비교법 = 곱셈의 배수테크닉, 사각테크닉, 합차테크닉)

3. A는 B의 n배 이상이다.

step ① 배수비교법을 통하여 확인하기

step ② 실질적인 판별식을 이용하여, 다른 비교법을 통하여 비교하기

4. A는 매년 증가/감소하였다.

step ① 논리적 접근을 통하여 무조건 증가/감소할 가능성이 있는 부분을 찾아내기

　　　　(※ $A \times B$에서 무조건 증가 → A↑와 B↑ 무조건 감소 A↓와 B↓)

step ② 비교법을 통하여 비교하기.(※ 일반적으로 유용한 비교법 = 곱셈의 배수테크닉, 사각테크닉)

5. A와 B의 차이값은 n이다.

step ① 사각테크닉을 통하여 차이값 바로 확인하기

❸ 곱셈 비교 테크닉 요약

① 곱셈의 배수테크닉
- 사용 메뉴얼: 1.1배 1.2배 등 가볍게 파악 할 수 있는 숫자 관계까지만 보기
- 추가적 용도: 두 곱셈의 배수 관계 파악

② 사각테크닉
- 사용 매뉴얼: 곱셈의 배수테크닉으로 확인할 수 없을 때 사용 또는 공통사각형을 제외한 값을 계산하기 쉬울 때 사용
- 추가적 용도: 두 곱셈의 차이값 계산

③ 합차테크닉
- 사용 매뉴얼: A와 B의 합이 같을 때 혹은 각각의 숫자의 차이가 같을 때 또는 차이값을 같게 만들어 비교하기

4 분수 비교

❶ 분수 비교란?

우리는 위에서 분수를 어림셈을 통해서 결과값을 도출하는 방법에 대해서 배웠다.
이제 분수간의 크기 비교를 배울 것이다.

분수의 값을 구하는 것과 분수 간의 크기를 비교하는 것의 가장 큰 차이점은 '자릿수의 무시' 여부이다.
만약 $\frac{7,521}{157,823}$의 크기를 구해야한다면 분자와 분모의 자릿수까지 생각하여 값을 구해야 한다.

$\frac{7,521}{157,823}$ VS $\frac{6,521}{131,178}$와 같이 분수간의 크기 비교의 경우, 정확한 값이 아니라 단순하게 누가 더 큰지
궁금한 것이다. 따라서 양변의 분자의 동일 자릿수와 분모의 동일 자릿수를 무시해도 된다.
즉, $\frac{7,521}{157,823}$ VS $\frac{6,521}{131,178}$와 $\frac{75}{157}$ VS $\frac{65}{131}$의 결과는 동일하다.

따라서 '숫자와 친해지기'에서 배운 것처럼 높은 자릿수 위주로 생각하고, 분모와 분자끼리 동일 자릿수만
큼 무시하며 비교하자.

$\frac{A}{B}$와 $\frac{C}{D}$ 비교하기 ($\frac{A}{B} \rightarrow \frac{C}{D}$로 생각 시)

	A 〉 C (분자 작아짐)	A 〈 C (분자 커짐)
B 〉 D (분모 작아짐)	추가 확인 필요	증가
B 〈 D (분모 커짐)	감소	추가 확인 필요

❷ 분수 비교의 순서

step ① 후보군 → 정오판단 기준잡기 (반례찾기)
↓
step ② 공통과 차이 → 공통자릿수 무시
↓
step ③ 계산의 2단계 → 분수값 어림셈으로 읽어내기
↓
step ④ 계산이 아닌 가공 → 비교법(돋보기)를 이용한 비교하기

※ 대부분의 문제는 step ③에서 해결된다. 추가로 필요할 때만 step ④를 활용하자.

③ 빈출 선지별 정오판단의 기준

① A가 가장 크다. → A보다 더 큰 분수값 없어?

② A는 B보다 크다. → A가 B보다 커?

③ A는 B의 n배 이상이다. → $\dfrac{A}{B}$ 가 n보다 커?

④ A는 매년 증가/감소하였다. → A는 감소/증가한 적 없어?

④ 대표문제 같이 풀어보기

〈표〉 국가별 인구와 GDP

	A국	B국	C국	D국
인구	11,948,948	1,879,531	3,878,966	3,357,896
GDP	787,925	99,872	187,282	85,581

1. 인구당 GDP가 가장 큰 국가는 B국인가?

▶ 자료통역사의 관점 적용하기

1. (X)

step ① 후보군(반례찾기) B국보다 인구당 GDP($\dfrac{GDP}{인구}$) 큰 국가 없어?

　　㉠ B국보다 인구는 크고 GDP는 작다면 → 당연히 작다.
　　㉡ B국보다 인구와 GDP가 모두 크거나 모두 작다면 → 확인 필요.
　　㉢ B국보다 인구는 작고 GDP 크다면 → 당연히 크다. → 반례를 찾아야 하므로 집중해야하는 부분은 ㉡과 ㉢

step ② 공통자릿수 무시 B를 기준으로 하여 나머지 국가들의 인구당 GDP의 공통자릿수를 무시하자.
　　99,872/1,879,531 → 분자는 십의자리 이하 무시, 분모는 천의자리 이하 무시

A국	B국	C국	D국
1,194	187	387	373
7,879	998	1872	855

step ③ 계산의 2단계 (※ 필요에 의하여) B국의 인구당 GDP는 약 5~6사이
A국의 경우 B국보다 인구와 GDP가 모두 많으므로 확인이 필요하다. C국의 경우 B국보다 인구와 GDP가 모두 많으므로 확인이 필요하다. D국의 경우 B국보다 인구는 많고, GDP는 작으므로 확인 할 필요가 없다. 확인이 필요한 A국, C국과 B국의 비교 A국의 인구당 GDP는 6보다 크다. B국보다 인구당 GDP가 더 큰 국가가 있다.

❺ 기출문제와 제작문제에 관점 적용해보기

문 1. (행 17–15)

다음 〈표〉는 '갑'국의 4대 범죄 발생건수 및 검거건수에 대한 자료이다. 이에 대한 설명으로 옳지 않은 것은?

〈표〉 2013년 4대 범죄 유형별 발생건수 및 검거건수

(단위: 건)

범죄 유형 ＼ 구분	발생건수	검거건수
강도	5,753	5,481
살인	132	122
절도	14,778	12,525
방화	1,647	1,646
계	22,310	19,774

1. 2013년 발생건수 대비 검거건수 비율이 가장 낮은 범죄 유형은 절도이다. (O, X)

① 30초 바라보기
4대 범죄의 발생건수와 검거건수

② 선지 재구성
발생건수 대비 검거건수 절도가 가장 낮아?

Q 〉 $\frac{A}{B}$ 가 가장 크다면
$\frac{B}{A}$ 의 크기는
어떨까?

A 〉 가장 작다.

▶ 자료통역사의 관점 적용하기

1. (O)

step ① 후보군 (반례찾기) 발생건수 대비 검거건수 ($\frac{검거}{발생}$) 절도보다 작은 거 없어?

step ② 공통자릿수 무시
범죄 유형별로 공통자릿수를 무시하기에는 살인 숫자 단위가 작으므로 맨 앞 3자리 인식을 이용하자.

step ③ 계산의 2단계 절도 $\frac{125}{147}$ 이므로 0.8~0.9사이에 존재한다. (※ 여집합으로 생각하기)
나머지 범죄 유형의 경우 모두 0.9보다 크기 때문에 절도가 가장 작다.

정답 (O)

다음 〈표〉는 2015 ～ 2017년 A 대학 재학생의 교육에 관한 영역별 만족도와 중요도 점수이다. 이에 대한 〈보기〉의 설명 중 옳은 것만을 모두 고르면?

① 30초 바라보기
만족도와 중요도 점수

〈표 1〉 2015 ～ 2017년 영역별 만족도 점수

(단위: 점)

영역＼연도	2015	2016	2017
교과	3.60	3.41	3.45
비교과	3.73	3.50	3.56
교수활동	3.72	3.52	3.57
학생복지	3.39	3.27	3.31
교육환경 및 시설	3.66	3.48	3.56
교육지원	3.57	3.39	3.41

② 선지 재구성
요구 충족도 교과가
가장 높아?

〈표 2〉 2015 ～ 2017년 영역별 중요도 점수

(단위: 점)

영역＼연도	2015	2016	2017
교과	3.74	3.54	3.57
비교과	3.77	3.61	3.64
교수활동	3.89	3.82	3.81
학생복지	3.88	3.73	3.77
교육환경 및 시설	3.84	3.69	3.73
교육지원	3.78	3.63	3.66

※ 해당영역별 요구충족도(%) = $\dfrac{\text{해당영역 만족도 점수}}{\text{해당영역 중요도 점수}} \times 100$

1 2017년 요구충족도가 가장 높은 영역은 교과 영역이다. (O, X)

● 자료통역사의 관점 적용하기

1. (X)

step ① 후보군 (반례찾기) 요구충족도 ($\dfrac{\text{만족도}}{\text{중요도}}$) 교과보다 큰 거 없어?

step ② 공통자릿수 무시 무시할 자릿수 없음.

step ③ 계산의 2단계 교과 영역 $\dfrac{345}{357}$ 이므로 0.9～1.0 (※ 여집합 이용하기)

다른 모든 영역의 값이 모두 0.9～1.0의 사이에 존재한다. 1에서 얼마나 빠졌는지 확인하여 판단하자.

교과 영역은 1-$\dfrac{12}{357}$, 비교과 영역은 1-$\dfrac{8}{364}$ 이다. 비교과 영역의 경우, 분모가 크고, 분자는 작기 때문에 1에서 빠진 값이 더 작다. ($\dfrac{12}{357} > \dfrac{8}{364}$) 즉, 교과 영역보다 높은 영역(비교과)가 있다.

정답 (X)

문 3. (행 19–07)

다음 〈표〉는 '갑'국 A ~ J 지역의 대형종합소매업 현황에 대한 자료이다. 이에 대한 〈보기〉의 설명 중 옳은 것만을 모두 고르면?

① 30초 바라보기
　지역별 소매업 현황

〈표〉 지역별 대형종합소매업 현황

지역 \ 구분	사업체 수 (개)	종사자 수 (명)	매출액(백만원)	건물 연면적(m²)
A	47	6,731	4,878,427	1,683,092
B	33	4,173	2,808,881	1,070,431
C	35	4,430	3,141,552	1,772,698
D	18	2,247	1,380,511	677,288
E	22	3,152	1,804,262	765,096
F	19	2,414	1,473,698	633,497
G	147	18,287	11,625,278	5,032,741
H	17	1,519	861,094	364,296
I	19	2,086	1,305,468	535,880
J	16	1,565	879,172	326,373
전체	373	46,604	30,158,343	12,861,392

1. 사업체당 매출액은 G 지역이 가장 크다. (O, X)

2. I 지역의 종사자당 매출액은 E 지역의 종사자당 매출액보다 크다. (O, X)

▶ 자료통역사의 관점 적용하기

1. (X)

step ① 후보군 (반례찾기) G지역보다 사업체당 매출액($\frac{매출액}{사업체}$)이 더 큰 지역이 없어?

step ② 공통자릿수 무시 G를 기준으로 하여 나머지 지역의 사업체당 매출액의 공통자릿수를 무시하자.
　→ 매출액 만의 자리 이하 무시. 사업체는 해당 없음.

step ③ 계산의 2단계 G지역은 $\frac{116}{147}$ 이므로 0.8보다 작다. (※ 여집합을 이용)

A지역은 $\frac{48}{47}$ 이므로 1보다 크다. G지역보다 큰 지역이 존재한다.

2. (O)

step ① 후보군 (반례찾기) 종사자당 매출액($\frac{매출액}{종사자}$), I지역이 E지역보다 커?

step ② 공통자릿수 무시 기준으로 잡은 공통자릿수를 무시하자.
　→ 매출액 천의 자리 이하무시, 종사자 십의 자리 이하 무시

step ③ 계산의 2단계 I 지역은 $\frac{130}{208}$ 60%보다 크다. (※ 소금물에 소금 넣기)

E지역은 $\frac{180}{315}$ 60%보다 작다. I지역이 E지역보다 크다.

(※ 어떤 수를 기준으로 비교할지는 하나의 분수만을 보고 알 수 없다. 우선 두 개의 분수 구성부터 파악한 후에 기준으로 둘 숫자를 생각해야 한다. 위 문제의 경우, $\frac{180}{300}$ 이 60%라는 사실을 이용하여 숫자를 찢은 것이다.)

정답 (X, O)

문 4. (행 18-08)

다음 〈표〉는 '갑'시 자격시험 접수, 응시 및 합격자 현황이다. 이에 대한 설명으로 옳은 것은?

① 30초 바라보기
   접수자 및 응시자

〈표〉'갑'시 자격시험 접수, 응시 및 합격자 현황

(단위: 명)

구분	종목	접수	응시	합격
산업 기사	치공구설계	28	22	14
	컴퓨터응용가공	48	42	14
	기계설계	86	76	31
	용접	24	11	2
	전체	186	151	61
기능사	기계가공조립	17	17	17
	컴퓨터응용선반	41	34	29
	웹디자인	9	8	6
	귀금속가공	22	22	16
	컴퓨터응용밀링	17	15	12
	전산응용기계제도	188	156	66
	전체	294	252	146

② 선지 재구성
   1. 합격률: 산업기사가
      더 높아?
   2. 응시율: 산업기사가
      더 낮아?

※ 1) 응시율(%) = $\frac{응시자수}{접수자수}$ × 100

2) 합격률(%) = $\frac{합격자수}{응시자수}$ × 100

1. 산업기사 전체 합격률은 기능사 전체 합격률보다 높다. (O, X)

2. 산업기사 전체 응시율은 기능사 전체 응시율보다 낮다. (O, X)

▶ 자료통역사의 관점 적용하기

1. (X)

step ① 후보군 (반례찾기) 합격률 ($\frac{합격}{응시}$) 산업기사가 기능사보다 커?

step ② 공통자릿수 무시 무시할 자릿수 없음.

step ③ 계산의 2단계 산업기사 $\frac{61}{151}$ 이므로 50% 보다 작다. 기능사 $\frac{146}{252}$ 이므로 50% 보다 크다.
산업기사가 기능사보다 작다.

2. (O)

step ① 후보군 (반례찾기) 응시율 ($\frac{응시}{접수}$) 산업기사가 기능사보다 작아?

step ② 공통자릿수 무시 무시할 자릿수 없음.

step ③ 계산의 2단계 산업기사 $\frac{151}{186}$ 이므로 $\frac{5}{6}$ 보다 작다. (※ 찢기 이용 소금물에 물 넣기)

기능사 $\frac{252}{294}$ 이므로 $\frac{5}{6}$ 보다 크다. (※ 찢기 이용 소금물에 물 빼기), 산업기사가 기능사보다 작다.

정답 (X, O)

문 5. (민 15-20)

다음 〈표〉는 2014년 '갑'국 지방법원(A ~ E)의 배심원 출석 현황에 관한 자료이다. 이에 대한 〈보기〉의 설명 중 옳은 것만을 모두 고르면?

① 30초 바라보기
지방법원 배심원 현황

〈표〉 2014년 '갑'국 지방법원(A ~ E)의 배심원 출석 현황

(단위: 명)

구분 지방 법원	소환인원	송달 불능자	출석취소 통지자	출석의무자	출석자
A	1,880	533	573	( )	411
B	1,740	495	508	( )	453
C	716	160	213	343	189
D	191	38	65	88	57
E	420	126	120	174	115

② 선지 재구성
실질 출석률 E가 C보다 낮아?

※ 1) 출석의무자 수 = 소환인원 − 송달불능자 수 − 출석취소통지자 수

2) 출석률(%) = $\dfrac{\text{출석자 수}}{\text{소환인원}} \times 100$

3) 실질출석률(%) = $\dfrac{\text{출석자 수}}{\text{출석의무자 수}} \times 100$

1. 실질출석률은 E지방법원이 C지방법원보다 낮다. (O, X)

▶ 자료통역사의 관점 적용하기

1. (X)

step ① 후보군 (반례찾기) 실질출석률 ($\dfrac{\text{출석자}}{\text{의무자}}$) E가 C보다 작아?

step ② 공통자릿수 무시 무시할 자릿수 없음.

step ③ 계산의 2단계 E법원은 $\dfrac{115}{174}$ 이므로 60% 보다 크다.(※ 찢기 이용 소금물에 소금넣기)

C법원은 $\dfrac{189}{343}$ 이므로 60% 보다 작다.(※ 찢기 이용 소금물에 물 넣기) E가 C보다 크다.

(※ 어떤 수를 기준으로 비교할지는 하나의 분수만을 보고 알 수 없다. 우선 두 개의 분수 구성부터 파악한 후에 기준으로 둘 숫자를 생각해야 한다. 위 문제의 경우, $\dfrac{180}{300}$ 이 60%라는 사실을 이용하여 60%를 기준으로 쪼개 본 것이다.)

정답 (X)

다음 〈표〉는 어느 국가의 지역별 영유아 인구수, 보육시설 정원 및 현원에 관한 자료이다. 이에 대한 〈보기〉의 설명 중 옳은 것을 모두 고르면?

〈표〉 지역별 영유아 인구수, 보육시설 정원 및 현원

(단위: 천명)

지역＼구분	영유아 인구수	보육시설 정원	보육시설 현원
A	512	231	196
B	152	71	59
C	86	( )	35
D	66	28	24
E	726	375	283
F	77	49	38
G	118	67	52
H	96	66	51
I	188	109	84
J	35	28	25

※ 1) 보육시설 공급률(%) = $\dfrac{\text{보육시설 정원}}{\text{영유아 인구수}} \times 100$

2) 보육시설 이용률(%) = $\dfrac{\text{보육시설 현원}}{\text{영유아 인구수}} \times 100$

3) 보육시설 정원충족률(%) = $\dfrac{\text{보육시설 현원}}{\text{보육시설 정원}} \times 100$

1. 영유아 인구수가 가장 많은 지역과 가장 적은 지역 간 보육시설 이용률의 차이는 40% 이상이다. (O, X)

① 30초 바라보기
지역별 보육시설 현황

② 선지 재구성
인구수 가장 많은 지역과 작은 지역의 이용률 차이는 40%p 이상?

▶ 자료통역사의 관점 적용하기

1. (X)

step ① 후보군 (반례찾기) 인구 가장 많은 지역(E)과 가장 적은 지역(J)의 이용률($\dfrac{\text{현원}}{\text{인구}}$) 차이는 40%p 이상이야?

step ② 공통자릿수 무시 무시할 자릿수 없음.

step ③ 계산의 2단계 E지역은 $\dfrac{283}{726}$ 이므로 40% 부근(※ 찢기 이용 소금물에 소금넣기)

J지역은 $\dfrac{25}{35}$ 이므로 $\dfrac{5}{7}$ = 71.4% (※ 암기값 이용하기) 40%p 이상 차이나지 않는다.

정답 (X)

5 분수 비교테크닉

1) 배수테크닉

❶ 배수테크닉이란?

$\dfrac{277}{183}$ 과 $\dfrac{553}{368}$

Q. 위의 두 숫자 중 더 큰 숫자는 무엇인가?

혹시 위 Q를 해결하기 위해 주어진 두 분수값을 열심히 구하였는가?

만약 분수값을 계산했다면 필히 저자를 욕하고 있을 것이다.

왜냐하면 실제 분수값이 $\dfrac{277}{183}=1.51$이고, $\dfrac{553}{368}=1.50$이므로 비교하기 매우 어렵기 때문이다.

그렇다면 이러한 분수는 어떻게 비교해야할까?

이항을 이용하면 생각보다 쉽게 해결할 수 있다.

$\dfrac{277}{183}$ VS $\dfrac{553}{368}$ → $\dfrac{368}{183}$ VS $\dfrac{553}{277}$

이 경우, 좌측은 2보다 크고, 우측은 2보다 작아서 좌측이 더 크다는 것을 쉽게 판별할 수 있다.

하지만 실제로 이항을 통해 비교한다면 머릿속이 복잡해질 것이 분명하다.

위의 연습하기에서 대~충보라는 말을 지킬 수 없게 된다.

따라서 우리는 '이항'을 대신하여 분자와 분모가 각각 몇 배인지 파악하는 '관점'으로 바라볼 것이다. 그리고 이것을 이제 우리는 '분수의 분수의 배수테크닉' 이라고 명명하자.

> 분수의 배수테크닉이란 하나의 숫자를 기준값 1로 설정하였을 때 기준값과 다른 숫자간의 '배수' 관계를 파악하여 곱셈값을 비교하는 방식이다.

위에서 풀어본, $\dfrac{277}{183}$ 과 $\dfrac{553}{368}$ 을 분수의 배수테크닉으로 풀어보자.

56과 82를 기준값(1)으로 설정	76과 90을 기준값(1)으로 설정
≒1.3배 $\dfrac{56}{82}$ ──→ $\dfrac{76}{90}$ ≒1.1배	≒0.75배 $\dfrac{56}{82}$ ──→ $\dfrac{76}{90}$ ≒0.9배
→ $\dfrac{1}{1}$ VS $\dfrac{1.3}{1.1}$ 이므로 $\dfrac{76}{90}$이 더 크다.	→ $\dfrac{0.75}{0.9}$ VS $\dfrac{1}{1}$ 이므로 $\dfrac{76}{90}$이 더 크다.

❷ 배수테크닉 적용해보기

다음 중 더 큰 숫자는?	
$\dfrac{512}{383}$ ○ $\dfrac{982}{785}$	$\dfrac{72}{231}$ ○ $\dfrac{61}{189}$
$\dfrac{598}{697}$ ○ $\dfrac{661}{753}$	$\dfrac{163}{183}$ ○ $\dfrac{237}{242}$
$\dfrac{163}{105}$ ○ $\dfrac{145}{88}$	$\dfrac{125}{93}$ ○ $\dfrac{138}{101}$

❸ 배수테크닉의 다른 용도

앞서 배운 것처럼 분수의 배수테크닉은 사실 이항을 다른 관점으로 바라본 것이다.

따라서 두 숫자를 모두 이항한다고 생각하면 분수간의 배수 관계도 알 수 있다.

예를 들어, 120/60 → 100/40이 몇 배 관계인지 궁금하다면

60과 120을 이항하면 $\dfrac{100 \times 60}{40 \times 120} = \dfrac{100}{40} \times \dfrac{60}{120} = 2.5 \times 0.5 = 1.25$배가 된다.

이것을 분수의 배수테크닉, 즉 화살표로 생각하면 아래의 그림처럼 변환된다.

$\dfrac{40}{120} \to \dfrac{48}{60}$은 몇 배 관계일까?

1.2배 $40 \longrightarrow 48$ $120 \longrightarrow 60$ 0.5배 화살표 방향이 같은 경우, 배수는 두수의 나눗셈($\frac{1.2}{0.5}$)으로 이루어진다.	1.2배 $40 \longrightarrow 48$ $120 \longleftarrow 60$ 2배 화살표 방향이 다른 경우, 배수는 두수의 곱(1.2×2)으로 이루어진다.

※ 분수의 배수테크닉의 어림셈 → $\dfrac{1+x}{1+y} \fallingdotseq 1 + x - y$ (xy가 작은 경우에는)

(어림셈 결과에 대한 이상과 이하를 판단하기 위해서는 플마찢기를 이용하자.)

④ 배수테크닉의 다른 용도 적용해보기

배수는?	
$\dfrac{57}{151} \rightarrow \dfrac{93}{181}$	$≒ \dfrac{1.5\uparrow}{1.2\downarrow} = \dfrac{1.3+0.2}{1.0+0.2} = 1.3\downarrow$
$\dfrac{117}{882} \rightarrow \dfrac{187}{661}$	$≒1.5 \times 1.25$
$\dfrac{68}{32} \rightarrow \dfrac{82}{48}$	
$\dfrac{654}{55} \rightarrow \dfrac{991}{66}$	
$\dfrac{445}{321} \rightarrow \dfrac{545}{351}$	
$\dfrac{287}{187} \rightarrow \dfrac{337}{112}$	

⑤ 대표문제 같이 풀어보기

〈표〉 지역별 자동차 등록건수 대비 교통사고건수

(단위: 천대, 천건)

구분 \ 지역	A지역	B지역	C지역	D지역	E지역
자동차 등록건수	220,682	183,302	69,383	123,733	94,281
교통사고건수	7,887	6,646	1,851	3,265	1,648

1. 자동차 등록건수 대비 교통사고 건수가 가장 큰 지역은 B지역이다. (O, X)

▶ 자료통역사의 관점 적용하기

1. (O)

　step ① 후보군 (반례찾기) B지역보다 자동차 등록건수대비 교통사고 건수가 큰 지역 없어?

　step ② 공통자릿수 무시 자동차는 백의자리 이하, 교통사고건수는 일의자리 이하 무시

　step ③ 계산의 2단계

$$B지역 = \frac{664}{183} = 3(18\times3=54)\sim4(18\times4=72) \rightarrow 3\sim4의 중반부$$

$$A지역 = \frac{788}{220} = 3(22\times3=66)\sim4(22\times4=88) \rightarrow 3\sim4의 중반부$$

$$C지역 = \frac{185}{69} = 3\downarrow, \qquad D지역 = \frac{326}{123} = 3\downarrow, \qquad E지역 = \frac{164}{94} = 3\downarrow$$

　step ④ 비교법 이용하기 (분수의 배수테크닉) 이용하기 (※ 필요에 의하여)

　　A지역과 B지역 비교

$$\frac{664}{183} \rightarrow \frac{788}{220}$$ 분자는 1.2배↓, 분모는 1.2배↑ 이므로 $\dfrac{664}{183}$ 이 더 크다.

　　B지역보다 큰 지역은 없다.

❻ 기출문제와 제작문제에 관점 적용해보기

다음 〈표〉와 〈그림〉은 조선시대 A군의 조사시기별 가구수 및 인구수와 가구 구성비에 대한 자료이다. 이에 대한 〈보기〉의 설명 중 옳은 것만을 모두 고르면?

〈표〉 A군의 조사시기별 가구수 및 인구수

(단위: 호, 명)

조사시기	가구수	인구수
1729년	1,480	11,790
1765년	7,210	57,330
1804년	8,670	68,930
1867년	27,360	144,140

1. 1804년 대비 1867년의 가구당 인구수는 증가하였다. (O, X)

① 30초 바라보기
가구수 및 인구수

② 선지 재구성
가구당 인구수
67년이 04년보다 커?

Q ▷ 가구당 인구수가 크
다는 것은 어떠한 의
미일까?

A ▷ 대가족이다.

▶ 자료통역사의 관점 적용하기

1. (X)

step ① 후보군 (반례찾기) 가구당 인구수($\frac{인구}{가구}$) 1867년이 1804년보다 커?

step ② 공통자릿수 무시 자리수에 차이가 있기 때문에 각 조사시기별 맨 앞 3자리만 인식한다.

step ③ 계산의 2단계

67년은 $\frac{1,441}{2,736}$ 0~1사이이며 중반부이다.

04년은 $\frac{689}{867}$ 0~1사이이며 후반부이다.

→ 67년은 04년보다 작다.

→ 분수의 배수테크닉도 이용해보자.

step ④ 비교법 이용하기 (분수의 배수테크닉) 이용하기 (※ 필요에 의하여)

$\frac{689}{867}$ → $\frac{1,441}{2,736}$, 분모는 3배 이상 증가하였고, 분자는 3배 이하 증가하였다.

분자의 배수보다 분모의 배수가 더 크다. 즉, 04년이 더 크다.

정답 (X)

문 2. (행 19–11)

다음 〈표〉는 2014 ~ 2018년 '갑'국의 범죄 피의자 처리 현황에 대한 자료이다. 이에 대한 설명으로 옳은 것은?

① 30초 바라보기
피의자의 처리현황

〈표〉 범죄 피의자 처리 현황

(단위: 명)

구분 연도	처리	처리 결과		기소 유형	
		기소	불기소	정식재판 기소	약식재판 기소
2014	33,654	14,205	( )	( )	12,239
2015	26,397	10,962	15,435	1,972	( )
2016	28,593	12,287	( )	( )	10,050
2017	31,096	12,057	19,039	2,619	( )
2018	38,152	( )	( )	3,513	10,750

② 선지 재구성
기소인원, 기소율 18년
이 14년보다 커?

※ 1) 모든 범죄 피의자는 당해년도에 처리됨.
   2) 범죄 피의자에 대한 처리 결과는 기소와 불기소로만 구분되며, 기소 유형은 정식재판기소와 약식재판기소로만 구분됨.
   3) 기소율(%) = $\dfrac{\text{기소인원}}{\text{처리인원}}$ × 100

1. 2018년 기소 인원과 기소율은 2014년보다 모두 증가하였다. (O, X)

▶ 자료통역사의 관점 적용하기

1. (X)

step ① 후보군 (반례찾기) 기소율($\dfrac{\text{기소}}{\text{처리}}$)와 기소 인원 18년이 14년보다 커?

step ② 공통자릿수 무시 처리와 기소의 백의 자리이하 무시

step ③ 계산의 2단계
    기소인원 = 정식 + 약식
    18년 = (35+107) ≒ 142 (맨 앞 3자리만 확인했을 때는 기소 인원이 증가했는지는 모호하다.)
    18년 기소율은 $\dfrac{142}{381}$, 14년 기소율은 $\dfrac{142}{336}$

step ④ 비교법 이용하기 (분수의 배수테크닉) 이용하기 (※ 필요에 의하여)
    $\dfrac{142}{336}$ → $\dfrac{142}{381}$일 때, 분자에는 사실상 변화가 없으나 분모는 1.2배 이하 증가하였다.
    따라서 18년이 14년보다 작다.

정답 (X)

다음 〈표〉는 지역별 고령인구 및 고령인구 비율에 대한 자료이다. 이에 대한 〈보기〉의 설명 중 옳은 것만을 고르면?

① 30초 바라보기
지역별 고령인구

〈표〉 지역별 고령인구 및 고령인구 비율 전망

(단위: 천 명, %)

연도 지역 구분	2025		2035		2045	
	고령인구	고령인구 비율	고령인구	고령인구 비율	고령인구	고령인구 비율
서울	1,862	19.9	2,540	28.4	2,980	35.3
부산	784	24.4	1,004	33.4	1,089	39.7
대구	494	21.1	691	31.2	784	38.4
인천	550	18.4	867	28.4	1,080	36.3
광주	261	18.0	377	27.3	452	35.2
대전	270	18.4	392	27.7	471	35.0
울산	193	17.3	302	28.2	352	35.6
세종	49	11.6	97	18.3	153	26.0
경기	2,379	17.0	3,792	26.2	4,783	33.8
강원	387	25.6	546	35.9	649	43.6
충북	357	21.6	529	31.4	646	39.1
충남	488	21.5	714	30.4	897	38.4
전북	441	25.2	587	34.7	683	42.5
전남	475	27.4	630	37.1	740	45.3
경북	673	25.7	922	36.1	1,064	43.9
경남	716	21.4	1,039	31.7	1,230	39.8
제주	132	18.5	208	26.9	275	34.9
전국	10,511	20.3	15,237	29.5	18,328	37.0

② 선지 재구성
45년 인구 충북이 전남보다 많아?

※ 고령인구 비율(%) = $\dfrac{\text{고령인구}}{\text{인구}} \times 100$

1. 2045년 충북 인구는 전남 인구보다 많다. (O, X)

◉ 자료통역사의 관점 적용하기

1. (O)

step ① 후보군 (반례찾기) 2045년 인구 ($\dfrac{\text{고령인구}}{\text{인구비율}}$) 충북이 전남보다 커?

step ② 공통자릿수 무시 무시할 만한 자릿수가 없다.

step ③ 계산의 2단계 충북은 $\dfrac{646}{391}$ 이므로 1.0~2.0이며 중반부이다.

전남은 $\dfrac{740}{453}$ 이므로 1.0~2.0이며 중반부이다. 비교법을 이용해보자.

step ④ 비교법 이용하기 (분수의 배수테크닉) 이용하기 (※ 필요에 의하여)

$\dfrac{646}{391}$ → $\dfrac{740}{453}$ 일 때, 분자는 1.15배 이하 증가하였고, 분모는 1.15배 이상 증가하였다.

$\dfrac{646}{391}$ (충북) 〉 $\dfrac{740}{453}$ (전남) 따라서 충북이 전남보다 크다.

정답 (O)

문 4. (행 21-03)

다음 〈표〉는 2013 ~ 2020년 '갑'국 재정지출에 대한 자료이다. 이에 대한 설명으로 옳지 않은 것은?

① 30초 바라보기
재정 현황

〈표〉 전체 재정지출

(단위: 백만 달러, %)

연도 \ 구분	금액	GDP 대비 비율
	487,215	34.9
2014	466,487	31.0
2015	504,426	32.4
2016	527,335	32.7
2017	522,381	31.8
2018	545,088	32.0
2019	589,175	32.3
2020	614,130	32.3

② 선지 재구성
GDP 20년이 13년에 비해 30% 이상 증가했어?

1. 2020년 GDP는 2013년 대비 30% 이상 증가하였다. (O, X)

Q 〉 분수의 배수테크닉을 둘 다 증가 방향으로 생각해서 풀어 보는건 어떨까? 무엇이 더 쉬운가?

▶ 자료통역사의 관점 적용하기

1. (O)

step ① 후보군 (반례찾기) GDP ($\dfrac{금액}{GDP\ 대비\ 비율}$) 20년에 13년에 비해 30% 이상 증가했어?

step ② 공통자릿수 무시 금액의 경우, 백의자리 이하 무시

step ③ 계산의 2단계 20년은 $\dfrac{614}{323}$, 13년은 $\dfrac{487}{349}$ 이다. 증가율에 대한 질문이므로 분수의 배수테크닉을 활용하자.

step ④ 비교법 이용하기 (분수의 배수테크닉) 이용하기 (※ 필요에 의하여)

$\dfrac{487}{349}$ → $\dfrac{614}{323}$ 이므로 분자는 1.25배 이상이고, 분모는 0.95배 이하이다.

30% 이상 증가하였는지 묻고 있으므로 $\dfrac{1.25}{0.95}$ 이 1.3배 이상인지 확인해보자.

$\dfrac{1.25}{0.95} = \dfrac{1.30 - 0.05}{1.00 - 0.05}$, 1.3배 이상이다. 따라서 30% 이상 증가하였다. (※ 소금물에서 물빼기)

※ 기준값을 487과 323으로 생각하여 분수의 배수테크닉을 이용하는 경우 323 → 349는 1.05배 이상이고,

487 → 614은 1.25배 이상이므로 $\dfrac{1}{1.05}$ → $\dfrac{1.25}{1}$ 이므로 1.25×1.05는 1.3배 이상이다.

따라서, 30% 이상 증가하였다.

정답 (O)

2) 기울기테크닉

❶ 기울기테크닉이란?

$\dfrac{31}{43}$ 과 $\dfrac{41}{58}$

Q. 위 두 숫자 중 더 큰 숫자는 무엇인가?

위 Q를 해결하기 위해 어림셈도 하고, 분수의 배수테크닉을 활용해 봐도 비교가 쉽지 않았을 것이다. 따라서 이번에도 새로운 방법에 대해서 배워볼 것이다.

이번에 배울 것은 기울기테크닉이다. 기울기테크닉은 '분수는 기울기와 같다'는 점에서 착안한 방법이다. 앞에서 자료통역사의 관점에서 배운 것처럼 비교 시 '공통'은 영향이 없고, '차이'만 영향을 준다는 사실을 이용하여 두 개의 기울기에서 차이가 나는 부분에 집중하여, 분수를 비교해보자.

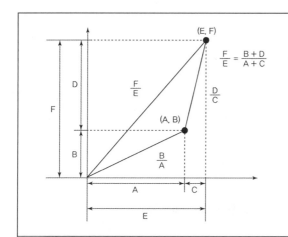

$\dfrac{F}{E}$ 는 $\dfrac{B}{A}$ 에서 $\dfrac{D}{C}$ 으로 이동한 기울기이다. $\dfrac{B}{A}$ 와 더 가파른 $\dfrac{D}{C}$ 가 연결된 것이므로 $\dfrac{F}{E}$ 는 $\dfrac{B}{A}$ 보다 가파르다.

ex) $\dfrac{2}{3}$ 와 $\dfrac{1}{2}$ 을 비교한다면 $(\dfrac{2}{3} = \dfrac{1+1}{2+1})$

$\dfrac{2}{3}$ 는 $\dfrac{1}{2}$ 에서 더 가파른 $\dfrac{1}{1}$ 가 연결됐으므로

$\dfrac{2}{3}$ 가 $\dfrac{1}{2}$ 보다 가파르다. → $\dfrac{2}{3} > \dfrac{1}{2}$

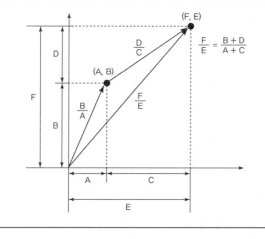

$\dfrac{F}{E}$ 는 $\dfrac{B}{A}$ 에서 $\dfrac{D}{C}$ 으로 이동한 기울기이다. $\dfrac{B}{A}$ 와 더 완만한 $\dfrac{D}{C}$ 가 연결된 것이므로 $\dfrac{F}{E}$ 는 $\dfrac{B}{A}$ 보다 완만하다.

ex) $\dfrac{7}{6}$ 와 $\dfrac{4}{3}$ 를 비교한다면 $(\dfrac{7}{6} = \dfrac{4+3}{3+3})$

$\dfrac{7}{6}$ 는 $\dfrac{4}{3}$ 에서 더 완만한 $\dfrac{3}{3}$ 가 연결됐으므로

$\dfrac{7}{6}$ 가 $\dfrac{4}{3}$ 보다 완만하다. → $\dfrac{7}{6} < \dfrac{4}{3}$

위의 문제에 기울기테크닉을 적용하면

$\dfrac{41}{58}$ 는 $\dfrac{31}{43}$ 에서 $\dfrac{10}{15}$ 이 연결된 기울기이다.

$\dfrac{10}{15}$ 가 $\dfrac{31}{43}$ 보다 완만하므로 $\dfrac{41}{58}$ 는 $\dfrac{31}{43}$ 보다 완만하다. → $\dfrac{41}{58} < \dfrac{31}{43}$

② 기울기테크닉 적용해보기

		$\dfrac{B}{A}$와 $\dfrac{D}{C}$로 찢어서 생각하기		더 큰 값은?
$\dfrac{65}{86}$ VS $\dfrac{58}{78}$	→	$\dfrac{65}{86}=\dfrac{7+58}{8+78} \to \dfrac{7}{8}>\dfrac{58}{78}$	→	$\dfrac{65}{86}$
$\dfrac{73}{58}$ VS $\dfrac{98}{70}$			→	
$\dfrac{45}{35}$ VS $\dfrac{57}{43}$				
$\dfrac{22}{38}$ VS $\dfrac{32}{48}$				
$\dfrac{34}{57}$ VS $\dfrac{28}{43}$				
$\dfrac{66}{95}$ VS $\dfrac{48}{75}$				

③ 대표문제 같이 풀어보기

〈표〉 '갑'사의 연도별 매출액 및 영업이익

(단위: 백만원)

	2014	2015	2016	2017	2018
매출액	687	701	698	728	714
영업이익	325	339	359	369	371

1. '갑'사의 매출액 대비 영업이익은 2015년 이후 전년 대비 매년 증가하였다. (O, X)

▶ 자료통역사의 관점 적용하기

1. (X)

step ① 후보군 (반례찾기) 매출액 대비 영업이익이 감소한 해 없어?
step ② 공통자릿수 무시 → 이미 모두 100의 자리이므로 해당 없음
step ③ 계산의 2단계
  1) 2014 → 2015 분자증가, 분모증가 → 증가인지 감소인지 예측불가
  2) 2015 → 2016 분자증가, 분모감소 → 증가
  3) 2016 → 2017 분자증가, 분모증가 → 증가인지 감소인지 예측불가
  4) 2017 → 2018 분자증가, 분모감소 → 증가
  → 1)과 3)은 정밀하게 비교하기
step ④ 비교법 이용하기 (기울기테크닉) 이용하기 (※ 필요에 의하여)
  1) $\dfrac{339}{701}=\dfrac{325+14}{687+14} \to \dfrac{325}{687}$ 에서 $\dfrac{14}{14}$ 가 증가했으므로 커졌다.
  3) $\dfrac{369}{728}=\dfrac{359+10}{698+30} \to \dfrac{359}{698}$ 에서 $\dfrac{10}{30}$ 이 증가했으므로 작아졌다.
  → 매출액 대비 영업이익은 매년 증가하지 않았다.

문 1. (행 19-13-4)

다음 〈표〉는 2014 ~ 2018년 '갑'국의 예산 및 세수 실적과 2018년 세수항목별 세수 실적에 관한 자료이다. 이에 대한 설명으로 옳지 않은 것은?

① 30초 바라보기
세수 실적

〈표 2〉 2018년 '갑'국의 세수항목별 세수 실적

(단위: 십억 원)

세수항목 \ 구분	예산액	징수결정액	수납액	불납결손액
총 세수	205,964	237,000	208,113	2,321
내국세	183,093	213,585	185,240	2,301
교통·에너지·환경세	13,920	14,110	14,054	10
교육세	5,184	4,922	4,819	3
농어촌 특별세	2,486	2,674	2,600	1
종합 부동산세	1,281	1,709	1,400	6

※ 1) 미수납액 = 징수결정액 − 수납액 − 불납결손액

2) 수납비율(%) = $\dfrac{수납액}{예산액} \times 100$

② 선지 재구성
수납비율 종부세가 가장 높아?

1. 2018년 세수항목 중 수납비율이 가장 높은 항목은 종합부동산세이다. (O, X)

▶ 자료통역사의 관점 적용하기

1. (O)

step ① 후보군 (반례찾기) 수납비율 ($\dfrac{수납액}{예산액}$) 종부세보다 큰 거 없어?

step ② 공통자릿수 무시 숫자 단위의 차이가 크기에 3자리 인식을 이용하자.

step ③ 계산의 2단계

종부세 $\dfrac{140}{128}$ 는 1.0~1.1 사이에 위치한다. 후반부이다.

농어촌 특별세 $\dfrac{260}{248}$ 는 1.0~1.1이다. 비교법을 이용해보자.

step ④ 비교법 이용하기 (기울기테크닉) 이용하기 (※ 필요에 의하여)

$\dfrac{260}{248}$ → $\dfrac{140+120}{128+120}$ 이므로 원래의 기울기($\dfrac{140}{128}$)에서 작은 기울기($\dfrac{120}{120}$)연결된 것이다. 즉, 작아졌다.

즉, 종부세보다 큰 수납비율은 없다.

정답 (O)

문 2. (행 17-15)

다음 〈표〉는 '갑'국의 4대 범죄 발생건수 및 검거건수에 대한 자료이다. 이에 대한 설명으로 옳지 않은 것은?

① 30초 바라보기
4대 범죄 발생건수 및 검거건수

〈표 1〉 2009 ~ 2013년 4대 범죄 발생건수 및 검거건수

(단위: 건, 천명)

연도 \ 구분	발생건수	검거건수	총인구	인구 10만명당 발생건수
2009	15,693	14,492	49,194	31.9
2010	18,258	16,125	49,346	( )
2011	19,498	16,404	49,740	39.2
2012	19,670	16,630	50,051	39.3
2013	22,310	19,774	50,248	44.4

② 선지 재구성
1인당 범죄 발생건수 매년 증가해?

1. 인구 10만명당 4대 범죄 발생건수는 매년 증가한다. (O, X)

▶ 자료통역사의 관점 적용하기

1. (O)

step ① 후보군 (반례찾기) 인구 10만명당 발생건수($\frac{발생건수}{인구/100,000} = \frac{발생건수}{인구} \times 100,000$) 감소하는 해 없어?

step ② 공통자릿수 무시 인구는 백의 자리 이하 무시, 발생건수 백의 자리 이하무시, ×100,000 무시

step ③ 계산의 2단계

2011~2013년의 경우, 표에서 직접 증가를 확인할 수 있으므로 2009~2011만 확인하면 된다.

2009년은 $\frac{156}{491}$ 이므로 0.3~0.4이고, 초반부이다.

2010년은 $\frac{182}{493}$ 이므로 0.3~0.4이고, 중반부이다. → 증가하였다.

2011년은 $\frac{194}{497}$ 이므로 0.3~0.4이고, 후반부이다. → 증가하였다.

step ④ 비교법 이용하기 (기울기테크닉) 이용하기 (※ 필요에 의하여)

09년과 10년

$\frac{156}{491} \rightarrow \frac{182}{493}$, $\frac{182}{493} = \frac{156+26}{491+2}$ 원래의 기울기보다 더 큰 기울기와 연결되었다. → 커졌다.

$\frac{182}{493} \rightarrow \frac{194}{497}$, $\frac{194}{497} = \frac{182+12}{493+4}$ 원래의 기울기보다 더 큰 기울기와 연결되었다. → 커졌다.

즉, 매년 증가하였다.

정답 (O)

다음 〈표〉는 2013 ～ 2017년 A ～ E국의 건강보험 진료비에 관한 자료이다. 이에 대한 〈보기〉의 설명 중 옳은 것만을 모두 고르면?

① 30초 바라보기
건강보험 진료비의
구성

〈표 〉 A국의 건강보험 진료비 발생 현황

(단위: 억 원)

구분	연도	2013	2014	2015	2016	2017
의료기관	소계	341,410	360,439	390,807	419,353	448,749
	입원	158,365	160,791	178,911	190,426	207,214
	외래	183,045	199,648	211,896	228,927	241,534
약국	소계	120,969	117,953	118,745	124,897	130,844
	처방	120,892	117,881	118,678	124,831	130,775
	직접조제	77	72	66	66	69
계		462,379	478,392	509,552	544,250	579,593

② 선지 재구성
직접조제가 차지하는
비중 매년 감소해?

1. 2014 ～ 2017년 동안 A국의 건강보험 진료비 중 약국의 직접조제 진료비가 차지하는 비중은 전년대비 매년 감소한다. (O, X)

▶ 자료통역사의 관점 적용하기

1. (O)

step ① 후보군 (반례찾기) 진료비 중 약국 직접 조제 ($\frac{약국직접조제}{진료비}$) 매년 증가하는 해 없어?

step ② 공통자릿수 무시 진료비 백의 자리 이하 무시

step ③ 계산의 2단계

　　13 → 14 직접조제는 감소하고 진료비는 증가한다 → 당연히 감소하였다.

　　14 → 15 직접조제는 감소하고 진료비는 증가한다 → 당연히 감소하였다.

　　15 → 16 직접조제는 유지되고 진료비는 증가한다 → 당연히 감소하였다.

　　16 → 17 직접조제는 증가하고 진료비는 증가한다 → 확인이 필요하다.

step ④ 비교법 이용하기 (기울기테크닉) 이용하기 (※ 필요에 의하여)

　　16년은 $\frac{66}{544}$ 이고, 17년이다 $\frac{69}{579}$

　　$\frac{66}{544}$ → $\frac{69}{579}$, $\frac{69}{579} = \frac{66+3}{544+35}$ 원래의 기울기보다 더 작은 기울기로 연결되었다. → 작아졌다.

　　즉, 매년 감소하였다.

정답 (O)

문 4. (제작문제)

다음 〈표〉는 2008 ~ 2012년 A국의 분야별 공공복지예산액이다. 이에 대한 〈보기〉의 설명 중 옳은 것만을 모두 고르면?

① 30초 바라보기
공공복지 예산

〈표〉 2008 ~ 2012년 한국의 분야별 공공복지예산

(단위: 십억원)

구분 연도	분야별 공공복지예산					
	노령	보건	가족	실업	기타	합
2008	1,967	3,621	750	287	1,810	8,444
2009	2,199	4,192	852	414	2,326	9,983
2010	2,441	4,731	823	366	2,062	10,423
2011	2,597	4,968	1,158	359	2,024	11,106
2012	3,004	5,180	1,488	372	2,397	12,481

② 선지 재구성
보건이 차지하는 비중
11년과 12년 감소했어?

1. A국의 공공복지예산 중 보건분야 예산이 차지하는 비중은 2011년과 2012년에 전년대비 감소한다. (O, X)

▶ 자료통역사의 관점 적용하기

1. (O)

step ① 후보군 (반례찾기) 전체에서 보건의 비중($\frac{보건}{합}$) 증가한 해 없어?

step ② 공통자릿수 무시 보건과 합에서 일의 자리 무시

step ③ 계산의 2단계

10 → 11 보건과 합 모두 증가한다 → 확인이 필요하다.
11 → 12 보건과 합 모두 증가한다 → 확인이 필요하다.

step ④ 비교법 이용하기 (기울기테크닉) 이용하기 (※ 필요에 의하여)

10년은 $\frac{473}{1042}$이고, 11년은 $\frac{496}{1110}$이다.

$\frac{473}{1042} \rightarrow \frac{496}{1110}$, $\frac{496}{1110} = \frac{473+23}{1042+58}$ 원래의 기울기보다 더 작은 기울기로 연결되었다. → 작아졌다.

11년은 $\frac{496}{1110}$이고 12년은 $\frac{518}{1248}$이다.

$\frac{496}{1110} \rightarrow \frac{518}{1248}$, $\frac{518}{1248} = \frac{496+22}{1110+138}$ 원래의 기울기보다 더 작은 기울기로 연결되었다. → 작아졌다.

즉, 매년 감소하였다.

정답 (O)

3) 뺄셈테크닉

① 뺄셈테크닉이란?

$$\frac{99}{99+60} \text{과} \frac{70}{70+36}$$

Q. 위의 두 숫자 중 더 큰 숫자는 무엇인가?

위 Q를 해결하기 위해 분모에 주어진 덧셈을 계산하여 해결하였는가?

하지만 막상 덧셈을 계산해도, 더 큰 숫자를 구하는 것은 쉽지 않았을 것이다.

이번에 배울 테크닉은 위 숫자들처럼 분모에 분자의 숫자가 포함된 경우에 사용할 수 있는 뺄셈테크닉이다.

뺄셈테크닉을 이해하기 위해 여집합 개념을 차용하자.

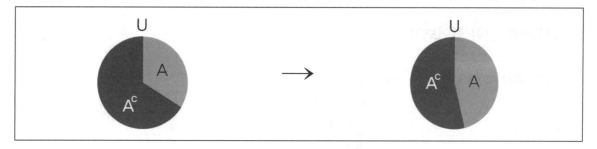

위의 그림을 보면 A가 차지하는 비율이 커질수록 A^c가 차지하는 비율은 작아진다.

또, A가 커지면 A^c는 작아지므로 $\frac{A}{A^c}$도 커지게 된다.

$\frac{A}{U} \left(= \frac{A}{A+A^c}\right)$ 가 커지면 $\frac{A}{A^c}(=\frac{A}{U-A})$도 커지게 된다는 것을 볼 수 있다.

이것을 조금 더 확장하여 일반화하면 $\frac{A}{U} \propto \frac{A}{U-nA}$ 이 된다.

> 뺄셈테크닉의 간단증명 $\frac{A}{B} > \frac{C}{D} \rightarrow \frac{D}{C} > \frac{B}{A} \rightarrow \frac{D}{C}-n > \frac{B}{A}-n \rightarrow \frac{D-nC}{C} > \frac{B-nA}{A} \rightarrow \frac{A}{B-nA} > \frac{C}{D-nC}$

위에서 비교한, $\frac{99}{99+60}$과 $\frac{70}{70+36}$에 뺄셈테크닉을 적용하면

$\frac{99}{99+60}$과 $\frac{70}{70+36} \rightarrow \frac{99}{60} (\fallingdotseq 1.65)$과 $\frac{70}{36} (\fallingdotseq 2)$를 비교하는 것과 같아진다. 즉, $\frac{70}{70+36}$이 더 크다.

(※ 뺄셈테크닉 사용 시 주의할 점은 양변 모두에 뺄셈테크닉을 적용해야 한다는 것이다.)

> 뺄셈테크닉을 주로 사용하는 경우
> ① 전체 중 일부에 대해서 비교하는 경우에 A의 비중을 물을 때
> ② $A+A^c$ = 전체에서 전체가 주어져 있지 않았는데, A의 비중을 물을 때

❷ 뺄셈테크닉 적용해보기

		뺄셈법 이용하기		더 큰 값은?
$\dfrac{65}{32+65}$ VS $\dfrac{95}{95+48}$	→	$\dfrac{65}{32}$ VS $\dfrac{95}{48}$	→	$\dfrac{65}{32+65}$
$\dfrac{31}{89+31\times2}$ VS $\dfrac{21}{64+21\times2}$	→	$\dfrac{31}{89}$ VS $\dfrac{21}{64}$	→	$\dfrac{31}{89+31\times2}$
$\dfrac{78}{78+21}$ VS $\dfrac{72}{17+72}$				
$\dfrac{84}{168+19}$ VS $\dfrac{61}{132+16}$				
$\dfrac{164}{82+40}$ VS $\dfrac{216}{108+58}$				
$\dfrac{57}{73+57}$ VS $\dfrac{68}{68+65}$				

❸ 대표문제 같이 풀어보기

⟨표⟩ 2011~2014년 주요 4대 범죄 발생건수

	2011년~2013년	2014년	합계
폭행	720,816	266,603	987,419
절도	408,599	158,899	567,498
교통	383,820	114,647	498,467
강도	603,818	284,150	887,968

1. 2011~2014년 발생건수 중 2014년의 발생건수의 비중이 가장 큰 주요 4대 범죄는 교통이다. (O, X)

▶ 자료통역사의 관점 적용하기

1. (X)

step ① 후보군 교통보다 $\dfrac{2014}{2011\sim2014}$가 큰 범죄 국가가 있을까?

step ② 공통자릿수 무시 → 백 이하의 자리수 무시

step ③ 계산의 2단계 → 바로 보인다면 BEST! → 안 보인다면 step ④로

step ④ 비교법 이용하기 (뺄셈테크닉) 이용하기 (※ 필요에 의하여)

$$\dfrac{2011}{2011\sim2014}=\dfrac{2014}{2011\sim2013+2014}\propto\dfrac{2014}{2011\sim2013}$$

교통 $=\dfrac{114}{383}\rightarrow\dfrac{1}{3}\downarrow$

폭행 $=\dfrac{266}{720}\rightarrow\dfrac{1}{3}\uparrow$

→ 교통이 가장 크지 않다.

❹ 기출문제와 제작문제에 관점 적용해보기

다음 〈표〉는 A발전회사의 연도별 발전량 및 신재생에너지 공급 현황에 관한 자료이다. 이에 대한 〈보기〉의 설명 중 옳은 것만을 모두 고르면?

① 30초 바라보기
발전량과 신재생
에너지

〈표〉 A발전회사의 연도별 발전량 및 신재생에너지 공급 현황

구분	연도	2012	2013	2014
발전량(GWh)		55,000	51,000	52,000
신재생에너지	공급의무율(%)	1.4	2.0	3.0
	자체공급량(GWh)	75	380	690
	인증서구입량(GWh)	15	70	160

※ 1) 공급의무율(%) = $\dfrac{\text{공급의무량}}{\text{발전량}} \times 100$

2) 이행량(GWh) = 자체공급량 + 인증서구입량

② 선지 재구성
이행량 비중 매년
감소해?

1. 이행량에서 자체공급량이 차지하는 비중은 매년 감소한다. (O, X)

▶ 자료통역사의 관점 적용하기

1. (X)

step ① 후보군 (반례찾기) 이행량에서 자체공급량이 차지하는 비중($\dfrac{\text{자체}}{\text{이행량} = \text{자체} + \text{인증서}}$) 증가한 해 없어?

step ② 공통자릿수 무시 무시할 것 없음

step ③ 계산의 2단계
12 → 13 이행량과 자체공급량 모두 증가한다. → 확인이 필요하다.
13 → 14 이행량과 자체공급량 모두 증가한다. → 확인이 필요하다.

step ④ 비교법 이용하기 (뺄셈테크닉) 이용하기 (※ 필요에 의하여)

이행량에서 자체공급량이 차지하는 비중은 $\dfrac{\text{자체}}{\text{자체} + \text{인증서}}$ 이다.

뺄셈테크닉을 이용하여 $\dfrac{\text{자체}}{\text{인증서}}$ 으로 비교하자.

12년은 $\dfrac{75}{15}$ = 5, 13년은 $\dfrac{380}{70}$ = 5↑ 이다. → 13년에 증가하였으므로 14년은 확인할 필요가 없다.

13년에 증가하였으므로 매년 감소하지 않았다.

정답 (X)

문 2. (행 19–05)

다음 〈표〉는 A, B 기업의 경력사원채용 지원자 특성에 관한 자료이다. 이에 대한 〈보기〉의 설명 중 옳은 것만을 모두 고르면?

① 30초 바라보기
   기업 지원자 특성

〈표〉 경력사원채용 지원자 특성

(단위: 명)

지원자 특성	기업	A 기업	B 기업
성별	남성	53	57
	여성	21	24
최종 학력	학사	16	18
	석사	19	21
	박사	39	42
연령대	30대	26	27
	40대	25	26
	50대 이상	23	28
관련 업무 경력	5년 미만	12	18
	5년 이상 ~ 10년 미만	9	12
	10년 이상 ~ 15년 미만	18	17
	15년 이상 ~ 20년 미만	16	9
	20년 이상	19	25

※ A 기업과 B 기업에 모두 지원한 인원은 없음.

② 선지 재구성
   여성비율 A가 B보다 높아?

1. 기업별 여성 지원자의 비율은 A 기업이 B 기업보다 높다. (O, X)

▶ 자료통역사의 관점 적용하기

1. (X)

step ① 후보군 (반례찾기) 여성 지원자 비율은 ($\frac{여성}{전체 = 남성 + 여성}$) A가 B보다 더 커?

step ② 공통자릿수 무시 무시할 것 없음

step ③ 계산의 2단계 A기업은 $\frac{21}{53+21}$ B기업은 $\frac{24}{57+24}$

step ④ 비교법 이용하기 (빨셈테크닉) 이용하기 (※ 필요에 의하여)

여성 지원자 비율은 $\frac{여성}{남성 + 여성}$이므로

빨셈테크닉을 이용하여 $\frac{여성}{남성}$으로 비교하자.

A기업은 $\frac{21}{53}$, B 기업은 $\frac{24}{57}$이다. → 기울기테크닉을 이용하면

$\frac{24}{57} = \frac{21+3}{53+4}$이다. A기업의 원래 기울기보다 더 큰 기울기로 증가하였으므로 B기업이 더 크다.

정답 (X)

다음 〈표〉는 2012 ~ 2016년 조세심판원의 연도별 사건처리 건수에 관한 자료이다. 이에 대한 〈보기〉의 설명 중 옳은 것만을 모두 고르면?

① 30초 바라보기
사건처리 건수

〈표〉 조세심판원의 연도별 사건처리 건수

(단위: 건)

구분	연도	2012	2013	2014	2015	2016
처리 대상 건수	전년이월 건수	1,854	( )	2,403	2,127	2,223
	당년접수 건수	6,424	7,883	8,474	8,273	6,003
	소계	8,278	( )	10,877	10,400	8,226
처리 건수	취하 건수	90	136	163	222	163
	각하 건수	346	301	482	459	506
	기각 건수	4,214	5,074	6,200	5,579	4,322
	재조사 건수	27	0	465	611	299
	인용 건수	1,767	1,803	1,440	1,306	1,338
	소계	6,444	7,314	8,750	8,177	6,628

② 선지 재구성
인용률 12년이 14년보다 높아?

※ 1) 당해 연도 전년이월 건수 = 전년도 처리대상 건수 − 전년도 처리 건수

2) 처리율(%) = $\dfrac{\text{처리 건수}}{\text{처리대상 건수}} \times 100$

3) 인용률(%) = $\dfrac{\text{인용건수}}{\text{각하건수 + 기각건수 + 인용건수}} \times 100$

1. 인용률은 2012년이 2014년보다 높다. (O, X)

▶ 자료통역사의 관점 적용하기

1. (O)

step ① 후보군 (반례찾기) 인용률($\dfrac{\text{인용건수}}{\text{각하건수 + 기각건수 + 인용건수}}$) 12년이 14년보다 더 커?

step ② 공통자릿수 무시 3자리까지만 인식하기

step ③ 계산의 2단계 12년은 $\dfrac{176}{34+421+176}$ 14년은 $\dfrac{144}{48+620+144}$

step ④ 비교법 이용하기 (뺄셈테크닉) 이용하기 (※ 필요에 의하여)

인용률($\dfrac{\text{인용건수}}{\text{각하건수 + 기각건수 + 인용건수}}$)

뺄셈테크닉을 이용하여 $\dfrac{\text{인용}}{\text{각하 + 기각}}$으로 비교하자.

12년은 $\dfrac{176}{34+421}$, 14년은 $\dfrac{144}{48+620}$

→ 12년이 분모는 더 큰데 분자는 더 작으므로 12년이 14년보다 크다.

정답 (O)

문 4. (행 18–23)

다음 〈표〉는 임진왜란 전기·후기 전투 횟수에 관한 자료이다. 이에 대한 설명으로 옳지 않은 것은?

① 30초 바라보기
임진왜란 전투결과

〈표〉임진왜란 전기·후기 전투 횟수

(단위: 회)

구분	시기	전기		후기		합계
		1592년	1593년	1597년	1598년	
전체 전투		70	17	10	8	105
공격 주체	조선측 공격	43	15	2	8	68
	일본측 공격	27	2	8	0	37
전투 결과	조선측 승리	40	14	5	6	65
	일본측 승리	30	3	5	2	40
조선의 전투인력 구성	관군 단독전	19	8	5	6	38
	의병 단독전	9	1	0	0	10
	관군·의병 연합전	42	8	5	2	57

② 선지 축약
관군 단독전 비율 98년이 92년의 2배 이상이야?

1. 전체 전투 대비 관군 단독전 비율은 1598년이 1592년의 2배 이상이다. (O, X)

Q 〉 굳이 빨셈테크닉을 사용하겠다면 어떻게 사용해야 할까?

A 〉 92년은 2관군을 뺀다.

● 자료통역사의 관점 적용하기

1. (O)

step ① 후보군 (반례찾기) 전체 대비 관군단독전 ($\dfrac{관군}{전체 = 관군 + 의병 + 관군의병}$) 98년이 92년의 2배 이상이야?

step ② 공통자릿수 무시 무시할 자릿수 없음

step ③ 계산의 2단계 98년은 $\dfrac{6}{8}$(=75%)이고, 92년은 $\dfrac{19}{70}$(=30%↓)이다. → 당연히 2배 이상이다.

step ④ 비교법 이용하기 (빨셈테크닉) 이용하기

★ 빨셈테크닉은 분수 간의 비교를 위한 방법이기 때문에 숫자의 크기 자체를 물어보는 경우에는 단순하게 접근해서는 안된다.

정답 (O)

6 분수 비교의 요약

❶ 분수 비교의 일반적 순서

step ① 어림셈을 통한 분수값 확인

step ② 분수의 배수테크닉을 통한 접근(1.05배, 1.1배 등 계산에 어려움이 없는 어림셈 정도만)

step ③ 기울기 테크닉을 통한 접근

ex) $\dfrac{285}{378}$ VS $\dfrac{315}{428}$ (1:1 비교이므로 step ①은 적용하지 않음)

step ② 분수의 배수테크닉: 285 → 325 1.1배 이상 상승, 378→ 428 1.1배 상승

→ 가벼운 배수 관계까지만 파악하고, 그 이상은 다른 비교법을 이용하자.

→ 만약 분수의 배수테크닉으로 해결되지 않는다면 기울기 테크닉을 이용하자.

step ③ 기울기 테크닉

→ $\dfrac{315}{428} = \dfrac{285+30}{378+50}$ 원래의 기울기보다 완만한 기울기이므로 $\dfrac{315}{428}$ 이 더 작다.

❷ 선지 유형별 분수 비교

1. A가 가장 크다.

step ① 어림셈을 통한 A값을 예상하기

step ② A값을 기준으로 쳐낼 것은 쳐내기

step ③ 비교법을 통하여 비교하기(※ 일반적으로 유용한 비교법 = 배수테크닉, 기울기테크닉)

2. A는 B보다 크다.

step ① 어림셈을 통한 비교

step ② 비교법을 통하여 비교하기(※ 일반적으로 유용한 비교법 = 배수테크닉, 기울기테크닉)

3. A는 B의 n배 이상이다.

step ① 비교법을 통하여 배수 바로 확인하기(※ 일반적으로 유용한 비교법 = 배수테크닉)

4. A는 매년 증가하였다.

step ① 숫자의 구성을 통하여 감소할 가능성이 있는 부분을 찾아내기

step ② 비교법을 통하여 비교하기(※ 일반적으로 유용한 비교법 = 배수테크닉, 기울기테크닉)

5. A와 B는 n%p 차이 난다.

step ① 어림셈을 통한 분수값 읽어내기

　　　주의: 비교법은 사용할 수 없다.

❸ 분수 비교테크닉 요약

① 배수테크닉

- 사용 매뉴얼: 1.1배 1.2배 등 가볍게 파악 할 수 있는 숫자 관계까지만 보기
- 추가적 용도: 두 곱셈의 배수 관계 파악

② 기울기테크닉

- 사용 메뉴얼: 일반적인 분수의 배수테크닉으로 확인할 수 없을 때 추가로 사용하거나 원래의 기울 기에서 추가적인 기울기를 계산하기 쉬울 때 사용하는 방법

③ 뺄셈테크닉

- 사용 매뉴얼: 전체 = A+B로 구성됐을 때 A의 비중을 물어보는 경우

※ 테크닉을 사용하는 경우, 분수값이 변화하므로 분수값을 물어보는 경우에는 사용할 수 없다.

PSAT

수포자도 이해하는 **자료해석**

재구성하기

>> 학습 목표

① 선지의 빈출 유형을 익히자.
② 유형에 알맞은 관점을 적용해보자.

① 재구성하기란?

2부 재구성하기에서는 선지의 유형별로 1부에서 배운 관점을 어떻게 적용할지를 배울 것이다.

② 1부 해결하기 간단 요약

1부 해결하기 부분을 정리하여 강조하면 다음과 같다.

- '자료해석이 우리에게 요구하는 것은 대소비교이다.'
- '대소비교'는 '실제 값 계산' 보다 계산량이 확연하게 적다.
- 따라서 기존의 '실제값 구하기'에서 '대소비교'를 하기 위한 관점을 전환해야 한다.

자료통역사의 관점은 4가지로 구성된다.

관점 1. 후보군

: 보기의 정오를 판단할 때 보기가 제시한 값을 정확히 계산할 필요는 없다.
주어진 후보군을 이용하여 오직 정오만을 판단하자.(※ 반례 확인)

관점 2. 계산의 2단계

: 정밀셈이 아닌 어림셈으로 접근하자.
계산이 아닌 논리로 접근하자.

관점 3. 계산이 아닌 가공

: 주어진 계산의 목적은 비교를 통한 정오판단이므로 정확한 값을 구할 필요는 없다.
논리적인 가공을 통하여 대소를 비교하여 정오를 판단하자.

관점 4. 공통과 차이

: 대소비교에서 공통부분은 영향을 주지 않는다. 오직 차이 부분만 영향을 준다.
차이에 집중하자.

대소비교를 하기위한 관점과 자료통역사의 관점 4가지를 이용하여 계산량을 줄이자.
계산량이 줄어들면, 그로 인하여 풀이시간이 감소한다.

$$\frac{계산량}{계산실력} \rightarrow 풀이시간 \downarrow$$

폭폭폭과 율율율

폭폭폭

= 증가폭

= 감소폭

= 변화폭 (증감폭)

율율율

= 증가율

= 감소율

= 변화율 (증감율)

1 폭폭폭(증가폭/감소폭/변화폭)

① 폭폭폭이란?

Q. 2018년 전년대비 증가폭은 자동차 수입액이 반도체 수입액보다 크다.
위 Q가 이번에 배울 유형인 '폭폭폭'의 대표적인 형태이다.

폭폭폭이란, 증가폭, 감소폭, 변화폭을 의미한다.
① 증가폭 - 과거값 대비 증가량 → 현재값－과거값
  ex) 154 → 184, 증가폭 = 184－154 = 30
② 감소폭 - 과거값 대비 감소량 → 과거값－현재값
  ex) 191 → 131, 감소폭 = 191－131 = 60
③ 변화폭 - 과거값 대비 변화량 → |현재값－과거값| (큰 값 － 작은 값)
  (증감폭)   (증감량)
  ex) 251 → 381 변화폭 = |현재값－과거값| = 130
  ex) 381 → 251 변화폭 = |현재값－과거값| = 130

❷ 폭폭폭에 관점 적용하기

'폭폭폭'은 현재값과 과거값 사이의 '차이값'을 묻는다.

즉, 뺄셈에 대한 관점을 그대로 적용하면 된다.

뺄셈의 비교에 대한 관점은 앞자리부터, 계산의 2단계를 적용하여 뺄셈을 진행해야 한다.

예를 들어,

A: 98,484 → 87,112	B: 87,112 → 84,574	C: 84,574 → 73,774

A~C 중 A의 감소폭이 가장 크냐? 라고 물어본다면,

바로 정밀셈으로 접근하지 말자. 많게는 맨 앞 3자리, 적게는 2자리의 숫자를 확인하여 반례가 될 수 없는 대상을 소거하는 과정을 거치며 정밀도를 높일 수 있다.

step ① 낮은 정밀도 (최고 자릿수부터 처리하기)

A: 98 → 87 / 감소폭 11.	B: 87 → 84 / 감소폭 3	C: 84 → 73 / 감소폭 11

→ B는 더 이상 계산이 필요하지 않다. A와 C만을 정밀도를 1자리 더 올려서 비교한다.

step ② 정밀도 한 단계 더 올리기 (step ①의 다음 자릿수 처리하기)

A: 984 → 871 / 감소폭 113	C: 845 → 737 / 감소폭 108

→ 더 이상 계산이 필요하지 않다. A가 가장 크다.

❸ 대표문제 같이 풀어보기

〈표〉 2008~2011년 '갑'국의 항목별 수입액

항목 \ 연도	2008	2009	2010	2011	2012
A	551	1,118	783	988	812
B	1,189	1,522	1,422	1,578	1,872
C	551	883	515	432	768

1. 수입액의 2009년 전년대비 증가폭이 가장 큰 항목은 A이다. (O, X)

2. 수입액의 2010년 전년대비 감소폭이 가장 큰 항목은 A이다. (O, X)

3. 2009년 이후 C항목의 전년 대비 변화폭이 가장 큰 해는 2012년이다. (O, X)

▶ 자료통역사의 관점 적용하기

1. (O)

증가폭에 대한 정오를 판단함에 중요한 것은 계산의 2단계이다.
정오 판단의 기준인 A의 2009년 증가폭은 500 → 1100으로 약 600이다.
항목 B와 C의 증가폭이 600 부근인지 확인하자.
B: 1100 → 1500 = 400, C: 500 → 800 = 300
600 가량 증가한 항목이 없으므로 A가 가장 크다.

2. (X)

감소폭의 정오를 판단할 때 중요한 것은 계산의 2단계이다.
정오판단의 기준인 A의 2010년 감소폭은 1100 → 700 으로 약 400이다.
항목 B와 C의 감소폭이 600 부근인지 확인하자.
B: 1500 → 1400 = 100, C: 800 → 500 = 300
A와 C를 정밀도를 높여 비교하자.
A: 1110–780 = 330, C: 880–510 = 370
C가 A보다 감소폭이 더 크다.

3. (X)

변화폭에 대한 정오를 판단함에 중요한 것은 계산의 2단계이다.
정오 판단의 기준인 2012의 감소의 최고 자릿수는 700 → 400 으로 300 가량이다.
2.를 풀면서 C의 변화폭(감소폭)이 370인 것을 이용하자.
2012년의 변화폭이 370보다 큰지 확인해보자. 760 → 430 = 330이므로
2012년의 변화폭이 가장 크지 않다.

2 율율율(증가율/감소율/변화율)

① 율율율이란?

Q. 고등학교 사교육비의 전년대비 증가율은 2018년이 가장 높다.

위 Q가 이번에 배울 유형인 '율율율'의 대표적인 형태이다.

율율율이란, 과거값 대비 얼마나 큰 비율로 변화(증가/감소) 했는지를 의미한다.

① 증가율 – 과거값 대비 증가폭 비율 → $\dfrac{증가폭}{과거값} = \dfrac{현재값 - 과거값}{과거값}$

　ex) 150 → 180, 증가율 $= \dfrac{180 - 150}{150} = \dfrac{30}{150} = 20\%$

② 감소율 – 과거값 대비 감소폭 비율 → $\dfrac{감소폭}{과거값} = \dfrac{과거값 - 현재값}{과거값}$

　ex) 250 → 200, 감소율 $= \dfrac{250 - 200}{250} = \dfrac{50}{250} = 20\%$

③ 변화율 – 과거값 대비 변화폭 비율 → $\dfrac{변화폭}{과거값} = \dfrac{|현재값 - 과거값|}{과거값}$

　(증감율)　　　　　　(증감폭)

　ex) 150 → 180, 변화율 $= \dfrac{|180 - 150|}{150} = \dfrac{30}{150} = 20\%$

　ex) 250 → 200, 변화율 $= \dfrac{|200 - 250|}{250} = \dfrac{50}{250} = 20\%$

② 율율율에 관점 적용하기

'율율율'의 정확한 값을 구하기 위해 '폭폭폭' 단계를 거쳐야 한다. 그러나 우리에게 필요한 것은 '비교'이므로 정밀셈은 불필요하다. 율율율에 관점을 적용한 '배수비교법'과 '크기확인법'을 이용하여 비교하자.

㉠ 배수비교법

　증가율 $= \dfrac{현재값 - 과거값}{과거값} = \dfrac{현재값}{과거값} - 1$ → 공통소거(−1)

　→ 증가율 $\propto \dfrac{현재값}{과거값}$ (증가율의 크기는 1을 빼야한다.)

　감소율 $= \dfrac{과거값 - 현재값}{과거값} = 1 - \dfrac{현재값}{과거값}$ → 공통소거(1) → 감소율 $\propto -\dfrac{현재값}{과거값}$

　→ 감소율 $\propto \dfrac{과거값}{현재값}$ (배수비교법의 결과는 감소율의 크기가 아니다.)

※ 주의사항
- 배수비교법은 증가율끼리, 감소율끼리만 비교가 가능하다. 변화율에서는 사용을 주의하자.
- 배수비교법으로 실제값에 대한 비교를 할 수는 없다.

ⓛ 크기확인법

$$증가율 = \frac{현재값}{과거값} - 1 \rightarrow \frac{현재값}{과거값} = 1 + 증가율$$

$$감소율 = 1 - \frac{현재값}{과거값} \rightarrow \frac{현재값}{과거값} = 1 - 감소율$$

과거값 → 현재값 율율율은 n% 이상/이하이다.		
정오 판별식	이상	이하
증가율	$\frac{현재값}{과거값} \geq 1+n\%$	$\frac{현재값}{과거값} \leq 1+n\%$
감소율	$\frac{현재값}{과거값} \leq 1-n\%$	$\frac{현재값}{과거값} \geq 1-n\%$

❸ 연속적 율율율

'연속적 율율율'은 과거값 → 현재값이 될 때 2번 이상의 영향을 받는 경우를 말한다.

과거값 → 현재값이 될 때

1번의 영향만을 받는다면   → 현재값 = 과거값 × (1±율율율)

2번 이상의 영향을 받는다면 → **현재값 = 과거값 × (1±율율율1) × (1±율율율2)⋯**

예를 들어, 과거값이 50% 증가 후, 20% 증가하고, 50% 감소한다면,

현재값 = 과거값 × (1+50%) × (1+20%) × (1−50%) = 과거값 × (1.5) × (1.2) × (0.5)가 된다.

❹ 대표문제 같이 풀어보기

〈표〉 2008~2011년 '갑'국의 항목별 수입액

항목＼연도	2008	2009	2010	2011	2012
A	328	503	776	294	347
B	513	743	552	241	200
C	731	1052	954	312	355

1. 수입액의 2009년 전년대비 증가율이 가장 큰 항목은 A이다. (O, X)

2. 수입액의 2011년 전년대비 감소율이 가장 큰 항목은 A이다. (O, X)

3. A의 2012년 전년대비 증가율은 15% 이상이다. (O, X)

4. B의 2012년 전년대비 감소율은 15% 이상이다. (O, X)

▶ 자료통역사의 관점 적용하기

1. (O)

증가율에 대한 배수비교법은 $\dfrac{현재값}{과거값}$ 으로 구성된다.

A의 경우, $\dfrac{503}{328}$ = 1.5↑ 이다. (※ $\dfrac{480}{320}=\dfrac{3\times160}{2\times160}$ 이고, $\dfrac{480+23}{320+8}$ 이므로 1.5 이상이다.)

B의 경우, $\dfrac{743}{513}$ = 1.5↓ 이고, C의 경우 $\dfrac{1052}{731}$ = 1.5↓ 이다. 따라서 A의 전년대비 증가율이 가장 크다.

2. (X)

감소율에 대한 배수비교법은 $\dfrac{과거값}{현재값}$ 으로 구성된다.

A의 경우 $\dfrac{776}{294}$ = 2.5↑ 이다. (※ $\dfrac{750}{300}=\dfrac{5\times150}{2\times150}$ 이고, $\dfrac{750+26}{300-6}$ 이므로 2.5 이상이다.)

B의 경우 $\dfrac{552}{241}$ = 2.5↓ 이고, C의 경우 $\dfrac{954}{312}$ = 3↑ 이다.

A는 3배까지는 될 수 없다. 따라서 C의 전년대비 감소율이 가장 크다.

3. (O)

증가율의 크기확인법: $\dfrac{현재값}{과거값}$ ≥ 1+증가율로 구성된다.

$\dfrac{347}{294}$ ≥ 1.15 → $\dfrac{230+117}{200+94}$ 이므로, 1.15 이상이다. → 증가율은 15% 이상이다.

4. (O)

감소율의 크기확인법: $\dfrac{현재값}{과거값}$ ≤ 1-감소율로 구성된다.

$\dfrac{200}{241}$ ≤ 0.85 → $\dfrac{170+30}{200+41}$ 이므로 0.85 이하이다. → 감소율은 15% 이상이다.

❺ 기출문제와 제작문제에 관점 적용해보기

문 1. (입 16-12)

다음 〈표〉는 연도별 결혼이민자 및 혼인귀화자 현황에 대한 자료이다. 이에 대한 〈보기〉의 설명 중 옳은 것을 모두 고르면?

① 자료 파악
결혼이민자와 혼인귀화자

〈표〉 연도별 결혼이민자 및 혼인귀화자 현황

(단위: 명)

연도	결혼이민자	혼인귀화자
2005	75,011	7,075
2006	93,786	10,419
2007	110,362	14,609
2008	122,552	22,525
2009	125,087	39,666
2010	141,654	49,938
2011	144,681	60,671
2012	148,498	68,404
2013	150,865	77,425
2014	150,994	85,507

② 선지 재구성
1. 결혼이민자 증가율
   12년 이후 감소?
2. 결혼이민자 증가율
   06년이 가장 커?

1. 결혼이민자 수의 증가율은 2012년 이후 매년 감소하고 있다. (O, X)

2. 2006~2014년 동안 결혼이민자의 전년대비 증가율이 가장 높은 연도는 2006년이다.

(O, X)

▶ 자료통역사의 관점 적용하기

1. (O)

기준이 되는 후보가 없어 너무 많은 값의 배수를 확인해야 한다.

이때는 증가율의 정의 $\frac{증가폭}{과거값}$ 을 이용하여 접근하자.

연도별 증가폭은 11년 → 12년 ≒ 4,000, 12년 → 13년 ≒ 2,500, 13년 → 14년 ≒ 100 으로 매년 증가한다.

과거값은 지속적으로 증가하는데 증가폭이 지속적으로 감소하므로 당연히 12년의 전년 대비 증가율이 가장 크다.

2. (O)

기준이 되는 후보는 있으나 너무 많은 값의 배수를 확인해야 한다.

이때는 증가율의 정의 $\frac{증가폭}{과거값}$ 을 이용하여 배수비교의 양을 줄이는 방향으로 접근하자.

연도별 증가폭은 05년 → 06년 ≒ 18,000으로 다른 연도의 증가폭보다 더 크다.

과거값은 지속적으로 증가하는데 06년의 증가폭이 가장 크므로 06년의 증가율이 가장 높다.

정답 (O, O)

다음 〈표〉는 2006 ~ 2010년 A국의 가구당 월평균 교육비 지출액에 대한 자료이다. 이에 대한 설명으로 옳은 것은?

① 자료 파악
   가구당 월평균 교육비

〈표〉 연도별 가구당 월평균 교육비 지출액

(단위: 원)

유형		2006	2007	2008	2009	2010
정규 교육비	초등교육비	14,730	13,255	16,256	17,483	17,592
	중등교육비	16,399	20,187	22,809	22,880	22,627
	고등교육비	47,841	52,060	52,003	61,430	66,519
	소계	78,970	85,502	91,068	101,793	106,738
학원 교육비	학생 학원교육비	128,371	137,043	160,344	167,517	166,959
	성인 학원교육비	7,798	9,086	9,750	9,669	9,531
	소계	136,169	146,129	170,094	177,186	176,490
기타 교육비		7,203	9,031	9,960	10,839	13,574
전체 교육비		222,342	240,662	271,122	289,818	296,802

② 선지 재구성
   1. 전체 증가율
      07년 이후 매년
      상승?
   2. 학원교육비 증가율
      09가 08보다
      작아?

1. 2007 ~ 2010년 '전체 교육비'의 전년대비 증가율은 매년 상승하였다. (O, X)

2. '학원교육비'의 전년대비 증가율은 2009년이 2008년보다 작다. (O, X)

▶ 자료통역사의 관점 적용하기

1. (X)

기준이 되는 후보가 없어 너무 많은 값의 배수를 확인해야 한다.

이때는 증가율의 정의 $\dfrac{증가폭}{과거값}$ 을 이용하여 접근해보자.

연도별 증가 폭은

06년→07년 ≒ 18,000, 07년→08년 ≒ 31,000, 08년→09년 ≒ 18,000

08년→09년의 경우, 과거값은 커졌는데, 증가폭은 감소하였다. 즉, 증가율은 매년 증가하지 않았다.

2. (O)

관점을 적용하여 배수비교법으로 접근해보자.

08년 $\dfrac{170}{146}$ =1.1↑ 09년 $\dfrac{177}{170}$ =1.1↓ 09년의 증가율은 08년보다 작다.

정답 (X, O)

문 3. (행 17–15)

다음 〈표〉는 '갑'국의 4대 범죄 발생건수 및 검거건수에 대한 자료이다. 이에 대한 설명으로 옳지 않은 것은?

〈표〉 2009 ~ 2013년 4대 범죄 발생건수 및 검거건수

(단위: 건, 천명)

연도 \ 구분	발생건수	검거건수	총인구	인구 10만명당 발생건수
2009	15,693	14,492	49,194	31.9
2010	18,258	16,125	49,346	( )
2011	19,498	16,404	49,740	39.2
2012	19,670	16,630	50,051	39.3
2013	22,310	19,774	50,248	44.4

1. 2010년 이후, 전년대비 4대 범죄 발생건수 증가율이 가장 낮은 연도와 전년대비 4대 범죄 검거건수 증가율이 가장 낮은 연도는 동일하다. (O, X)

① 자료 파악
4대 범죄 발생건수와 검거건수

② 선지 재구성
1. 발생건수 증가율 가장 작은 해 검거건수 증가율도 가장 작아?

▶ 자료통역사의 관점 적용하기

1. (O)

발생건수 증가율의 경우
기준이 되는 후보가 없어 너무 많은 값의 배수를 확인해야 한다.

이때는 증가율의 정의 $\dfrac{증가폭}{과거값}$ 을 이용하여 접근해보자.

발생건수의 증가폭이 가장 작은 해는 12년이다.
12년의 과거값은 11년 이전의 값보다 크기 때문에, 12년과 13년에 대해서만 생각하자.
배수비교법으로 생각했을 때, 13년이 12년보다 크기 때문에, 12년의 증가율이 가장 작다.

검거건수 증가율의 경우
기준이 되는 후보가 없어 너무 많은 값의 배수를 확인해야 한다.

이때는 증가율의 정의 $\dfrac{증가폭}{과거값}$ 을 이용하여 접근해보자.

12년 검거건수의 증가폭은 230↓로 가장 작다.
12년의 과거값은 11년 이전의 값보다 크기 때문에, 12년과 13년에 대해서만 생각하자.
배수비교법으로 생각했을 때, 13년이 12년보다 크기 때문에, 12년의 증가율이 가장 작다.

정답 (O)

다음 〈표〉는 우리나라의 에너지 유형별 1차 에너지 생산에 관한 자료이다. 이에 대한 〈보기〉의 설명으로 옳지 않은 것은?

① 자료 파악
에너지 생산량

〈표〉 2008 ~ 2012년 1차에너지의 유형별 생산량

(단위: 천 TOE)

연도 \ 유형	석탄	수력	신재생	원자력	천연가스	합
2008	1,289	1,196	5,198	32,456	236	40,375
2009	1,171	1,213	5,480	31,771	498	40,133
2010	969	1,391	6,064	31,948	539	40,911
2011	969	1,684	6,618	33,265	451	42,987
2012	942	1,615	8,036	31,719	436	42,748

※ 국내에서 생산하는 1차에너지 유형은 제시된 5가지로만 구성됨.

② 선지 재구성
1. 08 대비 12 증가율 천연가스 가장 커?

1. 2008년 대비 2012년의 생산량 증가율이 가장 큰 1차 에너지 유형은 천연가스이다. (O, X)

▶ 자료통역사의 관점 적용하기

1. (O)

관점을 적용하여 배수비교법으로 접근해보자.

천연가스의 경우 $\dfrac{436}{236}$ = 1~2의 후반부 (※ 24×1 = 24, 24×2 = 48, 43은 48에 더 가깝다.)

다른 유형중 1~2의 후반부인 유형은 없으므로 천연가스의 증가율이 가장 크다.

정답 (O)

다음 〈표〉는 2005 ～ 2010년 IT산업 부문별 생산규모 추이에 관한 자료이다. 이에 대한
〈보고서〉의 설명 중 옳은 것만을 모두 고르면?

① 자료 파악
IT 산업 생산규모

〈표〉 2005 ～ 2010년 IT산업 부문별 생산규모 추이

(단위: 조원)

구분	연도	2005	2006	2007	2008	2009	2010
정보통신서비스	통신서비스	37.4	38.7	40.4	42.7	43.7	44.3
	방송서비스	8.2	9.0	9.7	9.3	9.5	10.3
	융합서비스	3.5	4.2	4.9	6.0	7.4	8.8
	소계	49.1	51.9	55.0	58.0	60.6	63.4
정보통신기기	통신기기	43.4	43.3	47.4	61.2	59.7	58.2
	정보기기	14.5	13.1	10.1	9.8	8.6	9.9
	음향기기	14.2	15.3	13.6	14.3	13.7	15.4
	전자부품	85.1	95.0	103.6	109.0	122.4	174.4
	응용기기	27.7	29.2	29.9	32.2	31.0	37.8
	소계	184.9	195.9	204.6	226.5	235.4	295.7
소프트웨어		19.2	21.1	22.1	26.2	26.0	26.3
합계		253.2	268.9	281.7	310.7	322.0	385.4

② 선지 재구성
10년 증가율 융합서비
스 가장 커?

1. 2010년 융합서비스는 전년대비 생산규모 증가율이 정보통신서비스 중 가장 높다. (O, X)

▶ 자료통역사의 관점 적용하기

1. (O)

관점을 적용하여 배수비교법으로 접근해보자.

융합서비스의 경우 $\dfrac{8.8}{7.4}$ = 1.1↑ (※ $\dfrac{7.7}{7}$=1.1, $\dfrac{7.7+1.1}{7.0+0.4}$ 이므로 1.1↑)

다른 유형 중 1.1의 보다 큰 유형은 없으므로 융합서비스의 증가율이 가장 크다.

(※ 정의를 이용한 비교법을 이용해보면 융합서비스의 증가폭이 가장 크고, 과거값은 가장 작은 것이 확인되어 쉽게
해결된다.)

정답 (O)

다음 〈표〉는 2018년 5 ～ 6월 A군의 휴대폰 모바일 앱별 데이터 사용량에 관한 자료이다. 이에 대한 설명으로 옳은 것은?

① 자료 파악
　모바일 데이터 사용량

〈표〉 2018년 5 ～ 6월 모바일 앱별 데이터 사용량

앱 이름　　　　　월	5월	6월
G인터넷	5.3 GB	6.7 GB
HS쇼핑	1.8 GB	2.1 GB
톡톡	2.4 GB	1.5 GB
앱가게	2.0 GB	1.3 GB
뮤직플레이	94.6 MB	570.0 MB
위튜브	836.0 MB	427.0 MB
쉬운지도	321.0 MB	337.0 MB
JJ멤버십	45.2 MB	240.0 MB
영화예매	77.9 MB	53.1 MB
날씨정보	42.8 MB	45.3 MB
가계부	–	27.7 MB
17분운동	–	14.8 MB
NEC뱅크	254.0 MB	9.7 MB
알람	10.6 MB	9.1 MB
지상철	5.0 MB	7.8 MB
어제뉴스	2.7 MB	1.8 MB
S메일	29.7 MB	0.8 MB
JC카드	–	0.7 MB
카메라	0.5 MB	0.3 MB
일정관리	0.3 MB	0.2 MB

② 선지 재구성
　1. S메일 변화율
　　가장 커?

※ 1) ' – '는 해당 월에 데이터 사용량이 없음을 의미함.
　2) 제시된 20개의 앱 외 다른 앱의 데이터 사용량은 없음.
　3) 1 GB(기가바이트)는 1,024 MB(메가바이트)에 해당함.

1. 5월과 6월에 모두 데이터 사용량이 있는 앱 중 5월 대비 6월 데이터 사용량 변화율이 가장 큰 앱은 'S메일'이다. (O, X)

Q ＞ 감소율의 최대값은
　　얼마일까?

A ＞ 100%

● 자료통역사의 관점 적용하기

1. (X)

변화율에 대해서 물어보므로 배수비교법 사용불가

S메일의 경우 29.7 → 0.8　$\dfrac{28.9}{29.7}$ ≒ 100%

변화율이 100% 이상인 앱 있는가?

뮤직플레이의 경우 94.6 → 570　$\dfrac{570}{94.6}$ = 100%↑

S메일의 변화율이 가장 크지 않다.

정답 (X)

문 7. (민 11-17)

다음 〈표〉와 〈그림〉은 복무기관별 공익근무요원 현황에 대한 자료이다. 이에 대한 〈보기〉의 설명 중 옳은 것을 모두 고르면?

① 자료 파악
  공익근무요원 수

〈표〉 복무기관별 공익근무요원 수 추이

(단위: 명)

복무기관＼연도	2004	2005	2006	2007	2008	2009
중앙정부기관	6,536	5,283	4,275	4,679	2,962	5,872
지방자치단체	19,514	14,861	10,935	12,335	11,404	12,837
정부산하단체	6,135	4,875	4,074	4,969	4,829	4,194
기타 기관	808	827	1,290	1,513	4,134	4,719
계	32,993	25,846	20,574	23,496	23,329	27,622

② 선지 재구성
  정부 산하 04년 대비
  09년 30% 이상
  감소?

〈그림〉 공익근무요원의 복무기관별 비중

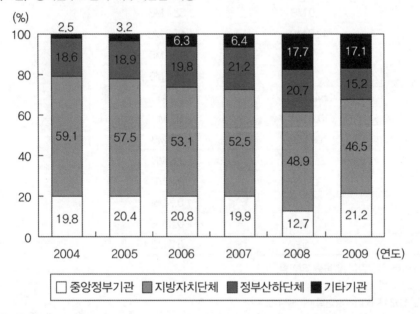

1. 정부산하단체에 복무하는 공익근무요원 수는 2004년 대비 2009년에 30% 이상 감소하였다. (O, X)

Q ＞ 비중만을 이용하여
    비교가 가능할까?

A ＞ 불가능하다.

● 자료통역사의 관점 적용하기

1. (O)

　　n% 이상 증가/감소했는지에 대한 질문이다. 크기확인법을 사용하자.

　　감소율에 대한 크기확인법은 $\dfrac{현재값}{과거값} \leq 1-감소율$로 구성된다.

　　$\dfrac{419}{613} \leq 0.7 \rightarrow \dfrac{420-1}{600+13}$ 이므로, 0.7 이하이다. → 감소율은 30% 이상이다.

정답 (O)

다음은 2014～2018년 부동산 및 기타 재산 압류건수 관련 정보가 일부 훼손된 서류이다.
이에 대한 〈보기〉의 설명 중 옳은 것을 고르면?

① 자료 파악
압류 건수

2014~2018년 부동산 및 기타 재산 압류건수
(단위: 건)

구분 연도	부동산	기타 재산	전체
2014	122,148	6,148	128,296
2015	136	27,783	146,919
2016	743	34,011	158,754
2017	9	34,037	163,666
2018		29,814	151,211

② 선지 재구성
부동산 14 대비 16년
2.5% 이상 증가?

Q ▶ 120,000에서 2.5%
가 증가하면 얼마
나 커질까

1. 2016년 부동산 압류건수는 2014년 대비 2.5% 이상 증가했다. (O, X)

A ▶ 3,000

● 자료통역사의 관점 적용하기

1. (X)

n% 이상 증가/감소했는지에 대한 질문이다. 크기확인법을 사용하자.

증가율에 대한 크기확인법은 $\dfrac{현재 값}{과거 값} \geq 1+증가율$으로 구성된다.

계산의 2단계에 의하여 2016년 부동산압류 건수 $\fallingdotseq$ 124,——

$\dfrac{124}{122} \geq 1.025 \rightarrow \dfrac{102.5+21.5}{100+22}$ 이므로, 1.025 이하이다. → 증가율은 2.5% 이하이다.

(※ 22의 1.025가 22.5↑이므로, 정밀도를 높여 백의 자리를 계산할 필요는 없다.)

정답 (X)

문 9. (행 14-20)

다음 〈표〉는 2008 ~ 2012년 커피 수입 현황에 대한 자료이다. 〈보고서〉 내용 중 〈표〉와 일치하는 것만을 모두 고르면?

① 자료 파악
커피 수입 현황

〈표〉 2008 ~ 2012년 커피 수입 현황

(단위: 톤, 천달러)

구분	연도	2008	2009	2010	2011	2012
생두	중량	97.8	96.9	107.2	116.4	100.2
	금액	252.1	234.0	316.1	528.1	365.4
원두	중량	3.1	3.5	4.5	5.4	5.4
	금액	37.1	42.2	55.5	90.5	109.8
커피 조제품	중량	6.3	5.0	5.5	8.5	8.9
	금액	42.1	34.6	44.4	98.8	122.4

② 선지 재구성
2012년 조제품단가,
2008년 의 200%
이상이야?

※ 1) 커피는 생두, 원두, 커피 조제품으로만 구분됨.

　2) 수입단가 $= \dfrac{\text{금액}}{\text{중량}}$

1. 2012년 커피 조제품 수입단가는 2008년 대비 200% 이상의 증가율을 지녔다. (O, X)

▶ 자료통역사의 관점 적용하기

1. (X)

　n% 이상 증가/감소했는지에 대한 질문이다. 크기확인법을 사용하자.

　증가율의 크기확인법은 $\dfrac{\text{현재값}}{\text{과거값}} \geq 1 + \text{증가율}$으로 구성된다.

　증가율이 200% 이상이라고 하였으므로 $\dfrac{\text{현재값}}{\text{과거값}}$이 3배 이상인지 확인하자.

　현재값 $= \dfrac{122.4}{8.9}$, 과거값 $= \dfrac{42.1}{6.3}$으로 구성된다.

　현재값의 분자는 과거값에 비하여 3배 이하 증가하였으나 분모는 1배 이상 증가하였다.

　즉, $\dfrac{3\downarrow}{1\uparrow}$이므로 $\dfrac{\text{현재값}}{\text{과거값}}$은 3배 이하이다. 따라서 200% 이상의 증가율을 지니지 않았다.

정답 (X)

다음 〈표〉는 2021 ~ 2027년 시스템반도체 중 인공지능반도체의 세계 시장규모 전망이다. 이에 대한 〈보기〉의 설명 중 옳은 것만을 모두 고르면?

〈표〉 시스템반도체 중 인공지능반도체의 세계 시장규모 전망

(단위: 억 달러, %)

구분＼연도	2021	2022	2023	2024	2025	2026	2027
시스템반도체	2,500	2,310	2,686	2,832	( )	3,525	( )
인공지능반도체	70	185	325	439	657	927	1,179
비중	2.8	8.0	( )	15.5	19.9	26.3	31.3

1. 2022년 대비 2025년의 시장규모 증가율은 인공지능반도체가 시스템반도체의 5배 이상이다. (O, X)

① 자료 파악
반도체의 시장규모

② 선지 재구성
인공지능 증가율 시스템의 5배 이상이야?

Q〉 다른 방법으로 비교할 수는 없는가?

▶ 자료통역사의 관점 적용하기

1. (X)

인공지능은 185 → 657이므로, 3.5배↑이다.

배수 = 1+증가율이므로, 250%↑이다.

시스템의 증가율이 5배 이상이기 위해서는 50% 이하여야한다.

시스템은 $= \dfrac{인공지능}{비중}$

2022년 시스템 $= \dfrac{185}{8.0}$, 2025년 시스템 $= \dfrac{657}{19.9}$

분모는 2.5배 가량 증가, 분자는 3.5배증가, 2022년대비 2025년은 $\dfrac{3.5}{2.5} = \dfrac{3+0.5}{2+0.5}$ 〈 1.50이므로

시스템의 증가율은 50% 이하이다.

정답 (X)

문 11. (행 18-14)

다음 〈표〉는 2011 ~ 2015년 군 장병 1인당 1일 급식비와 조리원 충원인원에 관한 자료이다. 이에 대한 설명으로 옳지 않은 것은?

〈표〉 군 장병 1인당 1일 급식비와 조리원 충원인원

구분 \ 연도	2011	2012	2013	2014	2015
1인당 1일 급식비(원)	5,820	6,155	6,432	6,848	6,984
조리원 충원인원(명)	1,767	1,924	2,024	2,123	2,195
전년대비 물가상승률(%)	5	5	5	5	5

※ 2011 ~ 2015년 동안 군 장병 수는 동일함.

1. 2011년 대비 2015년의 군 장병 1인당 1일 급식비의 증가율은 2011년 대비 2015년의 물가상승률보다 낮다. (O, X)

① 자료 파악
   군인 급식비

② 선지 재구성
   11년대비 15년 급식비 증가율이 물가 상승률 보다 낮아?

▶ 자료통역사의 관점 적용하기

1. (O)

11년 대비 15년의 물가상승률은 연속적 율율율이다.
12년의 물가상승률 → 13년의 물가상승률 → 14년의 물가상승률 → 15년의 물가상승률
즉, 11년을 기준으로 5%씩 4차례 상승한 값이다.
즉, 11년 대비 15년의 물가상승률 = $(1+0.05) \times (1+0.05) \times (1+0.05) \times (1+0.05)$
1에서 5% 증가하면 0.05만큼 커진다.
1.05에서 5% 증가하면 1과 0.05의 5%가 각각 증가하여 다음과 같이 나타낼 수 있다.
1.05+0.05+? = 1.1↑
즉, 1.05×1.05 = 1.1↑ 이다.
$(1+0.05) \times (1+0.05) \times (1+0.05) \times (1+0.05)$ = 1.1↑ ×1.1↑ =1.21↑ 이다.

11년 대비 15년의 군 장병 1인당 급식비 증가율은 $\dfrac{6984-5820}{5820} = \dfrac{1164}{5820}$, 즉 20%이다. 따라서 물가상승률보다 낮다.

정답 (O)

다음 〈표〉는 2013 ~ 2017년 A ~ E국의 건강보험 진료비에 관한 자료이다. 이에 대한 〈보기〉의 설명 중 옳은 것만을 모두 고르면?

① 자료 파악
건강보험 진료비

〈표 1〉 A국의 건강보험 진료비 부담 현황

(단위: 억 원)

구분 \ 연도	2013	2014	2015	2016	2017
공단부담	345,652	357,146	381,244	407,900	433,448
본인부담	116,727	121,246	128,308	136,350	146,145
계	462,379	478,392	509,552	544,250	579,593

② 선지 재구성
12년대비 14년 B국 진료비 1.2배 됐어?

〈표 2〉 국가별 건강보험 진료비의 전년대비 증가율

(단위: %)

국가 \ 연도	2013	2014	2015	2016	2017
B	16.3	3.6	5.2	4.5	5.2
C	10.2	8.6	7.8	12.1	7.3
D	4.5	3.5	1.8	0.3	2.2
E	5.4	− 0.6	7.6	6.3	5.5

1. B국의 2012년 대비 2014년 건강보험 진료비의 비율은 1.2 이상이다. (O, X)

Q > 증가율과 배수간의 관계는?

A > 1+증가율 = 배수

▶ 자료통역사의 관점 적용하기

1. (O)

12년 대비 14년의 건강보험 진료비 비율은 연속적 율율율이다.

13년의 전년대비 증가율 → 14년의 전년대비 증가율

즉, 12년 → 13년에 16.3% 증가 후, 13년 → 14년에 3.6%가 또 증가한 값이다.

$(1+0.163) \times (1+0.036) \geq ? \ 1.2$

1에서 16.3%가 증가된다면 0.163이 커진다.

1.036에서 16.3%가 증가된다면, 1은 0.163가 커지고 0.036은 0.0036 이상이 커진다.

즉, 1.036+0.163+0.0036↑ = 1.2↑ 이므로, (1+0.163) × (1+0.036)는 1.2 이상이다.

정답 (O)

문 13. (행 17-38)

다음 〈그림〉은 A기업의 2011년과 2012년 자산총액의 항목별 구성비를 나타낸 자료이다. 이에 대한 〈보기〉의 설명 중 옳은 것만을 모두 고르면?

① 자료 파악
　자산 총액

〈그림〉 자산총액의 항목별 구성비

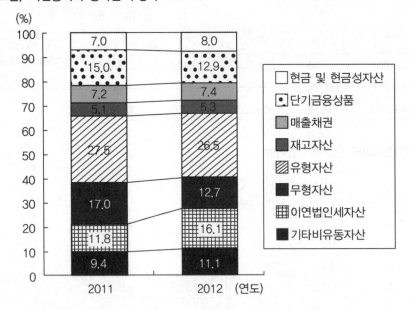

② 선지 재구성
　무형자산 4.3%감소
　했어?

1. 2011년 대비 2012년에 '무형자산' 금액은 4.3% 감소하였다. (O, X)

▶ 자료통역사의 관점 적용하기

1. (X)

%와 %p 함정을 이용한 보기이다.
2012년 자산총액에서 무형자산이 차지하는 비율은 12.7%이고,
2011년 자산총액에서 무형자산이 차지하는 비율은 17.0%이다.
17.0 → 12.7의 차이값이 4.30이라는 것에 착안하여 만든 함정이므로 절대로 빠지지 말자.
※ 옳은 문장으로 바꾸면?
2011년 대비 2012년 '무형자산'의 구성비는 4.3%p 감소하였다.

정답 (X)

다음 〈표〉는 '갑'국의 2019년과 2020년의 대학 교원 유형별 강의 담당학점 현황에 대한 자료이다. 이에 대한 〈보기〉의 설명 중 옳은 것만을 모두 고르면?

① 자료 파악
   교원의 담당학점

〈표〉 교원 유형별 강의 담당학점 현황

(단위: 학점, %)

연도		2020년			2019년		
구분	교원 유형	전임 교원	비전임 교원	강사	전임 교원	비전임 교원	강사
전체 (196개교)	담당 학점	479,876	239,394	152,898	476,551	225,955	121,265
	비율	66.7	33.3	21.3	67.8	32.2	17.3
설립 주체 / 국공립 (40개교)	담당 학점	108,237	62,934	47,504	107,793	59,980	42,824
	비율	63.2	36.8	27.8	64.2	35.8	25.5
사립 (156개교)	담당 학점	371,639	176,460	105,394	368,758	165,975	78,441
	비율	67.8	32.2	19.2	69.0	31.0	14.7
소재지 / 수도권 (73개교)	담당 학점	173,383	106,403	64,019	171,439	101,864	50,696
	비율	62.0	38.0	22.9	62.7	37.3	18.5
비수도권 (123개교)	담당 학점	306,493	132,991	88,879	305,112	124,091	70,569
	비율	69.7	30.3	20.2	71.1	28.9	16.4

② 선지 재구성
   전체 대학 전임교원
   1.1% 감소했어?

$$ ※ \ 비율(\%) = \frac{교원 \ 유형별 \ 담당학점}{전임교원 \ 담당학점 + 비전임교원 \ 담당학점} \times 100 $$

1. 2020년 전체 대학의 전임교원 담당학점은 전년 대비 1.1% 줄어들었다. (O, X)

Q ▷ 2020년 담당학점은
   전년대비 감소하였
   는가?

A ▷ 아니다.

● 자료통역사의 관점 적용하기

1. (X)

%와 %p 함정을 이용한 보기이다.
2020년 전임교원 담당학점의 비율은 66.7%이고,
2019년 전임교원 담당학점의 비율은 67.8%이다.
67.8 → 66.7의 차이값이 1.1이라는 것에 착안하여 만든 함정이므로 절대로 빠지지 말자.
※ 옳은 문장으로 바꾸면?
2020년 전체 대학의 전임교원의 담당학점 비율은 전년대비 1.1%p 감소하였다.

정답 (X)

문 15. (민 14-24)

다음 〈표〉는 '갑'국의 2013년 11월 군인 소속별 1인당 월지급액에 대한 자료이다. 이에 대한 설명으로 옳지 않은 것은?

① 자료 파악
  군인 월지급액

〈표〉 2013년 11월 군인 소속별 1인당 월지급액

(단위: 원, %)

구분 \ 소속	육군	해군	공군	해병대
1인당 월지급액	105,000	120,000	125,000	100,000
군인수 비중	30	20	30	20

※ 1) '갑'국 군인의 소속은 육군, 해군, 공군, 해병대로만 구분됨.
  2) 2013년 11월, 12월 '갑'국의 소속별 군인수는 변동 없음.

② 선지 재구성
  나누어 생각하자.

1. 2013년 12월에 1인당 월지급액이 모두 동일한 액수만큼 증가한다면, 전월대비 1인당 월지급액 증가율은 해병대가 가장 높다. (O, X)

Q > 감소폭이 동일하다면, 감소율은 어떻게 될까?

A > 과거값에 반비례한다.

▶ 자료통역사의 관점 적용하기

1. (O)

증가율의 정의는 $\dfrac{증가폭}{과거값}$ 이다.

모든 소속의 월지급액이 동일한 액수만큼 증가한다는 것은 증가폭이 모두 같다는 것이다.
증가폭이 모두 같다면 과거값이 가장 작은 경우의 증가율이 가장 크다.
과거값이 가장 작은 소속은 해병대이다. 따라서 해병대의 증가율이 가장 크다.

정답 (O)

다음 〈표〉는 2013 ~ 2017년 '갑'국의 사회간접자본(SOC) 투자규모에 관한 자료이다. 이에 대한 설명으로 옳지 않은 것은?

① 자료 파악
SOC 투자규모

〈표〉 '갑'국의 사회간접자본(SOC) 투자규모

(단위: 조 원, %)

구분 \ 연도	2013	2014	2015	2016	2017
SOC 투자규모	20.5	25.4	25.1	24.4	23.1
총지출 대비 SOC 투자규모 비중	7.8	8.4	8.6	7.9	6.9

② 선지 재구성
나누어 생각하자.

1. 2018년 'SOC 투자규모'의 전년대비 감소율이 2017년과 동일하다면, 2018년 'SOC 투자규모'는 20조원 이상이다. (O, X)

Q > 증가율이 동일하다면, 증가폭은 어떻게 될까?

A > 과거값에 비례한다.

● 자료통역사의 관점 적용하기

1. (O)

감소율의 정의는 $\dfrac{감소폭}{과거값}$ 이다.

2018년과 2017년의 감소율이 동일하다면 과거값이 감소할 때 감소폭도 감소한다.
2018년 값은 2017년 값보다 작아졌다. 따라서 감소폭은 줄어든다.
2017년의 감소폭이 1.3조이고, 2018년의 감소폭은 1.3조↓이다.
따라서 SOC 투자규모는 20조원 이상이다.

정답 (O)

③ 폭과 율

❶ 폭과 율이란?

Q. 2018년 판매량이 1,727개이고, 전년대비 증가율이 10%일 때,
2017년의 판매량과 전년대비 증가폭은 얼마인가?

위에 있는 Q가 이번에 배울 유형인 '폭과 율'이다.
폭과 율 유형은, [현재값과 율율율]을 주고, [과거값 또는 폭폭폭]을 묻는 유형이다.

① 현재값과 율율율로 과거값 구하기

$$\text{증가율} = \frac{\text{현재값} - \text{과거값}}{\text{과거값}} = \frac{\text{현재값}}{\text{과거값}} - 1 \rightarrow 1 + \text{증가율} = \frac{\text{현재값}}{\text{과거값}} \rightarrow \text{과거값} = \frac{\text{현재값}}{1 + \text{증가율}}$$

$$\text{감소율} = \frac{\text{과거값} - \text{현재값}}{\text{과거값}} = 1 - \frac{\text{현재값}}{\text{과거값}} \rightarrow 1 - \text{감소율} = \frac{\text{현재값}}{\text{과거값}} \rightarrow \text{과거값} = \frac{\text{현재값}}{1 - \text{감소율}}$$

② 현재값과 율율율로 폭폭폭 구하기

$$\text{증가폭} = \text{과거값} \times \text{증가율} = \frac{\text{현재값}}{1 + \text{증가율}} \times \text{증가율} \rightarrow \text{증가폭} = \frac{\text{증가율}}{1 + \text{증가율}} \times \text{현재값}$$

$$\text{감소폭} = \text{과거값} \times \text{감소율} = \frac{\text{현재값}}{1 - \text{감소율}} \times \text{감소율} \rightarrow \text{감소폭} = \frac{\text{감소율}}{1 - \text{감소율}} \times \text{현재값}$$

❷ 폭과 율에 관점 적용하기

과거값과 폭폭폭을 구하는 방법에 대해서 알아봤다. 계속 말하지만, 우리에게 중요한 것은 실제값이 아닌 비교이다. 폭과 율에 관점을 적용하여, 현재값과 율율율에 따른 폭과 율의 증감관계를 파악해보자.

① 과거값의 증감 관계

$$과거값 = \frac{현재값}{1 \pm 증감율}$$

1. 과거값과 현재값의 관계 → 현재값이 커지면 과거값은 커진다.   (과거값 $\propto$ 현재값)
2. 과거값과 증감율의 관계 → 증감율이 작아지면 과거값은 커진다. (과거값 $\propto$ 1/증감율)

증감율과 현재값에 따른 '과거값' 증감표		
	현재값 ↑	현재값 ↓
증감율 ↑	알 수 없음	과거값 ↓
증감율 ↓	과거값 ↑	알 수 없음

② 폭폭폭 증감 관계

$$폭폭폭 = \frac{증감율}{1 \pm 증감율} \times 현재값$$

1. 폭폭폭과 현재값의 관계 → 현재값이 커지면 폭폭폭도 커진다. (폭폭폭 $\propto$ 현재값)
2. 폭폭폭과 증감율의 관계 → 증감율이 커지면 폭폭폭도 커진다. (폭폭폭 $\propto$ 증감율)

※ $\frac{증감율}{1 + 증감율} \propto 증감율$ (분수비교법 뺄셈법에 의하여)

증감율과 현재값에 따른 '폭폭폭' 증감표		
	현재값 ↑	현재값 ↓
증감율 ↑	폭폭폭 ↑	알 수 없음
증감율 ↓	알 수 없음	폭폭폭 ↓

③ 대표문제 같이 풀어보기

〈표〉 2008년 '갑'국의 A~D지역의 관광객현황

항목 \ 구분	관광객 (천명)	전년대비 증감율 (%)
A	61.2	−25.0
B	49.8	50.0
C	46.8	25.0
D	81.8	14.3

1. 2007년 관광객이 가장 많은 지역은 A이다. (O, X)

2. 2008년의 관광객의 전년대비 증가폭이 가장 큰 지역은 B이다. (O, X)

▶ 자료통역사의 관점 적용하기

1. (O)

과거값이 궁금한 경우 → 과거값 = $\dfrac{현재값}{1 \pm 증감율}$

A지역의 과거값보다 더 큰 과거값을 가지려면 현재값이 더 크거나 증감율이 작아야한다.
(※ 현재값이 작고 증감율이 크면 논리적으로 무조건 감소.)
B, C지역의 경우 현재값은 더 작고, 증감율은 더 크다. → 고려할 필요 없다.
D지역의 경우 현재값은 더 크고, 증감율은 더 크다. → A지역과 D지역을 비교하자

→ A지역: $\dfrac{61.2}{1-0.25} = \dfrac{61.2}{1-\dfrac{1}{4}} = \dfrac{61.2}{\dfrac{3}{4}} = 61.2 \times \dfrac{4}{3} \fallingdotseq 80$

(25%($\dfrac{1}{4}$)가 감소했다면 현재값은 과거의 $\dfrac{3}{4}$이라는 의미이다.)

→ D지역: $\dfrac{81.8}{1+0.143} = \dfrac{81.8}{1+\dfrac{1}{7}} = \dfrac{81.8}{\dfrac{8}{7}} = 81.8 \times \dfrac{7}{8} \fallingdotseq 70$

(14.3%($\dfrac{1}{7}$)이 증가했다면, 현재값은 과거의 $\dfrac{8}{7}$(=$1+\dfrac{1}{7}$)이라는 의미이다.)

→ A지역이 D지역보다 크다.

2. (O)

폭폭폭이 궁금한 경우 → 증가폭 = $\dfrac{증감율}{1 \pm 증감율} \times 현재값$

B지역보다 폭폭폭이 크기 위해서는 현재값이 더 크거나, 증감율이 더 커야한다.
(※ 현재값이 작고 증감율이 작으면 논리적으로 무조건 감소.)
A, C지역은 율율율이 음수이므로 폭폭폭도 감소폭이다 → 고려할 필요 없다.
D지역의 경우 현재값은 더 크고, 증감율은 더 작다. → B지역과 D지역을 비교하자

→ B지역: $\dfrac{0.50}{1+0.50} \times 49.8 = \dfrac{\dfrac{1}{2}}{1+\dfrac{1}{2}} \times 49.8 = \dfrac{\dfrac{1}{2}}{\dfrac{3}{2}} \times 49.8 = 49.8 \times \dfrac{1}{3} \fallingdotseq 16$

(50%($\dfrac{1}{2}$)가 증가했다면, 지금 값은 과거에 비해 $\dfrac{3}{2}$이라는 것을 의미한다.)

→ D지역: $\dfrac{0.143}{1+0.143} \times 81.8 = \dfrac{\dfrac{1}{7}}{1+\dfrac{1}{7}} \times 81.8 = \dfrac{\dfrac{1}{7}}{\dfrac{8}{7}} \times 81.8 = 81.8 \times \dfrac{1}{8} \fallingdotseq 10$

(14.3%($\dfrac{1}{7}$)이 증가했다면, 지금 값은 과거에 비해 $\dfrac{8}{7}$이라는 것을 의미한다.)

→ B지역이 D지역보다 크다.

❹ 기출문제와 제작문제에 관점 적용해보기

다음 〈표〉는 2015년 '갑'국의 수출입 현황에 대한 자료이다. 이에 대한 설명으로 옳지 않은 것은?

① 자료 파악
갑, 을 의 수출입액 현황

〈표〉 '갑'국의 대(對) '을'국 수출입액 상위 5개 품목 현황

(단위: 백만 달러, %)

순위	수출			수입		
	품목명	금액	전년대비 증가율	품목명	금액	전년대비 증가율
1	천연가스	2,132	33.2	농수산물	1,375	305.2
2	집적회로 반도체	999	14.5	집적회로 반도체	817	19.6
3	농수산물	861	43.0	평판 디스플레이	326	45.6
4	개별소자 반도체	382	40.6	기타정밀 화학원료	302	6.6
5	컴퓨터부품	315	14.9	합성고무	269	5.6

② 선지 재구성
14년 회로 반도체 수출액이 수입액보디 기?

1. 2014년 '갑'국의 대(對) '을'국 집적회로반도체 수출액은 수입액보다 크다. (O, X)

Q > 2015년 전년대비 수입액증가폭이 가장 큰 품목은 농산물인가?

A > 그렇다.

Q > 2015년 반도체 수출액과 수입액의 관계를 이용해보는 것은 어떨까?

▶ 자료통역사의 관점 적용하기

1. (O)

과거값이 궁금한 경우 → 과거값 = $\dfrac{현재값}{1 \pm 증감율}$

더 큰 과거값을 가지려면 현재값이 더 크거나 증감율이 작아야한다.
(※ 현재값이 작고 증감율이 크면 논리적으로 무조건 감소.)

수출액의 경우 $\dfrac{999}{1 + 0.145}$ 이고, 수입액의 경우 $\dfrac{817}{1 + 0.196}$ 이다.

수출액의 현재값이 더 크고, 증감율도 더 작다. 따라서 수출액이 수입액보다 많다.

정답 (O)

문 2. (민 18-21)

다음 〈표〉와 〈그림〉은 2018년 테니스 팀 A ~ E의 선수 인원수 및 총 연봉과 각각의 전년대비 증가율에 대한 자료이다. 이에 대한 설명으로 옳지 않은 것은?

〈표〉 2018년 테니스 팀 A ~ E의 선수 인원수 및 총 연봉

(단위: 명, 억 원)

테니스 팀	선수 인원수	총 연봉
A	5	15
B	10	25
C	8	24
D	6	30
E	6	24

※ 팀 선수 평균 연봉 = $\dfrac{총\ 연봉}{선수\ 인원수}$

〈그림〉 2018년 테니스 팀 A ~ E의 선수 인원수 및 총 연봉의 전년대비 증가율

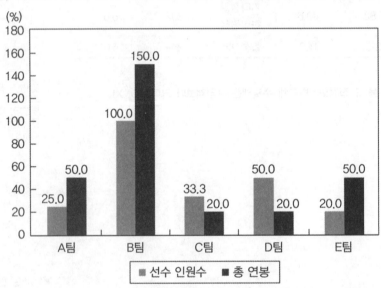

※ 전년대비 증가율은 소수점 둘째자리에서 반올림한 값임.

1. 2017년 총 연봉은 A팀이 E팀보다 많다. (O, X)

2. 2018년 선수 인원수가 전년대비 가장 많이 증가한 팀은 총 연봉도 가장 많이 증가하였다.

(O, X)

3. 2018년 A팀의 '팀 선수 평균 연봉'은 전년대비 증가하였다. (O, X)

① 자료 파악
테니스팀의 선수와 연봉

② 선지 재구성
1. 17년 연봉 A팀이 B팀보다 커?
2. 선수 가장 많이 증가한 팀이 연봉도 가장 많이 증가했어?
3. A팀 팀 선수평균연봉 증가했어?

● 자료통역사의 관점 적용하기

1. (X)

과거값이 궁금한 경우 → 과거값 $= \dfrac{\text{현재값}}{1 \pm \text{증감율}}$

더 큰 과거값을 가지려면 현재값이 더 크거나 증감율이 작아야한다.

(※ 현재값이 작고 증감율이 크면 논리적으로 무조건 감소.)

E팀의 경우, A팀보다 현재값(2018년 총연봉)은 큰데, 증감율은 동일하다.

E팀의 2017년 총연봉은 A팀보다 크다.

2. (O)

증가폭이 궁금한 경우 → 증가폭 $= \dfrac{\text{증감율}}{1 \pm \text{증감율}} \times \text{현재값}$

증가폭이 가장 크려면 현재값이 크거나 증감율이 커야 한다.

(※ 현재값이 작고 증감율이 작으면 논리적으로 무조건 감소.)

선수 인원수를 확인해보면 B팀의 현재값(2018년 선수 인원수)도 가장 크고, 증감율도 가장 크다.

B팀의 총연봉 증가폭($\dfrac{1.5}{1 + 1.5} \times 25 = 15$) 보다 더 큰 팀은 없다.

3. (O)

팀선수평균연봉 $= \dfrac{\text{총연봉}}{\text{선수인원수}}$ 인데, 전년에 비하여 증가하였다면,

나눗셈 배수비교법에 의하며, $\dfrac{\text{총연봉증가율}}{\text{선수인원수증가율}} \rangle 1$ 이여야 한다.

A팀의 총 연봉 증가율은 50%이고, 선수 인원수 증가율은 25%이다. 따라서 팀선수평균연봉은 증가하였다.

정답 (X, O, O)

문 3. (5급 11-39)

다음 〈그림〉은 2008년 스마트폰 시장 상황에 대한 자료이다. 이에 대한 설명으로 옳지 않은 것은?

① 자료 파악
   스마트폰 판매대수

〈그림 1〉 2008년 회사별 스마트폰 점유율 (판매대수 기준)

(단위: %)

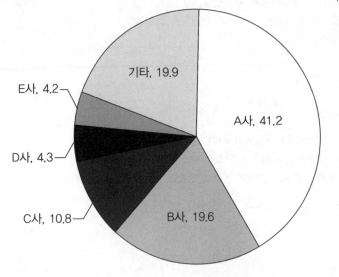

② 선지 재구성
   1. 07년에 A사가
      가장 커?
   2. 증가폭 B사가 가장
      커?

〈그림 2〉 2008년 회사별 스마트폰 판매대수의 전년대비 증가율

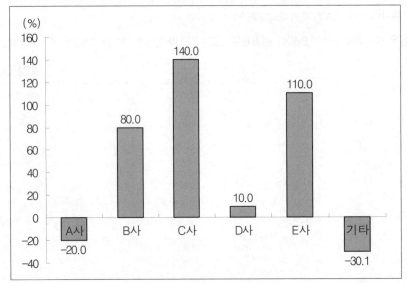

1. A ～ E사 중 2007년 스마트폰 판매대수가 가장 많은 회사는 'A사'이다. (O, X)

Q ❯ 후보군의 증가폭을
    이용하여, 다른 대
    상과 비교해보는
    것을 어떨까?

2. A ～ E사 중 2008년에 전년대비 판매대수가 가장 많이 증가한 회사는 'B사'이다. (O, X)

● 자료통역사의 관점 적용하기

1. (O)

　　과거값이 궁금한 경우 → 과거값 = $\dfrac{\text{현재값}}{1 \pm \text{증감율}}$

　　더 큰 과거값을 가지려면 현재값이 더 크거나 증감율이 작아야한다.

　　(※ 현재값이 작고 증감율이 크면 논리적으로 무조건 감소.)

　　A사의 경우 A팀보다 현재값(41.2%)로 가장 큰데, 증감율은 -0.2로 가장작다.

　　즉 2007년 스마트폰 판매대수는 A사가 가장 많다.

2. (O)

　　증가폭이 궁금한 경우 → 증가폭 = $\dfrac{\text{증감율}}{1 \pm \text{증감율}} \times \text{현재값}$

　　증가폭이 가장 크려면 현재값이 크거나 증감율이 커야 한다.

　　(※ 현재값이 작고 증감율이 작으면 논리적으로 무조건 감소.)

　　A사는 감소하였으므로 A사는 무시하고 생각하자.

　　B사 $= \dfrac{0.8}{1+0.8} \times 19.6 = \dfrac{19.6}{1.8} \times 0.8 ≒ 1.1 \times 0.8 = 8.8$

　　(80%($\frac{4}{5}$)가 증가했다면 현재값은 과거의 $\frac{9}{5}$($=1+\frac{4}{5}$)이라는 것을 의미한다.)

　　D사와 E사는 현재값이 8.8보다 작기 때문에 불가능하다.

　　C사 $= \dfrac{1.4}{1+1.4} \times 10.8 = \dfrac{10.8}{2.4} \times 1.4 = 4.5 \times 1.4 = 9 \times 0.7 = 6.3$

　　따라서 B사가 가장 크다.

정답 (O, O)

문 4. (5급 20-11)

다음 〈표〉는 2019년 화학제품 매출액 상위 9개 기업의 매출액에 대한 자료이다. 〈표〉와 〈조건〉에 근거하여 A ~ D에 해당하는 기업을 바르게 나열한 것은?

〈표〉 2019년 화학제품 매출액 상위 9개 기업의 매출액

(단위: 십억 달러, %)

기업 ＼ 구분	화학제품 매출액	전년 대비 증가율	총매출액	화학제품 매출액 비율
비스프	72.9	17.8	90.0	81.0
KR 화학	62.4	29.7	( )	100.0
벡슨모빌	54.2	28.7	( )	63.2
자빅	37.6	5.3	39.9	94.2
드폰	34.6	26.7	( )	67.0
포르오사	32.1	14.2	55.9	57.4
시노텍	29.7	10.0	( )	54.9
리오넬바셀	28.3	15.0	34.5	82.0
이비오스	23.2	24.7	48.2	48.1

※ 화학제품 매출액 비율(%) = $\dfrac{\text{화학제품 매출액}}{\text{총매출액}} \times 100$

1. 2018년 화학제품 매출액은 자빅이 시노텍보다 크다. (O, X)

2. 2019년 대비 2018년 화학제품 매출액이 80% 미만인 기업은 총 3개이다. (O, X)

① 자료 파악
  상위 9개 기업 매출액

② 선지 재구성
  1. 18년 화학제품 자빅이 시노텍보다 커?

  2. 화학제품 19년 대비 18년의 크기 80% 미만 기업 3개야?

Q ▶ 2019년 대비 2018년 화학제품 매출액이 가장 큰 기업은 어디일까?

A ▶ 자빅

◉ 자료통역사의 관점 적용하기

1. (O)

과거값이 궁금한 경우 → 과거값 = $\dfrac{\text{현재값}}{1 \pm \text{증감율}}$

더 큰 과거값을 가지려면 현재값이 더 크거나 증감율이 작아야한다.

자빅($\dfrac{37.6}{1+0.053}$)의 경우 시노텍($\dfrac{29.7}{1+0.1}$)보다 현재값도 크고, 증감율도 작다. 따라서 자빅이 더 크다.

2. (O)

2019년 대비 2018년이 80% 미만이라는 것은, $\dfrac{\text{과거값}}{\text{현재값}} < \dfrac{4}{5}$ 라는 것을 의미한다.

현재 알고 있는 정보는 전년대비 증가율($\dfrac{\text{현재값}}{\text{과거값}} = 1 + \text{증감율}$)에 대한 것이므로 이를

$\dfrac{\text{현재값}}{\text{과거값}}$ 꼴로 변환시키면, $\dfrac{\text{현재값}}{\text{과거값}} > \dfrac{5}{4}$ → $\dfrac{\text{현재값}}{\text{과거값}} > 1 + 0.25$ 이다.

증가율이 25% 이상인 기업은 KR화학, 벡슨모빌, 드폰 3개이다.

(※ 만약 위의 방식이 떠오르지 않았다면, 후보군을 적용해 보는 방법 이용하자.)

정답 (O, O)

2 비중

> 비중은
>
> 해당값이 전체 중 얼마나 차지하는지 보여준다.
>
> $$비중 = \frac{해당값}{전체값}$$

❶ 비중이란?

Q. 전체 GDP 중 순수출이 차지하는 비중은 30% 이상이다.

위에 있는 Q가 이번에 배울 유형인 '비중'이다.

비중이란, 전체에서 해당이 차지하고 있는 크기를 의미한다.

공식으로 나타내면, $비중 = \frac{해당값(A)}{전체값(U)}$ 이며, 유사단어로는, 구성비, 비율 등이 존재한다.

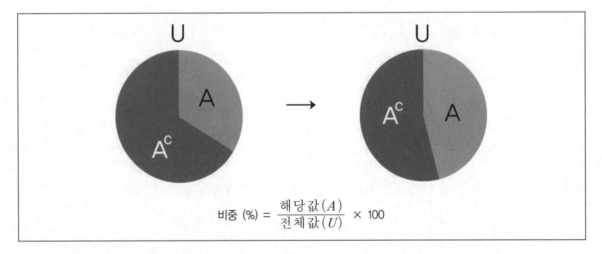

$$비중\ (\%) = \frac{해당값(A)}{전체값(U)} \times 100$$

A의 비중이 커지면, A도 커진다. (※ 위의 그림처럼 전체값이 동일한 경우)

❷ 비중에 관점 적용하기

비중을 물어보는 것은 근본적으로, 분수의 크기를 물어보는 것과 같다. 그렇기 때문에, 분수에 대해서 배운 것들을 그대로 적용 할 수 있다.

예를 들어서, 플마찢기, 배수테크닉, 기울기 테크닉 등등

그런데, 위의 그림을 보면, 여집합과 뺄셈법에서 해당 그림은 본 것이 기억 날 것이다.

그렇다. 비중에서 특히, 자주 사용되는 것은 여집합과 뺄셈법 2가지이다.

㉠ 여집합

$$\frac{\text{파란색}}{\text{전체}} + \frac{\text{회색}}{\text{전체}} = 100\% \text{이다.}$$

A가 차지하는 비율이 커질수록 A^c가 차지하는 비율은 작아진다. 즉, A의 비율이 n% 이상이라면, A^c의 비율은 (100−n)% 이하다.

A가 차지하는 비율이 작아질수록 A^c가 차지하는 비율은 커진다. 즉, A의 비율이 n% 이하라면, A^c의 비율은 (100−n)% 이상이다.

㉡ 뺄셈법

A가 차지하는 비율이 커질수록 A^c가 차지하는 비율은 작아진다.

A가 차지하는 비율이 작아질수록 A^c가 차지하는 비율은 커진다.

$$\frac{\text{파란색}}{\text{전체}} = \frac{\text{파란색}}{\text{파란색} + \text{회색}} \propto \frac{\text{파란색}}{\text{회색}}$$

※ 뺄셈법을 사용하면 돋보기처럼 차이가 더 크게 드러난다.

　단, 뺄셈법을 사용할 때는, 양변에 모두 뺄셈법을 적용해야한다는 사실을 '꼭' 명심하자.

③ 대표문제 같이 풀어보기

<표> 기업체별 종사자의 고용형태 현황

기업체 고용형태	정규직	비정규직	전체
A	1626	632	2258
B	( )	475	1485
C	626	186	( )
D	1544	908	2452

1. 전체 종사자 대비 정규직 비율은 A기업이 B기업보다 높다. (O, X)
2. 전체 종사자 대비 비정규직 비율은 A기업이 C기업보다 높다. (O, X)
3. D기업은 전체 종사자 대비 정규직의 비율은 65% 이하이다. (O, X)

▶ 자료통역사의 관점 적용하기

1. (O)

여집합 이용하기 → 정규직 비율이 높다 = 비정규직 비율은 낮다.

A기업의 비정규직 비율 $= \dfrac{632}{2258} = 30\% \downarrow$

B기업의 비정규직 비율 $= \dfrac{475}{1485} = 30\% \uparrow$

A기업의 비정규직 비율이 더 낮으므로, 정규직 비율은 A기업이 더 높다.

2. (O)

뺄셈법 이용하기 → $\dfrac{비정규직}{전체} = \dfrac{비정규직}{정규직 + 비정규직} \propto \dfrac{비정규직}{정규직}$

A기업의 경우 $= \dfrac{632}{1626} = \dfrac{1}{3} \uparrow$

C기업의 경우 $= \dfrac{186}{626} = \dfrac{1}{3} \downarrow$

A기업이 C기업보다 크다.

3. (O)

여집합 이용하기 → 정규직 비율이 n% 이하이다 = 비정규직 비율은 n% 이상이다.

D기업의 전체 종사자 대비 정규직이 65% 이하라면 비정규직 비율은 35% 이상이다.

$\dfrac{908}{2,452} = \dfrac{700+208}{2,000+452}$ 이므로 35% 이상이므로, 정규직 비율인 65% 이하이다.

(※ $\dfrac{208}{452}$ 는 $\dfrac{200}{500}$ 보다 크므로, 35% 이상이다. 이것이 잘 보이지 않는다면, 1권의 분수를 복습하자.)

뺄셈법 이용하기 → $\dfrac{정규직}{전체} = \dfrac{정규직}{정규직 + 비정규직} \propto \dfrac{정규직}{비정규직}$

$\dfrac{1,544}{908}$ 가 $\dfrac{65}{100-65} = \dfrac{65}{35}$ 이하인지 확인하기. (※ $\dfrac{65}{35} = \dfrac{13}{7} = 1 + \dfrac{6}{7} = 1.8571$)

$\dfrac{1,544}{908} = \dfrac{1,300+244}{700+208}$ 이므로, $\dfrac{65}{35}$ 이하이다.

❹ 기출문제와 제작문제에 관점 적용해보기

문 1. (5급 18-27)

다음 〈자료〉는 2017년 11월말 기준 A지역 청년통장 사업 참여인원에 관한 자료이다. 이에 대한 〈보기〉의 설명 중 옳은 것만을 모두 고르면?

── 〈자료〉 ──

- 청년통장 사업에 참여한 근로자의 고용형태별, 직종별, 근무연수별 인원
  1) 고용형태

(단위: 명)

전체	정규직	비정규직
6,500	4,591	1,909

  2) 직종

(단위: 명)

전체	제조업	서비스업	숙박 및 음식점업	운수업	도·소매업	건설업	기타
6,500	1,280	2,847	247	58	390	240	1,438

  3) 근무연수

(단위: 명)

전체	6개월 미만	6개월 이상~1년 미만	1년 이상~2년 미만	2년 이상
6,500	1,669	1,204	1,583	2,044

1. 청년통장 사업에 참여한 근로자의 70% 이상이 정규직 근로자이다. (O, X)

① 자료 파악
  청년통장 참여 근로자 현황

② 선지 재구성
  1. 정규직 비율 70% 이상이야?

Q > 70%와 30% 중 어떤 것을 이용하는 것이 편할까?

▶ 자료통역사의 관점 적용하기

1. (O)

  근로자의 고용형태: 정규직 + 비정규직
  정규직이 전체의 70% 이상이라면 비정규직은 전체의 30% 이하이다.

  $\dfrac{1,909}{6,500} = \dfrac{1,800+109}{6,000+500}$ → 비정규직이 전체의 30% 이하이다. 따라서 정규직은 전체의 70% 이상이다.

정답 (O)

CHAPTER 2 비중 **185**

문 2. (5급 19-29)

다음 〈표〉는 2014년 우리나라의 전자상거래물품 수입통관 현황에 대한 자료이다. 이에 대한 〈보고서〉의 설명 중 옳지 않은 것은?

〈표 1〉 1회당 구매금액별 전자상거래물품 수입통관 현황

(단위: 천 건)

1회당 구매금액	수입통관 건수
50달러 이하	3,885
50달러 초과 100달러 이하	5,764
100달러 초과 150달러 이하	4,155
150달러 초과 200달러 이하	1,274
200달러 초과 1,000달러 이하	400
1,000달러 초과	52
합계	15,530

② 선지 재구성
　1. 50~100의 비중 35% 이상이야?
　2. 핸드백 + 가전제품 + 시계의 비중 12% 이상이야?

〈표 2〉 품목별 전자상거래물품 수입통관 현황

(단위: 천 건)

품목 \ 구분	일반·간이 신고	목록통관	합
의류	524	2,438	2,962
건강식품	2,113	0	2,113
신발	656	1,384	2,040
기타식품	1,692	0	1,692
화장품	883	791	1,674
핸드백	869	395	1,264
완구인형	249	329	578
가전제품	89	264	353
시계	195	132	327
서적류	25	132	157
기타	1,647	723	2,370
전체	8,942	6,588	15,530

1. '50달러 초과 100달러 이하'인 수입통관 건수의 비중은 전체의 35% 이상이다. (O, X)

2. '핸드백', '가전제품', '시계'의 3가지 품목의 수입통관 건수의 합은 전체의 12% 이상을 차지한다. (O, X)

▶ 자료통역사의 관점 적용하기

1. (O)

50달러 초과 100달러 이하의 비중은 $\dfrac{5,764}{15,530} = \dfrac{3,500+2,264}{10,000+5,530}$ 이므로 35% 이상이다.

2. (O)

각각의 건수를 모두 더하여 비율을 구하는 것도 좋지만, 쉬운 값으로 나누어 계산하는 것이 편리하다.

(※ 수포자를 위한 참고 $\dfrac{A+B+C}{전체} = \dfrac{A}{전체} + \dfrac{B}{전체} + \dfrac{C}{전체}$)

12% 이상이다 → 쉬운 값 = 10%와 나머지

핸드백과 가전제품의 비중 = $\dfrac{1,264+327}{15,530}$ = 10%↑

시계의 비중 = $\dfrac{327}{15,530}$ = 2%↑

10%↑ + 2%↑ = 12%

정답 (O, O)

문 3. (5급 15-18)

다음 〈표〉는 2011년과 2012년 친환경인증 농산물의 생산 현황에 관한 자료이다. 이에 대한 설명으로 옳지 않은 것은?

① 자료 파악
친환경 농산물 생산 현황

〈표〉 종류별, 지역별 친환경인증 농산물 생산 현황

(단위: 톤)

구분		2012년			2011년
	합	인증형태			
		유기농산물	무농약농산물	저농약농산물	
종류 곡류	343,380	54,025	269,280	20,075	371,055
과실류	341,054	9,116	26,850	305,088	457,794
채소류	585,004	74,750	351,340	158,914	753,524
서류	41,782	9,023	30,157	2,602	59,407
특용작물	163,762	6,782	155,434	1,546	190,069
기타	23,253	14,560	8,452	241	20,392
계	1,498,235	168,256	841,513	488,466	1,852,241
지역 서울	1,746	106	1,544	96	1,938
부산	4,040	48	1,501	2,491	6,913
대구	13,835	749	3,285	9,801	13,852
인천	7,663	1,093	6,488	82	7,282
광주	5,946	144	3,947	1,855	7,474
대전	1,521	195	855	471	1,550
울산	10,859	408	5,142	5,309	13,792
세종	1,377	198	826	353	0
경기도	109,294	13,891	71,521	23,882	126,209
강원도	83,584	17,097	52,810	13,677	68,300
충청도	159,495	29,506	64,327	65,662	207,753
전라도	611,468	43,330	443,921	124,217	922,641
경상도	467,259	52,567	176,491	238,201	457,598
제주도	20,148	8,924	8,855	2,369	16,939
계	1,498,235	168,256	841,513	488,466	1,852,241

② 선지 재구성
무농약 비중 서류가 곡류보다 커?

1. 2012년 친환경인증 농산물의 종류별 생산량에서 무농약 농산물 생산량이 차지하는 비중은 서류가 곡류보다 크다. (O, X)

▶ 자료통역사의 관점 적용하기

1. (X)

전체 생산량에서 무농약이 차지하는 비율

$$= \frac{무농약}{전체} = \frac{무농약}{유기농 + 무농약 + 저농약} \rightarrow \frac{무농약}{유기농 + 저농약}$$

서류 $= \dfrac{30,157}{9,023 + 2,602} = 3\downarrow$, 곡류 $= \dfrac{269,280}{54,025 + 20,075} = 3\uparrow$ 서류가 곡류보다 작다.

정답 (X)

다음 〈표〉는 A, B 기업의 경력사원채용 지원자 특성에 관한 자료이다. 이에 대한 〈보기〉의 설명 중 옳은 것만을 모두 고르면?

〈표〉 경력사원채용 지원자 특성

(단위: 명)

지원자 특성	기업	A 기업	B 기업
성별	남성	53	57
	여성	21	24
최종 학력	학사	16	18
	석사	19	21
	박사	39	42
연령대	30대	26	27
	40대	25	26
	50대 이상	23	28
관련 업무 경력	5년 미만	12	18
	5년 이상 ~ 10년 미만	9	12
	10년 이상 ~ 15년 미만	18	17
	15년 이상 ~ 20년 미만	16	9
	20년 이상	19	25

※ A기업과 B기업에 모두 지원한 인원은 없음.

1. A, B 기업 전체 지원자 중 40대 지원자의 비율은 35% 미만이다. (O, X)

① 자료 파악
지원자 특성

② 선지 재구성
40대 35% 미만이야?

Q 〉 뺄셈법을 다른 식으로 접근해볼 수는 없을까?

▶ 자료통역사의 관점 적용하기

1. (O)

40대 지원자의 비율 $= \dfrac{40대}{전체} = \dfrac{40대}{30대 + 40대 + 50대이상} \langle \dfrac{35}{100}$

뺄셈법을 적용하면 → $\dfrac{40대}{30대 + 50대이상} \langle \dfrac{35}{100-35} = \dfrac{35}{65}$

A, B기업의 전체 지원자중 40대 지원자의 비율 $\dfrac{(25)+(26)}{(26+23)+(27+28)}$

B기업의 50대 이상 중 2명을 A기업 50대 이상으로 옮기면 $\dfrac{(25)+(26)}{(26+25)+(27+26)}$,

A기업은 $\dfrac{25}{26+25}$, B기업은 $\dfrac{26}{27+26}$ 이다.

각각 $\dfrac{1}{2} \downarrow$ 이므로 전체도 $\dfrac{1}{2} \downarrow$ 이다. (※소금물을 생각하자.)

$\dfrac{1}{2}$ 은 $\dfrac{35}{65}$ 미만이므로 옳다.

정답 (O)

문 5. (5급 14-22)

다음 〈표〉는 2010년 국가기록원의 '비공개기록물 공개 재분류 사업' 결과 및 현황이다. 이에 대한 설명으로 옳지 않은 것은?

〈표〉 비공개기록물 공개 재분류 사업 결과

(단위: 건)

구분	합	재분류 결과			
		공개			비공개
		소계	전부공개	부분공개	
계	2,702,653	1,298,570	169,646	1,128,924	1,404,083
30년 경과 비공개기록물	1,199,421	1,079,690	33,012	1,046,678	119,731
30년 미경과 비공개기록물	1,503,232	218,880	136,634	82,246	1,284,352

1. 30년 경과 비공개기록물 중 공개로 재분류된 기록물의 비율이 30년 미경과 비공개기록물 중 비공개로 재분류된 기록물의 비율보다 낮다. (O, X)

① 자료 파악
비공개기록물 재분류 결과

② 선지 재구성
경과 중 공개비율
미경과 중 비공개비율
보다 낮아?

Q ❯ 긴 단어를 편하게
인식하려면 어떻게
해야 할까?

A ❯ 차이에 집중한다.

▶ 자료통역사의 관점 적용하기

1. (X)

경과 중 공개 비율과 미경과 중 비공개 비율의 값은 구하기가 어렵다. 여집합으로 접근하자.
경과 중 비공개의 비율은 미경과 중 공개의 비율보다 높은가?

경과 중 비공개 비율은 $\dfrac{119}{1,199}$ = 10%↓

미경과 중 공개 비율은 $\dfrac{218}{1,503}$ = 10%↑

경과 중 비공개의 비율이 더 낮다. 따라서 옳지 않다.

정답 (X)

다음 〈표〉는 2014 ~ 2018년 A기업의 직군별 사원수 현황에 대한 자료이다. 이에 대한 〈보기〉의 설명 중 옳은 것을 고르면?

① 자료 파악
사원수 현황

〈표〉 2014 ~ 2018년 A기업의 직군별 사원수 현황

(단위: 명)

연도 \ 직군	영업직	생산직	사무직
2018	169	105	66
2017	174	121	68
2016	137	107	77
2015	136	93	84
2014	134	107	85

※ 사원은 영업직, 생산직, 사무직으로만 구분됨.

② 선지 재구성
생산직 비중 30%
미만인 해 전체사원수
가장 적어?

1. 생산직 사원의 비중이 30% 미만인 해는 전체 사원 수가 가장 적은 해와 같다. (O, X)

▶ 자료통역사의 관점 적용하기

1. (O)

전체 사원수가 가장 작은 해 = 2015년

2015년의 생산직 사원의 비중 $= \dfrac{생산직}{전체} = \dfrac{생산직}{영업직 + 생산직 + 사무직} \langle \dfrac{30}{100}$

뺄셈법을 적용하면 → $\dfrac{생산직}{영업직 + 사무직} \langle \dfrac{30}{100-30}$

$\dfrac{93}{136+84} \langle \dfrac{3}{7} \to \dfrac{90+3}{210+10}$ 이므로 $\dfrac{3}{7}$ 이하이다.

정답 (O)

CHAPTER 3 총합과 평균

'사각형'을 이용하여
총합과 평균의 계산량을 줄여보자.

1 총합

❶ 총합이란?

Q. '갑'지역의 인구는 다른 지역 인구의 합보다 크다.

위 Q가 이번에 배을 유형인 '총합'이다.
총합은 위 Q의 다른 지역 인구의 합이라고 말하는 것처럼 단순히 2개 숫자를 더하는 것을 넘어 3개 이상의 숫자를 모두 더하는 것을 의미한다.
공식으로 나타내면 총합 = $\sum x_n$ (Σ는 총합의 수학적 기호)이다.

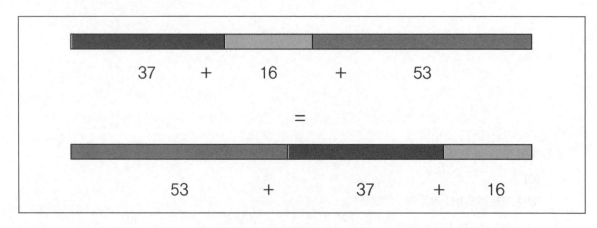

총합을 구할 때 더하는 순서는 결과 값에 영향을 주지 않는다.

❷ 총합에 관점 적용하기

'총합'에서 요구하는 것은 더하기다. 1부에서 말한 것처럼 높은 자릿수 덧셈이 가장 중요하다.

㉠ 계산의 2단계

우선 맨 앞자리 2개 정도의 정밀도로 계산하고, 필요에 따라서 정밀도를 높여 확인하자.
(※ 단, 000으로 끝나는 등, 숫자의 구성이 깔끔한 경우 정밀셈을 이용하는 것이 더 빠르다.)

㉡ 계산이 아닌 가공

더하는 순서를 바꿀 때 두 숫자를 더해서 0이 되는 숫자 쌍을 생각하자.
(1,9), (2,8), (3,7), (4,6), (5,5)
※ 숫자 3개 덧셈 결과로 일의 자리를 0으로 만늘 수 있다면 그렇게 하자. (인 외워도 된다.)

3개의 숫자 조합이 0을 만드는 경우는 아래의 16가지가 있다.
1-1-8 / 1-2-7 / 1-3-6 / 1-4-5   (1과 9)
2-2-6 / 2-3-5 / 2-4-4 / 2-9-9   (2와 8)
3-3-4 / 3-8-9   (3과 7)
4-7-9 / 4-8-8   (4와 6)
5-6-9 / 5-7-8   (5와 5)
6-6-8 / 6-7-7   (6과 4)

❸ 대표문제 같이 풀어보기

구분 \ 과목	언어	수리	외국어	물리	화학	생물	지구과학
〈표〉 고릴라의 중간고사와 기말고사 성적							
중간고사	87	95	83	48	47	43	42
기말고사	88	93	95	87	81	35	46

1. 고릴라의 중간고사의 총점은 445점이다. (O, X)

2. 고릴라의 기말고사의 총점은 510점 이상이다. (O, X)

▶ 자료통역사의 관점 적용하기

1. (O)

언어~지구과학까지의 합을 구할 때 순서대로 더하기보다 합이 0이 되는 숫자쌍을 만들어 더하자.
(언어 + 외국어), (물리 + 지구과학), (화학 + 생물) + 수리
→ (87+83) + (48+42) + (47+43) + 95 = 170 + 90 + 90 + 95 = 170 + 275 = 445점이다.

2. (O)

총점이 510점 이상인가? → 묶어서 어림셈하자.
언어 + 수리 + 생물을 묶으면 대충 200 ← 묶음 1
물리 + 화학 + 지구과학을 묶으면 대충 200 ← 묶음 2
외국어(95)가 남았다.
묶음 1 또는 묶음 2에서 15 이상이 남는지 확인하자.
묶음 1과 묶음 2 모두 모두 십의 자리만 생각해도 200이므로 당연히 15 이상이 남는다.
합은 510점 이상이다.

❹ 기출문제와 제작문제에 관점 적용해보기

다음 〈그림〉은 A ~ F국의 2016년 GDP와 'GDP 대비 국가자산총액'을 나타낸 자료이다. 이에 대한 〈보기〉의 설명 중 옳은 것만을 모두 고르면?

① 자료 파악
GDP와 GDP 대비 국가자산총액

〈그림〉 A ~ F국의 2016년 GDP와 'GDP 대비 국가자산총액'

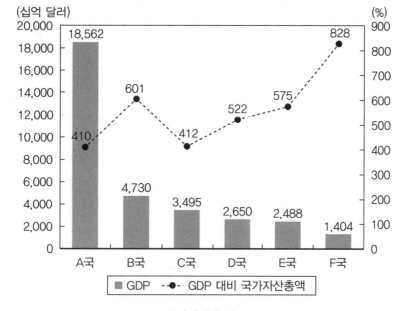

② 선지 재구성
1. A 나머지 GDP보다 커?

$$※\ GDP\ 대비\ 국가자산총액(\%) = \frac{국가자산총액}{GDP} \times 100$$

1. A국의 GDP는 나머지 5개국 GDP의 합보다 크다. (O, X)

Q ▶ B~F국의 GDP 평균을 이용해보는 것은 어떨까?

▶ 자료통역사의 관점 적용하기

1. (O)

　　나머지 GDP = 47——+34——+26——+24——+14—— = 47+60+38 = 14,5——
　　A국의 GDP = 18,5——
　　나머지 국가의 GDP 중 무시한 자릿수를 모두 더해도 4,000 이상 커질 수 없다.
　　따라서 A가 나머지 GDP 보다 크다.

정답 (O)

문 2. (5급 19-31)

다음 〈표〉는 2018년 5 ～ 6월 A군의 휴대폰 모바일 앱별 데이터 사용량에 관한 자료이다.
이에 대한 설명으로 옳은 것은?

① 자료 파악
　모바일 데이터 사용량

〈표〉2018년 5 ～ 6월 모바일 앱별 데이터 사용량

앱 이름 　　　　　　月	5월	6월
G인터넷	5.3 GB	6.7 GB
HS쇼핑	1.8 GB	2.1 GB
톡톡	2.4 GB	1.5 GB
앱가게	2.0 GB	1.3 GB
뮤직플레이	94.6 MB	570.0 MB
위튜브	836.0 MB	427.0 MB
쉬운지도	321.0 MB	337.0 MB
JJ멤버십	45.2 MB	240.0 MB
영화예매	77.9 MB	53.1 MB
날씨정보	42.8 MB	45.3 MB
가계부	–	27.7 MB
17분운동	–	14.8 MB
NEC뱅크	254.0 MB	9.7 MB
알람	10.6 MB	9.1 MB
지상철	5.0 MB	7.8 MB
어제뉴스	2.7 MB	1.8 MB
S메일	29.7 MB	0.8 MB
JC카드	–	0.7 MB
카메라	0.5 MB	0.3 MB
일정관리	0.3 MB	0.2 MB

※ 1) '–'는 해당 월에 데이터 사용량이 없음을 의미함.
　 2) 제시된 20개의 앱 외 다른 앱의 데이터 사용량은 없음.
　 3) 1 GB(기가바이트)는 1,024 MB(메가바이트)에 해당함.

② 선지 재구성
　1. 6월만 사용한 앱의
　　 합 6월 날씨정보보
　　 다 커?
　2. G + HS의 5월
　　 합 나머지 5월
　　 보다 커?

1. 6월에만 데이터 사용량이 있는 모든 앱의 총 데이터 사용량은 '날씨정보'의 6월 데이터
　사용량보다 많다. (O, X)

Q ▶ GB와 MB의 단위환
　 산은 어떻게 생각해
　 야할까?

2. 'G인터넷'과 'HS쇼핑'의 5월 데이터 사용량의 합은 나머지 앱의 5월 데이터 사용량의
　합보다 많다. (O, X)

A ▶ 1GB ≒ 1,00MB

1. (X)

6월만 사용량이 있는 앱 = 가계부, 17분운동, JC카드

데이터의 총합 = 27.7+14.8+0.7 >? 날씨정보 (45.3)

27+14 = 41이다. 즉, 소수점 첫째자리 이하를 모두 더해도 45보다 작다.

따라서 날씨 정보의 데이터 사용량이 더 많다.

2. (O)

G인터넷 + HS쇼핑 = 5.3+1.8 = 7.1

데이터가 큰 앱 위주로 생각하자 (최소 100MB)

톡톡+앱가게+위튜브+쉬운지도+NEC뱅크 = 2.4+2.0+0.8+0.3+0.2 = 2.7+2.0+1.0=5.7

나머지 앱은 모두 100MB작기 때문에, 모두 더해도 1.4(7.1-5.7)보다 크지 않다.

따라서 G인터넷 + HS쇼핑의 데이터 사용량이 나머지의 데이터 사용량보다 크다.

정답 (X, O)

문 3. (민 17–11)

다음 〈표〉는 AIIB(Asian Infrastructure Investment Bank)의 지분율 상위 10개 회원국의 지분율과 투표권 비율에 대한 자료이다. 이에 대한 〈보기〉의 설명 중 옳은 것만을 모두 고르면?

① 자료 파악
   지분율과 투표권 비율

〈표〉 지분율 상위 10개 회원국의 지분율과 투표권 비율

(단위: %)

회원국	지역	지분율	투표권 비율
중국	A	30.34	26.06
인도	A	8.52	7.51
러시아	B	6.66	5.93
독일	B	4.57	4.15
한국	A	3.81	3.50
호주	A	3.76	3.46
프랑스	B	3.44	3.19
인도네시아	A	3.42	3.17
브라질	B	3.24	3.02
영국	B	3.11	2.91

② 선지 재구성
   1. 지분율 상위 4개 투표율 합 40% 이상이야?

※ 1) 회원국의 지분율(%) = $\dfrac{\text{해당 회원국이 } AIIB\text{에 출자한 자본금}}{AIIB\text{의 자본금 총액}} \times 100$

2) 지분율이 높을수록 투표권 비율이 높아짐.

1. 지분율 상위 4개 회원국의 투표권 비율을 합하면 40% 이상이다. (O, X)

▶ 자료통역사의 관점 적용하기

1. (O)

   지분율 상위 4개 = 중국, 인도, 러시아, 독일
   1의 자리까지만 생각하자. → 26+7+5+4 = 30 + 12 = 42
   이미 40% 이상이다. 따라서 지분율 상위 4개 투표율의 합은 40% 이상이다.

정답 (O)

다음 〈표〉는 '갑'국 A공무원의 보수 지급 명세서이다. 이에 대한 설명으로 옳지 않은 것은?

〈표〉 보수 지급 명세서

(단위: 원)

실수령액 : ( )			
보수		**공제**	
보수항목	보수액	공제항목	공제액
봉급	2,530,000	소득세	160,000
중요직무급	150,000	지방소득세	16,000
시간외수당	510,000	일반기여금	284,000
정액급식비	130,000	건강보험료	103,000
직급보조비	250,000	장기요양보험료	7,000
보수총액	( )	공제총액	( )

※ 실수령액 = 보수총액 − 공제총액

1. '봉급'이 '보수총액'에서 차지하는 비중은 70% 이상이다. (O, X)

2. '실수령액'은 '봉급'의 1.3배 이상이다. (O, X)

① 자료 파악
  보수 지급 명세서

② 선지 재구성
  1. 봉급 보수총액에서 비율 70% 이상 이야?
  2. 실수령액 봉급의 1.3배 이상이야?

▶ 자료통역사의 관점 적용하기

1. (O)

보수총액은 보수액의 총합이다. 숫자가 쉽고, 깔끔하게 구성되었으므로 순서만 바꾸어 정밀셈을 하자.
253+15+51+13+25 → 253 + 15 + 25 + 13 + 51 = 253+40+13+51 = 306+51 = 357만원

봉급이 보수총액에서 차지하는 비율은 $\dfrac{253}{357} = \dfrac{210+43}{300+57}$. 따라서 70% 이상이다.

2. (X)

실수령액 = 보수총액 − 공제총액 (보수총액은 1.에서 구한 357.)
공제총액은 공제액의 총합이다. 숫자가 쉽고, 깔끔하게 구성되었으므로 순서만 바꾸어 정밀셈을 하자.
160+16+284+103+7 = 160 + 300 + 110 = 57만원
실수령액은 300만원이다.

실수령액과 봉급과의 관계 $\dfrac{300}{253} = \dfrac{260+40}{200+53}$. 따라서 1.3배 이하이다.

정답 (O, X)

2 평균

❶ 평균이란?

Q. '갑'회사 직원의 평균연봉은 한국 평균 연봉보다 높다.

위 Q가 이번에 배울 유형인 '평균'이다. 평균이란 총합을 항의 개수로 나눈 값을 의미한다.

$$평균 = \frac{총합}{항의\ 개수} = \frac{\sum x_n}{n} (\Sigma는\ 총합의\ 수학적\ 기호)$$

주어진 공식만으로는 평균의 의미가 잘 드러나지 않는다.

> 평균이란, 주어진 모든 항의 값이 같을 때의 크기를 알려주는 것이다. 즉, 넘치는 항이 부족한 항을 채워주어 모든 항의 크기를 모두 같게 만드는 것이다.

이를 다음과 같이 그림으로 나타낼 수 있다.

밑변: 각 항의 영향. 동일하다.
높이: 각 항의 크기. 다양하다.
밑변은 동일하고, 높이는 다양한 여러 개의 물이 하나로 합쳐졌을 때의 높이가 바로 '평균'이다.

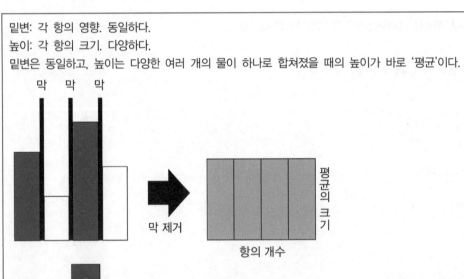

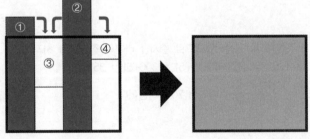

평균보다 높은 높이의 물이 흘러내려와 평균보다 낮은 높이의 물을 채워준다.
→ 넘치는 것이 부족한 것을 채워 평평(동일)하게 만들어진 것을 평균이라 한다.

※ 1) 파란색과 흰색 물의 밑변의 길이는 동일하다.
  2) 파란색과 흰색 물의 높이는 x_n이다.
  3) 연파란색 물의 높이는 평균의 크기이다.
  4) 연파란색 물의 밑변은 항의 개수이다.

❷ 평균에 관점 적용하기

평균은 '넘치는 항이 부족한 항을 채워주어' 라고 말하였다. 즉, '공통'이 부분이 발생한다는 것이다. 관점에서 배운 것처럼 '공통'을 소거하고 '차이'에만 집중하는 관점을 적용해보자.

㉠ 공통소거

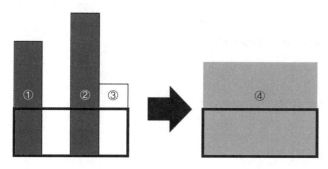

공통높이를 소거하면
남은 파란색(①, ②)과 흰색(③)의 높이의 평균값은 남은 연파란색(④)물의 높이와 같다.

$$\frac{\sum 남은\ 물의\ 높이}{n} = 남은\ 평균의\ 높이$$

㉡ 넘치는 것으로 부족한 것 채우기

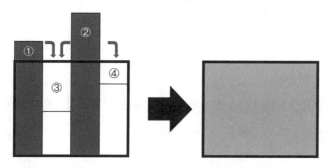

넘치는 파란색 물(①, ②)이 부족한 흰색 물(③, ④)을 채워 준다.
넘치는 물 높이 = 부족한 물 높이

❸ 대표문제 같이 풀어보기

〈표〉 '갑'시의 연도별 출생아 수

(단위: 명)

	2011	2012	2013	2014	2015
출생아 수	4,351	4,578	4,782	4,447	4,981

1. '갑'시의 2011~2015년 평균 출생아수는 4,523명 이상이다. (O, X)

▶ 자료통역사의 관점 적용하기

1. (O)

　　㉠ 공통 소거 (구해야 하는 평균값이 깔끔하지 않음)

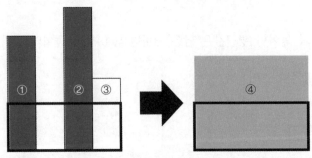

　　공통 소거 후 파란색(①, ②)과 흰색(③)의 높이의 평균값은
　　공통 소거 후 연파란색(④)물의 높이와 같다.

$$\frac{\sum \text{남은 물의 높이}}{n} = \text{남은 평균의 높이}$$

2011~2015년 중 가장 작은 값은 4,351명이지만 4,351을 다 소거하면 계산이 어려워지므로 편의 상 4,300명만 소거하자.

2011	2012	2013	2014	2015	〉 ?	평균
51	278	482	147	681		223

223 × 5 = 1115명인데, 2013년과 2015년만 생각해도 1115명 보다 크기 때문에 공통을 소거한 2011~2015의 평균은 당연히 223보다 크다.

<표> '갑'이 소유한 빌딩 현황

(단위: 평, m)

	A	B	C	D	E
바닥 면적	117	85	162	432	43
높이	83	118	67	142	113

1. '갑'이 소유한 빌딩의 평균 높이는 100m 이상이다.   (O, X)

● 자료통역사의 관점 적용하기

1. (O)

ⓛ 넘치는 것으로 부족한 것 채우기 (구해야 하는 평균값이 깔끔힘)

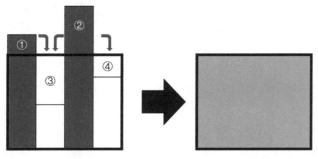

넘치는 파란색 물(①,②)이 부족한 흰색 물(③,④)을 채워 준다.

보기에 제시된 평균 높이인 100을 기준으로 넘치는 높이와 부족한 높이를 생각하자.

A	B	C	D	E
−17	18	−33	42	13

A의 부족한 높이를 B가 채운 후에도 남는다.
C의 부족한 높이를 D가 채운 후에도 남는다.
부족한 높이보다 넘치는 높이가 크기 때문에, '갑'이 보유한 빌딩의 평균높이는 100m 이상이다.

④ 기출문제와 제작문제에 관점 적용해보기

다음 〈표〉는 2011 ~ 2015년 군 장병 1인당 1일 급식비와 조리원 충원인원에 관한 자료이다. 이에 대한 설명으로 옳지 않은 것은?

〈표〉 군 장병 1인당 1일 급식비와 조리원 충원인원

구분 연도	2011	2012	2013	2014	2015
1인당 1일 급식비(원)	5,820	6,155	6,432	6,848	6,984
조리원 충원인원(명)	1,767	1,924	2,024	2,123	2,195
전년대비 물가상승률(%)	5	5	5	5	5

※ 2011 ~ 2015년 동안 군 장병 수는 동일함.

1. 군 장병 1인당 1일 급식비의 5년(2011 ~ 2015년) 평균은 2013년 군 장병 1인당 1일 급식비보다 작다. (O, X)

① 자료 파악
군 장병의 급식이야기

② 선지 재구성
1. 1인당 1일 급식비 5년 평균 13년보다 작아?

Q ＞ 2011~2015의 평균을 구할 때, 2013을 고려해야 할까?

A ＞ 고려하지 않아도 된다.

● 자료통역사의 관점 적용하기

1. (X)

비교 대상이 되는 평균값이 6,432으로 깔끔하지 않다. → 공통 소거를 이용하자.
남은 파란색(①,②)과 흰색(③)의 높이의 평균값은 남은 연파란색(④)물의 높이와 같다.

$$\frac{\sum \text{남은 물의 높이}}{n} = \text{남은 평균의 높이}$$

공통소거로 6,000을 사용하기 위하여 2015년의 180을 2011년으로 이동시키자.

2011	2012	2013	2014	2015		평균
6,000	6,155	6,432	6,848	6,804	VS	6,432

→ 공통인 6,000을 제거하자.

2011	2012	2013	2014	2015		평균
0	155	432	848	804	VS	432

→ 2014년과 2015년에서 400을 2011년과 2012년에 준다면,

2011	2012	2013	2014	2015		평균
400	555	432	448	404	VS	432

→ 공통인 400을 제거하자

2011	2012	2013	2014	2015		평균
0	155	32	48	4	VS	32

2011~2015의 합은 어림셈을 해도 200보다 크다. 200/5=40이므로 32 보다 크다.
2011~2015년 5년 평균값이 2013년보다 크다.

정답 (X)

다음 〈표〉는 '가' 대학 2013학년도 2학기 경영정보학과의 강좌별 성적분포를 나타낸 것이다. 이에 대한 〈보기〉의 설명 중 옳은 것만을 모두 고르면?

① 자료 파악
　강좌별 성적분포

〈표〉 2013학년도 2학기 경영정보학과의 강좌별 성적분포

(단위: 명)

분야	강좌	담당교수	교과목명	A+	A0	B+	B0	C+	C0	D+	D0	F	수강인원
전공기초	DBA-01	이성재	경영정보론	3	6	7	6	3	2	0	0	0	27
	DBA-02	이민부	경영정보론	16	2	29	0	15	0	0	0	0	62
	DBA-03	정상훈	경영정보론	9	9	17	13	8	10	0	0	0	66
	DEA-01	황욱태	회계학원론	8	6	16	4	9	6	0	0	0	49
전공심화	MIC-01	이향옥	JAVA프로그래밍	4	2	6	5	2	0	2	0	4	25
	MIG-01	김신재	e-비즈니스경영	13	0	21	1	7	3	0	0	1	46
	MIH-01	황욱태	IT거버넌스	4	4	7	7	6	0	1	0	0	29
	MIO-01	김호재	CRM	14	0	23	8	2	0	2	0	0	49
	MIP-01	이민부	유비쿼터스컴퓨팅	14	5	15	2	6	0	0	0	0	42
	MIZ-01	정상훈	정보보안관리	8	8	15	9	2	0	0	0	0	42
	MSB-01	이성재	의사결정시스템	2	1	4	1	3	2	0	0	1	14
	MSD-01	김신재	프로젝트관리	3	3	6	4	1	1	0	1	0	19
	MSX-01	우희준	소셜네트워크서비스	9	7	32	7	0	0	0	0	0	55

② 선지 재구성
　1. 기초 평균인원 심화
　　평균인원보다 커?

1. 전공기초 분야의 강좌당 수강인원은 전공심화 분야의 강좌당 수강인원보다 많다. (O, X)

Q ▷ 항의 개수가 적을 때 평균값을 도출하는 것이 항상 쉬울까?

A ▷ 꼭 그렇지는 않다.

◉ 자료통역사의 관점 적용하기

1. (O)

기초와 심화 중 평균을 구하기 쉬운 것은 항의 개수가 적은 기초

기초의 경우 27, 62, 66, 49 4개로 구성되어 있다.

27이 많이 부족해 보이기 때문에 66의 20을 27로 옮겨주자. → 47,62,46,49

공통인 40을 소거하자 → 7+22+6+9 = 29+15 = 44, 남은 부분의 평균 = 11

소거했던 평균과 합치면 기초의 평균 = 51

평균값이 복잡하지 않기에, 51을 기준으로 '② 넘치는 것으로 부족한 것 채우기'로 접근하자.

소셜네트워크 서비스(55)를 제외한 전공은 모두 51보다 작다. → 55에서 넘치는 것이 4뿐이므로 채워줄 수 없다.

기초 평균인원이 심화 평균인원보다 많다.

정답 (O)

3 총합과 평균

❶ 총합과 평균

위에서 우리는 '총합'과 '평균' 유형을 배웠다. 그런데 총합과 평균의 정의는 아래와 같다.

총합 $= \sum x_n$	평균 $= \dfrac{\text{총합}}{\text{항의 개수}} = \dfrac{\sum x_n}{n}$

즉, 평균은 총합은 항의 개수(n)를 나눈 것, 총합은 평균에 항의 개수(n)를 곱한 것과 같다.

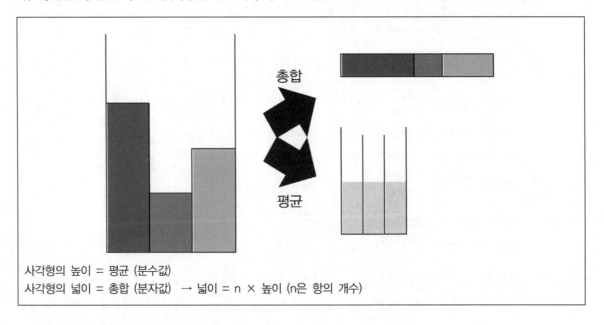

사각형의 높이 = 평균 (분수값)
사각형의 넓이 = 총합 (분자값) → 넓이 = n × 높이 (n은 항의 개수)

❷ 총합과 평균에 자료통역사의 관점 적용하기

위에서 본 것처럼 총합과 평균은 단순히 항의 개수(n)를 제외하면 차이가 나지 않는다.
과연 총합과 평균에 관련된 유형은 각각의 유형별 풀이법으로 해결하는 것이 반드시 옳을까?
아래의 2개의 문제를 해결하며 함께 생각해보자.

〈표〉 '갑'사의 제품별 판매량

(단위: 개)

가	나	다	라	마
3,773	4,315	4,758	3,529	4,235

Q. '갑'사의 전체 판매량은 20,000개 이상이다.

위 Q는 '총합'의 대표적인 형태이다. 그런데 위 Q를 총합으로 접근하는 것이 반드시 옳은 방법일까?

5개 제품의 평균값이 $4,000 (= \dfrac{20,000}{5})$보다 큰지를 확인 해보는 것은 어떨까?

〈표〉 7월 첫째 주 통근시간 지하철 통행량

7/01	7/02	7/03	7/04	7/05	7/06	7/07
3,773	4,315	4,785	3,529	3,157	4,235	3,812

Q. 1일부터 5일까지의 평균 통행량은 3일부터 7일까지의 평균통행량보다 크다.

위 Q는 '평균'의 대표적인 형태이다. 그런데 위 Q를 평균으로 접근하는 것이 반드시 옳은 방법일까?

1~5일의 총합과 3~7일의 총합을 비교해보는 것은 어떨까?

위에서 본 것처럼 총합과 평균은 단순히 항의 개수(n)를 제외하면 차이가 나지 않는다.

과연 총합과 평균에 관련된 유형은 각각의 유형별 풀이법으로 해결하는 것이 반드시 옳을까?

아래의 2개의 문제를 해결하며 함께 생각해보자.

〈표〉 '갑'사의 제품별 판매량

(단위: 개)

가	나	다	라	마
3,773	4,315	4,758	3,529	4,235

Q. '갑'사의 전체 판매량은 20,000개 이상이다.

위 Q는 '총합'의 대표적인 형태이다. 그런데 위 Q를 총합으로 접근하는 것이 반드시 옳은 방법일까?

5개 제품의 평균값이 $4,000(=\dfrac{20,000}{5})$보다 큰지를 확인 해보는 것은 어떨까?

〈표〉 7월 첫째 주 통근시간 지하철 통행량

7/01	7/02	7/03	7/04	7/05	7/06	7/07
3,773	4,315	4,785	3,529	3,157	4,235	3,812

Q. 1일부터 5일까지의 평균 통행량은 3일부터 7일까지의 평균통행량보다 크다.

위 Q는 '평균'의 대표적인 형태이다. 그런데 위 Q를 평균으로 접근하는 것이 반드시 옳은 방법일까?

1~5일의 총합과 3~7일의 총합을 비교해보는 것은 어떨까?

❸ 대표문제 같이 풀어보기

〈표〉 '갑'사의 제품별 판매량

(단위: 개)

가	나	다	라	마
3,773	4,315	4,758	3,529	4,235

1. '갑'사의 전체 판매량은 20,000개 이상이다. (O, X)

▶ 자료통역사의 관점 적용하기

1. (O)

전체 제품판매량이 20,000개(총합)라는 것은 평균 4,000개 이상인지 묻는 것과 같다.

가~마를 4,000을 기준으로 채운다고 생각해보자.

가와 라는 4000보다 부족하다. 나와 다로도 부족분을 충분히 채울 수 있다.

〈표〉 7월 첫째 주 통근시간 지하철 통행량

7/01	7/02	7/03	7/04	7/05	7/06	7/07
3,773	4,315	4,785	3,529	3,157	4,235	3,812

1. 1일부터 5일까지의 평균 통행량은 3일부터 7일까지의 평균통행량보다 크다. (O, X)

▶ 자료통역사의 관점 적용하기

1. (O)

1일부터 5일까지의 평균 통행량은 1~5일의 통행량의 총합을 5로 나눈 값이고,

3일부터 7일까지의 평균 통행량은 3~7일의 통행량의 총합을 5로 나눈 값이다.

즉, 나누어지는 5는 공통이므로 평균이 아닌, 총합의 크기를 비교하자.

1일부터 5일까지의 총합은 3,773+4,315+4,785+3,529+3,157

3일부터 7일까지의 총합은 4,785+3,529+3,157+4,235+3,812

으로 구성된다. 3~5일까지는 공통이므로 차이인 1~2일의 합과 6~7일의 합만 비교하자.

1~2일의 합이 더 크므로 1일부터 5일까지의 평균 통행량이 더 크다.

문 1. (7 모-08)

다음 〈표〉는 '갑'시에서 주최한 10 km 마라톤 대회에 참가한 선수 A~D의 구간별 기록이다. 이에 대한 〈보기〉의 설명 중 옳은 것만을 모두 고르면?

① 자료 파악
    마라톤 기록

〈표〉 선수 A~D의 10 km 마라톤 대회 구간별 기록

구간＼선수	A	B	C	D
0~1 km	5분 24초	5분 44초	6분 40초	6분 15초
1~2 km	5분 06초	5분 42초	5분 27초	6분 19초
2~3 km	5분 03초	5분 50초	5분 18초	6분 00초
3~4 km	5분 00초	6분 18초	5분 15초	5분 54초
4~5 km	4분 57초	6분 14초	5분 24초	5분 35초
5~6 km	5분 10초	6분 03초	5분 03초	5분 27초
6~7 km	5분 25초	5분 48초	5분 14초	6분 03초
7~8 km	5분 18초	5분 39초	5분 29초	5분 24초
8~9 km	5분 10초	5분 33초	5분 26초	5분 11초
9~10 km	5분 19초	5분 03초	5분 36초	5분 15초
계	51분 52초	( )	54분 52초	57분 23초

② 선지 재구성
    1. B 완주 60분 이상?

※ 1) A~D는 출발점에서 동시에 출발하여 휴식 없이 완주함.
   2) A~D는 각 구간 내에서 일정한 속도로 달림.

1. B의 10 km 완주기록은 60분 이상이다. (O, X)

▶ 자료통역사의 관점 적용하기

1. (X)

〈표〉는 10칸으로 구성되어 있고, 총합이 60인지 묻고 있다. → 평균이 6분 이상인지 묻는 것이다.
6분보다 넘치는 구간은 3~6km뿐이고, 그 외의 구간은 모두 6분보다 부족하다.
넘치는 구간의 시간을 부족한 구간을 채운다고 생각해보자.
넘치는 양보다 부족한 양이 더 많으므로 평균은 6분 이하이다. 즉, 총합은 60분 이하이다.

정답 (X)

문 2. (행 15–39)

다음 〈표〉는 창호, 영숙, 기오, 준희가 홍콩 여행을 하며 지출한 경비에 관한 자료이다. 지출한 총 경비를 네 명이 동일하게 분담하는 정산을 수행할 때 〈그림〉의 A, B, C에 해당하는 금액을 바르게 나열한 것은?

① 자료 파악
　4명의 여행 경비

〈표〉 여행경비 지출 내역

구분	지출자	내역	금액	단위
숙박	창호	호텔비	400,000	원
교통	영숙	왕복 비행기	1,200,000	
기타	기오	간식1	600	홍콩달러
		중식1	700	
		관광지1 입장권	600	
		석식	600	
		관광지2 입장권	1,000	
		간식2	320	
		중식2	180	

※ 환율은 1홍콩달러당 140원으로 일정하다고 가정함.

〈그림〉 여행경비 정산 관계도

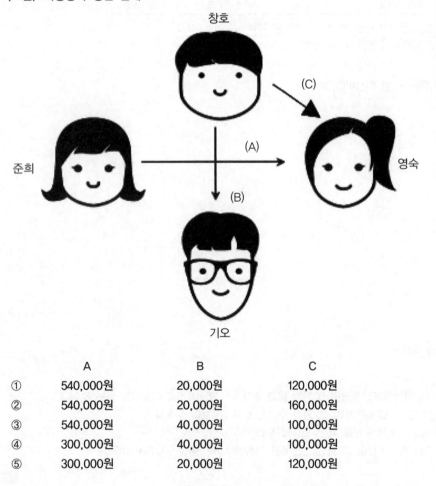

	A	B	C
①	540,000원	20,000원	120,000원
②	540,000원	20,000원	160,000원
③	540,000원	40,000원	100,000원
④	300,000원	40,000원	100,000원
⑤	300,000원	20,000원	120,000원

● 자료통역사의 관점 적용하기

〈표〉를 보면 준희의 지출액은 0원이다.

발문에 의하면 4명은 모두 동일한 금액을 분담한다.

따라서 준희는 총액을 4로 나눈 금액, 즉 평균만큼 영숙에게 주어야한다.

선지를 확인하면 준희가 영숙에게 주는 금액은 300,000원 또는 540,000원이다.

홍콩달러를 계산하기 전에 원화로 지출한 호텔비와 왕복 비행기만으로도 4인 1,600,000원이다.

따라서 준희가 내야하는 돈은 400,000원 이상이다.   즉, 4명은 각각 540,000원을 부담한다.

따라서 창호는 140,000원을 주어야 하고, 영숙은 660,000원을 받아야한다.

창호는 B+C 만큼 돈을 준다. 따라서 B+C = 140,000원

영숙은 A+C 만큼 돈을 받는다.   A+C = 660,000원 이 조건을 만족하는 선지는 ①이다.

정답 ①

문 3. (제작문제)

다음 〈표〉는 공시생 '갑'과 '을'의 1주일간의 열품타 기록이다.

① 자료 파악
 열품타 기록

〈표〉 '갑'과 '을'의 열품타 기록

요일＼공시생	갑	을
월요일	9시간 35분	9시간 15분
화요일	8시간 58분	8시간 42분
수요일	9시간 40분	9시간 15분
목요일	8시간 28분	8시간 18분
금요일	9시간 08분	8시간 46분
토요일	8시간 27분	8시간 09분
일요일	7시간 38분	7시간 13분

② 선지 재구성
 갑, 을보다 100분
 이상 길어?

1. 1주간의 열품타 시간의 합은 갑이 을보다 100분 이상 길다. (O, X)

▶ 자료통역사의 관점 적용하기

1. (O)

전체 열품타 시간이 100분 이상 길다는 것을 평균의 관점에서 보면

$\frac{100}{7}$ ≒14.28분 이상 길다는 것이다.

갑과 을의 요일별 열품타 시간의 차이를 보자.

월: 20분, 화: 16분, 수: 25분, 목: 10분, 금: 22분, 토: 18분, 일: 25분이다.

평균값보다 부족한 것은 목요일(4분)뿐이고, 평균값보다 훨씬 큰 수요일이나 일요일로 그 부족분을 채운 후에도 남는다.

정답 (O)

다음 〈표〉는 어느 해 주식 거래일 8일 동안 A사의 일별 주가와 〈산식〉을 활용한 5일 이동평균을 나타낸 것이다. 이에 대한 〈보기〉의 설명 중 옳은 것을 모두 고르면?

① 자료 파악
　A사 주가

〈표〉 주식 거래일 8일 동안 A사의 일별 주가 추이

(단위: 원)

거래일	일별 주가	5일 이동평균
1	7,550	-
2	7,590	-
3	7,620	-
4	7,720	-
5	7,780	7,652
6	7,820	7,706
7	7,830	( )
8	( )	7,790

② 선지 재구성
　1. 5일 이동평균 매번 증가하였는가?
　2. 8일 일별주가 증가하였는가?

---- 〈산식〉 ----

$$5일이동평균 = \frac{해당거래일\ 포함\ 최근\ 거래일\ 5일\ 동안의\ 일별\ 주가의\ 합}{5}$$

$$[예]\ 6거래일의\ 5일이동평균 = \frac{7,590 + 7,620 + 7,720 + 7,780 + 7,820}{5} = 7,706$$

1. 5거래일 이후 5일 이동평균은 거래일마다 상승하였다. (O, X)

2. 8거래일의 일별주가는 7거래일에 비하여 증가하였다. (O, X)

● 자료통역사의 관점 적용하기

5일 이동평균 = $\frac{총합}{n}$ 으로 구성된다. n이 항상 5로 동일하므로, 총합을 이용한 방법도 생각하자.

1. (O)

5일 이동평균 매번 증가 하는가 = 총합 매번 커지는가?
6거래일의 이동평균 = 2일+3일+4일+5일+6일/5, 7거래일의 이동평균 = 3일+4일+5일+6일+7일/5
2일이 빠지고 7일이 들어온다. → 2일 주가 = 7,590 7일의 주가 = 7,830

7거래일이 6거래일에 비하여 총합이 240증가하였다. 평균은 $\frac{240}{5}$=48증가하였다.

7,706+48 = 7,754이므로, 5일 이동평균은 매번 증가하였다.

2. (X)

7거래일의 이동평균과 8거래일의 이동평균은 7,790-7,754 = 36이므로, 총합은 180차이난다.
7거래일의 이동평균 = 3일+4일+5일+6일+7일/5, 8거래일의 이동평균 = 4일+5일+6일+7일+8일/5
3일이 빠지고 8일이 들어온 결과로 총합이 커졌으므로 8일은 3일 + 180 7,800이므로,
8일의 일별주가는 7일에 비하여 감소하였다.

정답 (O, X)

4 가중평균

❶ 가중평균이란?

〈표〉 '갑' 가구의 아이별 평균 사교육비			
	첫째	둘째	'갑'가구
평균 사교육비(천원)	80	90	( )
등록 학원수	3	2	5

※ 평균 사교육비 = $\dfrac{\text{전체 사교육비}}{\text{등록 학원수}}$

Q. '갑'가구의 평균 사교육비는 얼마인가?

위 Q가 이번에 배울 유형인 가중평균이다.

위 Q를 구하기 위해 '갑' 가구의 전체 사교육비(=80×3+90×2)를 구하고, 등록 학원 수(=2+3)로 나누어 400/5 = 80이라고 구한다면, 계산량이 지나치게 많다.

그러나 부분의 비(첫째와 둘째의 평균 사교육비)가 모여서 전체의 비('갑' 가구의 평균사교육비)를 이루는 형태에서 가중평균을 사용한다면 더 간단하게 문제를 풀 수 있다.

가중평균은 다음과 같은 식으로 나타낼 수 있다.

$$\frac{Y}{X} = \frac{y_1 + y_2 + y_3}{x_1 + x_2 + x_3} = \frac{\sum y_n}{\sum x_n} \quad (\text{부분의 비}(\frac{y_n}{x_n})\text{가 모여 전체의 비}(\frac{Y}{X})\text{를 이루는 경우})$$

생활 속의 가중평균
① 여러 직렬의 경쟁률이 모여서 전체경쟁률을 이룬다.
② 자신이 투자한 여러 주식의 수익률이 모여서 전체 수익률을 이룬다.
③ 자신이 여러 단가에서 주식을 구매하였다면, 각각의 단가가 모여서 평단가를 이룬다.
④ 농도가 다른 소금물이 모여서 전체 농도를 이룬다.

	부분의 비 $\left(\dfrac{y_n}{x_n}\right)$	전체의 비 $\left(\dfrac{Y}{X}\right)$
경쟁률	개별 직렬의 경쟁률	전체 경쟁률
주식의 수익률	주식별 이익률	전체 이익률
주식의 단가	구매 시 단가	평균 단가
소금물	개별 소금물의 농도	섞은 소금물의 농도

'평균'의 경우, 각 항목이 주는 영향이 모두 동일한 경우이다.

그러나 '가중평균'은 그 이름처럼 각 항목이 주는 영향(가중치)이 다른 경우의 평균을 나타낸다.

따라서 가중평균의 경우, 평균과 달리 각 사각형의 밑변의 길이가 다르다.

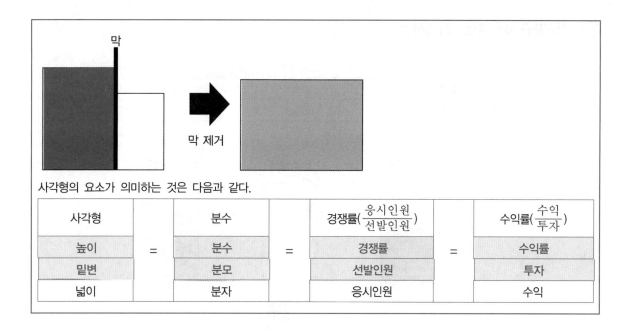

사각형의 요소가 의미하는 것은 다음과 같다.

사각형		분수		경쟁률($\frac{응시인원}{선발인원}$)		수익률($\frac{수익}{투자}$)
높이	=	분수	=	경쟁률	=	수익률
밑변		분모		선발인원		투자
넓이		분자		응시인원		수익

❷ 가중평균 이미지로 이해하기

	소금물A	소금물B
농도 　　(높이)	12%	7%
소금물의 양 　(밑변)	600ml	400ml

Q. 소금물A와 B를 혼합한 소금물의 농도는?

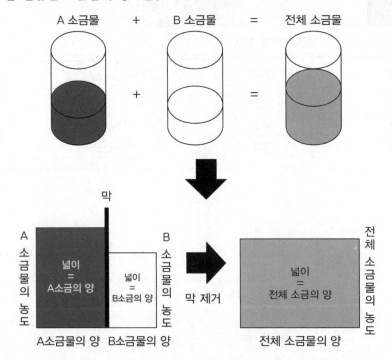

소금을 섞어도 전체 소금의 양은 변하지 않는다. → 사각형의 넓이 + 사각형의 넓이 = 사각형의 넓이
= 600×12% + 400×7% = 1,000×? → 7,200+2,800 = 1,000×? → ? = 10%

	첫째	둘째	'갑'가구
평균 사교육비(천원)	80	90	( )
등록 학원수	3	2	5

※ 평균 사교육비 $= \dfrac{\text{전체 사교육비}}{\text{등록 학원수}}$

Q. '갑'가구의 평균 사교육비는 얼마인가?

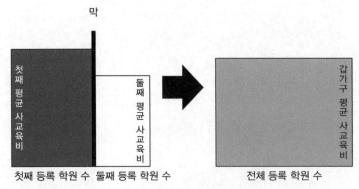

→ 사각형의 넓이 + 사각형의 넓이 = 사각형의 넓이
= 3×80 + 2×90 = 5×? → 240+180 = 5×? → ? = 82

❸ 가중평균에 관점 적용하기

가중평균도 평균처럼 '모든 값을 동일하게 만들면'이라는 가정을 함축한다.
따라서 '공통'영역이 발생한다. 이제 관점에서 배운 것처럼 공통을 소거하여 계산량을 줄이자.

㉠ 공통높이 소거

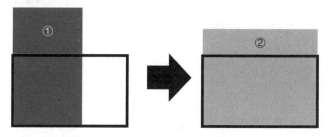

공통높이를 소거하면 소거되는 넓이(검정 사각형)는 동일하다.
공통넓이(검정 사각형)를 제외한 넓이는 동일하다. → 즉, ①과 ②의 넓이는 동일하다.
넓이(①) = 넓이(②) → 밑변×(높이-높이) = 밑변×(높이-높이)

㉡ 넘치는 것으로 부족한 것 채우기

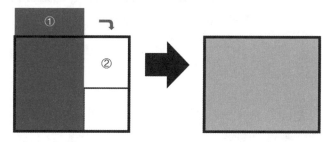

넘치는 파란색 물이 부족한 흰색 물을 채워준다.
넘치는 넓이(①) = 부족한 넓이(②) → 밑변×(높이-높이)=밑변×(높이-높이)

㉢ 밑변 비율에 따른 높이

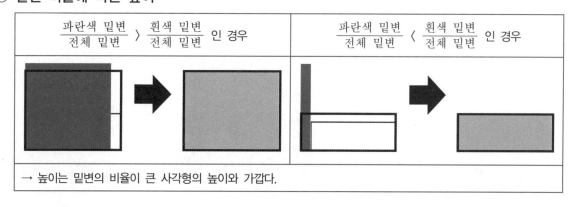

$\dfrac{\text{파란색 밑변}}{\text{전체 밑변}} > \dfrac{\text{흰색 밑변}}{\text{전체 밑변}}$ 인 경우	$\dfrac{\text{파란색 밑변}}{\text{전체 밑변}} < \dfrac{\text{흰색 밑변}}{\text{전체 밑변}}$ 인 경우

→ 높이는 밑변의 비율이 큰 사각형의 높이와 가깝다.

	소금물A	소금물B	전체소금물
농도(높이)	12%	7%	10%
소금물의 양(밑변)	600ml	400ml	1,000ml

㉣ **공통높이 소거**

공통높이를 제거하기 위해 농도를 7% 만큼 감소시킨다.

공통높이가 소거된 소금물			
	소금물A	소금물B	전체소금물
농도(높이)	5%	0%	3%
소금물의 양(밑변)	600ml	400ml	1,000ml

[넓이(①) = 넓이(②) → 밑변×(높이−높이) = 밑변×(높이−높이)]
→ 600 × 5 = 1000 × 3

㉤ **넘치는 것으로 부족한 것 채우기**

전체소금물에서 넘치는 부분(소금물A)이 부족한 부분(소금물B)을 채워준다고 생각하자.(전체소금물의 농도인 10%를 감소시킨다.)

전체소금물(농도=10%)를 기준으로 넘치는 부분과 부족한 부분		
	소금물A(넘치는 부분)	소금물B(부족한 부분)
농도(높이)	2%	−3%
소금물의 양(밑변)	600ml	400ml

넘치는 넓이(①) = 부족한 넓이(②) → 밑변×(높이−높이) = 밑변×(높이−높이)
600 × 2 = 400 × 3

㉥ **밑변 비율에 따른 높이**

소금물A의 밑변(600)이 소금물B의 밑변(400)보다 크기 때문에 전체소금물의 높이(10%)는 소금물B의 높이(7%)보다 소금물A의 높이(12%)에 더 가깝다.

❹ 대표문제 같이 풀어보기

〈표〉 2018년 '갑'국의 부동산 정책 평가비율

		매우 만족	보통	매우 실망
전체		35%	30%	35%
성별	남성	37%	32%	31%
	여성	32%	27%	41%

※ 평가비율 $= \dfrac{\text{응답 형태}}{\text{응답자}}$

1. 남성 응답자는 전체응답자 중 60%를 차지한다. (O, X)

▶ 자료통역사의 관점 적용하기

1. (O)

전체 평가비율 $= \dfrac{\text{전체 응답형태}}{\text{전체 응답자}} = \dfrac{\text{남성 응답형태}+\text{여성 응답형태}}{\text{남성 응답자}+\text{여성 응답자}}$

→ 부분의 비(남성 평가비율, 여성 평가비율)가 모여 전체의 비(전체 평가비율)를 이루는 형태이다.

→ 즉, 가중평균이 가능한 형태 → 높이 = 평가비율, 밑변 = 응답자, 넓이 = 밑변 × 높이

(※ 매우 만족, 보통, 매우 실망 중 무엇을 이용해도 분모의 구성이 동일하므로 결과는 같다.)

㉠ 공통높이 소거

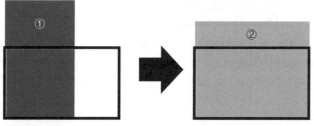

남성과 여성 중 높이(평가비율)가 더 높은 남성이 파란색, 여성이 흰색이다.

공통높이를 소거하면 넓이(①) = 넓이(②)

→ 밑변×(높이−높이) = 밑변×(높이−높이) = 밑변×(37−32) = 밑변×(35−32) = 밑변×(5) = 밑변×(3)

→ 밑변/밑변 = 3/5 (※ 전체 응답자 중 남성 응답자 비율 = 밑변/밑변)

→ 전체 응답자 중 남성 응답자 비율은 60%이다.

〈표〉'갑' 초등학교의 학년별 인원 및 성적

	저학년(1~3학년)	고학년(4~6)학년
학생 수	120	180
평균 성적	68	80

1. '갑'초등학교의 평균 성적은 75점 이상이다. (O, X)

▶ 자료통역사의 관점 적용하기

1. (O)

$$평균\ 성적 = \frac{전체\ 성적총점}{전체\ 학생수} = \frac{저학년\ 성적총점 + 고학년\ 성적총점}{저학년\ 학생수 + 고학년\ 학생수}$$

→ 부분의 비(저학년 평균성적, 고학년 평균성적)가 모여 전체의 비(전체 평균성적)를 이루는 형태이다.

→ 즉, 가중평균이 가능한 형태 → 높이 = 평균성적, 밑변 = 학생수, 넓이 = 밑변 × 높이

ⓒ 넘치는 것으로 부족한 것 채우기

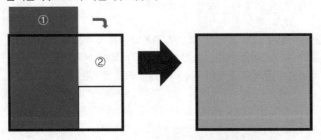

저학년과 고학년 중 높이(평균 성적)가 더 높은 고학년이 파란색, 저학년이 흰색이다.

넘치는 파란색 넓이가 부족한 흰색 넓이를 채워준다.

만약 전체 높이(평균 성적)가 75점 이상이라면, 넘치는 넓이(①)는 부족한 넓이(②)보다 크다.

넘치는 넓이(①) 〉? 부족한 넓이(②)

→ 밑변×(높이-높이)=밑변×(높이-높이)

→ 180×(80-75) 〉? 120×(75-68)

→ 180×(5) 〉? 120×(7) → 900 〉 840이므로, '갑'초등학교의 평균성적은 75점 이상이다.

<표> 연도별 중·고등학생 흡연율

	2011	2012	2013	2014	2015
전체	10.3	10.6	10.8	11.0	11.2
중학생	7.6	7.9	8.2	8.5	8.7
고등학생	13.5	13.9	14.2	14.5	14.8

※ 흡연율은 전체학생 중 흡연을 경험한 학생의 비율을 의미함.

1. 고등학생 수는 매년 중학생 수보다 적다. (O, X)

▶ 자료통역사의 관점 적용하기

1. (O)

$$흡연율 = \frac{전체\ 흡연\ 학생}{전체\ 학생} = \frac{흡연\ 중학생 + 흡연\ 고등학생}{중학생 + 고등학생}$$

→ 부분의 비(중학생 흡연율, 고등학생 흡연율)가 모여 전체의 비(전체 흡연율)를 이루는 형태

→ 즉, 가중평균이 가능한 형태 → 높이 = 흡연율, 밑변 = 학생수, 넓이 = 밑변 × 높이

ⓒ 밑변 비율에 따른 전체 높이와의 차이

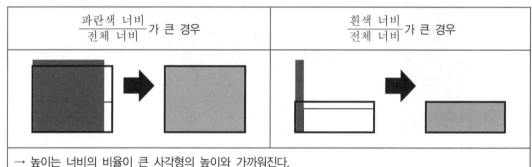

$\dfrac{파란색\ 너비}{전체\ 너비}$ 가 큰 경우	$\dfrac{흰색\ 너비}{전체\ 너비}$ 가 큰 경우

→ 높이는 너비의 비율이 큰 사각형의 높이와 가까워진다.

매년 고등학생이 중학생보다 적다면
전체와 고등학생 사이의 높이 차이가 전체와 중학생 사이의 높이 차이보다 매년 더 크다.
→ 고등학생 흡연율(높이) − 전체 흡연율(높이) >? 전체 흡연율(높이) − 중학생 흡연율(높이)
2011년 → 13.5−10.3 >? 10.3−7.6 → 3↑ > 3↓ → 고등학생과 전체의 높이 차이가 더 크다.
2012년 → 13.9−10.6 >? 10.6−7.9 → 3↑ > 3↓ → 고등학생과 전체의 높이 차이가 더 크다.
2013년 → 14.2−10.8 >? 10.8−8.2 → 3↑ > 3↓ → 고등학생과 전체의 높이 차이가 더 크다.
2014년 → 14.5−11.0 >? 11.0−8.5 → 3↑ > 3↓ → 고등학생과 전체의 높이 차이가 더 크다.
2015년 → 14.8−11.2 >? 11.2−8.7 → 3↑ > 3↓ → 고등학생과 전체의 높이 차이가 더 크다.
→ 즉, 매년 고등학생 수가 중학생 수보다 적다.

〈표〉 2020, 2021년 자료해석 도서 판매량

	2020년 판매량	2021년 판매량	전년 대비 증가율
기본서	25	30	20%
모의고사	15	21	40%
전체	40	51	( )

※ 기본서와 모의고사 외의 도서는 존재하지 않음.

1. 2021년 전체 도서 판매량의 전년 대비 증가율은 28% 이상이다. (O, X)

▶ 자료통역사의 관점 적용하기

1. (X)

$$증가율 = \frac{전체\ 증가폭}{전체\ 과거값} = \frac{기본서\ 증가폭 + 모의고사\ 증가폭}{기본서\ 과거값 + 모의고사\ 과거값}$$

→ 부분의 비(기본서의 증가율, 모의고사의 증가율)가 모여 전체의 비(전체 증가율)를 이루는 형태이다.

→ 즉, 가중평균이 가능한 형태 → 높이 = 증가율, 밑변 = 과거값(2020년), 넓이 = 밑변 × 높이

ⓛ 넘치는 것으로 부족한 것 채우기

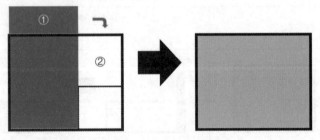

기본서와 모의고사 중 높이(증가율)가 더 높은 모의고사가 파란색, 기본서는 흰색이다.

넘치는 파란색 넓이가 부족한 흰색 넓이를 채워준다.

만약 전체 높이(증가율)가 28% 이상이라면, 넘치는 넓이(①)는 부족한 넓이(②)보다 크다.

넘치는 넓이(①) 〉? 부족한 넓이(②)

→ 밑변×(높이−높이) 〉? 밑변×(높이−높이)

→ 15×(40−28) 〉? 25×(28−20)

→ 15×12 〉? 25×10 → 180 〈 200이므로, 28% 이하이다.

(※ 밑변은 항상 '분모'이다.)

만약 2021년 판매량을 밑변으로 생각했다면

→ 21×(40−28) 〉? 30×(28−20)

→ 21×12 〉? 30×8 → 252 〉 240이므로 28% 이상이라는 결론이 나온다. 따라서 틀린 답이다.

참고로 실제값은 $\frac{11}{40}$ = 27.5%이므로 28% 이하이다.

문 1. (5급 16-38)

다음 〈표〉 A시 30대와 50대 취업자의 최종학력 분포이다. 이에 대한 설명으로 옳은 것은?

① 자료 파악
취업자 학력 분포

〈표〉 A시 30대와 50대 취업자의 최종학력 분포

(단위: %)

구분	최종학력	미취학	초등학교 졸업	중학교 졸업	고등학교 졸업	대학 졸업 이상
전체	30대	0.10	0.10	0.40	14.50	84.90
	50대	0.76	9.55	16.56	41.92	31.21
남성	30대	0.10	0.10	0.50	15.50	83.80
	50대	0.60	6.60	12.80	39.30	40.70
여성	30대	0.10	0.10	0.30	13.50	86.00
	50대	0.90	12.00	19.70	44.10	23.30

② 선지 재구성
1. 50대 남, 여성보다 적어?

※ 주어진 값은 소수점 아래 셋째 자리에서 반올림한 값임.

1. 50대 취업자 수는 남성이 여성보다 적다. (O, X)

▶ 자료통역사의 관점 적용하기

1. (O)

$$학력\ 분포 = \frac{전체\ 해당\ 최종학력\ 인원}{전체\ 인원} = \frac{해당\ 최종학력\ 남성 + 해당\ 최종학력\ 여성}{전체\ 남성 + 전체\ 여성}$$

→ 부분의 비(남성 학력분포와 여성 학력분포)가 모여서 전체의 비(전체 학력분포)를 이룸

→ 가중평균이 가능한 형태 → 높이 = 분포, 밑변 = 인원, 넓이 = 밑변 × 높이

ⓒ 너비 비율에 따른 전체 높이

남성인원이 여성인원보다 적다면, 남성과 전체와의 높이 차이가 여성과 전체와의 높이 차이보다 크다.

미취학 학력 분포를 이용해서 보면

남성과 전체의 높이 차이 → 0.76−0.60 = 0.16

여성과 전체의 높이 차이 → 0.90−0.76 = 0.14

남성과 전체의 높이 차이가 더 크다. 따라서 남성이 더 적다.

정답 (O)

문 2. (민 18–24)

다음 〈표 1〉은 창의경진대회에 참가한 팀 A, B, C의 '팀 인원수' 및 '팀 평균점수'이며, 〈표 2〉는 〈표 1〉에 기초하여 '팀 연합 인원수' 및 '팀 연합 평균점수'를 각각 산출한 자료이다. (가)와 (나)에 들어갈 값을 바르게 나열한 것은?

① 자료 파악
　팀별 평균점수

〈표 1〉 팀 인원수 및 팀 평균점수

(단위: 명, 점)

팀	A	B	C
인원수	( )	( )	( )
평균점수	40.0	60.0	90.0

※ 1) 각 참가자는 A, B, C팀 중 하나의 팀에만 속하고, 개인별로 점수를 획득함.

2) 팀 평균점수 = $\dfrac{\text{해당 팀 참가자 개인별 점수의 합}}{\text{해당 팀 참가자 인원수}}$

〈표 2〉 팀 연합 인원수 및 팀 연합 평균점수

(단위: 명, 점)

팀 연합	A + B	B + C	C + A
인원수	80	120	(가)
평균점수	52.5	77.5	(나)

※ 1) A + B는 A팀과 B팀, B + C는 B팀과 C팀, C + A는 C팀과 A팀의 인원을 합친 팀 연합임.

2) 팀 연합 평균점수 = $\dfrac{\text{해당 팀 참가자 개인별 점수의 합}}{\text{해당 팀"연합 참가자 인원수}}$

	(가)	(나)
①	90	72.5
②	90	75.0
③	100	72.5
④	100	75.0
⑤	110	72.5

▶ 자료통역사의 관점 적용하기

평균점수 = $\dfrac{\text{전체 점수의 합}}{\text{전체 인원}} = \dfrac{x\text{팀 점수의 합} + y\text{팀 점수의 합}}{x\text{팀 인원} + y\text{팀 인원}}$

→ 부분의 비(x팀 평균점수와 y팀 평균점수)가 모여서 전체의 비(전체 평균점수)를 이룸

→ 가중평균이 가능한 형태 → 높이 = 평균 점수, 밑변 = 인원, 넓이 = 밑변 × 높이

A팀과 B팀 그리고 A+B팀 (① 공통높이 소거) 공통높이(40점) 소거 [(넓이(①) = 넓이(②))]

→ 밑변×(높이−높이) = 밑변×(높이−높이)

→ B팀 인원×(60−40) = A+B팀의 인원 × (52.5−40) → B팀 인원 = $80 × \dfrac{12.5}{20}$ = 50명

A팀 인원 = 전체−B팀 = 30명

B+C팀의 인원이 120명이므로, C팀 인원은 120−50=70명

A팀과 C팀 그리고 A+C팀 (① 공통높이 소거) 공통높이(40점) 소거 [(넓이(①) = 넓이(②))]

→ 밑변×(높이−높이) = 밑변×(높이−높이)

→ C팀 인원 × (90−40) = A+C팀 인원 × ?(=높이−높이) → 70×50 = 100×? → ? = 35

?은 공통을 소거한 높이이므로, 전체 높이는 35+40이다. 따라서 전체 높이(평균 점수) = 75

정답 ④

다음 〈표〉는 군별, 연도별 A소총의 신규 배치량에 관한 자료이다. 이에 대한 〈보기〉의 설명 중 옳은 것만을 모두 고르면?

① 자료 파악
군별 소총 배치량

〈표〉 군별, 연도별 A소총의 신규 배치량

(단위: 정)

군 \ 연도	2011	2012	2013	2014
육군	3,000	2,450	2,000	0
해군	600	520	450	450
공군	0	30	350	150
전체	3,600	3,000	2,800	600

② 선지 재구성
1. case③ 나누어 생각하자.

1. A소총 1정당 육군은 590만원, 해군은 560만원, 공군은 640만원으로 매입하여 배치했다면, 육·해·공군 전체의 A소총 1정당 매입가격은 2011년이 2014년보다 낮다. (O, X)

● 자료통역사의 관점 적용하기

1. (X)

$$1정당\ 매입가격 = \frac{전체\ 소총\ 가격}{전체\ 소총\ 배치량} = \frac{x군\ 전체\ 소총\ 가격 + y군\ 전체\ 소총\ 가격}{x군\ 소총\ 배치량 + y군\ 소총\ 배치량}$$

→ 부분의 비(x군의 1정당 가격, y군의 1정당 가격)가 모여 전체의 비(전체 1정당 가격)를 이루는 형태이다.
→ 즉, 가중평균이 가능한 형태 → 높이 = 1정당 매입가격, 밑변 = 소총 배치량, 넓이 = 밑변 × 높이

2011년 (육군과 해군) (① 공통높이 소거)
공통높이(560만원) 소거 [(넓이(①) = 넓이(②))]
→ 밑변×(높이-높이) = 밑변×(높이-높이)
→ 3000×(590-560) = 3600×?(=높이-높이)

$$→ ? = 30 × \frac{3,000}{3,600} = 25 → 전체\ 1정당\ 매입가격 = 25+560 = 585만원$$

2014년 (해군과 공군) (① 공통높이 소거)
공통높이(560만원) 소거 [(넓이(①) = 넓이(②))]
→ 밑변×(높이-높이) = 밑변×(높이-높이)
→ 150×(640-560) = 600×?(=높이-높이)

$$→ ? = 80 × \frac{450}{600} = 20 → 전체\ 1정당\ 매입가격 = 20+560 = 580만원$$

1정당 매입가격은 11년(585만원)이 14년(580만원)보다 높다.

정답 (X)

문 4. (행 12-39)

다음 〈표〉는 대학생 1,000명을 대상으로 성형수술에 대해 설문조사한 결과이다. 이에 대한 설명으로 옳은 것은?

〈표 〉 성형수술 희망 응답자의 성별 비율

(단위: %)

남성	여성	전체
30.0	37.5	33.0

※ 설문조사 대상자 중 미응답자는 없음.

1. 설문조사에 참여한 여성응답자 수가 남성응답자 수보다 많다. (O, X)

2. 성형수술을 희망하는 여성응답자 수가 성형수술을 희망하는 남성응답자 수보다 많다. (O, X)

① 자료 파악
성형수술 희망 비율

② 선지 재구성
1. 조사 참여자 여성이 남성보다 많아?

2. 희망자 여성, 남성 보다 많아?

▶ 자료통역사의 관점 적용하기

$$성형수술 \ 희망률 = \frac{전체 \ 희망 \ 응답자}{전체 \ 참여 \ 응답자} = \frac{남성 \ 희망 \ 응답자 + 여성 \ 희망 \ 응답자}{남성 \ 참여 \ 응답자 + 여성 \ 참여 \ 응답자}$$

→ 부분의 비(남성 희망률, 여성희망률)가 모여 전체의 비(전체 희망율)를 이루는 형태이다.
→ 즉, 가중평균이 가능한 형태 → 높이 = 희망률, 밑변 = 참여 응답자, 넓이 = 밑변 × 높이

1. (X)

참여 응답자. 즉, 밑변의 크기를 구해야 한다.
② 넘치는 것으로 부족한 것 채우기
넘치는 넓이(여성) = 부족한 넓이(남성)
→ 밑변×(높이-높이) = 밑변×(높이-높이)
→ 여성 참여 응답자 × (37.5-33.0) = 남성 참여 응답자 × (33.0-30.0)
→ 여성 참여 응답자 × 4.5 = 남성 참여 응답자 × 3.0
→ 남성 참여 응답자 = 1.5 × 여성 참여 응답자
여성 조사 참여자는 남성 조사 참여자보다 적다.
(※ ③ 밑변 비율에 따른 전체 높이와의 차이를 이용해서도 답을 도출 할 수 있다.)

2. (X)

희망 응답자. 즉, 넓이의 크기를 구해야 한다.
넓이 = 밑변(참여 응답자) × 높이(희망률)
남성 넓이: 남성 참여 응답자 × 30.0 = (1.5 × 여성 참여 응답자) × 30.0
→ 여성 참여 응답자 × 45.0
여성 넓이: 여성 참여 응답자 × 37.5
→ 여성 참여 응답자 × 37.5
따라서 여성 희망 응답자가 남성 희망 응답자보다 적다.

정답 (X, X)

다음 〈표〉는 A국의 2012년 의원 유형별, 정당별 전체 의원 및 여성 의원에 관한 자료이다. 이에 대한 〈보기〉의 설명 중 옳은 것만을 모두 고르면?

① 자료 파악
전체 의원과 여성 의원

〈표〉 2012년 의원 유형별, 정당별 전체 의원 및 여성 의원

(단위: 명, %)

유형 구분	정당 의원	가	나	다	라	기타	전체
비례대표 의원	전체 의원 수	34	42	18	17	74	185
	여성 의원 비율	41.2	54.8	27.8	35.3	40.5	42.2
지역구 의원	전체 의원 수	222	242	60	58	344	926
	여성 의원 비율	7.2	12.4	10.0	13.8	4.1	8.0

※ 1) 의원 유형은 비례대표의원과 지역구의원으로만 구성됨.
2) 비율은 소수점 둘째 자리에서 반올림한 값임.

② 선지 재구성
A국 전체의원 여성비율 15% 이하인가?

1. 2012년 A국 전체 의원 중 여성 의원의 비율은 15% 이하이다. (O, X)

● 자료통역사의 관점 적용하기

1. (O)

A국 전체 여성 의원비율 $= \dfrac{A국\ 전체\ 여성의원수}{A국\ 전체\ 의원수} = \dfrac{비례대표\ 여성의원 + 지역구\ 여성의원}{비례대표\ 전체의원 + 지역구\ 전체의원}$

→ 부분의 비(비례대표 여성의원 비율, 지역구 여성의원비율)가 모여

전체의 비(A국 전체 여성의원 비율)를 이루는 형태이다.

→ 즉, 가중평균이 가능한 형태 → 높이 = 여성 비율, 밑변 = 의원수, 넓이 = 밑변 × 높이

ⓒ 넘치는 것으로 부족한 것 채우기

전체가 15% 이하라면, 넘치는 넓이(비례대표)가 부족한 넓이(지역구)보다 작다.

넘치는 넓이(비례대표) 〈? 부족한 넓이(지역구)

→ 밑변×(높이−높이) 〈? 밑변×(높이−높이)

→ 185 × (42.2−15.0) 〈? 926 × (15.0−8.0)

→ 185 × (27.2) 〈 926 × (7.0)

넘치는 넓이가 부족한 넓이보다 작다. 따라서 15% 이하이다.

정답 (O)

문 6. (7급 모-18)

다음 〈표〉는 2019년 주요 7개 지역(A ~ G)의 재해 피해 현황이다. 이에 대한 설명으로 옳지 않은 것은?

① 자료 파악
주요 지역의 재해
현황

〈표〉 2019년 주요 7개 지역의 재해 피해 현황

지역＼구분	피해액(천 원)	행정면적(km²)	인구(명)	1인당피해액(원)
전국	187,282,994	100,387	51,778,544	3,617
A	2,898,417	1,063	2,948,542	983
B	2,883,752	10,183	12,873,895	224
C	3,475,055	10,540	3,380,404	1,028
D	7,121,830	16,875	1,510,142	4,716
E	24,482,562	8,226	2,116,770	11,566
F	86,648,708	19,031	2,691,706	32,191
G	( )	7,407	1,604,432	36,199

② 선지 재구성
1. 1인당 피해액 D,F가 전국의 5배 이상?

2. 1인당 피해액 주요 7개 나머지보다 커?

※ 피해밀도(원/km²) = $\dfrac{\text{피해액}}{\text{행정면적}}$

1. D 지역과 F 지역을 합친 지역의 1인당 피해액은 전국 1인당 피해액의 5배 이상이다.

(O, X)

2. 주요 7개 지역을 합친 지역의 1인당 피해액은 나머지 전체 지역의 1인당 피해액보다 크다.

(O, X)

● 자료통역사의 관점 적용하기

1인당 피해액 $= \dfrac{\sum 해당지역\ 피해액}{\sum 해당지역\ 인구}$ 이므로,

→ 부분의 비(지역별 1인당 피해액)가 모여 전체의 비(1인당 피해액)를 이루는 형태이다.

→ 즉, 가중평균이 가능한 형태 높이 → 1인당 피해액, 밑변 = 인구, 넓이 = 밑변 × 높이

1. (O)

   ⓒ 넘치는 것으로 부족한 것 채우기

      D와 F지역의 가중평균이 전국의 5배 3,600×5 = 18,000보다 큰가?

      넘치는 넓이(F) 〉? 부족한 넓이(D)

      → 밑변×(높이－높이) 〉? 밑변×(높이－높이)

      → 269 × (32,──── － 18,000) 〉? 151 × (18,000 － 4,7──)

      → = 269 × (14,────) 〉? 151 × (13,3──)

      → 넘치는 넓이(F)가 부족한 넓이(D)보다 크므로, D, F 지역의 높이는 전국의 5배 이상이다.

2. (O)

   ⓒ 넘치는 것으로 부족한 것 채우기

      주요 7개 지역과 나머지 지역의 가중평균 → 전국 1인당 피해액

      주요 7개 지역의 1인당 피해액이 나머지 지역의 1인당 피해액보다 큰 것이 참이라면, 나머지 지역과 주요 7개 지역의 가중평균에서 주요 7개 지역은 채워주는 역할이다. (※ 높이의 순서 → 주요 7개 〉 전국 〉 그 외)

      주요 7개 지역이 채워주는 역할이라면, 주요 7개 지역의 1인당 피해액 〉 전국 1인당 피해액이다.

      주요 7개 지역이 전국보다 큰지 확인하기 위해, 주요 7개 지역의 가중평균값을 구해보자.

      주요 7개 지역의 가중평균 구하기

      전국 1인당 피해액(3,617)을 기준으로, 넘치는 넓이(D,E,F,G) 〉? 부족한 넓이(A,B,C)

      → 밑변×(높이－높이) 〉? 밑변×(높이－높이)

      부족한 넓이의 구성을 보면, B지역을 제외하고는 채우기 충분한 것을 쉽게 볼 수 있다.

      B지역의 부족한 넓이를 G지역이 채워준다고 생각해보자.

      → 160 × (36,000－3,600 〉? 1,287 × (3,600 － 200)

      → 160 × (32,400 〉? 1,287 × (3,400)

      → 배수테크닉을 이용하여 비교해보면 G지역이 B지역을 채워주기 충분하다

      → 넘치는 넓이가 부족한 넓이를 채우기 충분하다. 따라서 주요 7개 〉 그 외이다.

정답 (O, O)

문 7. (5급 14-21)

다음 〈그림〉은 어느 대학의 A∼G 전공분야별 과목 수와 영어강의 과목 비율을 나타낸 것이다.

〈그림 1〉 전공분야별 과목 수

(단위: 개)

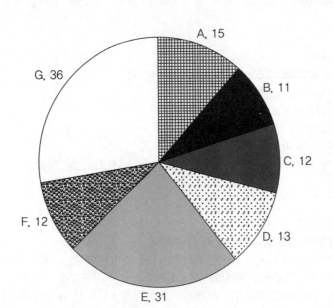

〈그림 2〉 전공분야별 영어강의 과목 비율

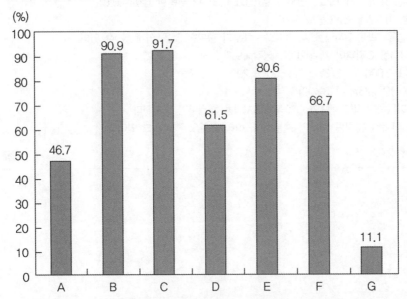

※ 1) 영어강의 과목은 전공분야 과목 중 영어로 진행되는 과목임.

2) 영어강의 과목 비율(%) = $\dfrac{\text{전공분야별 영어강의 과목수}}{\text{전공분야별 과목수}} \times 100$

3) 영어강의 과목 비율은 소수점 아래 둘째 자리에서 반올림 함.

4) 이 대학에 A∼G 전공분야 과목 이외의 과목은 없음.

1. 영어강의 과목 수는 이 대학 전체 과목 수의 50% 이상이다. (O, X)

① 자료 파악
전공분야와 영어 강의수

② 선지 재구성
1. 영어비율이 50% 이상이야?

● 자료통역사의 관점 적용하기

1. (O)

전체 영어과목의 비율 $= \dfrac{\text{전체 영어과목수}}{\text{전체 과목수}} = \dfrac{\sum \text{전공별 영어과목수}}{\sum \text{전공별 과목수}}$ 이므로,

→ 부분의 비(전공별 영여 과목 비율)가 모여 전체의 비(전체 영여과목 비율)를 이루는 형태이다.

→ 즉, 가중평균이 가능한 형태 → 높이 = 영어 비율, 밑변 = 과목 수, 넓이 = 밑변 × 높이

ⓒ 넘치는 것으로 부족한 것 채우기

전체가 50% 이상이라면 넘치는 넓이가 부족한 넓이보다 크다.

넘치는 넓이(B,C,D,E,F) 〉? 부족한 넓이(A,G) → 밑변×(높이−높이) 〉? 밑변×(높이−높이)

→ G의 부족한 넓이 = (50−11.1) × 36 = 38.9 × 36

→ 계산의 2단계를 활용하자.

실제값을 계산하는 것이 아니라 어림셈을 하자.

B, C, E의 넘치는 넓이면 G의 부족한 넓이를 채우기 충분하다.

→ A의 부족한 넓이 = (50−46.7) × 15

→ 계산의 2단계를 활용하자.

실제값을 계산하는 것이 아니라 어림셈을 하자.

D의 넘치는 넓이면 A의 부족한 넓이를 채우기 충분하다.

정답 (O)

문 8. (5급 17-06)

다음 〈표〉는 2016년 1 ~ 6월 월말종가기준 A, B사의 주가와 주가지수에 대한 자료이다. 이에 대한 〈보기〉의 설명 중 옳은 것만을 모두 고르면?

① 자료 파악
　A사와 B사의 주가

〈표〉 A, B사의 주가와 주가지수(2016년 1 ~ 6월)

구분		1월	2월	3월	4월	5월	6월
주가(원)	A사	5,000	( )	5,700	4,500	3,900	( )
	B사	6,000	( )	6,300	5,900	6,200	5,400
주가지수		100.00	( )	109.09	( )	91.82	100.00

② 선지 재구성
　1. case③ 나누어

※ 1) 주가지수 = $\dfrac{\text{해당 월 }A\text{사의 주가} + \text{해당 월 }B\text{사의 주가}}{1\text{월 }A\text{사의 주가} + 1\text{월 }B\text{사의 주가}} \times 100$

　2) 해당 월의 주가 수익률(%) = $\dfrac{\text{해당 월의 주가} - \text{전월의 주가}}{\text{전월의 주가}} \times 100$

1. 2월 A사의 주가가 전월 대비 20% 하락하고 B사의 주가는 전월과 동일하면, 2월의 주가지수는 전월 대비 10% 이상 하락한다. (O, X)

▶ 자료통역사의 관점 적용하기

1. (X)

주가지수 = $\dfrac{\text{해당 월 주가의 합}}{1\text{월 주가의 합}} = \dfrac{A\text{사 해당 월 주가} + B\text{사 해당 월 주가}}{A\text{사 1월 주가} + B\text{사 1월 주가}}$

(※ $\dfrac{\text{해당 월 주가}}{1\text{월 주가}}$ → 증가율로 포섭하자.)

→ 부분의 비(A사의 증가율, B사의 증가율)가 모여 전체의 비(주가지수)를 이루는 형태이다.

→ 즉, 가중평균이 가능한 형태 → 높이 = 증가율, 밑변 = 1월 주가, 넓이 = 밑변 × 높이

© 넘치는 것으로 부족한 것 채우기

전체가 10% 이상 감소한다면, 넘치는 넓이(A사)가 부족한 넓이(B사)보다 크다.

넘치는 넓이(A사) 〉? 부족한 넓이(B사)

→ 밑변×(높이-높이) 〉? 밑변×(높이-높이)

→ 5,000 × (20-10) 〉? 6,000 × (10-0)

→ 5,000 × (10) 〉 6,000 × (10)

넘치는 넓이가 부족한 넓이보다 작다. 따라서 10% 이하 하락했다.

정답 (X)

다음은 2014 ～ 2018년 부동산 및 기타 재산 압류건수 관련 정보가 일부 훼손된 서류이다. 이에 대한 〈보기〉의 설명 중 옳은 것을 고르면?

① 자료 파악
　재산 압류건수

2014~2018년 부동산 및 기타 재산 압류건수
(단위: 건)

연도＼구분	부동산	기타 재산	전체
2014	122,148	6,148	128,296
2015	136	27,783	146,919
2016	743	34,011	158,754
2017	9	34,037	163,666
2018		29,814	151,211

② 선지 재구성
　1. case③ 나누어 생
　　각하자.

1. 2019년 부동산 압류건수가 전년 대비 30% 감소하고 기타 재산 압류건수는 전년과 동일하다면, 전체 압류건수의 전년 대비 감소율은 25% 미만이다. (O, X)

▶ 자료통역사의 관점 적용하기

1. (O)

$$감소율 = \frac{감소폭}{과거값} 이므로$$

$$전체 감소율 = \frac{전체 \ 감소폭}{전체 \ 과거값} = \frac{부동산 \ 감소폭 + 기타재산 \ 감소폭}{부동산 \ 과거값 + 기타재산 \ 과거값}$$

→ 부분의 비(부동산의 감소율, 기타재산의 감소율)가 모여 전체의 비(전체 감소율)를 이루는 형태이다.
→ 즉, 가중평균이 가능한 형태 높이 → 감소율, 밑변 = 과거값(2018년), 넓이 = 밑변 × 높이
ⓒ 넘치는 것으로 부족한 것 채우기
　전체가 25% 미만 감소한다면, 넘치는 넓이(부동산)가 부족한 넓이(기타재산)보다 작다.
　넘치는 넓이(부동산) 〈? 부족한 넓이(기타재산)
　→ 밑변×(높이−높이) 〈? 밑변×(높이−높이)
　→ 122,— × (30−25) 〈? 29,— × (25−0)
　→ 122,— × 5 〈? 29,— × 25
　→ 배수비교법에 의하여 29,—×25가 더 크다. → 부족한 넓이가 더 크다
　따라서 전체 감소율은 25% 미만이다.

정답 (O)

문 10. (7 모-19)

다음 〈표〉는 A 사에서 실시한 철근강도 평가 샘플 수 및 합격률에 관한 자료이다. 이에 대한 설명으로 옳은 것은?

① 자료 파악
철근 평가 샘플

〈표〉 철근강도 평가 샘플 수 및 합격률

(단위: 개, %)

구분	종류	SD400	SD500	SD600	전체
샘플 수		35	( )	25	( )
평가항목별 합격률	항복강도	100.0	95.0	92.0	96.0
	인장강도	100.0	100.0	88.0	( )
최종 합격률		100.0	( )	84.0	( )

※ 1) 평가한 철근 종류는 SD400, SD500, SD600뿐임.
2) 항복강도와 인장강도 평가에서 모두 합격한 샘플만 최종 합격임.

3) 합격률(%) = $\dfrac{\text{합격한 샘플 수}}{\text{샘플 수}} \times 100$

4) 평가 결과는 합격 또는 불합격임.

1. SD500 샘플 수는 50개 이상이다. (O, X)

② 선지 재구성
1. SD500 샘플 50개 이상?

▶ 자료통역사의 관점 적용하기

1. (X)

합격률 = $\dfrac{\sum \text{합격한 샘플수}}{\sum \text{샘플수}}$

→ 부분의 비(개별 샘플의 합격률)가 모여 전체의 비(전체 샘플의 합격률)를 이루는 형태이다.
→ 즉, 가중평균이 가능한 형태 → 높이 = 합격률, 밑변 = 샘플수, 넓이 = 밑변 × 높이
ⓒ 넘치는 것으로 부족한 것 채우기
항복강도의 전체 샘플의 합격률이 96%이므로, 96%를 기준으로 넘치는 넓이와 부족한 넓이가 같다.
넘치는 넓이(SD400) = 부족한 넓이(SD500, SD600)
→ 밑변×(높이-높이) = Σ밑변×(높이-높이)
35×(100-96) = ?×(96-95) + 25×(96-92)
→ SD400과 SD600의 높이 차이가 동일하므로 SD600 25개를 먼저 채워주자.
10×4 = ?×1 → ? = 40
따라서 SD500은 40개이다.

정답 (X)

다음 〈표〉는 A도시 주민 일일 통행 횟수의 통행목적에 따른 시간대별 비율을 정리한 자료이다. 이에 대한 〈보기〉의 설명 중 옳은 것만을 모두 고르면?

① 자료 파악
　통행목적별 통행횟수

〈표〉 일일 통행 횟수의 통행목적에 따른 시간대별 비율

(단위: %)

시간대 ＼ 통행목적	업무	여가	쇼핑	전체통행
00:00 ~ 03:00	3.00	1.00	1.50	2.25
03:00 ~ 06:00	4.50	1.50	1.50	3.15
06:00 ~ 09:00	40.50	1.50	6.00	24.30
09:00 ~ 12:00	7.00	12.00	30.50	14.80
12:00 ~ 15:00	8.00	9.00	31.50	15.20
15:00 ~ 18:00	24.50	7.50	10.00	17.60
18:00 ~ 21:00	8.00	50.00	14.00	16.10
21:00 ~ 24:00	4.50	17.50	5.00	6.60
계	100.00	100.00	100.00	100.00

② 선지 재구성
　1. 통행횟수 업무 쇼핑
　　여가순이야?

※ 1) 전체통행은 업무, 여가, 쇼핑의 3가지 통행목적으로만 구성되며, 각각의 통행은 하나의 통행목적을 위해서만 이루어짐.
　2) 모든 통행은 각 시간대 내에서만 출발과 도착이 모두 이루어짐.

1. 일일 통행목적별 통행 횟수는 '업무', '쇼핑', '여가' 순으로 많다. (O, X)

▶ 자료통역사의 관점 적용하기

1. (O)

$$시간대\ 비율 = \frac{해당시간대\ 전체통행}{전체통행} = \frac{해당시간대(업무통행+여가통행+쇼핑통행)}{업무통행+여가통행+쇼핑통행}$$

→ 부분의 비(목적별 시간대 비율)가 모여 전체의 비(전체 시간대 비율)를 이루는 형태이다.
→ 즉, 가중평균이 가능한 형태 → 높이 = 시간대 비율, 밑변 = 통행 횟수, 넓이 = 밑변 × 높이
㉠ 공통높이 소거 공통높이 소거
　넓이(①) = 넓이(②) → 밑변×(높이-높이) = 밑변×(높이-높이)
　1. 시간대 03:00~06:00 (여가와 쇼핑의 높이가 동일 하므로, 공통높이를 소거하기 좋다.)
　　공통높이(1.5) 소거 후 넓이 동일
　　업무 통행×(4.5-1.5) = 전체 통행×(3.15-1.5)
　　$\rightarrow \dfrac{업무\ 통행}{전체\ 통행} = \dfrac{1.65}{3.0} \rightarrow$ 업무 통행비율 = 0.55 = 55%
　2. 시간대 00:00~03:00 (숫자 값이 간단)
　　공통높이(1.0) 소거 후 넓이 동일
　　업무 통행 × (3.0-1.0) + 쇼핑 통행 × (1.5-1.0) = 전체 통행 × (2.25-1.0)
　　$\rightarrow \dfrac{업무\ 통행}{전체\ 통행}×2.0 + \dfrac{쇼핑\ 통행}{전체\ 통행}×0.5 = 1.25 \rightarrow \rightarrow$ 0.55×2.0 + 쇼핑 통행 비중×0.5 = 1.25
　　→ 쇼핑 통행 비중×0.5 = = 1.25-1.1
　　→ 쇼핑 통행 비중 = $\dfrac{0.15}{0.5}$ = 0.3 = 30%

　　업무 통행 비중 = 55%, 여가 통행 비중 = 15% 쇼핑 통행 비중 = 30%
　　비중과 횟수는 비례하므로, 통행 횟수는 업무, 쇼핑, 여가순이다.

정답 (O)

문 12. (5급 18-37)

다음 〈표〉는 18세기 조선의 직업별 연봉 및 품목별 가격에 관한 자료이다. 이에 대한 설명으로 옳지 않은 것은?

① 자료 파악
직업별 임금 및 품목별 가격

〈표 1〉 18세기 조선의 직업별 연봉

구분		곡물(섬)		면포(필)	현재 원화가치(원)
		쌀	콩		
관료	정1품	25	3	–	5,854,400
	정5품	17	1	–	3,684,800
	종9품	7	1	–	1,684,800
궁녀	상궁	11	1	–	( )
	나인	5	1	–	1,284,800
군인	기병	7	2	9	( )
	보병	3	–	9	1,500,000

② 선지 재구성
  1. 연봉이 종 9품, 기병, 정5품 순이야?

〈표 2〉 18세기 조선의 품목별 가격

품목	곡물(1섬)		면포 (1필)	소고기 (1근)	집(1칸)	
	쌀	콩			기와집	초가집
가격	5냥	7냥 1전 2푼	2냥 5전	7전	21냥 6전 5푼	9냥 5전 5푼

※ 1냥 = 10전 = 100푼

1. '기병' 연봉은 '종9품' 연봉보다 많고 '정5품' 연봉보다 적다. (O, X)

▶ 자료통역사의 관점 적용하기

1. (O)

기병 VS 종9품
공통을 소거하면, 기병은 콩 1섬과 면포 9필이 남는다. 반면, 종9품은 아무것도 안 남으므로 기병의 연봉이 더 많다.
기병 VS 정5품
관점중 4.공통과 차이를 이용하여 기병과 정 5품의 쌀 10섬을 소거하면, 기병은 콩 1섬과 면포 9필이 남고, 정5품은 쌀 10섬이 남는다.
총합과 평균에서 배운 것처럼 항의 개수가 같다면 '평균'처럼 취급할 수 있다.
콩 1섬과 면포 9필의 1개당 가격과 쌀 10섬의 1개당 가격을 비교하자.
콩+면포의 1개당 가격과 쌀 1개당 가격 비교
쌀의 가격인 5냥을 기준으로 ② 넘치는 것으로 부족한 것 채우기
넘치는 넓이(콩) ⟨? 부족한 넓이(면포)
→ 밑변×(높이−높이) ⟨? 밑변×(높이−높이)
→ 1×(7.12−5) ⟨? 1×(5−2.5)
→ 1×(2.12) ⟨? 1×(2.5)
넘치는 넓이가 부족한 넓이보다 작다. 따라서 콩+면포의 1개당 가격(5↓)은 쌀의 1개당 가격(5)보다 적다.
그러므로, 기병의 연봉이 정5품의 연봉보다 적다.

정답 (O)

다음 〈표〉는 유통업체 '가' ~ '바'의 비정규직 간접고용 현황에 대한 자료이다. 이에 대한 〈보기〉의 설명 중 옳은 것만을 모두 고르면?

① 자료 파악
유통 업체별 비정규직 현황

〈표〉 유통업체 '가' ~ '바'의 비정규직 간접고용 현황

(단위: 명, %)

유통업체	사업장	업종	비정규직 간접고용 인원	비정규직 간접고용 비율
가	A	백화점	3,408	74.9
나	B	백화점	209	31.3
다	C	백화점	2,149	36.6
	D	백화점	231	39.9
	E	마트	8,603	19.6
라	F	백화점	146	34.3
	G	마트	682	34.4
마	H	마트	1,553	90.4
바	I	마트	1,612	48.7
	J	마트	2,168	33.6
전체			20,761	29.9

② 선지 재구성
1. 직접고용 A가 H의 10배 이상이야?

Q ▶ 가중평균 말고 다른 개념으로 접근할 수는 없을까?

$$\text{※ 비정규직 간접고용 비율(\%)} = \frac{\text{비정규직 간접고용 인원}}{\text{비정규직 간접고용 인원} + \text{비정규직 직접고용 인원}} \times 100$$

1. 비정규직 직접고용 인원은 A가 H의 10배 이상이다. (O, X)

A ▶ 여집합의 개념도 있다.

▶ 자료통역사의 관점 적용하기

1. (X)

$$\text{비정규직 간접고용 비율} = \frac{\text{비정규직 간접고용인원} + 0}{\text{비정규직 간접고용인원} + \text{비정규직 직접고용인원}} \text{ 으로 생각하면}$$

가중평균이 가능한 형태이다.
A의 경우 74.9%를 기준으로

$$\text{넘치는 부분} = \frac{\text{간접고용인원}}{\text{간접고용인원}} = 100\%, \text{ 부족한 부분} = \frac{0}{\text{직접고용인원}} = 0\%$$

넘치는 넓이(간접고용) = 부족한 넓이(직접고용)이므로,
3,408×(100−74.9) = 직접고용인원×(74.9−0) → 3,408×(25.1) = 직접고용인원×(74.9)

$$\to \text{A의 직접고용 인원} = 3,408 \times \frac{25.1}{74.9} = 3,408 \times \frac{1}{3} \uparrow = 1,130 \uparrow$$

H의 경우 90.4%를 기준으로,

$$\text{넘치는 부분} = \frac{\text{간접고용인원}}{\text{간접고용인원}} = 100\%, \text{ 부족한 부분} = \frac{0}{\text{직접고용인원}} = 0\%$$

넘치는 넓이(간접고용) = 부족한 넓이(직접고용)이므로,
1,553×(100−90.4) = 직접고용인원×(90.4−0) → 1,553×(9.6) = 직접고용인원×(90.4)

$$\to \text{A의 직접고용 인원} = 1,553 \times \frac{9.6}{90.4} = 1,553 \times \frac{1}{10} \uparrow = 150 \uparrow$$

따라서 A는 H의 10배 이하이다.

정답 (X)

문 14. (제작문제)

다음 〈표〉는 A의 2021년 소득구성현황에 대한 자료이다.

〈표〉 A의 2021년 소득 구성현황

(단위: 천원,%)

항목	수익	전년대비 증감율
근로 소득	33,121	15.3
기본급	23,889	( )
수당	9,232	10.3
투자 소득	19,317	−14.7

※ 근로 소득과 투자 소득 외의 소득은 없음.

1. A의 2021년 전체 소득의 전년 대비 증가율은 5% 이상이다. (O, X)

2. A의 2021년 기본급의 전년 대비 증가율은 17% 이상이다. (O, X)

① 자료 파악
  A의 소득 구성

② 선지 재구성
  1. 전체 소득의 증가율은 5% 이상?
  2. 기본급의 증가율은 17% 이상?

▶ 자료통역사의 관점 적용하기

전년대비 증가율 $= \dfrac{\sum 증가폭}{\sum 과거값}$ 으로 구성된다. 가중평균을 구할땐, 항상 높이(증가율)와 밑변(과거값)이 필요하다.

주어진 자료는 과거값이 아닌 현재값이 주어졌으므로, 가중평균이 불가능한 형태이다.

1. (X)

정확한 과거값을 구하기 전에, 과거값과 현재값의 관계부터 생각해보자.

투자소득: 감소율이므로 과거값은 현재값보다 더 크다.

근로소득: 증가율이므로 과거값은 현재값보다 더 작다.

현재값을 이용하여 5%를 기준으로 넘치는 넓이(근로소득)와 부족한 넓이(투자소득)를 비교하자.

넘치는 넓이(근로소득) >? 부족한 넓이(투자소득)

→ 331↓×(15.3−5) >? 193↑×(5−(−14.7)) → 331↓×(10.3) >? 193↑×(19.7)

넘치는 넓이가 부족한 넓이보다 작으므로, 전체 소득은 5% 이상 증가하지 않았다..

2. (O)

정확한 과거값을 구하기 전에, 과거값과 현재값의 관계부터 생각해보자.

기본급: 17% 이상 증가라면, 증가율이므로 과거값은 현재값보다 더 작다.

수당 : 증가율이므로 과거값은 현재값보다 더 작다.

기본급과 수당중에, 기본급의 증가율이 더 크므로, 기본금의 과거값의 감소비율이 더 크다.

즉, 기본급이 수당보다 감소비율이 더 크므로, 기본급만 밑변만 작아진다고 생각하여 판단하자.

15.3%를 기준으로 넘치는 넓이(기본금)와 부족한 넓이(수당)를 비교하자.

넘치는 넓이(기본급) VS 부족한 넓이(수당)

→ 238↓×(17−15.3) VS 92×(15.3−10.3) → 238↓×1.7 < 92×50이다.

채워주는 넓이가 넘치는 넓이보다 작다. 15.3%를 기준으로 넘치는 넓이와 부족한 넓이는 같아야 한다.

따라서 채워주는 넓이가 더 커지기 위해 기본급의 증가율은 17% 이상이어야 한다.

정답 (X, O)

5 가중치총합

① 가중치총합이란?

〈표〉 '갑'의 영양소별 섭취량			
	탄수화물	단백질	지방
섭취량	82g	26g	11g
1g당 칼로리	4	4	9

Q. '갑'이 섭취한 영양소의 전체 칼로리는 얼마인가?

위 Q가 이번에 배울 유형인 '가중치총합'이다.
앞에서 배운 일반적인 총합의 경우는 단순히 개별영역의 점수를 더한 형태이다. 그러나 가중치총합은 영역마다 다른 가중치가 부과되어 영역 점수와 가중치를 곱한 값들을 더한 형태이다.

$$X = \sum (x_i \times n_i) \ (X = \text{가중치총합}, \ x = \text{영역의 점수}, \ n = \text{가중치})$$

앞에서 배웠듯 곱셈은 사각형의 넓이로 나타낼 수 있다. 따라서 가중치총합도 사각형의 넓이로 나타낼 수 있다.

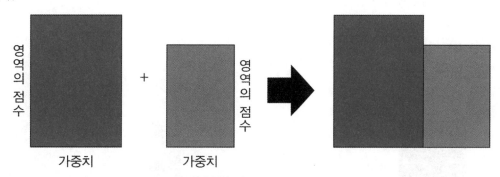

가중치총합 = 사각형의 전체 넓이(※ 가중치의 합이 100% 또는 1인 경우는 가중평균으로 생각하자)

사각형의 요소가 의미하는 것은 다음과 같다.

사각형		요소
높이	=	영역의 점수
밑변		가중치
넓이		가중치를 적용한 점수

② 가중치 총합 이미지로 이해하기

	탄수화물	단백질	지방
섭취량(영역의 점수)	82g	26g	11g
1g당 칼로리(가중치)	4	4	9

Q. '갑'이 섭취한 영양소의 전체 칼로리는 얼마인가?

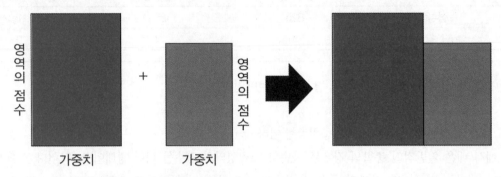

가중치총합은 사각형의 전체 넓이(영역의 점수 × 가중치)이므로
→ 82×4 + 26×4 + 11×9 = 328 + 104 + 99 = 531

③ 가중치 총합에 관점 적용하기

가중치총합 이미지 이해하기를 통해 알 수 있듯 관점을 적용하지 않고 문제를 풀기에는 계산량이 많다. 따라서 가중치총합에도 관점을 적용하여 계산량을 줄이자.

case.1 비교하기
㉠ 공통넓이 소거하기

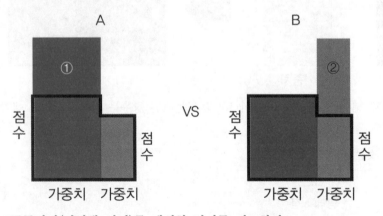

공통넓이(검정색 면적)를 제외한 넓이를 비교한다.
넓이(①) 〉 넓이(②) → A〉B
넓이(①) 〈 넓이(②) → A〈B

case.2 크기 구하기

ⓛ **공통점수 묶기 (넓이 = 가중치×영역의 점수)**

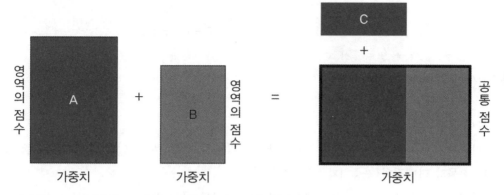

넓이(A) + 넓이(B) = 검정사각형 면적 + 넓이(C)

(넓이(C) = 넓이(A) − 밑변×높이)

ex1) $3×37 + 2×25 = 3×(25+12) + 2×25 = (3+2)×25 + 3×12 = 125+36 = 161$

ⓒ **공통가중치 묶기**

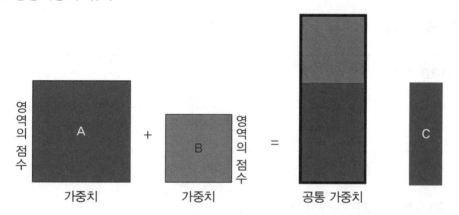

넓이(A) + 넓이(B) = 검정사각형 면적 + 넓이(C)

(넓이(C) = 넓이(A) − 밑변×높이)

ex2) $3×37 + 2×25 = (2+1)×37 + 2×25 = 2×(37+25) + 37 = 124+37 = 161$

	탄수화물	단백질	지방
점심식사 섭취량	82g	26g	31g
저녁식사 섭취량	42g	46g	41g
1g당 칼로리(가중치)	4	4	9

1) 점심과 저녁 중 더 많은 칼로리를 섭취한 식사는?

→ 비교하기 → 공통 섭취량 소거하기

탄수화물 42g 소거, 단백질 26g소거, 지방 31g 소거

점심식사 → 탄수화물: 40g   → 40 × 4   = 160

저녁식사 → 단백질: 20g 지방 10g → 20 × 4 + 10 × 9 = 170

→ 저녁식사에 더 많은 칼로리를 섭취하였다.

2) 저녁식사에 섭취한 칼로리는?

→ 크기 구하기 → 저녁식사의 경우, 탄, 단, 지 칼로리가 비슷하므로 공통점수를 묶자.

→ 40g 묶기

→ (40)×(4+4+9) + 2×4 + 6×4 + 1×9 = 40×17 + 8 + 24 + 9

→ 680 + 8 + 24 + 9 = 721

저녁식사는 721kcal를 섭취하였다.

3) 점심식사에 섭취한 칼로리는?

→ 크기 구하기 → 저녁식사의 경우, 탄, 단, 지 칼로리가 비슷하지 않다, 공통가중치를 묶자.

→ 탄수화물과 단백질의 가중치가 4로 같다.

→ 지방의 가중치인 9를 4+4+1로 생각하여 가중치 4를 묶을 때, 지방도 같이 묶자.

(※ 단, 4+4+1로 구성되므로 4에 2번 들어가고 1이 남는다는 것을 잊지 말자.)

→ 82×4 + 26×4 + 31×4 + 31×4 + 31×1

→ (82+26+31+31)×4 + 31 = 170×4 + 31 = 680+31 = 711

점심식사에는 711kcal를 섭취하였다.

④ 대표문제 같이 풀어보기

〈표〉 브랜드별 휴대폰 평가

	디자인	카메라	성능
A	8	5	7
B	5	2	10

※ 총점 = 디자인 × 5 + 카메라 × 3 + 성능 × 7

1. A브랜드의 총점이 B브랜드의 총점보다 높다. (O, X)

▶ 자료통역사의 관점 적용하기

1. (O)

A와 B의 비교를 요구한다. 따라서

㉠ 공통넓이 소거하기

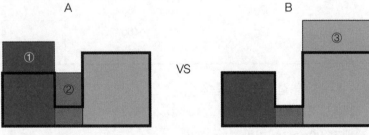

A 〉 B라고 하였으므로 공통을 소거한 ①+② 〉 ③ 이다.(※ 넓이 = 밑변(가중치) × 높이(점수의 차이) 순으로 기재)

① = 5×3, ② = 3×3 ③ = 7×3

①+② = (5×3) + (3×3) = 8×3, ③ = 7×3 이다. 따라서 ①+② 〉 ③이다. 즉, A 〉 B이다.

〈표〉 파워블로거 '갑'의 음식점 평가

	인테리어	서비스	맛
갑	6	5	8
을	5	2	10

※ 총점 = 인테리어 × 4 + 서비스 × 3 + 맛 × 7

1. 갑와 을 음식점의 총점은 모두 90점 이상이다. (O, X)

▶ 자료통역사의 관점 적용하기

1. (O)

크기를 구해야 한다. 갑 음식점의 경우, 점수의 크기가 고른 편이므로 ⓒ 공통점수 묶기를 이용해보자.

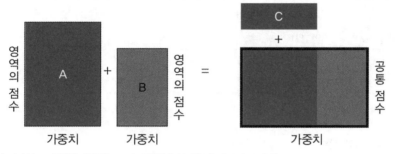

(※넓이 = 밑변(가중치) × 높이(점수의 차이) 순으로 기재)
갑 음식점의 경우 공통점수가 5점이므로, 5점을 공통으로 묶자.
= (4+3+7)×5 + 1×4 + 3×7
= 70 + 4 + 21 = 95점

을 음식점의 경우, 점수의 크기가 고르지 않으므로 ⓒ 공통가중치 묶기를 이용해보자.

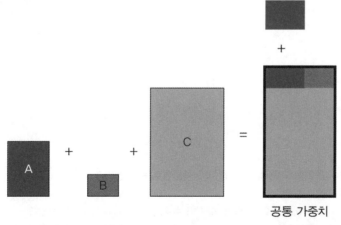

공통 가중치

A = 인테리어, B = 서비스, C = 맛
을 음식점 = 4×5 + 3×2 + 7×10
ⓒ 점수 묶기를 이용하여 A+B의 가중치를 7로 만들자. → 4×5 + 3×2 = 7×2+4×3
= 7×(2+10) + 4×3
= 84 + 12 = 96점

❺ 기출문제와 제작문제에 관점 적용해보기

다음 〈표〉는 어느 전공과목의 점수산출자료이다. 제시된 자료를 참고할 때, 경신과 근우의 학점을 바르게 짝지은 것은?

① 자료 파악
　점수 산출 자료

〈표 1〉 학년 및 항목별 평가 비중

학년＼평가항목	중간고사	기말고사	출석	보고서	발표	합
2학년	0.2	0.2	0.3	0.1	0.2	1.0
4학년	0.3	0.3	0.1	0.3	0	1.0

※ 최종점수는 평가점수에 가중치를 곱하여 더한 값임.

〈표 2〉 학생별 평가 점수

(단위: 점)

학생명	학년	평가항목				
		중간고사	기말고사	출석	보고서	발표
경신	2학년	60	50	100	90	80
근우	4학년	80	70	100	90	80

※ 개인평가 : 항목별 100점 만점 기준임.

〈표 3〉 학년별·점수별 학점 부여기준

학년＼점수구간	100～91점	90～81점	80～71점	70～61점	60점 이하
2학년	A		B		C
4학년	A	B	C	D	F

	경신	근우
①	A	B
②	B	B
③	B	C
④	C	B
⑤	C	C

Q ▷ 가중평균을 이용하여 풀 수 있는가?

▶ 자료통역사의 관점 적용하기

　ⓛ 공통점수 묶기

　크기에 대해 묻고 있다. 공통점수 묶기를 이용해보자. 경신의 공통점수는 50점이다. 공통점수를 제외한 남은 넓이를 확인해보면

$$10×0.2 + 50×0.3 + 40×0.1 + 30×0.2 = 2 + 15 + 4 + 6 = 27$$

　50 + 27 = 77점이므로 경신의 학점은 B이다.

　근우의 공통점수는 70점이다. 공통점수를 제외한 남은 넓이를 확인해보면

$$10×0.3 + 30×0.1 + 20×0.3 = 3+3+6 = 12$$

　70 + 12 = 82점이므로 근우의 학점은 B이다.

정답 ②

다음 〈표〉는 학생 '갑' ～ '무'의 중간고사 3개 과목 점수에 관한 자료이다. 이에 대한 〈보기〉의 설명 중 옳은 것만을 모두 고르면?

① 자료 파악
　중간고사 성적

〈표〉 '갑' ～ '무'의 중간고사 3개 과목 점수

(단위: 점)

과목 \ 성별	갑 남	을 여	병 ( )	정 여	무 남
국어	90	85	60	95	75
영어	90	85	100	65	100
수학	75	70	85	100	100

② 선지 재구성
　가중치를 대입 했을 시
　점수 정이 가장 커?

1. 국어, 영어, 수학 점수에 각각 0.4, 0.2, 0.4의 가중치를 곱한 점수의 합이 가장 큰 학생은 '정'이다. (O, X)

Q 〉가중평균처럼 생각해
　보는 것은 어떨까?

● 자료통역사의 관점 적용하기

1. (O)

'정'이 가장 큰지에 대해서 물어봤으므로 공통넓이 소거하기를 이용해보자.
정의 점수인 국어 95, 영어 65 수학 100을 소거하여 생각하자.
학생들 간 정과의 영어의 점수 차이는 최대 35점이다. (정 65점, 무 100점)
학생들 간 정과의 국어의 점수 차이는 최소 5점이다.
학생들 간 정과의 수학의 점수 차이는 최소 15점이다.
국어와 수학의 가중치가 영어 가중치의 2배이므로,
정은 다른 학생들에 비하여 최대 35점(영어)이 낮지만, 최소 (15+5)×2=40점(국어+수학)이 높기에,
정이 가장 높다.

정답 (O)

문 3. (5급 19-30)

다음 〈표〉와 〈그림〉은 '갑'요리대회 참가자의 종합점수 및 항목별 득점기여도 산정 방법과 항목별 득점 결과이다.

〈표〉 참가자의 종합점수 및 항목별 득점기여도 산정 방법

항목	가중치
맛	6
향	4
색상	4
식감	3
장식	3

- 종합점수 = (항목별 득점 × 항목별 가중치)의 합계
- 항목별 득점기여도 = $\dfrac{\text{항목별 득점} \times \text{항목별 가중치}}{\text{종합점수}}$

〈그림〉 전체 참가자의 항목별 득점 결과

(단위: 점)

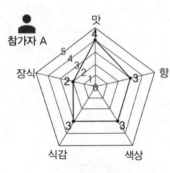

종합점수 = (　)

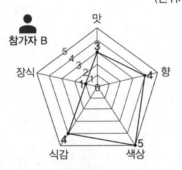

종합점수 = (　)

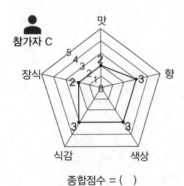

종합점수 = (　)

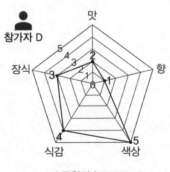

종합점수 = 57

※ 종합점수가 클수록 순위가 높음.

1. 참가자 C는 모든 항목에서 1점씩 더 득점하더라도 가장 높은 순위가 될 수 없다. (O, X)

2. 참가자 A의 '색상' 점수와 참가자 D의 '장식' 점수가 각각 1점씩 상승하여도 전체 순위에는 변화가 없다. (O, X)

---

① 자료 파악
요리대회 가중치 및 점수

② 선지 재구성
1. C가 모든 항목 1점 득점해도 1등 못해?
2. A는 색상 D는 장식 1점 득점해도 순위 안 변해?

Q > 다른 방법은 없을까?

A > 참가자 D를 이용 하자.

● 자료통역사의 관점 적용하기

ⓒ 공통가중치 묶기

크기에 대해 묻는 문제이다. 공통가중치 묶기를 이용해보자.

가중치의 구성은 6/4/4/3/3이므로 4와 4를 하나로, 3과 3을 묶어서 생각하면,

가중치의 구성이 6/4/3 으로 변화한다. 공통가중치가 3 이므로 3을 기준으로 모두 묶자.

가중치 6 = 3+3, 가중치 4 = 3+1이 된다.

6의 경우 3+3으로 3이 하나 더 존재하므로, 3이 두 개라고 생각하자.

(※ 넓이는 (가중치×점수) 순서로 서술)

참가자 A의 점수: 6×4 +   4×(3+3) + 3×(3+2)

                = (3+3)×4 + (3+1)×(3+3) + 3×(3+2) = 3×(4+4+3+3+3+2)+6 = 3×19+6 = 63점

참가자 B의 점수: 3×(3+3+4+5+4+1)+9 = 3×20+9 = 69점

참가자 C의 점수: 3×(2+2+3+3+3+2)+6 = 3×15+6 = 51점

참가자 D의 점수: 3×(2+2+1+5+4+3)+6 = 3×17+6 = 57점

1. (X)

참가자 C가 모든 항목에서 1점씩 더 득점하면 20점이 추가된다. 71점이므로 1등이 된다. 즉, 전체 순위에 변화가 있다.

2. (O)

참가자 A에게 색상 1점 → 67점, 참가자 D에게 장식 1점 → 60점이다. 즉, 전체 순위에 변화가 없다.

정답 (X, O)

문 4. (5급 11-31)

다음 〈표〉는 주요국의 RFID 기술별 기술수준과 연구개발단계 비중에 대한 자료이다. 통신기술의 연구개발단계지수 산출공식을 이용하여 〈표〉에 제시된 국가 중 세 번째로 값이 큰 국가는?

〈표〉 주요국의 RFID 통신기술별 연구개발단계 비중

(단위: %)

연구 개발단계	미국	일본	독일	한국	대만	중국	인도
기초연구	0.0	1.4	0.0	1.4	31.6	30.1	39.7
응용연구	17.8	39.7	26.0	28.7	43.8	50.7	42.5
선행개발	31.5	28.8	50.7	60.3	20.5	19.2	16.4
상용화개발	50.7	30.1	23.3	9.6	4.1	0.0	1.4
소계	100.0	100.0	100.0	100.0	100.0	100.0	100.0

───── 〈연구개발단계지수 산출공식〉 ─────

연구개발단계지수 = 1 × (기초연구 비중) + 2 × (응용연구 비중) + 3 × (선행개발 비중) + 4 × (상용화개발 비중)

① 일본   ② 독일   ③ 한국
④ 대만   ⑤ 중국

① 자료 파악
 통신기술 연구개발

Q ▷ 가중치를 다른 방식으로 가공할 수는 없을까?

A ▷ 다양한 방법이 있다.

▶ 자료통역사의 관점 적용하기

크기에 대해서 물어보기 때문에, 공통가중치 묶기를 이용해보자.

ⓒ 공통가중치 묶기

주어진 산출공식에 의하여 공통가중치로 묶을 수 있는 부분은 1 뿐이다. 1을 묶으면 생략되는 계산의 양이 적다. 따라서 가중평균에서 배운, 부족한 넓이를 넘치는 넓이가 채워준다는 개념을 이용하여, 가중치 2를 공통으로 묶어 보자.
(※ 가중치 1은 부족한 넓이, 가중치 3과 가중치 4는 넘치는 넓이)
(※ 넓이는 (가중치×비중) 순서로 서술)

미국의 경우 $(1-2) \times 0.0 + (2-2) \times 17.8 + (3-2) \times 31.5 + (4-2) \times 50.7 = 1 \times 31.5 + 2 \times 50.7$

→ 공통가중치 묶기의 기준을 2로 생각한 결과를 보면 가중치 3과 가중치 4의 점수가 높은 국가 위주로 생각하여 3등을 찾으면 된다는 것을 알 수 있다. 대만과 중국의 경우 가중치 3,4의 점수가 매우 낮다.

일본의 경우 $(1-2) \times 1.4 + (2-2) \times 39.7 + (3-2) \times 28.8 + (4-2) \times 30.1$
$= -1 \times 1.4 + 1 \times 28.8 + 2 \times 30.1 = -1.4 + 28.8 + 60.2 = 90 \downarrow$

독일의 경우 $(1-2) \times 0.0 + (2-2) \times 26.0 + (3-2) \times 50.7 + (4-2) \times 23.3$
$= 1 \times 50.7 + 2 \times 23.3 = 50.7 + 46.6 = 90 \uparrow$

한국의 경우 $(1-2) \times 1.4 + (2-2) \times 28.7 + (3-2) \times 60.3 + (4-2) \times 9.6$
$= -1 \times 1.4 + 1 \times 60.3 + 2 \times 9.6 = -1.4 + 60.3 + 19.2 = $ 일본↓

독 〉 일 〉 한 순이므로, 일본이 3등이다.

정답 ①

MEMO

극단으로

극단값을 생각하여
선지의 반례를 확인하자

1 극단으로

1 극단으로란?

〈표〉 '갑'씨네 자녀들의 키와 몸무게

	첫째	둘째	셋째
키	165	158	182
몸무게(kg)	54	48	78

Q1. '갑'씨네 자녀의 키는 160cm 이상이다.
Q2. '갑'씨네 자녀의 체중은 80kg 이하이다.

위 Q가 이번에 배울 유형인 '극단으로'이다.
앞에서 배운 유형들과 달리 '극단으로'의 경우, 1 : 1 매칭이 아니라 다양한 값으로 주어지는 범위성 정보와 선지를 비교하는 형태이다.
즉, 선지를 옳다고 판단하려면 주어진 범위 모두가 선지에 해당하는 경우여야 한다.

예를 들어,
Q1 첫째는 160cm 이상이나, 둘째는 160cm 이하이므로 모두 160cm 이상이라고 할 수 없다.
Q2 첫째 80kg 이하, 둘째 80kg 이하, 셋째 80kg 이하이므로 모두 80kg 이하이다.

❷ 극단으로에 관점 적용하기

후보군에서 말한 것처럼, "반례는 없는가?" 라는 시선으로 살펴보는 것이 중요하다. 위 Q를 해결하기 위해 첫째~셋째까지 모두 해당 선지의 내용을 만족하는지 확인하였다. 하지만 그럴 필요가 있을까?

Q1에서 키가 160cm 이상인지 묻는다.

키가 가장 작은 둘째가 160cm 이상이라면, 당연히 모두 160cm 이상일 것이다.

Q2에서는 몸무게가 80kg 이하인지 묻는다.

이 때, 몸무게가 가장 많이 나가는 셋째가 80kg 이하라면 당연히 모두 80kg 이하일 것이다.

이처럼 범위성 정보가 주어지는 '극단으로' 유형에서는 모든 값을 확인하지 말고 '극단값'을 이용하여 반례를 찾는다는 생각으로 정오를 판단하면 '계산량'을 줄일 수 있다.

극단으로의 정오 판단

㉠ 'A는 n 이상'이다.

'A는 n 이상'의 판별법은 A가 n보다 작아질 수 있는지 생각하는 것이다.

→ 선지의 재구성: A가 n보다 작은 경우 없어? / A의 최솟값이 n보다 커?

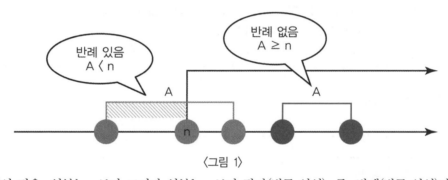

〈그림 1〉

1. A가 회색인 경우, 일부는 n보다 크지만 일부는 n보다 작다(빗금 영역). 즉, 반례(빗금 영역)가 존재한다.
2. A가 파란색인 경우, 모든 경우가 n보다 크기 때문에 반례가 없다.

㉡ 'A는 n 이하'이다.

'A는 n 이하'의 판별법은 A가 n보다 커질 수 있는지 생각하는 것이다.

→ 선지의 재구성: A가 n보다 큰 경우 없어? / A의 최댓값이 n보다 작아?

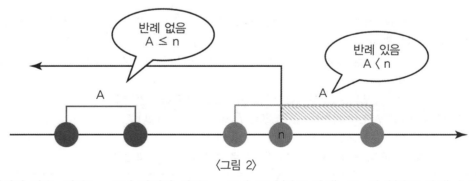

〈그림 2〉

1. A가 회색인 경우, 일부는 n보다 작지만 일부는 n보다 크다(빗금 영역). 즉, 반례(빗금 영역)가 존재한다.
2. A가 파란색인 경우, 모든 경우가 n보다 크기 때문에 반례가 없다.

❸ 대표문제 같이 풀어보기

〈표〉 A대학교의 통학 소요시간별 재학생수

구분 \ 통학 소요시간	0분 이상~30분 미만	30분 이상~1시간 미만	1시간 이상~2시간 미만	전체
재학생수	1,860	1,680	1,060	4,600

1. 통학 소요시간이 1시간 30분 이하인 A대학교 재학생은 3,700명 이하이다. (O, X)

▶ 자료통역사의 관점 적용하기

1. (X)

통학 소요시간 1시간 30분 이하인 학생은 범위성 정보이다. 통학시간 소요시간 1시간 이상 2시간 미만의 학생 중 몇명이 1시간 30분 이하인지 알 수 없다. 1시간 30분 이하인 학생 = 1,860+1680~1,860+1680+1060 = 3,540~4,600

이 보기의 유형은 'A는 n명 이하'이다. → 좌측의 〈그림2〉

→'A는 n 이하'의 판별법은 A가 n보다 커질 수 있는지 생각하는 것이다.

→ 선지의 재구성: A가 n보다 큰 경우 없어? / A의 최댓값이 n보다 작아?

n = 3,700명이고, 1시간 30분 이하인 학생의 범위는 3,540~4,600이다.

즉, A가 n보다 큰 경우가 존재한다. 따라서 옳지 않다. (A = 회색 범위)

〈표〉 '갑'의 PSAT 성적

언어논리	자료해석	상황판단	평균
50	( )	80	( )

※ 1) 갑은 과락 및 평락이 없음.
  2) 과락은 과목 점수가 40점 미만, 평락은 평균 점수가 60점 미만을 의미함.

1. 자료해석 점수는 50점 이상이다. (O, X)

▶ 자료통역사의 관점 적용하기

1. (O)

'갑'의 자료해석 점수로 가능한 범위는 각주를 통해 확인할 수 있다. 과락조건에 따르면 갑의 자료해석 점수 범위는 40~100점이다. 평락조건에 따르면 갑의 PSAT 성적의 총합은 180점 이상이다. 따라서 자료해석의 점수 범위는 50~100점이다. 두 조건을 동시에 만족시키는 자료해석의 점수는 50~100점 사이이다.

이 보기의 유형은 'A는 n명 이상'이다. → 좌측의 〈그림1〉

→ 'A는 n 이상'의 판별법은 A가 n보다 작아질 수 있는지 생각하는 것이다.

→ 선지의 재구성: A가 n보다 작은 경우 없어? / A의 최솟값이 n보다 커?

n은 40이고, 갑의 자료해석 점수의 범위는 50~100이다.

즉, A가 n보다 작아지는 경우는 존재하지 않으므로 옳다. (A = 파란색 범위)

❹ 기출문제와 제작문제에 관점 적용해보기

문 1. (민 16-23)

다음 〈표〉는 A지역의 저수지 현황에 대한 자료이다. 이에 대한 〈보기〉의 설명 중 옳은 것만을 모두 고르면?

〈표 1〉 관리기관별 저수지 현황

(단위: 개소, 천m³, ha)

관리기관 \ 구분	저수지 수	총 저수용량	총 수혜면적
농어촌공사	996	598,954	69,912
자치단체	2,230	108,658	29,371
전체	3,226	707,612	99,283

〈표 2〉 저수용량별 저수지 수

(단위: 개소)

저수용량 (m³)	10만 미만	10만 이상 50만 미만	50만 이상 100만 미만	100만 이상 500만 미만	500만 이상 1,000만 미만	1,000만 이상	합
저수지 수	2,668	360	100	88	3	7	3,226

1. 저수용량이 '50만 이상 100만 미만'인 저수지의 저수용량 합은 전체 저수지 총 저수용량의 5% 이상이다. (O, X)

① 자료 파악
  저수지의 분류

② 선지 재구성
  저수용량 50만~100만의 저수지 저수용량의 합 전체의 5% 이상이야?

▶ 자료통역사의 관점 적용하기

1. (O)

〈표 2〉에 주어진 저수용량은 범위성 정보이다.

50만 이상 100만 미만의 합이 5% 이상이야? → A가 n 이상이야?

이 보기의 유형은 'A는 n명 이상'이다.

→ 'A는 n 이상'의 판별법은 A가 n보다 작아질 수 있는지 생각하는 것이다.

→ 선지의 재구성: A가 n보다 작은 경우 없어? / A의 최솟값이 n보다 커?

저수용량이 50만 이상 100만 미만인 저수지의 저수용량은 모두 50만이라고 생각하자.

최소 저수용량은 50만 × 100= 5,000만m³이다.

〈표 1〉에 주어진 전체 저수용량값을 만m³으로 변환하면, $\dfrac{5,000(\text{만}\,m^3)}{70,761(\text{만}\,m^3)}$ 〉 5% 이다.

저수용량의 최솟값이 5%보다 크므로 옳다.

정답 (O)

문 2. (5 15-26)

다음 〈표〉는 통근 소요시간에 따른 5개 지역(A ~ E) 통근자 수의 분포를 나타낸 자료이다. 이에 대한 〈보기〉의 설명 중 옳은 것만을 모두 고르면?

① 자료 파악
  지역별 통근소요시간

〈표〉 통근 소요시간에 따른 지역별 통근자 수 분포

(단위: %)

소요시간 지역	30분 미만	30분 이상 1시간 미만	1시간 이상 1시간 30분 미만	1시간 30분 이상 3시간 미만	합
A	30.6	40.5	22.0	6.9	100.0
B	40.6	32.8	17.4	9.2	100.0
C	48.3	38.8	9.7	3.2	100.0
D	67.7	26.3	4.4	1.6	100.0
E	47.2	34.0	13.4	5.4	100.0

② 선지 재구성
  1. E지역 통근시간 22분 이상이야?

※ 각 지역 통근자는 해당 지역에 거주하는 통근자를 의미함.

1. E지역 통근자의 평균 통근 소요시간은 22분 이상이다. (O. X)

Q > 넘치는 넓이가 부족한 넓이를 채워주는 개념으로 접근하면 어떻게 될까?

▶ 자료통역사의 관점 적용하기

1. (O)

주어진 통근 소요시간이 범위성 정보이다.
E지역 평균 통근 시간이 22분 이상이야? → A가 n 이상이야?
이 보기의 유형은 'A는 n명 이상'이다.
→ 'A는 n 이상'의 판별법은 A가 n보다 작아질 수 있는지 생각하는 것이다.
→ 선지의 재구성: A가 n보다 작은 경우 없어? / A의 최솟값이 n보다 커?
각 소요시간을 각각의 최솟값으로 생각하자.
통근 소요시간분포는 다음과 같다.
0분: 47.2%, 30분: 34.0%, 60분: 13.4%, 90분: 5.4%
이 중, 30분, 60분, 90분을 곱셈찢기를 이용해서 30분씩 따로 묶어 계산하자.
30분 × (1×34% + 2×13.4% + 3×5.4%) = 30분 × (34% + 26.8% + 16.2%)
= 30분 × (77%) = 23.1분
최솟값이 22분보다 크다. 따라서 E지역 통근자의 평균 통근 소요시간은 22분 이상이다.

정답 (O)

문 3. (제작문제)

다음 〈표〉는 '갑'시의 아파트의 크기별 가격에 대한 자료이다.

〈표〉 아파트 크기별 평당 가격

(단위: 만원)

아파트명＼평형	28	33	39
이자 아파트	1,000~1,200	900~950	800~820
안미레 아파트	1,100~1,300	700~860	830~860

1. 28평형 이자아파트의 가격은 33평형 안미레 아파트보다 비싸다. (O, X)

2. 33평형 이자아파트의 가격은 39평형 안미레 아파트보다 싸다. (O, X)

① 자료 파악
  아파트 크기별 가격

② 선지 재구성
  1. 28평 이자가 33평 안미레보다 비싸?
  2. 33평 이자가 39평 안미레보다 싸?

▶ 자료통역사의 관점 적용하기

1. (X)

주어진 아파트의 가격은 모두 범위성 정보이다.
28평형 이자는 33평형 안미레보다 비싼가?
→ 가장 저렴한 28평형 이자의 가격이 가장 비싼 33평형 안미레보다 비싼가?
가장 저렴한 28평형 이자 = 28×1,000
가장 비싼 33평형 안미레 = 33×860
→ 사각 테크닉을 통해서 비교해보자. (공통 = 28×860)
28×140 VS 5×860 → 5×860이 더 크다.
(28×140 = 2×14×140 = 2×1,960 = 4000↓)
→ 이자보다 안미레가 비싼 경우가 존재한다.

2. (O)

주어진 아파트의 가격은 모두 범위성 정보이다.
33평형 이자는 39평형 안미레보다 싼가?
→ 가장 비싼 33평형 이자의 가격이 가장 저렴한 39평형 안미레보다 싼가?
가장 비싼 33평형 이자 = 33×950
가장 저렴한 39평형 안미레 → 39×830
→ 사각 테크닉을 통해서 비교해보자. (공통 = 33×830)
33×120 VS 6×830 → 6×830이 더 크다.
(33×12 = 396 이기 때문)
→ 이자보다 안미레가 싼 경우는 없으므로 33평형 이자는 39평형 안미레보다 싸다.

정답 (X, O)

문 4. (행 18–13)

다음 〈표〉는 대학 평판도에 관한 자료이다. 〈표〉를 보고 물음에 답하시오.

〈표 1〉 대학 평판도 지표별 가중치

지표	지표 설명	가중치
가	향후 발전가능성이 높은 대학	10
나	학생 교육이 우수한 대학	5
다	입학을 추천하고 싶은 대학	10
라	기부하고 싶은 대학	5
마	기업의 채용선호도가 높은 대학	10
바	국가·사회 전반에 기여가 큰 대학	5
사	지역 사회에 기여가 큰 대학	5
가중치 합		50

〈표 2〉 A ~ H 대학의 평판도 지표점수 및 대학 평판도 총점

(단위: 점)

지표＼대학	A	B	C	D	E	F	G	H
가	9	8	7	3	6	4	5	8
나	6	8	5	8	7	7	8	8
다	10	9	10	9	( )	9	10	9
라	4	6	6	6	( )	( )	( )	6
마	4	6	6	6	( )	( )	8	6
바	10	9	10	3	6	4	5	9
사	8	6	4	( )	7	8	9	5
대학 평판도 총점	( )	( )	( )	( )	410	365	375	( )

※ 1) 지표점수는 여론조사 결과를 바탕으로 각 지표별로 0 ~ 10 사이의 점수를 1점 단위로 부여함.
　2) 지표환산점수(점) = 지표별 가중치 × 지표점수
　3) 대학 평판도 총점은 해당 대학 지표환산점수의 총합임.

1. 지표 '라'의 지표점수는 F 대학이 G 대학보다 높다. (O, X)

① 자료 파악
　대학평판도 점수

② 선지 재구성
　1. 지표 '라' F가 G
　　보다 높아?

▶ 자료통역사의 관점 적용하기

1. (O)

F대학의 경우, 총점과 지표의 관계를 통해 도출할 수 있는 방정식은 1개이다. 그러나 빈칸은 2개이다. 즉, 빈칸이 방정식보다 적으므로 부정방정식이다. 부정방정식의 빈칸은 범위성 정보이다. F대학의 빈칸을 범위성 정보이다.
F대학이 G대학보다 높다 →　A(F대학)가 n(G대학) 이상이야? → A(F대학)가 n(G대학)보다 작아질 수 있을까?
공통과 차이를 생각하여 공통을 소거하자. 차이는 G가 가=1, 나=1, 다=1, 바=1, 사=1점 더 높고, 총점은 10점 더 높다.
가~사의 가중치를 고려하면 G는 10+5+10+5+5 = 35점이 높아야 한다. 즉, 라와 마에서 25점의 감점이 있다.
정오판단을 위해서는 F대학의 '라' 지표점수가 G대학보다 작아질 수 있는지 확인하면 된다. 따라서 마의 차이값을 최대로 만들자. → 지표의 최대점수가 10점이므로 F의 마를 10점으로 생각하자.
F와 G의 마 차이값은 20점이다. 여기에 25점 감점이 필요하다. 그런데 20점만 감소되었으므로 라 지표는 F대학이 G대학보다 작아질 수 없다. 따라서 F대학이 G대학보다 높다.

정답 (O)

다음 〈표〉는 가정용 정화조에서 수집한 샘플의 수중 질소 성분 농도를 측정한 자료이다. 이에 대한 〈보기〉의 설명 중 옳은 것만을 모두 고르면?

① 자료 파악
　샘플의 질소 농도

〈표〉 수집한 샘플의 수중 질소 성분 농도

(단위: mg/L)

항목 샘플	총질소	암모니아성 질소	질산성 질소	유기성 질소	TKN
A	46.24	14.25	2.88	29.11	43.36
B	37.38	6.46	( )	25.01	( )
C	40.63	15.29	5.01	20.33	35.62
D	54.38	( )	( )	36.91	49.39
E	41.42	13.92	4.04	23.46	37.38
F	( )	( )	5.82	( )	34.51
G	30.73	5.27	3.29	22.17	27.44
H	25.29	12.84	( )	7.88	20.72
I	( )	5.27	1.12	35.19	40.46
J	38.82	7.01	5.76	26.05	33.06
평균	39.68	( )	4.34	( )	35.34

② 선지 재구성
　샘플 F 암모니아가 유
　기성보다 높아?

※ 1) 총질소 농도 = 암모니아성 질소 농도 + 질산성 질소 농도 + 유기성 질소 농도
　 2) TKN 농도 = 암모니아성 질소 농도 + 유기성 질소 농도

1. 샘플 F는 암모니아성 질소 농도가 유기성 질소 농도보다 높다. (O, X)

● 자료통역사의 관점 적용하기

1. (X)

　샘플 F의 암모니아성 질소와 유기성 질소의 경우 TKN과의 관계를 통한 방정식은 1개만 나오는데, 빈칸은 2개가 존재한다. 즉, 빈칸이 방정식보다 적으므로 부정방정식이다. 부정방정식의 빈칸은 범위성 정보이다. 샘플 F의 암모니아성 질소와 유기성 질소는 범위성 정보이다. 암모니아성 질소가 유기성 질소 높다 → A(암모니아성 질소)가 n(유기성 질소) 이상이 %이다.
　→ A(암모니아성 질소)가 n(유기성 질소)보다 작아질 수 있을까? 암모니아성 질소와 유기성 질소에 대한 추가 제약이 없으므로 작아질 수 있다.

정답 (X)

문 6. (민 실-19)

다음 〈표〉는 A, B, C, D, E 지역으로만 이루어진 어떤 나라의 어린이 사망률에 대한 자료이다. 이에 대한 〈보기〉의 설명 중 옳은 것은?

① 자료 파악
지역별 어린이 사고 사망률

〈표〉 2010년 지역별 어린이 사고 사망률

(단위: 명)

지역	사고 사망률	운수사고 사망률
A	4.5	2.0
B	5.0	2.5
C	12.0	6.0
D	15.0	8.0
E	12.0	8.0
전체	6.7	( )

※ 사망률은 인구 십만명당 사망자수를 의미함

② 선지 재구성
1. A,B 인구가 C,D,E 인구 보다 많아?

1. 2010년 A, B 지역의 인구의 합계는 C, D, E 지역 인구의 합계보다 많다. (O, X)

▶ 자료통역사의 관점 적용하기

1. (O)

$$사망률 = \frac{전체\ 사망자수}{전체\ 인구/100,000} = \frac{\sum(지역별\ 사망자수)}{\sum(지역별\ 인구/100,000)}$$

→ 부분의 비(A,B,C,D,E 지역)가 모여 전체의 비(전체)를 이루는 형태이다.
→ 즉, 가중평균이 가능한 형태
A,B지역은 채워지는 역할, C,D,E는 채워주는 역할
→ 넘치는 넓이 = 채워주는 넓이 → (※넓이 = 밑변 × 높이)
높이에 대한 정보는 있으나 밑변(인구수)에 대한 정보는 불확실하다. → 즉, 범위성 정보
A,B지역의 인구 합계가 C,D,E지역의 인구 합계보다 많다.
→ A,B의 밑변은 가장 작게, C,D,E는 밑변은 가장 크게 만들어도 A,B의 밑변이 길까?
→ A,B의 밑변을 가장 작게 만들기 위해서는, 우선 채움받는 넓이는 작아야한다.
→ C,D,E는 전체 높이와의 차이값은 가장 작게, 12.0 → 12.0-6.7 = 5.3
→ 채움받는 넓이가 고정됐다면, 높이가 크면 클수록 너비가 작아지므로, 높이의 차이값은 커야한다.
→ A,B는 전체 높이와의 차이값은 가장 크게, 4.5   → 6.7-4.5 = 2.2
→ 밑변을 가장 작게 만들어도 A,B지역 인구 합계가 C,D,E지역의 인구 합계보다 많다.

정답 (O)

다음 〈표〉는 학생 '갑' ~ '무'의 중간고사 3개 과목 점수에 관한 자료이다. 이에 대한 〈보기〉의 설명 중 옳은 것만을 모두 고르면?

〈표〉 '갑' ~ '무'의 중간고사 3개 과목 점수

(단위: 점)

학생 과목　　성별	갑 남	을 여	병 ( )	정 여	무 남
국어	90	85	60	95	75
영어	90	85	100	65	100
수학	75	70	85	100	100

1. '갑' ~ '무'의 성별 수학 평균 점수는 남학생이 여학생보다 높다. (O, X)

① 자료 파악
　　중간고사 점수

② 선지 재구성
　　수학 평균 남학생이 여학생보다 높아?

Q ﹥ 알 수 없다고 생각했는가? 왜 그렇게 생각했는가?
다음에 그러지 않기 위해 무엇이 필요한가?

▶ 자료통역사의 관점 적용하기

1. (O)
병의 성별을 알 수 없으므로 평균점수는 범위성 정보이다.
남학생이 여학생보다 높다. → 남학생은 최소로, 여학생은 최대로
병을 제외한 남학생의 수학 평균점수: 87.5점
병을 제외한 여학생의 수학 평균점수: 85점
병의 19점수는 85점이다. 따라서 병이 남학생이라고 가정하면 남학생의 평균점수를 낮춘다.
87.5점과 85점을 가중평균하면 85점보다 높다.
즉, 남학생 점수를 최소로, 여학생 점수를 최대로 하여도 남학생이 여학생보다 높다.

정답 (O)

문 8. (행 11-40)

다음은 2010년 F-1 자동차 경주대회에 대한 자료이다. 이에 대한 〈보기〉의 설명 중 옳은 것을 모두 고르면?

─── 〈2010년 F-1 자동차 경주대회 방식〉 ───

• 2010년 F-1 자동차 경주대회는 연 19회의 그랑프리 대회를 통하여 획득한 점수를 합산하여 시상한다.
• 2010 코리아 그랑프리 대회는 2010년 F-1 자동차 경주대회의 17번째 그랑프리 대회이다.
• 누적점수가 높은 순으로 드라이버 순위를 선정한다.

① 자료 파악
　F-1 자동차 경주대회

② 선지 재구성
　1. 1위 후보 5명이야?

〈표 1〉 2010 코리아 그랑프리 대회 전의 상위권 드라이버 순위

순위	드라이버	누적점수(점)
1	웨버	220
2	알론소	207
3	베텔	206
4	해밀턴	192
5	버튼	189
6	마사	128
7	로스버그	122
8	쿠비차	114
9	슈마허	54
10	수틸	47

〈표 2〉 2010 코리아 그랑프리 대회의 기록

순위	드라이버	1위와의 기록차이(초)	획득점수(점)
1	알론소	–	25
2	해밀턴	+14.9	18
3	마사	+30.8	15
4	슈마허	+39.6	12
5	쿠비차	+47.7	10
6	리우찌	+53.5	8
7	바리첼로	+69.2	6
8	가무이	+77.8	4
9	하이트펠트	+80.1	2
10	훌켄버그	+80.8	1

※ 1) 동명이인의 드라이버는 없다.
　 2) 그랑프리의 순위별 획득점수는 모든 대회가 동일 함.

1. 2010년 F-1 자동차 경주대회의 18, 19번째 그랑프리 대회 결과에 따라 최종 드라이버 순위 1위가 될 수 있는 드라이버는 모두 5명이다. (O, X)

● 자료통역사의 관점 적용하기

1. (O)

18, 19번째의 대회의 결과는 정확한 값을 알 수 없는 범위성 정보이다.

→ 즉, 극단적으로 생각하자.

18, 19번째 대회에서 모두 1등이라고 가정하면 최대로 받을 수 있는 점수는 50점이다.

따라서 50점을 추가 획득 시 우승이 가능한 드라이버를 생각하자.

〈표 1〉은 코리아 그랑프리 대회전, 즉 16번째까지의 경기의 누적점수이고,

〈표 2〉는 17번째 대회의 점수이다. 17번째 대회 이후의 1등은 207+25=232점의 알론소이다.

알론소를 외의 다른 선수가 최종 1등을 하기 위한 최소 점수는 233점이다.

즉, 17번째 대회 이후 점수는 (233−50=) 183점 이상이어야 한다.

〈표 1〉과 〈표 2〉에 따르면 17번째 대회까지 183점 이상인 선수는 5명이다.

정답 (O)

문 9. (행 11-4)

다음 〈표〉는 농구대회의 중간 성적에 대한 자료이다. 이에 대한 설명 중 옳지 않은 것은?

〈표〉 농구대회 중간 성적(2012년 2월 25일 현재)

순위	팀	남은 경기 수	전체 승수	전체 패수	남은 홈 경기 수	홈 경기 승수	홈 경기 패수	최근 10경기 승수	최근 10경기 패수	최근 연승 연패
1	A	6	55	23	2	33	7	9	1	1 패
2	B	6	51	27	4	32	6	6	4	3 승
3	C	6	51	27	3	30	9	9	1	1 승
4	D	6	51	27	3	16	23	5	5	1 승
5	E	5	51	28	2	32	8	7	3	1 패
6	F	6	47	31	3	28	11	7	3	1 패
7	G	6	47	31	4	20	18	8	2	2 승
8	H	6	46	32	3	23	16	6	4	2 패
9	I	6	40	38	3	22	17	4	6	2 승
10	J	6	39	39	2	17	23	3	7	3 패
11	K	5	35	44	3	16	23	2	8	4 패
12	L	6	27	51	3	9	30	2	8	6 패
13	M	6	24	54	3	7	32	1	9	8 패
14	N	6	17	61	3	7	32	5	5	1 승
15	O	6	5	73	3	1	38	1	9	3 패

※ 1) '최근 연승 연패'는 최근 경기까지 몇 연승(연속으로 이김), 몇 연패(연속으로 짐)를 했는지를 뜻함. 단, 연승 또는 연패하지 않은 경우 최근 1경기의 결과만을 기록함.
2) 각 팀은 홈과 원정 경기를 각각 42경기씩 총 84경기를 하며, 무승부는 없음.
3) 순위는 전체 경기 승률이 높은 팀부터 1위에서 15위까지 차례로 결정되며, 전체 경기 승률이 같은 경우 홈 경기 승률이 낮은 팀이 해당 순위보다 하나 더 낮은 순위로 결정됨
4) 전체(홈경기) 승률 = $\dfrac{\text{전체(홈 경기)승수}}{\text{전체(홈 경기)승수} + \text{전체(홈 경기)패수}}$

1. I팀의 최종 순위는 남은 경기 결과에 따라 8위가 될 수 있다. (O, X)

2. 남은 경기 결과에 따라 1위 팀은 변경될 수 있다. (O, X)

▶ 자료통역사의 관점 적용하기

1. (O)

현재 I팀은 40승, 8위인 H팀은 46승이다. 이제 '극단적으로' 생각하여 I는 남은 경기를 모두 승리하고, H는 모두 패배한다고 가정하자. I는 총 46승, 홈경기는 25승을 하였고, H는 총 46승, 홈경기는 23승을 하였다. 즉, I가 H를 이기는 경우가 존재한다.

2. (O)

현재 1위 팀의 승리 횟수는 55승이다. 그런데 1위 팀이 남은 경기를 모두 지고, 2~5위 팀 중 한 팀이라도 남은 경기를 모두 이긴다면 1위가 될 수 있다.

정답 (O, O)

Right margin annotations:

① 자료 파악
농구 대회 중간성적

② 선지 재구성
1. I팀 8위 못돼?
2. 1위팀 바뀔 수 있어?

다음 〈표〉는 '고릴라'배 테니스 시합 결과에 대한 자료이다.

〈표〉 갑과 을의 테니스 시합결과

(단위 : 점)

참가자 \ 세트	1세트	2세트	3세트	총득점
갑	( )	( )	( )	8점
을	( )	( )	( )	7점

※ 1) 3점을 득점하면 1세트를 승리한다.
　 2) 2개의 세트를 승리하면 최종 승리한다.

1. 테니스 시합은 갑이 최종 승리하였다. (O, X)

2. 을은 3세트에서 2점을 득점하였다. (O, X)

① 자료 파악
　 테니스 결과

② 선지 재구성
　 1. 최종승리 갑이야?
　 2. 을 3세트 2점
　　 득점?

● 자료통역사의 관점 적용하기

1. (O)

　각 세트의 득점 결과는 숫자 0~3으로 구성된다.
　갑의 경우, 8점을 득점하였으므로 0~3의 숫자로 구성할 수 있는 경우의 수는 (2,3,3) 뿐이다.
　즉, 갑은 무조건 2번의 승리를 해야 한다. 따라서 갑이 최종 승리한다.

2. (O)

　각 세트의 득점 결과는 숫자 0~3으로 구성된다.
　을의 경우, 7점을 득점하였으므로 0~3의 숫자로 구성할 수 있는 경우의 수는 (1,3,3), (2,2,3)이다.
　갑이 최종 승리하였으므로 을은 1세트만 이겨야 한다. 따라서 숫자의 구성은 (2,2,3)이 된다.
　만약 갑이 1,2세트를 승리했다면, 3세트 경기는 치러질 수 없다.
　즉, 3세트는 무조건 갑이 이겨야 하기 때문에 3세트 을의 점수는 2점이다.

정답 (O, O)

2 순위와 점수

❶ 순위와 점수란?

Q. 1등의 성적이 90점이다. 그렇다면, 2등의 성적은 몇 점일까?

위 Q와 같이 등수를 이용하여 다른 등수들의 점수의 범위를 추론하는 것을 '순위와 점수' 유형이라고 부른다. 앞에서 배운 '극단으로'와 마찬가지로 추론 결과는 범위성 정보이다. 즉, 주어진 범위 모두 선지의 조건을 만족하는 경우에만 옳다고 판단할 수 있다.

❷ 순위와 점수에 관점 적용하기

'순와와 점수'도 후보군에서 배웠듯 "반례는 없는가?" 라는 시선으로 살펴보는 것이 중요하다. 반례의 존재를 확인해야 하므로 '극단값'을 생각하여 선지의 정오를 판단하자. 이후 배울 '집합'과 '설문조사' 역시 같은 논리이므로 해당 유형에 관한 설명은 생략하겠다.

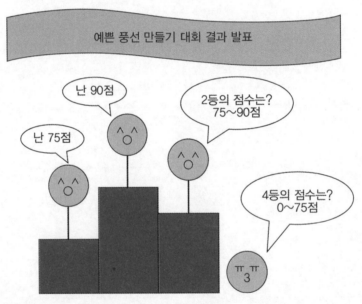

2등의 점수는 1등보다는 낮고, 3등보다는 높다. 즉, 2등의 점수는 75~90 사이의 값이다.

3등 이내에 들지 못해 울고 있는 풍선의 점수는 75점보다 낮다.

즉, 순위 권 밖의 점수는 0~75사이의 점수를 지니게 된다.

순위 정보는 범위성 정보를 제시하기 때문에 정오판단 시 '극단적으로' 생각해야 한다.

'A는 n 이상'이다. → 선지의 재구성: A가 n보다 작은 경우 없어?

'A는 n 이하'이다. → 선지의 재구성: A가 n보다 큰 경우 없어?

❸ 대표문제 같이 풀어보기

〈표〉 신재생 에너지 지역별 생산량

순위	태양광		태양열	
	지역	생산량	지역	생산량
1위	A	8,948	A	1,984
2위	B	4,896	B	1,578
3위	C	( )	F	785
4위	D	1,587	D	532
5위	E	595	G	( )

1. C지역에서 생산한 태양광 에너지는 G지역에서 생산한 태양열 에너지의 3배 이상이다. (O, X)

▶ 자료통역사의 관점 적용하기

1. (X)

C지역에서 생산한 태양광 에너지는 1,587~4,896의 값이고, G지역에서 생산한 태양열 에너지는 0~532의 값이다.
A/B의 n배 이상인지 물었으므로 → 선지의 재구성 A가 n보다 작은 경우 없어?
→ A는 가장 작게, B는 가장 크게 만들자.

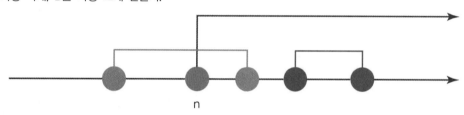

가장 작은 A = 1,587이고, 가장 큰 B = 532이다.
$\frac{1,587}{532} < 3$이므로, A/B가 보다 n보다 작은 경우가 존재하므로, 옳지 않다. (A = 회색 범위)

④ 기출문제와 제작문제에 관점 적용해보기

문 1. (행 12-26)

다음 〈표〉는 A기업 직원의 직무역량시험 영역별 점수 상위 5명의 자료이다. 이에 대한 〈보기〉의 설명 중 옳은 것을 모두 고르면?

① 자료 파악
영역별 상위 5명 점수

〈표〉 A기업 직원의 직무역량시험 영역별 점수 상위 5명

(단위 : 점)

순위	논리		추리		윤리	
	이름	점수	이름	점수	이름	점수
1	하선행	94	신경은	91	양선아	97
2	성혜지	93	하선행	90	박기호	95
3	김성일	90	성혜지	88	황성필	90
4	양선아	88	황성필	82	신경은	88
5	황성필	85	양선아	76	하선행	84

② 선지 재구성
1. 신경은 260점 초과 못해?
2. 하선행이 1등이야?

1. 신경은의 총점은 260점을 초과하지 못한다. (O, X)

2. A기업 직원 중 총점이 가장 높은 직원은 하선행이다. (O, X)

▶ 자료통역사의 관점 적용하기

순위 관련 자료로, 영역별 6위 이하의 점수는 범위성 정보이다.

1. (X)

신경은 260점을 초과해? → 최댓값으로 생각

논리 84점, 추리 91점, 윤리 88점 → 총점이 263점이다. 즉, 신경은이 260점을 넘는 경우는 있다.

2. (O)

하선행의 총점이 가장 높아? → 하선행은 최솟값으로, 나머지는 최댓값으로 생각하자.

하선행: 논리 94점, 추리 90점, 윤리 84점 → 총점 268점

→ 하선행보다 높은 점수를 얻으려면 3과목 중 적어도 1과목 이상에서 더 높은 점수를 받아야 한다.

하선행의 경우, 논리와 추리에서 각각 1등과 2등이다.

따라서 윤리에서 하선행보다 높은 점수를 받은 직원과 비교하자. (공통과 차이를 생각하면 좋다.)

양선아: 논리 88점, 추리 76점, 윤리 97점 → 총점 261점

박기호: 논리 84점, 추리 75점, 윤리 95점 → 총점 254점

황성필: 논리 85점, 추리 82점, 윤리 90점 → 총점 257점

따라서 하선행이 가장 높다.

정답 (X, O)

다음 〈표〉는 우리나라의 시·군 중 2013년 경지 면적, 논 면적, 밭 면적 상위 5개 시·군에 대한 자료이다. 이에 대한 〈보기〉의 설명 중 옳은 것만을 모두 고르면?

〈표〉 경지 면적, 논 면적, 밭 면적 상위 5개 시·군

(단위: ha)

구분	순위	시·군	면적
경지 면적	1	해남군	35,369
	2	제주시	31,585
	3	서귀포시	31,271
	4	김제시	28,501
	5	서산시	27,285
논 면적	1	김제시	23,415
	2	해남군	23,042
	3	서산시	21,730
	4	당진시	21,726
	5	익산시	19,067
밭 면적	1	제주시	31,577
	2	서귀포시	31,246
	3	안동시	13,231
	4	해남군	12,327
	5	상주시	11,047

※ 1) 경지 면적 = 논 면적 + 밭 면적
2) 순위는 면적이 큰 시·군부터 순서대로 부여함.

1. 서산시의 밭 면적은 김제시 밭 면적보다 크다. (O, X)
2. 상주시의 논 면적은 익산시 논 면적의 90% 이하이다. (O, X)

---

① 자료 파악
면적 상위 5개

② 선지 재구성
1. 서산 밭, 김제 밭보다 커?
2. 상주 논, 익산 논 90% 이하야?

Q ❯ 서산과 김제의 밭 면적을 비교를 더 쉽게 하는 방법은 없을까?

A ❯ 폭폭폭을 이용하자.

▶ 자료통역사의 관점 적용하기

위 자료는 순위 관련 자료이며 영역별 6위 이하의 점수는 범위성 정보이다. 단, 경지 = 논+밭으로 구성되므로, 6위 이하인 정보 중에 추론이 가능한 정보도 있다.

1. (O)

서산시와 김제시의 밭 면적은 6위 이하지만 경지 면적과 논 면적으로 밭 면적을 추론할 수 있다.
서산시 밭 면적: 27,2——21,7— = 5,5——   김제시 밭 면적: 28,5——23,4— = 5,1—

2. (O)

상주시의 논 면적은 6위 이하이고, 밭 면적만 주어져 있으므로 정확한 값을 추론 할 수 없다. 익산시의 논 면적은 5위이며, 면적은 19,067이다. 상주시의 논 면적은 범위성 정보이므로 '극단적으로' 생각하자.
상주시의 논 면적이 익산시의 논 면적의 90% 이상인 경우 없어? → 상주시 논 면적 최댓값
상주시의 경우, 밭 면적이 주어져있으므로 밭 면적을 같이 고려해야 한다. 만약 단순하게 논 면적 6등이 가능한 최댓값 19,066으로 생각한다면 경지 면적(논+밭)이 서산시보다 커져 자료와 부합하지 않는다.
즉, 상주시의 최대 논 면적은 경지 면적 최댓값과 밭 면적의 차이로 구성된다.

상주시 논면적의 최댓값은 27,2——11,0— = 16,2—이고, $\dfrac{16,2——}{19,067}$ 이다. 따라서 90% 이하이다.

정답 (O, O)

문 3. (행 21–33)

다음 〈표〉는 2020년 '갑'시의 오염물질 배출원별 배출량에 대한 자료이다. 이에 대한 〈보기〉의 설명 중 옳은 것만을 모두 고르면?

① 자료 파악
오염물질 배출량

〈표〉 2020년 오염물질 배출원별 배출량 현황

(단위: 톤, %)

오염물질 배출원	PM₁₀ 배출량	PM₁₀ 배출비중	PM₂.₅ 배출량	PM₂.₅ 배출비중	CO 배출량	CO 배출비중	NOₓ 배출량	NOₓ 배출비중	SOₓ 배출량	SOₓ 배출비중	VOC 배출량	VOC 배출비중
선박	1,925	61.5	1,771	64.0	2,126	5.8	24,994	45.9	17,923	61.6	689	1.6
화물차	330	10.6	304	11.0	2,828	7.7	7,427	13.6	3	0.0	645	1.5
건설장비	253	8.1	233	8.4	2,278	6.2	4,915	9.0	2	0.0	649	1.5
비산업	163	5.2	104	3.8	2,501	6.8	6,047	11.1	8,984	30.9	200	0.5
RV	134	4.3	123	4.5	1,694	4.6	1,292	2.4	1	0.0	138	0.3
계	2,805	( )	2,535	( )	11,427	( )	44,675	( )	26,913	( )	2,321	( )

※ 1) PM₁₀ 기준 배출량 상위 5개 오염물질 배출원을 선정하고, 6개 오염물질 배출량을 조사함.

2) 배출비중(%) = $\dfrac{\text{해당 배출원의 배출량}}{\text{전체 배출원의 배출량}} \times 100$

② 선지 재구성
1. PM2.5 상위 5개 합은 90% 이상이야?
2. 건설장비 NOx 4등이야?

1. PM2.5 기준 배출량 상위 5개 배출원의 PM2.5 배출비중 합은 90% 이상이다. (O, X)

2. NOx의 전체 배출원 중에서 '건설장비'는 네 번째로 큰 배출비중을 차지한다. (O, X)

Q 〉 NOx의 배출비중이 가장 큰 배출원은 알 수 있는가?

A 〉 그렇다.

▶ 자료통역사의 관점 적용하기

주어진 자료는 PM₁₀을 기준으로 한 순위이므로 다른 오염물질의 순위는 명확하게 알 수 없다.

1. (O)

PM₂.₅의 배출원별 순위는 알 수 없지만
배출원들의 배출비중의 합은 64+11+8.4+3.8+4.5 = 91.7이다.
상위 5위로 확정할 수 없는 5개 배출원의 합이 90%보다 크다.
따라서 상위 5개의 합은 당연히 90%보다 크다.

2. (X)

NOx의 배출원별 순위를 알 수 없다.
따라서 건설장비가 네 번째로 큰 배출 비중을 차지하는지 알 수 없다.

정답 (O, X)

다음 〈표〉는 '가'국의 스마트폰 기반 웹 브라우저 이용에 대한 설문조사를 바탕으로, 2013년 10월 ~ 2014년 1월 동안 매월 이용률 상위 5종 웹 브라우저의 이용률 현황을 정리한 자료이다. 이에 대한 설명으로 옳은 것은?

① 자료 파악
스마트폰 브라우저

〈표〉 스마트폰 기반 웹 브라우저

(단위: %)

조사시기 웹 브라우저 종류	2013년			2014년
	10월	11월	12월	1월
사파리	55.88	55.61	54.82	54.97
안드로이드 기본 브라우저	23.45	25.22	25.43	23.49
크롬	6.85	8.33	9.70	10.87
오페라	6.91	4.81	4.15	4.51
인터넷 익스플로러	1.30	1.56	1.58	1.63
상위 5종 전체	94.39	95.53	95.68	95.47

※ 무응답자는 없으며, 응답자는 1종의 웹 브라우저만을 이용한 것으로 응답함.

② 선지 재구성
1. 브라우저 10종 이상 이야?

1. 2013년 10월 전체 설문조사 대상 스마트폰 기반 웹 브라우저는 10종 이상이다. (O, X)

Q ▷ 브라우저의 종류에 대해서 n개 이하인 지에 대해서 물어본다면, 어떻게 처리해야하는가?

A ▷ n보다 크게 만들어보자.

○ 자료통역사의 관점 적용하기

1. (O)

2013년 10월 상위 5종 외 웹 브라우저의 이용률은 0~1.62의 범위성을 지니고 있다.
'A는 n 이상'이다. → 선지의 재구성: A가 n보다 작은 경우 없어?
웹 브라우저의 개수를 10개보다 작게 만들 수 없어?
→ 웹 브라우저의 개수를 작게 만들기 위해 상위 5종 외의 웹 브라우저 이용률이 최대여야 한다.
상위 5종의 이용률이 94.39%이므로 나머지 값은 5.61%이다.
상위 5종 외 웹 브라우저의 이용률을 최대로 생각해야하므로 1.30이 몇 개 들어가는지 확인하자.
5.61/1.3 = 4.XXX 이다. 즉, 적어도 5개 웹 브라우저가 더 필요하다.
(1.3개 4개만 있으면, 1.3+1.3+1.3+1.3=5.2이므로, 0.41을 채우지 못하기 때문에 1개 더 필요하다.)
웹 브라우저의 최솟값은 상위 5종 외에 추가로 5개가 필요하므로 총 10종이다.
브라우저의 개수를 10개보다 작게 만들 수 없어? → 10개보다 작게 만들 수 없으므로 옳다.

정답 (O)

문 5. (제작 문제)

다음 〈표〉는 교내 매점의 판매량 하위 5개의 연도별 점유율에 대한 자료이다.

〈표〉 교내 매점의 판매량 하위 5개의 연도별 점유율

(단위: %)

점유율 하위 5개품목 \ 조사연도	2019년	2020년
생수	3.3	4.1
꼬마김밥	5.2	6.2
흰우유	6.1	8.2
샌드위치	8.1	9.5
햄버거	10.2	10.2
하위 5개의 합	32.9	38.2

1. 2019년 교내 매점에서 판매하는 품목은 11개 이하이다. (O, X)

① 자료 파악
판매량 하위 5개
점유율

② 선지 재구성
1. 품목 11개 이하야?

▶ 자료통역사의 관점 적용하기

1. (O)

하위 5개 외의 품목은 10.2~67.1(100-32.9)의 범위성을 지니고 있다.
'A는 n 이하'이다. → 선지의 재구성: A가 n보다 큰 경우 없어?
품목의 개수를 12개보다 크게 만들 수 없어?
→ 품목의 개수를 크게 만들기 위해 하위 5개 외의 품목의 점유율은 최소화해야 한다.
하위 5개의 점유율이 32.9이므로 남은 값은 67.1이다.
하위 5개 외 품목의 점유율을 최소로 생각해야하므로 10.2가 몇 개 들어가는지 확인해야 한다.
67.1/10.2 = 6.XXX이므로 많아도 6개 품목이 더 필요하다.
(※ 10.2가 6개만 있으면, 61.2%이므로, 5.9%가 남게 된다. 그런데, 범위성이 10.2~67.1이므로
5.9%를 더 채우기 위해서는 10.2보다 더 커지는 선택 외에 존재하지 않는다.)
품목의 최댓값은 하위 5개 외에 추가로 6개가 더 필요하다. 즉, 총 11개이다.
품목의 개수를 11개보다 크게 만들 수 없어? → 11개보다 크게 만들 수 없으므로 옳다.

정답 (O)

문 6. (입 18-39)

다음 〈표〉는 2014년 세계 수산물 생산규모 상위 15개국 현황에 대한 자료이다. 이에 대한 〈보기〉의 설명 중 옳은 것만을 모두 고르면?

① 자료 파악
수산물 생산규모

〈표〉 세계 수산물 생산현황 및 생산규모 순위(2014년)

(단위: 천M/T)

순위	국가명	수산물 생산규모			비중(%)
		합계	어획규모	양식규모	
1	중국	76,149	17,352	58,797	38.9
2	인도네시아	20,884	6,508	14,376	10.7
3	인도	9,603	4,719	4,884	4.9
4	베트남	6,331	2,919	3,412	3.2
5	미국	5,410	4,984	426	2.8
6	미얀마	5,048	4,083	965	2.6
7	일본	4,773	3,753	1,020	2.4
8	필리핀	4,692	2,354	2,338	2.4
9	러시아	4,396	4,233	163	2.2
10	칠레	3,820	2,593	1,227	2.0
11	노르웨이	3,788	2,456	1,332	1.9
12	페루	3,714	3,599	115	1.9
13	방글라데시	3,548	1,591	1,957	1.8
14	한국	3,308	1,737	1,571	1.7
15	태국	2,704	1,770	934	1.4
상위 15개국 합계		158,168	64,651	93,517	80.8
전세계 합계		195,784	94,645	101,139	100.0

② 선지 재구성
어획규모, 양식규모
순위확정 가능한
거, 주어진 것뿐이야?

※ M/T: 무역거래에서 중량을 사용할 때 1,000㎏을 1톤으로 하는 수량단위

1. 2014년도 세계 수산물 생산에 있어, 어획규모와 양식규모 각각의 순위를 명확히 확정할 수 있는 국가는 중국, 인도네시아, 인도, 베트남뿐이다. (O, X)

Q 〉 수산물 생산 국가는
적어도 몇 개국 이
상인가?

A 〉 29개국

▶ 자료통역사의 관점 적용하기

1. (O)

주어진 자료의 순위는 수산물 생산규모의 합계 기준이다.
즉, 16위 이하 국가 생산규모의 최댓값은 2,704이다
또한 생산규모 = 어획규모 + 양식규모이므로 어획규모와 양식규모의 최댓값도 2,704이다.
어획규모와 양식규모 모두 2,704 보다 큰 국가는 중국, 인도네시아, 인도, 베트남 4개국뿐이다.

정답 (O)

3 집합

❶ 율율율이란?

〈표〉 '갑' 동호회의 남녀 인원수		〈표〉 '갑' 동호회의 선호하는 의상 색상	
남성	여성	파란	회색
5명	4명	6명	3명

Q. 파란 옷을 선호하는 남성의 수는 몇 명인가?

위 Q가 이번에 배워볼 유형인 '극단으로-집합'이다.

위에 주어진 〈표〉를 통해서 파란옷을 선호하는 남성의 수를 정확하게 알 수 있을까?

알 수 없다.

이처럼 동일 조사집단을 다양한 분류기준으로 나누고, 각 기준에 따른 단편적인 정보를 제공한 후, 각각의 교집합이나 합집합의 크기를 묻는 선지의 형태를 '극단으로-집합'이라고 한다.

당연히 교집합과 합집합은 범위성 정보이고, 선지의 정오는 극단값으로 판단해야한다.

❷ 원자료를 이용하여 집합 이해하기

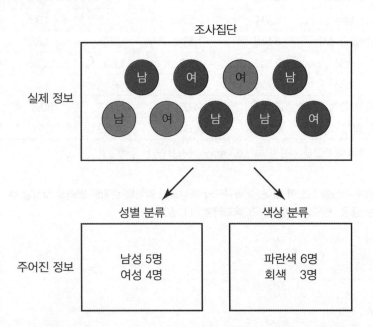

실제 정보를 보면 조사집단의 성별과 선호하는 의상에 대한 정확한 답을 알 수 있다. 그러나 주어진 정보를 통해서는 정확한 값이 아닌 범위성 정보만을 알아 낼 수 있다.

위의 질문인 "파란색 옷을 선호 남성은 몇 명인가?" 라는 질문은 실제 정보를 알면 4명임을 쉽게 구할 수 있다. 그러나 문제에 주어진 정보는 단편적인 정보이기 실제값을 알 수 없다.

주어진 정보를 통하여 파란옷을 선호하는 남성 추측하기

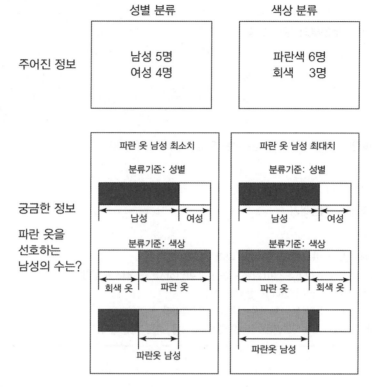

각 분류의 인원을 극단적으로 배치하여 파란옷을 입은 남자의 수의 범위를 예측할 수 있다.
최소치의 경우(최소교집합) → 여성이 모두 파란옷을 입었다고 가정하여 결과를 예측하자.
최대치의 경우(최대교집합) → 남성이 모두 파란옷을 입었다고 가정하여 결과를 예측하자.

❸ 집합에 극단으로 적용하기

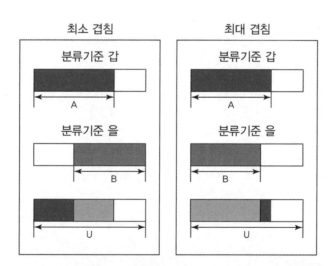

	교집합(=연파란색)	합집합(=연파란색+파란색+흰색)
최대	최대교집합 → 최대 겹침 = B	최대합집합 → 최소 겹침 = U
최소	최소교집합 → 최소 겹침 = A+B−U = A−B^c = B−A^c	최소합집합 → 최대 겹침 = A

④ **대표문제 같이 풀어보기**

〈표〉 '갑' 고등학교 운동부의 종목 현황

구분	성별		종목			합계
	남	여	축구	야구	농구	
인원	173	27	107	53	40	200

1. 성별이 남성이면서 종목이 축구인 운동부는 80명 이상이다. (O, X)

▶ 자료통역사의 관점 적용하기

1. (O)

'갑'고등학교의 운동부를 성별과 종목에 따라 분류하였다.

A는 n 이상이야? A가 n보다 작아질 수 있는지 확인하자. → 최소교집합

야구와 농구를 모두 남성이 한다고 생각해보자.

그렇다면 남성 중 야구와 농구를 하는 남성은 93명이다.

173명 중 나머지 80(=173-93)명은 남성이면서 축구를 하는 학생이다.

문 1. (민 16-23)

다음 〈표〉는 A지역의 저수지 현황에 대한 자료이다. 이에 대한 〈보기〉의 설명 중 옳은 것만을 모두 고르면?

① 자료 파악
저수지 현황

〈표 1〉 관리기관별 저수지 현황

(단위: 개소, 천m3, ha)

관리기관 ＼ 구분	저수지 수	총 저수용량	총 수혜면적
농어촌공사	996	598,954	69,912
자치단체	2,230	108,658	29,371
전체	3,226	707,612	99,283

② 선지 재구성
자치단체 ∩ 높이 10 미만 1,600 이상이야?

〈표 2〉 저수용량별 저수지 수

(단위: 개소)

저수용량 (m³)	10만 미만	10만 이상 50만 미만	50만 이상 100만 미만	100만 이상 500만 미만	500만 이상 1,000만 미만	1,000만 이상	합
저수지 수	2,668	360	100	88	3	7	3,226

〈표 3〉 제방높이별 저수지 수

(단위: 개소)

제방높이 (m)	10 미만	10 이상 20 미만	20 이상 30 미만	30 이상 40 미만	40 이상	합
저수지 수	2,566	533	99	20	8	3,226

1. 관리기관이 자치단체이고 제방높이가 '10 미만'인 저수지 수는 1,600개소 이상이다. (O, X)

Q ▷ 왜 1,600을 주었을까?

▶ 자료통역사의 관점 적용하기

1. (X)

저수지를 관리기관과 제방높이에 따라서 분류하였다.
A는 n 이상인지 물었으므로, A가 n보다 작아질 수 있는지 확인하자. → 최소교집합
관리기관이 농어촌 공사인 저수지는 모두 제방높이 10 미만이라고 생각하자.
그렇다면 제방높이가 10 미만인 제방 중 996개가 농어촌공사이므로
2,566개 중 나머지 1,570개 저수지의 경우, 관리기관은 자치단체이며 제방높이가 10 미만이다.
관리기관이 자치단체, 제방높이 10 미만 저수지가 1600개보다 적을 수 있으므로 옳지 않다.

정답 (X)

문 2. (행 15~19)

교수 A~C는 주어진 〈조건〉에서 학생들의 보고서를 보고 공대생 여부를 판단하는 실험을 했다. 아래 〈그림〉은 각 교수가 공대생으로 판단한 학생의 집합을 나타낸 벤다이어그램이며, 〈표〉는 실험 결과에 따라 교수 A~C의 정확도와 재현도를 계산한 것이다. 이에 대한 〈보기〉의 설명 중 옳은 것만을 모두 고르면?

① 자료 파악
  교수들의 공대생 판단

─── 〈조건〉 ───

• 학생은 총 150명이며, 이 중 100명만 공대생이다.
• 학생들은 모두 1인당 1개의 보고서를 제출했다.
• 실험에 참가하는 교수 A~C는 150명 중 공대생의 비율을 알지 못한다.

② 선지 재구성
  1. 교수 A,C가 판단한 학생중 60% 이상 공대생이야?

〈그림〉 교수 A~C가 공대생으로 판단한 학생들의 집합

(단위: 명)

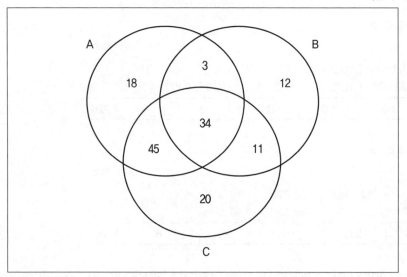

〈표〉 교수 A~C의 정확도와 재현도

교수	정확도	재현도
A	( )	( )
B	1	( )
C	$\dfrac{8}{11}$	$\dfrac{4}{5}$

※ 1) 정확도 = $\dfrac{\text{공대생으로 판단한 학생 중에서 공대생 수}}{\text{공대생으로 판단한 학생 수}}$

   2) 재현도 = $\dfrac{\text{공대생으로 판단한 학생 중에서 공대생 수}}{\text{전체 공대생 수}}$

1. A, C 두 교수 모두가 공대생이라고 공통적으로 판단한 학생들 중에서 공대생의 비율은 60% 이상이다. (O, X)

Q ▷ A, B, C가 공대생이라고 판단한 학생의 합을 쉽게 구할 수는 없을까?

▶ 자료통역사의 관점 적용하기

전체 학생은 150명, 이 중 공대생이 100명이라는 사실과 〈표〉의 정확도와 재현도를 이용하면
교수가 공대생이라고 판단한 학생 수와 실제로 공대생인 학생 수를 각각 구할 수 있다.
B교수의 경우, 그가 판단한 공대생은 모두 실제 공대생이다.
C교수의 경우, 110명을 공대생이라고 판단하였으며, 그중 80명이 공대생이다.

1. (O)

A와 C가 공통으로 맞힌 공대생의 숫자는 범위성 정보이다. (단, B와 겹치는 부분은 확정적 정보이다)

A가 n 이상인가? → A를 최솟값으로 생각하자.

A와 C가 겹치는 부분을 줄이기 위해 C가 맞힌 공대생 80명을 A가 맞힌 공대생과 최대한 겹치지 않도록 하자.

(※ C는 110명을 공대생으로 판단하였고 $\frac{8}{11}$의 정확도를 지녔으므로 80명을 맞췄다.)

→ 80명 중 31(=20+11)명을 제외한 49명의 경우, A와 C가 공통으로 맞힌 숫자가 된다.

$\frac{49}{45+34} = \frac{49}{79}$ 〉 60%이므로 60% 이상이다.

문 3. (행 19–35)

다음 〈표〉는 2013 ～ 2017년 A ～ E국의 건강보험 진료비에 관한 자료이다. 이에 대한 〈보기〉의 설명 중 옳은 것만을 모두 고르면?

① 자료 파악
진료비 현황

〈표 1〉 A국의 건강보험 진료비 발생 현황

(단위: 억 원)

구분	연도	2013	2014	2015	2016	2017
의료 기관	소계	341,410	360,439	390,807	419,353	448,749
	입원	158,365	160,791	178,911	190,426	207,214
	외래	183,045	199,648	211,896	228,927	241,534
약국	소계	120,969	117,953	118,745	124,897	130,844
	처방	120,892	117,881	118,678	124,831	130,775
	직접조제	77	72	66	66	69
계		462,379	478,392	509,552	544,250	579,593

② 선지 재구성
입원 ∩ 공단부담
매년 3조 8천억 이상
이야?

〈표 2〉 A국의 건강보험 진료비 부담 현황

(단위: 억 원)

구분	연도	2013	2014	2015	2016	2017
공단부담		345,652	357,146	381,244	407,900	433,448
본인부담		116,727	121,246	128,308	136,350	146,145
계		462,379	478,392	509,552	544,250	579,593

1. 2013 ～ 2017년 동안 A국 의료기관의 입원 진료비 중 공단부담 금액은 매년 3조 8천억 원 이상이다. (O, X)

▶ 자료통역사의 관점 적용하기

1. (O)

건강보험 진료비를 발생원인과 부담 현황에 따라 분류하였다.

A는 n 이상인지 물었으므로 A가 n보다 작아질 수 있는지 확인하자. → 최소교집합

본인부담이 모두 입원진료비라고 생각하면

입원진료비 중 남는 금액은 모두 입원진료비 중 공단부담이다.

2013년 = 158,— – 116,— = 42,— 이므로 3조 8천억원 이상이다.

매년 38,—보다 작은 값이 나오지 않으므로 매년 3조 8천억원 이상이다.

즉, 3조 8천억원보다 작아질 수 없으므로 옳다.

정답 (O)

다음 〈표〉는 A회사의 연도별 임직원 현황에 관한 자료이다. 이에 대한 〈보기〉의 설명 중 옳은 것만을 모두 고르면?

① 자료 파악
임직원 현황

〈표〉 A회사의 연도별 임직원 현황

(단위: 명)

구분	연도	2013	2014	2015
국적	한국	9,566	10,197	9,070
	중국	2,636	3,748	4,853
	일본	1,615	2,353	2,749
	대만	1,333	1,585	2,032
	기타	97	115	153
	계	15,247	17,998	18,857
고용 형태	정규직	14,173	16,007	17,341
	비정규직	1,074	1,991	1,516
	계	15,247	17,998	18,857
연령	20대 이하	8,914	8,933	10,947
	30대	5,181	7,113	6,210
	40대 이상	1,152	1,952	1,700
	계	15,247	17,998	18,857
직급	사원	12,365	14,800	15,504
	간부	2,801	3,109	3,255
	임원	81	89	98
	계	15,247	17,998	18,857

② 선지 재구성
2014년 한국∩
정규직 ∩ 사원의 5천
이상이야?

1. 국적이 한국이면서 고용형태가 정규직이고 직급이 사원인 임직원은 2014년에 5,000명 이상이다. (O, X)

▶ 자료통역사의 관점 적용하기

1. (O)

임직원을 국적, 고용형태, 직급에 따라 분류하였다.

A는 n 이상인지 물었으므로, A가 n보다 작아질 수 있는지 확인하자. → 최소교집합

3개의 교집합을 한 번에 구하기는 어려우므로 단계를 나누어 생각하자.

우선, 한국과 정규직만 생각하자. → 한국인이면서 정규직 → 10,197−1,991

한국인이면서 정규직을 새로운 분류 X라고 생각하고, X와 사원의 교집합을 구해보자.

X와 사원 → (10,197−1,991)−3,109−89 = 5,000↑

5,000보다 작아질 수 없으므로 옳다.

정답 (O)

문 5. (행 15~18)

다음 〈표〉는 2011년과 2012년 친환경인증 농산물의 생산 현황에 관한 자료이다. 이에 대한 설명으로 옳지 않은 것은?

① 자료 파악
농산물 생산현황

〈표〉 종류별, 지역별 친환경인증 농산물 생산 현황

(단위: 톤)

② 선지 재구성
전라도 경상도 ∩
채소류 16만 이상
이야?

구분		2012년				2011년
		합	인증형태			
			유기농산물	무농약농산물	저농약농산물	
종류	곡류	343,380	54,025	269,280	20,075	371,055
	과실류	341,054	9,116	26,850	305,088	457,794
	채소류	585,004	74,750	351,340	158,914	753,524
	서류	41,782	9,023	30,157	2,602	59,407
	특용작물	163,762	6,782	155,434	1,546	190,069
	기타	23,253	14,560	8,452	241	20,392
	계	1,498,235	168,256	841,513	488,466	1,852,241
지역	서울	1,746	106	1,544	96	1,938
	부산	4,040	48	1,501	2,491	6,913
	대구	13,835	749	3,285	9,801	13,852
	인천	7,663	1,093	6,488	82	7,282
	광주	5,946	144	3,947	1,855	7,474
	대전	1,521	195	855	471	1,550
	울산	10,859	408	5,142	5,309	13,792
	세종	1,377	198	826	353	0
	경기도	109,294	13,891	71,521	23,882	126,209
	강원도	83,584	17,097	52,810	13,677	68,300
	충청도	159,495	29,506	64,327	65,662	207,753
	전라도	611,468	43,330	443,921	124,217	922,641
	경상도	467,259	52,567	176,491	238,201	457,598
	제주도	20,148	8,924	8,855	2,369	16,939
	계	1,498,235	168,256	841,513	488,466	1,852,241

1. 2012년 전라도와 경상도에서 생산된 친환경인증 채소류 생산량의 합은 적어도 16만 톤 이상이다. (O, X)

▶ 자료통역사의 관점 적용하기

1. (O)

농산물을 종류와 지역에 따라 분류하였다.
A는 n 이상인지 물었으므로, A가 n보다 작아질 수 있는지 확인하자. → 최소교집합
종류에 따라서 채소류의 생산량은 585,──톤
지역에 따라서 전라도+경상도의 생산량은 611,──톤 + 467,──톤 = 1,078,──톤
최소교집합 공식에 의하면 1,078,── + 585,── - 1,498,── = 165,──톤이다.
16만 톤보다 작아질 수 없으므로 옳다.

정답 (O)

다음 〈표〉는 지역별, 농장규모별 가축두수 현황에 대한 자료이다.

〈표〉 지역별 가축 두수 현황

지역＼가축	소	돼지	전체
A지역	7,812	3,781	11,593
B지역	1,257	2,557	3,814
C지역	878	875	1,753
D지역	1,571	667	2,238
전체	11,518	7,880	19,398

〈표〉 농장 규모별 가축 두수 현황

규모＼가축	소	돼지	전체
소규모	9,152	2,487	11,639
중규모	1,365	3,157	4,522
대규모	1,001	2,236	3,237
전체	11,518	7,880	19,398

1. A지역 소규모 농장에서 키우는 소는 적어도 5,000마리 이상이다. (O, X)
2. A지역 소규모 농장에서 키우는 돼지는 존재한다. (O, X)
3. A지역 소규모 농장에서 키우는 가축은 적어도 5,000마리 이상이다. (O, X)

① 자료 파악
　가축 두수 현황

② 선지 재구성
　1. A지역 소규모 ∩ 소 5천 이상이야?
　2. A지역 소규모 ∩ 돼지 존재해?
　3. A지역 소규모 ∩ 가축 5천 이상 이야?

Q 〉 문제 5번에서도 해설과 같은 과정을 고민해야 할까?

● 자료통역사의 관점 적용하기

1. (O)

동일한 소를 지역별과 규모별에 따라서 분류하였다. A는 n 이상이냐?라고 물었으므로, A가 n보다 작아질 수 있는지 확인하자. → 최소교집합

지역별에 따라서 A지역은 7,872마리 규모별에 소규모는 9,152마리 최소교집합 공식에 의하여, 7,872 + 9,152 − 11,518 = 5,000 ↑ 이다. 5,000마리보다 작아질 수 없으므로 옳다.

2. (X)

돼지를 지역과 규모에 따라 분류하였다. A는 n 이상이냐?라고 물었으므로, A가 n보다 작아질 수 있는지 확인하자. → 최소교집합

지역에 따라서 A지역은 3,781마리, 규모에 따라 소규모는 2,487마리이다. 최소교집합 공식에 의하여, 3,781 + 2,487 − 7,880 = 0 ↓ 이다. 0마리보다 작아질 수 있으므로 옳지 않다.

3. (O)

가축을 지역과 규모에 따라 분류하였다. A는 n 이상이냐?라고 물었으므로, A가 n보다 작아질 수 있는지 확인하자. → 최소교집합

지역에 따라 A지역은 11,593마리, 규모에 따라 소규모는 11,639마리이다. 최소교집합 공식에 의하여 11,593 + 11,639 − 19,398 = 5,000 ↓ 이다. 5,000마리보다 작아질 수 있으므로 옳지 않다―라고 결론 내리기엔 이상하지 않은가?
→ 소만 생각해도 5,000마리가 넘는다. 즉, 당연히 5,000마리가 넘는다. 왜 이런 현상이 생겼을까?
→ 이는 돼지의 최소교집합이 음수값이므로 오히려 소를 감소시키기 때문이다. 그러나 돼지와 소는 분명 다른 분류에 속하므로 돼지가 소를 감소시킨다는 것은 잘못된 분석이다.
→ 따라서 A지역 소규모 농장에서 키우는 가축은 5,000마리가 넘는다.

정답 (O, X, O)

4 설문조사

① 설문조사란?

〈표〉 '갑' 동호회의 술 선호도		
소주	맥주	양주
5명	3명	1명

※ 조사인원은 총 7명임

Q. 소주와 맥주를 모두 선호하는 사람은 몇 명인가?

위 Q가 이번에 배울 유형인 '설문조사'이다.

주어진 〈표〉를 통해 소주와 맥주를 모두 선호하는 사람 수를 정확하게 알 수 있을까?

알 수 없다.

그렇다면, 위에서 배운 '집합'처럼 생각할 수 있을까? 그럴수 없다.

'집합'의 경우, 1명당 1개만 응답하는 반면, '설문조사'의 경우 1명당 다수의 응답이 가능하다.

'설문조사' 유형에서 첫 번째로 생각해야 할 것은 응답자와 응답 개수 간의 관계이다.

한 명의 응답자가 다수의 응답을 할 수 있으므로 응답자수 ≤ 응답 개수가 성립해야한다.

다만, 무응답이 가능하다면, 응답자 수가 응답 개수보다 많을 수 있다.

무응답이 가능하다면, 응답자 수 ≥ 응답 개수도 가능하다.

② 원자료를 이용하여 설문조사 이해하기

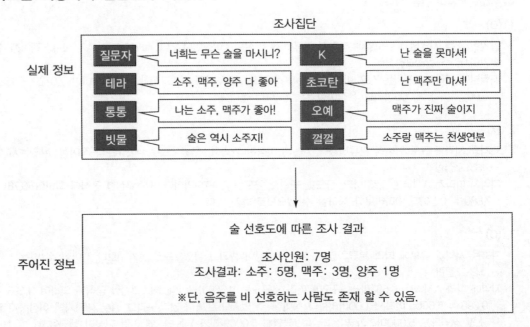

실제 정보를 보면 총 7명의 응답자가 선호하는 술이 정확히 무엇인지 알 수 있다. 그러나 주어진 정보를 통해서는 정확한 값이 아닌 단편적인 정보만을 알아낼 수 있다.

위 질문인 "소주와 맥주를 모두 선호하는 사람은 몇 명인가?"라는 질문에 대해 실제 정보를 통해서는 3명임을 구할 수 있지만 주어진 정보는 단편적인 정보이기에 실제값을 알 수 없다.

주어진 정보를 통하여 소주와 맥주를 모두 선호하는 사람 구하기

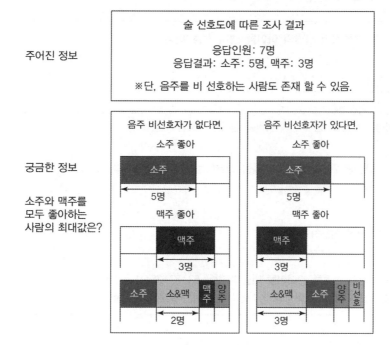

설문조사에서 가장 중요한 것은 무응답이 불가하다면, 응답자 모두 1개 이상을 선택해야 한다.
예를 들어, 소주와 맥주를 최대한(3개)으로 겹치게 만든다면
소주만은 2명, 소주와 맥주 3명, 양주 1명으로 한명은 무응답을 한 결과가 나온다.
이렇듯 '설문조사'에서 교집합 또는 합집합을 구할땐, 무응답이 없도록 만들어야한다.
단, 무응답이 가능한 경우에는 크게 신경 쓰지 않아도 된다.

❸ 설문조사에 극단으로 적용하기

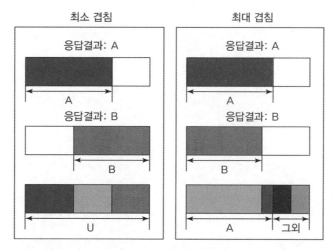

※ 최대 겹침의 경우 우선적으로 전체(U)를 가득 채워야한다.

	교집합(연파란색)	합집합(= 연파란색 + 파란색 + 흰색)
최대	최대교집합 → 최대 겹침 = B	최대합집합 → 최소 겹침 = U
최소	최소교집합 → 최소 겹침 = A+B−U = A−B^c = B−A^c	최소합집합 → 최대 겹침 = A

④ 대표문제 같이 풀어보기

〈표〉 아이돌 '갑' 팬클럽의 회원의 아이돌 멤버 선호 비율

(단위: %)

아이돌 멤버	A	B	C	D
선호 비율	53	37	25	11

※ 팬클럽 회원은 적어도 1명 이상의 아이돌 멤버를 선호함

1. '갑' 팬클럽 회원 중 2명 이상의 아이돌을 선호하는 사람이 존재한다. (O, X)

● 자료통역사의 관점 적용하기

1. (O)

'갑' 팬클럽 회원이 선호하는 아이돌 비율의 합은 53+37+25+11 = 126%이다.
100%를 넘어갔으므로, 2명 이상의 아이돌의 선호하는 회원이 존재한다.

⑤ 기출문제와 제작문제에 관점 적용해보기

문 1. (민 14-24)

다음 〈표〉는 농산물을 유전자 변형한 GMO 품목 가운데 전세계에서 승인받은 200개 품목의 현황에 관한 자료이다. 이에 대한 설명으로 옳은 것은?

① 자료 파악
GMO 승인 품목 현황

〈표〉 승인받은 GMO 품목 현황

(단위: 개)

구분	승인 국가 수	전세계 승인 품목			국내 승인 품목		
		합	A유형	B유형	합	A유형	B유형
콩	21	20	18	2	11	9	2
옥수수	22	72	32	40	51	19	32
면화	14	35	25	10	18	9	9
유채	11	22	19	3	6	6	0
사탕무	13	3	3	0	1	1	0
감자	8	21	21	0	4	4	0
알팔파	8	3	3	0	1	1	0
쌀	10	4	4	0	0	0	0
아마	2	1	1	0	0	0	0
자두	1	1	1	0	0	0	0
치커리	1	3	3	0	0	0	0
토마토	4	11	11	0	0	0	0
파파야	3	2	2	0	0	0	0
호박	2	2	2	0	0	0	0

※ 전세계 승인 품목은 국내 승인 품목을 포함함.

② 선지 재구성
1. 승인품목국가 120개야?
2. 국내 92개 국외 108개야?

1. 승인 품목이 하나 이상인 국가는 모두 120개이다. (O, X)

2. 국내에서 92개 국외에서 108개 품목이 각각 승인되었다. (O, X)

Q 〉 승인품목이 1개 이상 인 국가수의 범위는?

A 〉 22~120

▶ 자료통역사의 관점 적용하기

1. (X)

국가가 GMO 품목을 선택했다고 생각해보자. (설문조사)
하나의 응답자가 다수의 품목을 선택한 경우도 있을 수 있다. 응답자 수는 실제로 품목을 승인한 국가의 수이고, 선택된 품목은 주어진 자료의 승인 국가 수의 합이다. (해당 품목을 승인한 국가수의 합)
즉, 하나의 국가가 얼마나 많은 품목을 선택했는지에 따라 국가수가 변화하는 범위성 정보이다. 범위성 정보를 120개 라고 확정하였으므로 옳지 않다.

2. (X)

승인된 GMO품목이 국내 또는 국외를 선택했다고 생각해보자. (설문조사)
국내 승인 품목은 조사집단 중 국내 승인 품목을 선택한 인원수일 뿐이다. 전세계 승인품목의 합인 200명 중 92명은 국내를 선택하였다. 그렇다면 전체 200명 중에 국외는 몇 명이 선택하였을까?
무응답이 없는 설문조사이므로, 1명의 응답자는 최소 1개의 응답을 한다. 즉, 무조건 108개 이상의 응답이 필요하므로 최소 108에서 최대 200의 범위값을 지닌다.

정답 (X, X)

문 2. (행 16–26)

다음 〈그림〉은 스마트폰 선택시 고려 요소에 관한 자료이다. 이에 대한 설명으로 옳은 것은?

〈그림〉 스마트폰 선택 시 고려 요소

① 자료 파악
스마트폰 고려 요소

② 선지 재구성
단말기, 이동통신사
모두 고려 55.9%야?

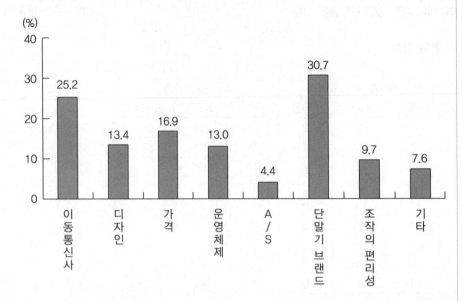

1. '단말기 브랜드'와 '이동통신사'를 모두 고려한다는 응답 비율은 전체 응답의 55.9%이다.
(O, X)

Q > 단말기와 이동통신
사를 고려하는
응답의 교집합의
범위와 합집합의
범위는?

● 자료통역사의 관점 적용하기

1. (X)

조사집단이 스마트폰을 선호하는 이유를 선택했다고 생각해보자 (설문조사)

해당 질문은 단말기와 이동통신사를 모두 고려한다고 하였으므로 교집합의 크기를 물어보는 것이다.

교집합의 크기에 대해 묻고 있으므로 이는 범위성 정보이다.

범위성 정보를 55.9%라고 확정하였으므로 옳지 않다.

정답 (X)

다음 〈표〉는 스마트폰 이용자의 콘텐츠별 이용상황에 관한 자료이다.

① 자료 파악
스마트폰 이용자,
콘텐츠별 이용 상황

〈표〉스마트폰 이용자의 콘텐츠별 이용 상황

(단위: %)

이용 상황 콘텐츠	이동 중	약속 대기 중	집에서	회사 및 학교에서	기타
TV 프로그램	50.3	32.2	26.4	16.8	2.8
라디오 프로그램	57.9	32.7	22.6	15.9	3.4
영화	51.5	34.3	30.0	11.1	3.8
기타	42.3	32.0	37.3	20.4	5.2

※ 복수응답 가능.

② 선지 재구성
영화, 이동 중에만
비율은?

1. '영화' 콘텐츠를 '이동 중'에만 이용하는 사람의 비율은 최소 20.8%, 최대 51.5%이다.

(O, X)

● 자료통역사의 관점 적용하기

1. (O)

조사집단이 스마트폰을 이용하는 상황을 선택했다고 생각해보자 (설문조사)
'이동 중'에만 이용하는 비율을 묻고 있으므로(이동 중 에만 = 전체 - 이동 중^C)
'이동 중'^{C} 최대 합집합과 최소 합집합을 이용하자.
약속 대기 중, 집에서, 학교에서, 기타의 최대 합집합은 각각의 겹침이 최소인 경우이다.
34.3+30.1+11.1+3.8 = 79.2% → 이동 중에만의 최솟값은 20.8이다.
약속 대기 중, 집에서, 학교에서, 기타의 최소 교집합은 각각이 겹침이 최대인 경우이다.
약속 대기 중 안에 모두 속한다고 생각해보자. → 34.3%, 이동중에만은 51.5%
첫 번째로 생각할 것은 응답자 수 ≤ 응답 개수인데 이것이 성립하지 않는다.
즉, '이동 중'^{C}의 최소합집합은 100-51.5 = 48.5%이다.
따라서 이동중에만의 범위는 20.8%~51.5%이다.

정답 (O)

문 4. (행 16-13)

다음 〈표〉는 A국 전체 근로자의 회사 규모 및 근로자 직급별 유연근무제도 유형별 활용률에 관한 자료이다. 이에 대한 설명으로 옳은 것은?

〈표〉 회사 규모 및 근로자 직급별 유연근무제도 유형별 활용률

(단위 : %)

규모 및 직급	유연근무제도 유형	재택근무제	원격근무제	탄력근무제	시차출퇴근제
규모	중소기업	10.4	54.4	15.6	41.7
	중견기업	29.8	11.5	39.5	32.0
	대기업	8.6	23.5	19.9	27.0
직급	대리급 이하	0.7	32.0	23.6	29.0
	과장급	30.2	16.3	27.7	28.7
	차장급 이상	14.2	26.4	25.1	33.2

1. 원격근무제를 활용하는 중소기업 근로자 수는 탄력근무제와 시차출퇴근제 중 하나 이상을 활용하는 중소기업 근로자 수보다 적다. (O, X)

① 자료 파악
　유연근무제 활용현황

② 선지 재구성
　원격근무제가 탄력∪시차보다 커?

Q ▷ 각주(※)가 없음에도, 무응답이 존재할 수 있다는 것을 어떻게 판단할 수 있을까?

A ▷ 유연근무제는 의무가 아님

▶ 자료통역사의 관점 적용하기

조사집단이 유연근무제도를 선택했다고 생각하자(설문조사).
→ 유연근무를 하지 않는 집단, 즉 무응답이 존재 할 수 있다.
→ 무응답이 존재하므로, 모든 인원이 유연근무제도가 존재한다고 생각할 필요는 없다.

1. (X)

원격근무제 활용 근로자 = 54.4%
탄력근무제와 시차출퇴근제중 하나 이상(합집합)을 활용하는 중소기업 근로자 수
범위성 정보 →
최대 합집합(겹침 최소화): 탄력근무제 근로자와 시차출퇴근제 근로자가 겹치지 않는다고 생각하자.
　　　　　41.7+15.6 = 57.3%
최소 합집합(겹침 최대화): 탄력근무제 근로자는 모두 시차출퇴근제 근로자라고 생각하자.
　　　　　41.7% (15.6%는 모두 겹침)

정답 (X)

다음 〈그림〉은 2020년 기준 A 공제회 현황에 관한 자료이다. 이에 대한 설명으로 옳지 않은 것은?

① 자료 파악
   A 공제회 현황

〈그림〉 2020년 기준 A 공제회 현황

연도별 회원 수
단위: 만명

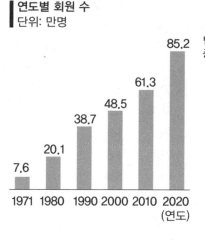

공제제도별 자산 규모 구성비

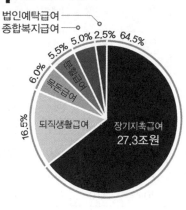

② 선지 재구성
   1. 2개 가입자 2만명
      이상?

15개 지역 장기저축급여 가입 회원 수

주요 공제제도별 가입 현황

장기저축급여

744,733명
(449,579,295구좌)

목돈급여

40,344명
(2,257,396구좌)

퇴직생활급여

55,090명
(1,381,285구좌)

분할급여

32,411명
(2,829,332구좌)

※ 1) 공제제도는 장기저축급여, 퇴직생활급여, 목돈급여, 분할급여, 종합복지급여, 법인 예탁급여로만 구성됨.
   2) 모든 회원은 1개 또는 2개의 공제제도에 가입함.

1. 자산 규모 상위 4개 공제제도 중 2개의 공제제도에 가입한 회원은 2만명 이상이다. (O, X)

▶ 자료통역사의 관점 적용하기

조사집단이 공제제도를 선택했다고 생각하자. 각주에 의하여 1개 또는 2개를 선택했다고 한다.

1. (O)

조사집단은 회원들로 85.2만명이고, 선택된 공제제도는 장기저축, 목돈, 퇴직생활, 분할로 구성되어 있다.
장기저축과 퇴직생활을 합치면 약 79.9만이고, 목돈과 분할을 합치면 약 7.2만이므로, 전체 공제제도는 약 87.1만이다.
숫자의 크기가 유사하므로 정밀도를 높여 올려서 백의 자리도 생각하자. 0.1만보다 크다.
공제제도의 합은 87.2만보다 크므로 2개의 공제제도를 가입한 회원은 2만명 이상이다.

정답 (O)

문 6. (행 19–33)

다음 〈표〉는 성별, 연령대별 전자금융서비스 인증수단 선호도에 관한 자료이다. 이에 대한 설명으로 옳지 않은 것은?

〈표〉 성별, 연령대별 전자금융서비스 인증수단 선호도 조사결과

(단위: %)

구분	인증 수단	휴대폰 문자인증	공인 인증서	아이핀	이메일	전화 인증	신용 카드	바이오 인증
성별	남성	72.2	69.3	34.5	23.1	22.3	21.1	9.9
	여성	76.6	71.6	27.0	25.3	23.9	20.4	8.3
연령대	10대	82.2	40.1	38.1	54.6	19.1	12.0	11.9
	20대	73.7	67.4	36.0	24.1	25.6	16.9	9.4
	30대	71.6	76.2	29.8	15.7	28.0	22.3	7.8
	40대	75.0	77.7	26.7	17.8	20.6	23.3	8.6
	50대	71.9	79.4	25.7	21.1	21.2	26.0	9.4
전체		74.3	70.4	30.9	24.2	23.1	20.8	9.2

※ 1) 응답자 1인당 최소 1개에서 최대 3개까지의 선호하는 인증수단을 선택했음.
　2) 인증수단 선호도는 전체 응답자 중 해당 인증수단을 선호한다고 선택한 응답자의 비율임.
　3) 전자금융서비스 인증수단은 제시된 7개로만 한정됨.

1. 전체 응답자 중 선호 인증수단을 3개 선택한 응답자 수는 40% 이상이다. (O, X)

2. 선호하는 인증수단으로, 이메일을 선택한 20대 모두가 아이핀과 공인인증서를 동시에 선택했다면, 신용카드를 선택한 20대 모두가 아이핀을 동시에 선택하는 것이 가능하다.

(O, X)

① 자료 파악
　전자 금융서비스 인증 수단 설문조사

② 선지 재구성
　1. 3개 선택 40% 이상 이야?
　2. 가정형 끊어서 해석

Q ❯ 무응답이 존재할 수 있을까?

A ❯ 각주에 의하여 없다.

▶ 자료통역사의 관점 적용하기

조사집단이 선호도를 선택했다고 생각해보자(설문조사). 각주에 따르면 최소 1개에서 최대 3개를 선택했다고 한다.

1. (O)
　전체응답자의 선호도 조사결과를 어림셈을 이용해 구하면
　74.3+70.4+30.9+24.2+23.1+20.8+9.2 ≒ 250
　3개를 선택한 응답자 수를 최소로 만든다고 생각하자.
　인증수단 1개는 대상자 모두 선택하고, 인증수단 2개도 역시 모두 선택했다고 가정하더라도 50%가 남는다.
　따라서 3개를 선택한 응답자수는 40% 이상이다.

2. (X)
　이메일을 선택한 20대(24.1%)는 모두 아이핀과 공인인증서를 선택했다.
　아이핀(36.0%)중 24.1%는 이메일과 공인인증서를 동시에 선택하였으므로 11.9%만이 다른 인증수단을 선택할 수 있다.
　그런데 신용카드(16.9%)는 11.9% 보다 크므로 선택할 수 없다.

정답 (O, X)

다음 〈표〉는 헬스 카페 회원이 섭취하는 영양제 현황에 관한 자료이다. 이에 대한 설명으로 옳지 않은 것은?

① 자료 파악
영양제 섭취 현황

〈표〉 헬스 카페 회원의 섭취하는 영양제 현황

멤버등급 \ 영양제	단백질 보충제	BCAA	크레아틴	아미노산	비타민
일반회원	51%	25%	5%	3%	18%
정회원	61%	51%	15%	3%	15%

※ 1) 헬스 카페 회원은 모두 영양제를 섭취함.
2) 모든 카페회원은 설문조사에 응답함.

② 선지 재구성
1. 정회원, 단백질 BCAA 동시 섭취 비율은?
2. 일반회원, 단백질만 섭취하는 비율이 48% 이상이야?

1. 정회원이 단백질 보충제와 BCAA를 둘 다 섭취하는 비율은 최소 12%, 최대 45% 이상이다.
(O, X)

2. 일반 회원 중 단백질 보충제만 섭취하는 비율은 48% 이상이다. (O, X)

▶ 자료통역사의 관점 적용하기

조사집단의 설문조사 결과이며, 모든 대상이 응답하였으므로 무응답은 없다. 무응답이 없으므로, 모든 회원이 1개 이상의 영양제를 섭취하게 만들어야 한다.

1. (O)
단백질 보충제와 BCAA를 둘 다(교집합) 섭취하는 비율
범위성 정보
→ 최대 교집합(겹치는 것을 최대로): 단백질 보충제와 BCAA가 모두 겹친다고 생각하자.
51%
단백질 보충제와 BCAA를 제외한 나머지의 합이 39%(100-61)을 채울 수 있는지 생각하자.
15+3+15 = 33%이므로, 채울 수 없다.
100%를 채워주기 위해서 6%의 BCAA는 단백질 보충제와 겹치지 않아야한다.
→ 최대 교집합 = 45%
최소 교집합(겹치는 것을 최소로): 12%

2. (O)
단백질 보충제만 섭취하는 비율이 48% 이상이라고 하였으므로
'단백질 보충제'^{C}의 최댓값이 52% 이하인지 확인하자.
25+5+3+18 = 51%이므로, 52% 이하이다.

정답 (O, O)

문 8. (제작문제)

다음 〈표〉는 '갑'시의 면허취득자의 교통법규 위반현황에 관한 자료이다. 이에 대한 설명으로 옳지 않은 것은?

① 자료 파악
교통법규 위반 현황

〈표〉'갑'시의 면허취득자의 교통법규위반 현황

위반사항 / 성별	과속	신호 위반	음주운전	안전거리 미확보	위반사항 없음
남성	51.0%	35.0%	5.0%	3.0%	15.0%
여성	58.0%	55.0%	0.0%	40.0%	30.0%

② 선지 재구성
1. 남성, 과속과 신호 위반 교집합 존재 해?
2. 여성, 교통법규 3개 위반 운전자 존재 해?

1. 남성 면허취득자 중에 과속과 신호위반을 동시에 위반한 운전자는 존재한다. (O, X)

2. 여성 면허취득자중 3개의 교통법규를 위반한 운전자가 존재한다. (O, X)

▶ 자료통역사의 관점 적용하기

조사집단의 설문조사 결과이며, 위반사항 없음이 존재한다. 즉, 위반사항이 있는 인원은 100−위반사항 없음이다. 즉, 위반사항이 있는 인원이 1개 이상의 위반이 존재하게 만들어야 한다.

1. (O)

남성 면허취득자 중 법규위반은 85%(100−15)이다.
과속과 신호위반의 합이 86%로 법규위반은 85%보다 크기 때문에 과속과 신호위반을 최대한 겹치지 않게 해도 겹치는 부분이 존재한다.

2. (O)

여성 면허취득자 중 법규 위반자는 70%(100−30)이다.
여성의 경우, 3가지 항목(과속, 신호위반, 안전거리미확보)의 위반만 존재한다.
3가지 항목의 합이 58+55+40 = 153%이므로 3개의 교통법규를 위반한 운전자가 존재한다.

정답 (O, O)

PSAT

수포자도 이해하는 자료해석

PART

03

30초 바라보기

① 주어지는 자료의 특성을 파악하자.
② 특성에 따른 힌트와 함정을 이용하자.

30초 바라보기

① 30초 바라보기란?
　'30초 바라보기'란 문제를 풀기전에 주어진 자료를 다음의 3가지 요소를 파악하는데 충분한 시간을 투자하라는 것이다.

1. 외적구성
2. 내적구성
3. 추가정보

1. 외적구성
　① 자료가 담으려는 정보의 개괄
　② 주어진 수치의 성질(절대치/상대치) 파악

2. 내적구성
　① 자료에 실제로 담긴 내용(구성요소)
　② 내적구성 유형에 따른 빈출 선지와 함정

3. 추가정보
　① 발문에서 얻어야하는 정보
　② 각주 해석 방법
　③ 그림자료의 가시성 이용방법
　④ 다중자료에서 추출할 수 있는 새로운 정보

(※ 선지 예측에 절대 시간을 투자하지 말자.)

외적구성

포장용기의 형태만으로도
담긴 음식이 치킨인지 피자인지 그 종류를 파악할 수 있다.
그러나 상자를 열기 전까지
어떤 피자인지, 또는 어떤 치킨인지 알 수 없다.
이처럼 외적구성은
해당 자료가 실제적으로 담으려 하는 내용 자체를 보여주지는 않지만
어떠한 종류의 정보를 담고 있는지 그 개괄을 알려준다.

1 외적구성

❶ 외적구성이란?

〈표〉 '갑'국의 연도별 대졸 취업률
Q. 위 〈표〉를 통해서 '을'국의 고졸의 취업률을 알 수 있을까?

자료가 주어지지 않아도 우리는 위 Q에 대한 답을 알 수 있다.
'우리는 을국의 고졸의 취업률을 알 수 없다.'
어떻게 대답할 수 있을까? 이는 자료의 외적구성의 역할 덕이다.
외적구성은 '해당 자료가 담고 있는 개괄적인 내용'을 알려주는 역할을 한다.

따라서 우리는 외적구성을 이용하여 2가지를 파악해야 한다.
① 자료가 담으려는 정보의 개괄
② 주어진 수치의 성질(절대치/상대치) 파악
  (※ 외적구성만으로 절대치/상대치의 파악이 어려울 수 있다. 내적구성과 추가정보도 활용하자.)

❷ 절대치와 상대치란?

절대치	총량, 규모등의 절대적인 수치 ex) 인구(명) 가구수(가구), 점수(점) …

상대치	특정 값을 기준으로 한 상대적인 수치 ($\dfrac{\text{해당 자료 크기}}{\text{특정값}}$) ex) 비율, 지수, 증감율 …

	비율	지수	증감율
	$\dfrac{\text{해당값}}{\text{전체값}}$	$\dfrac{\text{해당값}}{\text{기준값}}$	$\dfrac{\text{현재값} - \text{과거값}}{\text{과거값}}$

❸ 외적구성을 통한 자료의 파악

〈표〉 '갑'국의 2015년~2016년 국방비 현황

(단위: 백만원)

구분	2015년	2016년
국방비	1,230,950	1,557,821

→ 이 자료는 국방비에 대한 내용이며, 절대치로 구성되어있다.

〈표〉 'A'사 연도별 성비

구분	2015년	2016년
성비	115	117

※ 성비 $= \dfrac{\text{남성}}{\text{여성}} \times 100$

→ 이 자료는 성비에 대한 내용이며 추가정보에 의하여 상대치로 구성되었음을 확인할 수 있다.

④ 기출문제와 제작문제에 관점 적용해보기

문 1. (행 16~21)

다음 〈표〉는 2007 ~ 2013년 동안 '갑'국의 흡연율 및 금연계획률에 관한 자료이다. 이에 대한 설명으로 옳은 것은?

① 자료 파악
흡연율과 금연계획률

〈표 1〉 성별 흡연율

(단위: %)

성별 \ 연도	2007	2008	2009	2010	2011	2012	2013
남성	45.0	47.7	46.9	48.3	47.3	43.7	42.1
여성	5.3	7.4	7.1	6.3	6.8	7.9	6.1
전체	20.6	23.5	23.7	24.6	25.2	24.9	24.1

② 선지 재구성
1. 남성, 매년 여성 6배야?
2. 소득수준 높으면 여성 적어?

〈표 2〉 소득수준별 남성 흡연율

(단위: %)

소득수준 \ 연도	2007	2008	2009	2010	2011	2012	2013
최상	38.9	39.9	38.7	43.5	44.1	40.8	36.6
상	44.9	46.4	46.4	45.8	44.9	38.6	41.3
중	45.2	49.6	50.9	48.3	46.6	45.4	43.1
하	50.9	55.3	51.2	54.2	53.9	48.2	47.5

〈표 3〉 금연계획률

(단위: %)

구분 \ 연도	2007	2008	2009	2010	2011	2012	2013
금연계획률	59.8	56.9	( )	( )	56.3	55.2	56.5
단기 금연계획률	19.4	( )	18.2	20.8	20.2	19.6	19.3
장기 금연계획률	40.4	39.2	39.2	32.7	( )	35.6	37.2

※ 1) 흡연율(%) = $\dfrac{\text{흡연자 수}}{\text{인구 수}} \times 100$

2) 금연계획률(%) = $\dfrac{\text{금연계획자 수}}{\text{흡연자 수}} \times 100$ = 단기 금연계획률 + 장기 금연계획률

Q ▶ 보기 2번의 여성 흡연자를 남성 흡연자로 바꾼다면 정답은 무엇인가?

1. 매년 남성 흡연율은 여성 흡연율의 6배 이상이다. (O, X)

2. 2007 ~ 2010년 동안 매년 소득수준이 높을수록 여성 흡연자 수는 적다. (O, X)

A ▶ 구할 수 없다.

● 자료통역사의 관점 적용하기

1. (X)

2012년의 경우, $\dfrac{\text{남성 흡연율}}{\text{여성 흡연율}} = \dfrac{43.7}{7.9}$ 이므로 6배 이하이다.

2. (X)

소득수준에 따른 여성 흡연자에 대한 정보는 존재하지 않는다.

정답 (X, X)

다음 〈표〉는 2013년 주요 광역철도 예산집행 현황의 일부이다. 이에 대한 설명으로 옳은 것은?

〈표〉 2013년 주요 광역철도 예산집행 현황

(단위: 백만원)

구 분	국 비		지방비	
	예산액	집행액	예산액	집행액
전체 광역철도	366,629	269,622	103,449	70,920
용산–문산 복선전철	77,629	56,455	25,876	13,743
수원–인천 복선전철	75,000	57,476	35,971	26,471
오리–수원 복선전철	97,000	69,691	13,269	2,373
신분당선(정자–수원)	85,000	85,000	28,333	28,333

※ 1) 각 항목의 총 예산액과 총 집행액은 국비와 지방비로만 이루어짐.

2) 국비(지방비) 집행률 $= \dfrac{\text{국비(지방비)집행액}}{\text{국비(지방비)예산액}} \times 100$

3) 국비(지방비) 지원율 $= \dfrac{\text{국비(지방비)예산액}}{\text{총 예산액}}$

1. 2013년 전체 광역철도 중 국비 집행률이 가장 낮은 것은 오리–수원 복선전철이다. (O, X)

① 자료 파악
주요 광역철도의 예산 집행 현황

② 선지 재구성
2013 국비 집행률
오리 – 수원이 가장 낮아?

Q ▶ 국비 지원율이 가장 높은 전철은 알 수 있을까?

A ▶ 없다.

⊙ 자료통역사의 관점 적용하기

1. (X)

이 자료는 '주요' 광역철도(4개)에 대한 내용이다.
선지에서는 '전체' 광역철도 중 국비 집행률이 가장 낮은 복선전철에 대하여 물어본다.
'주요' 광역철도의 정보를 이용해서 '전체 '광역철도의 정보는 알 수 없다.

정답 (X)

문 3. (제작 문제)

다음 〈표〉는 회사 규모에 따른 직급별 1인당 평균소득에 대한 자료이다.

〈표〉 회사 규모에 따른 직급별 1인당 평균 소득

(단위: 백만원)

직급＼회사 규모	중소기업	중견기업	대기업
대리급 이하	200	250	300
과장	250	300	350
차장급 이상	300	350	400

1. 회사 규모와 상관없이 직급이 올라갈수록 전체 소득은 커진다. (O, X)

① 자료 파악
  직급별 1인당 평균
  소득

② 선지 재구성
  직급이 올라갈수록 전
  체 소득 커져?

▶ 자료통역사의 관점 적용하기

1. (X)

　이 자료는 '1인당 평균 소득'에 대한 내용이다.
　선지에서는 '전체 소득'에 대하여 물어본다.
　'1인당 평균 소득'의 정보만으로 '전체 소득'의 정보는 알 수 없다.

정답 (X)

다음 〈표〉와 〈그림〉은 2013년 '갑'국의 자동차 매출에 관한 자료이다. 이에 대한 설명으로 옳은 것은?

① 자료 파악
　자동차 누적 매출액

〈그림〉 2013년 I 자동차 누적매출액

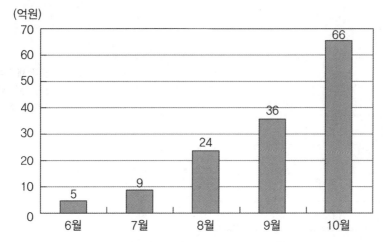

※ 월매출액은 해당 월 말에 집계됨

② 선지 재구성
　6~9월중 매출액 가장
　큰 달 9월이야?

1. 2013년 6월부터 2013년 9월 중 I 자동차의 월매출액이 가장 큰 달은 9월이다. (O, X)

Q ▶ 2013년 월 매출액이
　가장 작은 달은 언
　제인가?

A ▶ 알 수 없다.

▶ 자료통역사의 관점 적용하기

1. (X)

이 자료는 누적자료이다.
누적자료의 경우 해당값이 과거의 값이 모두 누적된 값을 말한다.
즉. 해당 월 매출액 = 해당 월 누적 매출액 - 직전 월 누적 매출액
9월 월매출액: 36-24 = 12
8월 월매출액: 24- 9 = 15
따라서 9월이 가장 크지 않다.

정답 (X)

다음 〈그림〉은 기계 100대의 업그레이드 전·후 성능지수 향상폭에 관한 자료이다. 이에 대한 설명으로 옳은 것은?

① 자료 파악
　성능지수 향상폭

〈그림〉 성능지수 향상폭 분포

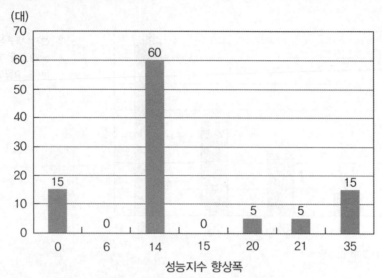

② 선지 재구성
　성능지수 평균 20
　이상 커졌어?

※ 1) 업그레이드를 통한 성능 감소는 없음.
　 2) 성능지수 향상폭 = 업그레이드 후 성능지수 – 업그레이드 전 성능지수

1. 업그레이드 후 1대당 성능지수는 업그레이드 전 1대당 성능지수에 비해 20 이상 향상되었다.

(O, X)

● 자료통역사의 관점 적용하기

1. (X)

　이 자료는 분포자료이다.
　막대그래프의 크기는, 각 성능지수 향상폭에 따른 기기의 대수가 몇 대인지를 의미한다.
　즉, 성능지수가 0만큼 향상된 기계는 15대, 14만큼 향상된 기계는 60대이다.
　20을 기준으로 넘치는 것이 부족한 것을 채워준다고 생각해보자. (※ 가중평균처럼 생각하기)
　넘치는 것이 부족한 것을 채워주지 못하므로 20 이하 향상되었다.

정답 (X)

2 상대치 - 비중

❶ 비중 자료란?

Q. A국의 노인인구 비중이 매년 감소하고 있다고 한다. 그렇다면 이 나라의 노인인구는 매년 감소하고 있을까?

A. 그렇지 않다. 아래의 〈표〉처럼 A국의 출산율이 매우 높아 인구가 크게 증가하고 있다면 노인인구가 증가해도 노인인구 비중은 감소할 수 있다.

	2019년	2020년
전체인구	190.0만	200.0만
노인인구	19.0만	19.5만
노인비중	10%	9.75%

혹시 노인인구 비중이 감소하면 노인인구도 당연히 감소하는 게 아닌지 고민했다면 이번에 배울 '비중'을 더욱더 꼼꼼히 익혀보자.

비중 자료는 주어진 자료가 비중 정보를 담고 있는 경우를 말한다.

비중은 전체값 대비 해당값($=\dfrac{해당값}{전체값}$)의 크기를 의미한다.

비중과 해당값은 비례하지만 '상대치'이므로 전체값을 모르면 정확한 값을 알 수 없다.
(※ 비중은 구성비, 비율 등 다양한 이름을 갖고 있다.)

비중자료는 정확한 값을 알 수 없다는 특징 때문에
① 비중 자료인지에 대한 파악 ② 전체값에 대한 파악이 매우 중요하다.

① 지수 자료 파악방법

비중 자료 파악 방법
① 자료 제목에 비중/구성비 등 확인하기
② 단위가 %값인지 확인하기
③ 내적구성에 비중/비율/구성비 등이 있는지 확인하기

---

② 비중 자료의 전체값 파악하기

자료의 3가지 요소를 이용한 전체값 파악 방법
① 외적구성 – 자료의 제목을 통한 추론
   ex) x별 A의 구성의 제목의 형태를 지닌 경우 전체값은 x가 된다.
② 내적구성 – 내적구성 중 합이 100%가 되는 방향을 통한 파악
③ 추가정보 – 각주에 주어진 식의 분모에 집중하기

---

❷ 비중자료의 선지유형별 비교 가능여부

case.1 $A_{해당값}$ $= A_{비중} \times A_{전체값}$	① 해당값끼리 비교	$A_{전체값}=B_{전체값}$인 경우에만, 비중을 이용하여 해당값끼리 대소 비교가 가능하다.
	② 특정 값과 비교	해당값 또는 전체값이 주어지지 않으면 비교할 수 없다.
case.2 $A_{해당값}\pm B_{해당값}$ $= (A_{비중}\times A_{전체값})\pm(B_{비중}\times B_{전체값})$	① 해당값끼리 비교	$A_{전체값}=B_{전체값}$인 경우에만, 비중을 이용하여 해당값끼리 대소 비교가 가능하다.
	② 특정 값과 비교	해당값 또는 전체값이 주어지지 않으면 비교할 수 없다.
case.3 $A_{해당값}\times B_{해당값}$ $= (A_{비중}\times A_{전체값})\times(B_{비중}\times B_{전체값})$	① 해당값끼리 비교	양변의 $(A_{전체값}\times B_{전체값})$이 약분되므로 비중을 이용하여 해당값끼리 대소 비교가 가능하다.
	② 특정 값과 비교	해당값 또는 전체값이 주어지지 않으면 비교할 수 없다.
case. 4 $\dfrac{B_{해당값}}{A_{해당값}}$ $=\dfrac{B_{비중}\times B_{전체값}}{A_{비중}\times A_{전체값}}$	① 해당값끼리 비교	양변의 $\dfrac{B_{전체값}}{A_{전체값}}$이 약분되므로 비중을 이용하여 해당값끼리 대소 비교가 가능하다.
	② 특정 값과 비교	해당값 또는 전체값이 주어지지 않으면 비교할 수 없다 단, $A_{전체값}=B_{전체값}$인 경우, 분자, 분모의 전체값이 약분되므로 비중을 이용하여 특정 값과 비교할 수 있다.

❸ 대표문제 같이 풀어보기

〈표〉 '갑' 사의 공장별 생산량 구성비

(단위: %)

공장 \ 생산물품	박판	후판	H빔	I빔	환봉
A	35	25	20	15	5
B	5	10	15	20	50

※ '갑'사는 A공장과 B공장 외의 공장은 없음.

1. 박판 생산량은 A공장이 B공장보다 많다. (O, X)
2. A공장의 생산량 차이는 박판과 후판이 H빔과 I빔보다 크다. (O, X)
3. A공장 생산량 대비 B공장 생산량은 I빔이 H빔보다 크다. (O, X)
4. '갑'사의 전체 생산량에서 박판의 비율이 20%라면 A공장의 H빔 생산량과 B공장의 I빔 생산량은 같다. (O, X)

▶ 자료통역사의 관점 적용하기

외적구성: 공장별 생산량 구성비 → 공장별로 전체값이 동일하다.

1. (X)

생산량(A)에 대한 대소비교이다. (case.1)
case. 1 A와 B (A = A$_{비중}$ × A$_{전체값}$) 중 대소비교: 전체값이 동일한 경우에만 구성비를 통한 대소비교가 가능하다. 즉, 구성비를 이용한 A공장과 B공장의 생산물품 간의 대소비교는 불가능하다.

2. (O)

생산량 차이 (A±B)에 대한 대소비교이다. (case.2)
case. 2 $A \pm B$ ($A \pm B$ = (A$_{비중}$ × A$_{전체값}$) − (B$_{비중}$ × B$_{전체값}$)) 중 대소비교: 전체값이 동일한 경우에만 구성비를 통한 대소비교가 가능하다. 즉, 구성비를 이용한 A공장 생산물품 간의 대소비교는 가능하다.
박판과 후판의 차이 = 35−25 = 10%p, H빔과 I빔의 차이 = 20−15 = 5%p이므로 박판과 후판의 차이가 더 크다.

3. (O)

A공장 생산량 대비 B공장 생산량($\dfrac{B}{A}$)에 대한 대소비교이다. (case.4)
case. 4 $\dfrac{B}{A}$ ($\dfrac{B}{A} = \dfrac{B_{비중} \times B_{전체값}}{A_{비중} \times A_{전체값}}$) 대소비교: 구성비를 이용한 대소비교가 가능하다.
I빔 = $\dfrac{20}{15}$, H팀 $\dfrac{15}{20}$, I빔이 H빔 보다 크다.

4. (O)

생산량(A)에 대한 대소비교이다. (case.1)
case. 1 A와 B (A = A$_{비중}$ × A$_{전체값}$) 중 대소비교: 전체값이 동일한 경우에만 구성비를 통한 대소비교가 가능하다.
A공장, B공장 생산구성비(부분의 비)와 '갑'사 생산구성비(전체의 비)가 주어졌으므로
전체값에 대한 추론이 가능하다.
박판의 생산 구성비가 A공장(35%), B공장(5%), 전체(20%)이므로
부족한 것이 넘치는 것을 채워준다고 생각하면(가중평균)
15×A공장전체 = 15×B공장전체이므로 A공장과 B공장의 전체 생산량은 같다.
A공장의 H빔 비중과 B공장의 I빔 비중도 동일하므로 생산량은 같다.

❹ 기출문제와 제작문제에 관점 적용해보기

문 1. (행 15–26)

다음 〈표〉는 통근 소요시간에 따른 5개 지역(A ~ E) 통근자 수의 분포를 나타낸 자료이다. 이에 대한 〈보기〉의 설명 중 옳은 것만을 모두 고르면?

① 자료 파악

통근 소요 시간에 따른 지역별 통근자 수

〈표〉 통근 소요시간에 따른 지역별 통근자 수 분포

(단위: %)

소요시간\지역	30분 미만	30분 이상 1시간 미만	1시간 이상 1시간 30분 미만	1시간 30분 이상 3시간 미만	합
A	30.6	40.5	22.0	6.9	100.0
B	40.6	32.8	17.4	9.2	100.0
C	48.3	38.8	9.7	3.2	100.0
D	67.7	26.3	4.4	1.6	100.0
E	47.2	34.0	13.4	5.4	100.0

② 선지 재구성

1. 30분 이상 중 30분 이상 1시간 미만 C가 가장 높아?
2. 1시간 이상 통근자 A가 가장 많아?

※ 각 지역 통근자는 해당 지역에 거주하는 통근자를 의미함

1. 통근 소요시간이 30분 이상인 통근자 수 대비 30분 이상 1시간 미만인 통근자 수의 비율이 가장 높은 지역은 C이다. (O, X)

2. A ~ E지역 중 통근 소요시간이 1시간 이상인 통근자의 수가 가장 많은 지역은 A이다.

(O, X)

▶ 통일된 습관

외적구성: 지역별 통근자 수 분포 → 전체값은 해당 지역의 통근자수이다. 즉, 동일 지역의 소요시간끼리는 전체값이 동일하다.

1. (X)

통근자수 대비 통근자수($\frac{B}{A}$)에 대한 대소비교이다. (case.4)

case. 4 $\frac{B}{A}$ ($\frac{B}{A} = \frac{B_{비중} \times B_{전체값}}{A_{비중} \times A_{전체값}}$) 대소비교: 비중을 이용한 대소비교가 가능하다.

C지역의 경우 $\frac{38.8}{38.8+9.7+3.2}$ 이므로 D지역 $\frac{26.3}{26.3+4.4+1.6}$ 보다 작다. (※ 뺄셈법으로 생각하자)

2. (X)

통근자수(A)에 대한 대소비교이다. (case.1)
case. 1 A와 B (A = A_{비중} × A_{전체값}) 중 대소비교: 전체값이 동일한 경우에만 비중을 통한 비교가 가능하다. 다른 지역간의 대소비교는 불가능하다.

정답 (X, X)

다음 〈표〉는 서울 및 수도권 지역의 가구를 대상으로 난방방식 현황 및 난방연료 사용현황에 대해 조사한 자료이다. 이에 대한 〈보기〉의 설명 중 옳은 것을 모두 고르면?

〈표 1〉 난방방식 현황

(단위: %)

종류	서울	인천	경기남부	경기북부	전국평균
중앙난방	22.3	13.5	6.3	11.8	14.4
개별난방	64.3	78.7	26.2	60.8	58.2
지역난방	13.4	7.8	67.5	27.4	27.4

〈표 2〉 난방연료 사용현황

(단위: %)

종류	서울	인천	경기남부	경기북부	전국평균
도시가스	84.5	91.8	33.5	66.1	69.5
LPG	0.1	0.1	0.4	3.2	1.4
등유	2.4	0.4	0.8	3.0	2.2
열병합	12.6	7.4	64.3	27.1	26.6
기타	0.4	0.3	1.0	0.6	0.3

1. 지역난방을 사용하는 가구수는 서울이 인천의 2배 이하이다. (O, X)

2. 경기북부지역의 경우, 도시가스를 사용하는 가구수가 등유를 사용하는 가구수의 20배 이상이다. (O, X)

① 자료 파악
난방 방식 및 연료 현황

② 선지 재구성
1. 지역난방 가구수 서울이 인천 2배 이하야?
2. 경기 북부 도시가스가 등유의 20배 이상이야?

Q 〉 서울지역에서는 개별난방의 가구 수와 도시가스의 가구 수의 비교가 가능한가?

A 〉 가능하다.

● 자료통역사의 관점 적용하기

외적구성: 난방방식, 난방연료 → 외적구성만으로는 자료의 성질(절대치/상대치)을 파악하기 어렵다.
내적구성: 동일한 지역끼리의 합을 하면 합이 100%가 된다. 즉, 지역이 동일할 때, 전체값의 크기가 같다.

1. (X)

가구수(A)에 대한 대소비교이다. (case.1)
case. 1 A와 B (A = $A_{비중}$ × $A_{전체값}$) 중 대소비교: 전체값이 동일한 경우에만 비중을 통한 대소비교가 가능하다. 다른 지역간의 대소비교는 불가능하다.

2. (O)

가구수(A)에 대한 대소비교이다. (case.1)
case. 1 A와 B (A = $A_{비중}$ × $A_{전체값}$) 중 대소비교: 전체값이 동일한 경우에만 비중을 통한 대소비교가 가능하다. 동일 지역이므로 비중을 통한 대소비교가 가능하다.
경기 북부 지역에서 도시가스 비율은 66.1%, 등유 비율은 3.0%이므로 20배 이상이다.

정답 (X, O)

문 3. (행 12-33)

다음 〈표〉는 A국 전체 근로자의 회사 규모 및 근로자 직급별 출퇴근 소요시간 분포와
유연근무제도 유형별 활용률에 관한 자료이다. 이에 대한 설명으로 옳은 것은?

〈표 1〉 회사 규모 및 근로자 직급별 출퇴근 소요시간 분포

(단위 : %)

규모 및 직급	출퇴근 소요시간	30분 이하	30분 초과 60분 이하	60분 초과 90분 이하	90분 초과 120분 이하	120분 초과 150분 이하	150분 초과 180분 이하	180분 초과	전체
규모	중소기업	12.2	34.6	16.2	17.4	8.4	8.5	2.7	100.0
	중견기업	22.8	35.7	16.8	16.3	3.1	3.4	1.9	100.0
	대기업	21.0	37.7	15.3	15.6	4.7	4.3	1.4	100.0
직급	대리급 이하	20.5	37.3	15.4	13.8	5.0	5.3	2.6	100.0
	과장급	16.9	31.6	16.7	19.9	5.6	7.7	1.7	100.0
	차장급 이상	12.6	36.3	18.3	19.3	7.3	4.2	1.9	100.0

〈표 2〉 회사 규모 및 근로자 직급별 유연근무제도 유형별 활용률

(단위 : %)

규모 및 직급	유연근무제도 유형	재택 근무제	원격 근무제	탄력 근무제	시차 출퇴근제
규모	중소기업	10.4	54.4	15.6	41.7
	중견기업	29.8	11.5	39.5	32.0
	대기업	8.6	23.5	19.9	27.0
직급	대리급 이하	0.7	32.0	23.6	29.0
	과장급	30.2	16.3	27.7	28.7
	차장급 이상	14.2	26.4	25.1	33.2

Q1 〉〈표2〉의 경우 전체
값이 동일한 방향
의 비율의 합이
100%가 아니다.
왜 그럴까?

A 〉 무응답이 존재하기
때문이다.

Q2 〉 교집합을 구하는
다른 방법은 어떤
것이 있을까?

A 〉 여집합을 이용하자.

1. 출퇴근 소요시간이 120분 이하인 과장급 근로자 중에는 원격근무제를 활용하는 근로자가
있다. (O, X)

▶ 자료통역사의 관점 적용하기

외적구성: 규모별 및 근로자 직급별 → 전체값

1. (O)

〈표 1〉과 〈표 2〉에서 동일한 직급 간 전체값은 동일하다.

전체값이 동일한 방향에서는 비율과 근로자수가 비례한다.

비율을 이용하여 최소교집합을 생각해보자.

120분 이하 = 100- 5.6-7.7-1.7 = 85%, 원격 근무제 = 16.3%이므로 최소교집합이 0보다 크다.

즉, 120분 이하인 과장급 근로자 중 원격근무제를 활용하는 근로자가 있다.

정답 (O)

다음 〈표〉는 2009년과 2010년 정부창업지원금 신청자를 대상으로 직업과 창업단계를 조사한 자료이다. 이에 대한 〈보기〉의 설명 중 옳은 것만을 모두 고르면?

① 자료 파악
정부 창업 지원금 신청자 직업 구성

〈표 1〉 정부창업지원금 신청자의 직업 구성

(단위: 명, %)

직업	2009년		2010년		합계	
	인원	비율	인원	비율	인원	비율
교수	34	4.2	183	12.5	217	9.6
연구원	73	9.1	118	8.1	191	8.4
대학생	17	2.1	74	5.1	91	4.0
대학원생	31	3.9	93	6.4	124	5.5
회사원	297	37.0	567	38.8	864	38.2
기타	350	43.6	425	29.1	775	34.3
계	802	100.0	1,460	100.0	2,262	100.0

② 선지 재구성
기타 제외 시 대학생의 증가율이 두 번째로 높아?

1. '기타'를 제외한 직업별 2010년 정부창업지원금 신청자수의 전년대비 증가율이 두번째로 높은 직업은 대학생이다. (O, X)

Q ▷ 비율을 이용하여 증감율 또는 감소율을 비교할 수 있을까?

A ▷ 없다.

▶ 자료통역사의 관점 적용하기

외적구성: 외적구성만으로는 자료의 성질(절대치/상대치)을 파악하기 어렵다.
내적구성: 계를 통하여 동일 연도의 전체값이 동일하다는 것을 알 수 있다.

1. (O)

증가율($\frac{B}{A}$)에 대한 대소비교이다. (case.4)

case. 4 $\frac{B}{A}$ ($\frac{B}{A} = \frac{B_{비중} \times B_{전체값}}{A_{비중} \times A_{전체값}}$) 중 대소비교: 비중을 이용하여 대소비교가 가능하다.

대학생이 두 번째로 높다 → 대학생보다 높은 직업은 1개뿐인가?

비율을 이용한 비교: 대학생 $\frac{5.1}{2.1} ≒ 2.5$, 2.5보다 높은 직업 1개뿐이야? 교수($\frac{12.5}{4.2}$) 1개뿐이다.

인원을 이용한 비교: 대학생 $\frac{74}{17} = 4↑$ 4보다 높은 직업 1개뿐이야? 교수($\frac{183}{34}$) 1개뿐이다.

정답 (O)

문 5. (행 15–01)

다음 〈표〉는 2013년 '갑'국의 식품 수입액 및 수입건수 상위 10개 수입상대국 현황을 나타낸 자료이다. 이에 대한 설명 중 옳은 것은?

① 자료 파악
수입액과 수입건수 상위 10개국의 현황

〈표〉 2013년 '갑'국의 식품 수입액 및 수입건수 상위 10개 수입상대국 현황

(단위: 조원, 건, %)

수입액			수입건수		
순위	국가	금액	점유율	순위	국가	건수	점유율

수입액 순위	국가	금액	점유율	수입건수 순위	국가	건수	점유율
1	중국	3.39	21.06	1	중국	104,487	32.06
2	미국	3.14	19.51	2	미국	55,980	17.17
3	호주	1.10	6.83	3	일본	15,884	4.87
4	브라질	0.73	4.54	4	프랑스	15,883	4.87
5	태국	0.55	3.42	5	이탈리아	15,143	4.65
6	베트남	0.50	3.11	6	태국	12,075	3.70
7	필리핀	0.42	2.61	7	독일	11,699	3.59
8	말레이시아	0.36	2.24	8	베트남	10,558	3.24
9	영국	0.34	2.11	9	영국	7,595	2.33
10	일본	0.17	1.06	10	필리핀	7,126	2.19
–	기타국가	5.40	33.53	–	기타국가	69,517	21.33

② 선지 재구성
1. 총수입액 17조 이상?
2. 수입건당 수입액 중국이 미국보다 커?

1. 식품의 총 수입액은 17조원 이상이다. (O, X)

2. 식품 수입건수당 식품 수입액은 중국이 미국보다 크다. (O, X)

Q1 〉 2번의 경우 점유율과 해당 값을 동시에 이용 비교 가능할까?
A 〉 가능하다.

Q2 〉 수입건수당 수입액이 가장 큰 국가 또는 가장 작은 국가를 구할 수 있을까?
A 〉 없다.

▶ 자료통역사의 관점 적용하기

외적구성만으로는 자료의 성질(절대치/상대치)을 파악하기 어렵다.
내적 구성: 수입액별, 수입건수별 전체값이 동일함을 알 수 있다.

1. (X)

수입액(A)에 대한 특정한 값에 대한 비교이다. (case.1)
case. 1 A와 B (A = A$_{비중}$ × A$_{전체값}$) 중 특정값과의 비교: 해당값 또는 전체값에 대한 정보가 필요하다.
해당값에 대하여 알고 있으므로 비교가 가능하다.
점유율 ∝ 해당값이고, 총 수입액은 점유율이 100%인 경우를 의미한다.
일본의 경우 수입액은 0.17인데, 점유율은 1% 이상이므로 점유율이 100%일때의 수입액은 17조 이하이다.

2. (X)

수입건당 수입액($\frac{B}{A}$)에 대한 대소비교이다. (case.4)

case. 4 $\frac{B}{A}$ ($\frac{B}{A} = \frac{B_{비중} \times B_{전체값}}{A_{비중} \times A_{전체값}}$) 중 대소비교: 점유율을 이용하여 대소비교가 가능하다.

중국 = $\frac{21.06}{32.06}$ 미국 = $\frac{19.51}{17.17}$ 이므로 중국이 미국보다 작다.

정답 (X, X)

다음 〈표〉는 세계 지역별 의약품 시장규모에 관한 자료이다. 이에 대한 〈보기〉의 설명 중 옳은 것만을 모두 고르면?

① 자료 파악
지역별 의약품 시장규모

〈표〉 2013 ~ 2014년 세계 지역별 의약품 시장규모

(단위: 십억 달러, %)

연도 구분 지역	2013		2014	
	시장규모	비중	시장규모	비중
북미	362.8	38.3	405.6	39.5
유럽	219.8	( )	228.8	22.3
아시아(일본 제외), 호주, 아프리카	182.6	19.3	199.2	19.4
일본	80.5	8.5	81.6	7.9
라틴 아메리카	64.5	( )	72.1	7.0
기타	37.4	3.9	39.9	3.9
전체	947.6	100.0	( )	100.0

② 선지 재구성
1. 유럽 비중 감소했어?
2. 전체시장규모 5% 이상 증가했어?

1. 2014년 의약품 세계 전체 시장규모에서 유럽이 차지하는 비중은 전년대비 감소하였다.

(O, X)

2. 2014년 의약품 세계 전체 시장규모는 전년대비 5% 이상 증가하였다. (O, X)

Q ❯ 선지 1을 풀 때, 다른 지역을 이용 방법은 없을까?

A ❯ 많다.

▶ 자료통역사의 관점 적용하기

외적구성: 외적 구성만으로는 전체값에 대한 판단이 어렵다.
내적구성: 연도가 동일하면 전체값이 동일하다.

1. (O)

2013년 유럽의 비중 = $\dfrac{219.8}{947.6} = \dfrac{223-3.2}{1000-52.4}$ 〉 22.3%

2014년 유럽의 비중은 전년대비 감소하였다.

2. (O)

증가율($\dfrac{B}{A}$)에 대한 특정한 값과의 비교이다.

전체값이 같지 않으므로 비중만을 이용한 비교가 불가능하다.
2013년 아시아와 2014년의 아시아의 비중의 크기가 매우 유사하다.
비중 ∝ 시장규모이므로, 2014년 아시아의 증가율이 5% 이상이라면 전체의 증가율도 5% 이상이다.
$\dfrac{199.2}{182.6}$ 〉 1.05이므로, 5% 이상 증가하였다. 즉, 전체 시장규모도 전년대비 5% 이상 증가하였다.

정답 (O, O)

문 7. (민 16-08)

다음 〈표〉와 〈그림〉은 수종별 원목생산량과 원목생산량 구성비에 관한 자료이다. 이에 대한 〈보기〉의 설명 중 옳은 것만을 모두 고르면?

〈표〉 2006 ~ 2011년 수종별 원목생산량

(단위: 만m³)

수종 \ 연도	2006	2007	2008	2009	2010	2011
소나무	30.9	25.8	28.1	38.6	77.1	92.2
잣나무	7.2	6.8	5.6	8.3	12.8	( )
전나무	50.4	54.3	50.4	54.0	58.2	56.2
낙엽송	22.7	23.8	37.3	38.7	50.5	63.3
참나무	41.4	47.7	52.5	69.4	76.0	87.7
기타	9.0	11.8	21.7	42.7	97.9	85.7
전체	161.6	170.2	195.6	( )	372.5	( )

〈그림〉 2011년 수종별 원목생산량 구성비

(단위: %)

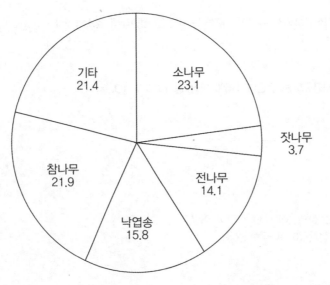

1. '기타'를 제외하고 2006년 대비 2011년 원목생산량 증가율이 가장 큰 수종은 소나무이다. (O, X)

2. 전체 원목생산량 중 소나무 원목생산량의 비중은 2011년이 2009년보다 크다. (O, X)

① 자료 파악
수종별 원목 생산량

② 선지 재구성
1. 06년 대비 11년 소나무 증가율 가장 커?
2. 09년 대비 11년 소나무 비중 증가했어?

Q ▷ 감소율이나 변화율도 구성비를 이용하여 비교할 수 있을까?

A ▷ 없다.

▶ 자료통역사의 관점 적용하기

〈그림〉의 외적구성: 전체값은 모두 동일하다.

1. (O)

증가율($\frac{B}{A}$)에 대한 대소비교이다. (case.4)

case. 4 $\frac{B}{A}$ ($\frac{B}{A} = \frac{B_{비중} \times B_{전체값}}{A_{비중} \times A_{전체값}}$): 비중을 이용한 대소비교가 가능하다.

소나무($\frac{2011년\ 비중}{2006년\ 값}$) = $\frac{23.1}{30.9}$ = 70%↑ 으로 가장 크다.(※ 분모 또는 분자 하나만 비율인 경우에 대한 간단 증명)

$\frac{B_{1의비중} \times B_{전체값}}{A_1} \geq ? \frac{B_{2의비중} \times B_{전체값}}{A_2}$ → $B_{전체값}$이 약분됨

2. (O)

2009년 소나무의 비중이 23.1% 보다 작은가?

2009년 소나무(38.6)를 1덩이라고 생각했을 때, 2009년 전체 생산량은 적어도 5덩이 이상이다.

즉, 소나무의 비중은 커봐야 20% 이하이므로 23.1% 보다 작다.

정답 (O, O)

문 8. (행 18-38)

다음 〈표〉는 '갑'국의 인구 구조와 노령화에 대한 자료이다.

〈표 1〉 인구 구조 현황 및 전망

(단위: 천 명, %)

연도	총인구	유소년인구 (14세 이하)		생산가능인구 (15 ~ 64세)		노인인구 (65세 이상)	
		인구수	구성비	인구수	구성비	인구수	구성비
2000	47,008	9,911	21.1	33,702	71.7	3,395	7.2
2010	49,410	7,975	( )	35,983	72.8	5,452	11.0
2016	51,246	( )	( )	( )	( )	8,181	16.0
2020	51,974	( )	( )	( )	( )	9,219	17.7
2030	48,941	5,628	11.5	29,609	60.5	( )	28.0

※ 2020년, 2030년은 예상치임

〈표 2〉 노년부양비 및 노령화지수

(단위: %)

구분 \ 연도	2000	2010	2016	2020	2030
노년부양비	10.1	15.2	( )	25.6	46.3
노령화지수	34.3	68.4	119.3	135.6	243.5

※ 1) 노년부양비(%) = $\dfrac{노인인구}{생산가능인구} \times 100$

　 2) 노령화지수(%) = $\dfrac{노인인구}{유소년인구} \times 100$

1. 2020년 대비 2030년의 노인인구 증가율은 55% 이상으로 예상된다. (O, X)

2. 2016년 노년부양비는 20% 이상이다. (O, X)

① 자료 파악
　 인구 구조

② 선지 재구성
　 1. 20년 대비 30년
　　 노인 55% 이상증
　　 가했어?
　 2. 16년 노인부양비
　　 20% 이상이야?

● 자료통역사의 관점 적용하기

〈표 1〉의 외적구성: 외적 구성만으로는 전체값에 대한 판단이 어렵다.

〈표 1〉의 내적구성: 연도가 동일한 방향으로 전체값이 동일하다.

1. (X)

연도가 동일한 방향으로 전체값이 동일하므로

노인인구 = 해당 연도 전체인구 × 해당 연도 노인인구 구성비

2020년(519×17.7) → 2030년(489×28.0)

전체인구(519→489)는 5%↑ 감소하였고, 구성비(17.7→28.0)는 60%↓ 증가하였으므로

배수테크닉에 의하여 (1−0.05↑)×(1+0.6↓) = 0.95↓×1.6↓ 이므로 1.55 이하이다.

(1에서 5% 감소 시, 0.05가 줄어든다. 따라서 1.6에서 5%가 빠지면 0.05보다 더 많이 줄어든다.)

2. (O)

극단적으로 생각해보자. 노년부양비, 20% 이하일 수 있어?

노년부양비가 20% 이하 → 20%↓ = $\dfrac{1}{5↑}$ = $\dfrac{노인인구}{생산가능인구}$ 이므로 5↑ × 노인인구 = 생산가능인구

연도가 동일한 방향으로는 전체값이 동일하므로 인구수 ∝ 구성비이다.

인구를 통하여 확인하는 것이 아니라 구성비를 통하여 확인하자.

5↑ × 노인인구 = 생산가능인구이므로 구성비로 치환하면

 5↑ × 노인구성비 = 생산가능구성비 = 80%↑ → 유소년 인구 비중 = 4%↓

만약 유소년 인구 비중이 4%↓이라면 2016년 노령화 지수는 $\dfrac{16}{4↓}$으로 400 이상이어야 한다.

그러나 2016년 노령화지수가 119.3이므로 노년부양비는 20% 이하일 수 없다.

정답 (X, O)

문 9. (행 15-10)

다음 〈표〉는 A국 기업의 회계기준 적용에 관한 자료이다. 이에 대한 설명으로 옳지 않은 것은?

〈표 1〉 A국 기업의 회계기준 적용 현황

(단위: 개, %)

회계기준	연도 구분	2011 기업수	비율	2012 기업수	비율
국제회계기준		2,851	15.1	3,097	15.9
	의무기업(상장기업)	1,709	9.1	1,694	8.7
	선택기업(비상장기업)	1,142	6.0	1,403	7.2
일반회계기준(비상장기업)		16,027	84.9	16,366	84.1
전체		18,878	100.0	19,463	100.0

※ 상장기업은 국제회계기준을 의무적용해야 하며, 비상장기업은 국제회계기준과 일반회계기준 중 하나를 적용해야 함.

〈표 2〉 2011년 A국 비상장기업의 자산규모별 회계기준 적용 현황

(단위: 개, %)

자산규모	회계기준 구분	국제회계기준 기업수	비율	일반회계기준 기업수	비율	합 기업수	비율
2조원 이상		38	73.1	14	26.9	52	100.0
5천억원 이상 2조원 미만		80	36.9	137	63.1	217	100.0
1천억원 이상 5천억원 미만		285	.18.8	1,231	81.2	1,516	100.0
1천억원 미만		739	4.8	14,645	95.2	15,384	100.0
계		1,142	–	16,027	–	17,169	–

1. 2011년 국제회계기준을 적용한 비상장기업의 80% 이상이 자산규모 5천억원 미만이다.

(O, X)

2. 2012년 전체 기업 대비 국제회계기준을 적용한 기업의 비율은 2011년에 비해 증가하였다.

(O, X)

3. 2012년 비상장기업 중 국제회계기준을 적용한 비상장기업이 차지하는 비율은 전년에 비해 2%p 이상 증가하였다. (O, X)

① 자료 파악
표 1:
기업별 회계기준
표 2:
비상장기업의 자산규모별 회계기준

② 선지 재구성
1. 국제회계기준 적용한 비상장중 80% 이상이 5천억 이하?
2. 전체 기업중 국제회계 전년에 비해 증가?
3. 비상장중 국제회계 전년에 비하 2%p 증가?

Q ▷ 1번에서의 출제자의 의도는 무엇일까?

A ▷ 비율을 이용한 함정

● 자료통역사의 관점 적용하기

외적구성: 〈표 1〉의 외적구성만으로는 전체값에 대한 판단이 어렵다.

〈표 2〉의 자산규모가 동일한 경우, 전체값은 동일하다.

내적구성: 〈표1〉의 연도가 동일한 경우, 전체값이 동일하다.

1. (O)

2011년 국제회계 기준을 적용한 비상장기업 중 자산규모가 5천억원 미만인 기업 $\frac{285+739}{1,142}$ 〉 80%이다.

2. (O)

전체 기업에서 국제 회계기준을 적용한 기업 → case.1(A)에 대한 대소비교이다.

→ 비중을 통한 대소비교가 가능하다.

→ 2011년(15.1%) ↗ 2012년(15.9%) 증가하였다.

3. (X)

비상장 기업중 국제회계기준을 적용한 비상장기업($\frac{B}{A}$)의 특정한 값에 대한 비교이다.

전체값이 동일한 방향이므로 비중을 이용한 비교가 가능하다.

2011년($\frac{6.0}{84.9+6.0} = \frac{6.0}{90.9} \fallingdotseq \frac{6.6}{100}$) 2012년($\frac{7.2}{84.1+7.2} = \frac{7.2}{91.3} \fallingdotseq \frac{7.9}{100}$)이므로 2%p 이상 증가하지 않았다.

(※ 90.9을 100으로 만들기 위해 약 1.1을 곱하면 된다. 따라서 2011년과 2012년의 분자에 약 1.1을 곱한 값이다.)

정답 (O, O, X)

문 10. (행 20–36)

다음 〈표〉는 A 시 초등학생과 중학생의 6개 식품 섭취율을 조사한 결과이다. 이에 대한 설명으로 옳은 것은?

① 자료 파악
초·중학생 식품
섭취율

〈표〉 A 시 초등학생과 중학생의 6개 식품 섭취율

(단위: %)

식품	섭취 주기	초등학교			중학교		
		남학생	여학생	전체	남학생	여학생	전체
라면	주 1회 이상	77.6	71.8	74.7	89.0	89.0	89.0
탄산음료	주 1회 이상	76.6	71.6	74.1	86.0	79.5	82.1
햄버거	주 1회 이상	64.4	58.2	61.3	73.5	70.5	71.7
우유	매일	56.7	50.9	53.8	36.0	27.5	30.9
과일	매일	36.1	38.9	37.5	28.0	30.0	29.2
채소	매일	30.4	33.2	31.8	28.5	29.0	28.8

※ 1) 섭취율(%) = $\dfrac{\text{섭취한다고 응답한 학생 수}}{\text{응답 학생 수}} \times 100$

2) 초등학생, 중학생 각각 2,000명을 대상으로 조사하였으며, 전체 조사 대상자는 6개 식품에 대해 모두 응답하였음.

② 선지 재구성
1. 중–남 채소가 과일 보다 적어?
2. 중–남 라면, 중–여 라면과 같아?
3. 중–여 채소가 초– 여 채소보다 많아?

1. 채소를 매일 섭취하는 중학교 남학생 수는 과일을 매일 섭취하는 중학교 남학생 수보다 적다. (O, X)

2. 라면을 주 1회 이상 섭취하는 중학교 남학생 수와 중학교 여학생의 수는 같다. (O, X)

3. 채소를 매일 섭취하는 여학생 수는 중학생이 초등학생보다 많다. (O, X)

▶ 자료통역사의 관점 적용하기

외적구성: 외적 구성만으로는 전체값에 대한 판단이 어렵다.
내적구성: 동일 학교급의 동일 성별은 전체값이 동일하다.
남학생과 여학생(부분의 비)와 전체(전체의 비)로 구성되어있으므로 전체값을 추론할 수 있다.

1. (X)

학생 수(A)에 대한 대소비교이다. (case.1)
case. 1 A와 B (A = $A_{비중}$ × $A_{전체값}$) 대소비교: 전체값이 동일한 경우에만 비율을 통한 대소비교가 가능하다.
전체값이 동일하므로 비중을 통한 대소비교가 가능하다.
중학교 남학생 채소(28.5%), 중학교 남학생 과일(28.0)이므로 채소가 과일보다 크다.

2. (X)

학생 수(A)에 대한 대소비교이다. (case.1)
case. 1 A와 B (A = $A_{비중}$ × $A_{전체값}$) 대소비교: 전체값이 동일한 경우에만 비율을 통한 대소비교가 가능하다.
전체값이 동일하지 않으므로 비중을 통한 대소비교는 불가능하다.
가중평균을 이용하여 전체값을 구해야한다.
숫자값이 깔끔한 채소를 이용하자. (남학생 28.5, 여학생 29.0 전체 28.8)
공통을 소거하면 0.5×여학생 수 = 0.3×전체 학생 수 → 여학생 수는 전체 학생의 60%이다.
라면섭취율은 동일하지만 전체값은 동일하지 않으므로 같지 않다.

3. (O)

학생 수(A)에 대한 대소비교이다. (case.1)
case. 1 A와 B (A = $A_{비중}$ × $A_{전체값}$) 대소비교: 전체값이 동일한 경우에만 비율을 통한 대소비교가 가능하다.
전체값이 동일하지 않으므로 비중을 통한 대소비교가 불가능하다.
가중평균을 이용하여 전체값을 구해야한다. (중학교 여학생 수는 중학교 전체의 60%)
숫자값이 깔끔한 채소를 이용하자. (남학생 30.4, 여학생 33.2 전체 31.8)
남학생, 여학생 모두 전체와의 차이가 1.4로 동일하므로 초등학교 여학생 수는 50%이다.
중학교 여학생 채소 = 29.0×60×2,000, 초등학교 여학생 채소 = 33.2×50×2,000
배수비교법에 따르면 섭취율은 1.2↓ 차이 나는데, 비율은 1.2배가 차이 난다. 따라서 중학교 여학생이 더 많다.

정답 (X, X, O)

③ 상대치 - 지수

❶ 지수 자료란?

Q1. 한국의 물가지수가 107.61이고, 일본의 물가지수는 109.66이고,
한국의 빅맥지수는 3.86이고, 일본의 빅맥지수는 3.47라고 할 때,
한국과 일본의 물가는 무엇을 통해서 비교 해야할까?

A. 물가지수와 빅맥지수의 수치를 보면 물가지수는 한국이 더 낮으나, 빅맥지수는 한국이 더 높은 수치를 보여준다. 이러한 이유는 '지수'라는 것이 기준값 대비 해당값($=\dfrac{해당값}{기준값}$)의 크기를 알려주는 상대치이기 때문이다. 즉, 물가지수와 빅맥지수 중 한국과 일본의 기준이 동일한 경우의 지수를 이용하여 비교해야 그 값이 의미가 있는 값이 되는 것이다.

혹시, 경제에 관심이 있다면 빅맥지수는 각국의 물가를 비교하기 위한 지표라는 것을 알고 있을 것이다. 그것이 가능한 이유는 빅맥지수의 기준값이 빅맥 1개로 모두 동일하기 때문이다.

지수 자료란, 주어진 자료가 지수 정보를 담고 있는 경우를 말한다.

지수는 기준값 대비 해당값($=\dfrac{해당값}{기준값}$)의 크기를 의미한다.

지수과 해당값은 비례하지만, 상대치이기에 기준값을 모르면 정확한 값을 알 순 없다.

지수자료는 정확한 값을 알 수 없다는 특징 때문에
① 지수 자료인지에 대한 파악 ② 기준값에 대한 파악이 매우 중요하다.

① 지수 자료 파악방법

> ㉠ 자료 제목에 '지수'가 있는지 확인하기
> ㉠ 내적구성에 '지수'가 있는지 확인하기

② 지수 자료의 기준값 파악하기

> 자료의 3가지 요소를 이용한 기준값 파악 방법
> ㉠ 외적구성 – 자료의 제목을 통한 추론
> ㉡ 내적구성 – 자료 안의 숫자 100의 위치
> ㉢ 추가정보 – 각주에 주어진 식을 이용

❷ 지수자료의 선지 유형별 비교 가능여부

case.1 $A_{해당값}$ $= A_{지수} \times A_{기준값}$	① 해당값끼리 비교	$A_{기준값}=B_{기준값}$인 경우에만, 지수를 이용하여 해당값끼리 대소 비교가 가능하다.
	② 특정 값과 비교	해당값 또는 기준값이 주어지지 않으면 비교할 수 없다.
case.2 $A_{해당값} \pm B_{해당값}$ $= (A_{지수} \times A_{기준값}) \pm (B_{지수} \times B_{전체값})$	① 해당값끼리 비교	$A_{기준값}=B_{기준값}$인 경우에만, 지수를 이용하여 해당값끼리 대소 비교가 가능하다.
	② 특정 값과 비교	해당값 또는 기준값이 주어지지 않으면 비교할 수 없다.
case.3 $A_{해당값} \times B_{해당값}$ $= (A_{지수} \times A_{기준값}) \times (B_{지수} \times B_{기준값})$	① 해당값끼리 비교	양변의 $(A_{기준값} \times B_{기준값})$이 약분되므로 지수를 이용하여 해당값끼리 대소 비교가 가능하다.
	② 특정 값과 비교	해당값 또는 기준값이 주어지지 않으면 비교할 수 없다.
case. 4 $\dfrac{B_{해당값}}{A_{해당값}}$ $= \dfrac{B_{지수} \times B_{기준값}}{A_{지수} \times A_{기준값}})$	① 해당값끼리 비교	양변의 $\dfrac{B_{기준값}}{A_{기준값}}$이 약분되므로 지수를 이용하여 해당값끼리 대소 비교가 가능하다.
	② 특정 값과 비교	해당값 또는 기준값이 주어지지 않으면 비교할 수 없다 단, $A_{기준값}=B_{기준값}$인 경우, 분자, 분모의 기준값이 약분되므로 지수를 이용하여 특정 값과 비교할 수 있다.

❸ 대표문제 같이 풀어보기

〈표〉 농산물 가격 지수

(단위: %)

공장 \ 생산물품	A지역	B지역	C지역	D지역	전국
곡물 가격지수	130	60	110	100	100
채소 가격지수	115	90	80	130	100
농산물 가격지수	125	70	100	110	100

※ 1) 농산물은 곡물과 채소로만 구성됨

2) 가격지수 $= \dfrac{\text{해당지역의 가격}}{\text{전국가격}}$

1. A지역의 곡물가격은 B지역의 2배 이상이다. (O, X)

2. 채소가격 대비 곡물가격이 가장 비싼 지역은 C지역이다. (O, X)

3. D지역의 채소가격은 B지역의 곡물가격보다 비싸다. (O, X)

▶ 자료통역사의 관점 적용하기

외적 구성: 농산물 가격 지수 → 지수에 대한 자료이다.
내적 구성 + 추가정보: 전국 가격이 기준값이다.

1. (O)

가격(A)에 대한 대소비교이다. (case.1)
case. 1 A와 B (A = A지수 × A기준값) 중 대소비교: 기준값이 동일한 경우에만 지수를 통한 대소비교가 가능하다.
지수를 통한 대소비교가 가능하다 → A지역(130), B지역(60)이므로 2배 이상이다.

2. (O)

채소가격 대비 곡물가격($\dfrac{B}{A}$)에 대한 대소비교이다. (case.4)
case.4의 대소비교: 지수를 이용하여 대소비교가 가능하다.
C지역 $= \dfrac{110}{80}$ 으로 가장 크다.

3. (O)

가격(A)에 대한 대소비교이다. (case.1)
case. 1 A와 B (A = A지수 × A기준값) 중 대소비교: 기준값이 동일한 경우에만 지수를 통한 대소비교가 가능하다.
곡물, 채소 가격지수(부분의 비)와 농산물 가격지수(전체의 비)가 주어졌으므로
기준값을 추론할 수 있다.
C지역의 경우 곡물(110), 채소(80), 농산물(100)로 구성되어 있으므로
넘치는 것이 부족한 것을 채워준다고 생각하면(가중평균)
10×전국 곡물가격 = 20×전국 채소가격이므로 전국 곡물가격은 전국 채소가격의 2배이다.
D지역 채소가격 = 130×전국채소가격이고, B지역 곡물가격은 60×전국곡물가격이다.
따라서 D지역 채소가격이 더 비싸다.

❹ 기출문제와 제작문제에 관점 적용해보기

문 1. (민 15-14)

다음 〈표〉는 2013년 A시 '가' ~ '다' 지역의 아파트실거래가격지수를 나타낸 자료이다. 이에 대한 설명으로 옳은 것은?

〈표〉 2013년 A시 '가' ~ '다' 지역의 아파트실거래가격지수

월 \ 지역	가	나	다
1	100.0	100.0	100.0
2	101.1	101.6	99.9
3	101.9	103.2	100.0
4	102.6	104.5	99.8
5	103.0	105.5	99.6
6	103.8	106.1	100.6
7	104.0	106.6	100.4
8	105.1	108.3	101.3
9	106.3	110.7	101.9
10	110.0	116.9	102.4
11	113.7	123.2	103.0
12	114.8	126.3	102.6

※ N월 아파트실거래가격지수 $= \dfrac{\text{해당 지역의 } N \text{월 아파트 실거래 가격}}{\text{해당 지역의 1월 아파트 실거래 가격}} \times 100$

1. '가' 지역의 12월 아파트 실거래 가격은 '다' 지역의 12월 아파트 실거래 가격보다 높다. (O, X)

2. '다' 지역의 1월 아파트 실거래 가격과 3월 아파트 실거래 가격은 같다. (O, X)

3. '가' 지역의 1월 아파트 실거래 가격이 1억원이면 '가' 지역의 7월 아파트 실거래 가격은 1억 4천만원이다. (O, X)

[우측 여백]

① 자료 파악
 지역별 아파트실거래 가격지수

② 선지 재구성
 1. 12월 가가 다보다 높아?
 2. '다' 1월과 3월이 같아?
 3. 가정형 문장

Q 〉 보기 3번의 의도는 무엇일까?

A 〉 단위 함정

▶ 자료통역사의 관점 적용하기

외적구성: 지역의 아파트실거래가격지수 → 지수자료이다.
내적구성 + 추가 정보: 가, 나, 다 1지역 모두 1월 100의 값을 가진다. 각주에 따르면 기준값은 해당지역의 1월 아파트 실거래 가격이다.

1. (X)

실거래 가격(A)에 대한 대소비교이다. (case.1)
case. 1 A와 B (A = A지수 × A기준값) 중 대소비교: 기준값이 동일한 경우에만 지수를 통한 대소비교가 가능하다.
'가'지역과 '다'지역의 기준값은 동일하지 않으므로 지수를 통한 비교가 불가능하다.

2. (O)

실거래 가격(A)에 대한 대소비교이다. (case.1)
case. 1 A와 B (A = A지수 × A기준값) 대소비교: 기준값이 동일한 경우에만 지수를 통한 대소비교가 가능하다.
'다'지역간의 기준값은 동일하므로 지수를 통한 대소비교가 가능하다. 1월의 지수는 100, 3월의 지수는 100이다. 따라서 실거래 가격은 같다.

3. (X)

실거래 가격(A)에 대한 특정한 값과의 비교이다. (case.1)
case. 1 A와 B (A = A지수 × A기준값) 특정값과 비교: 해당값 또는 기준값에 대한 정보가 필요하다.
기준값이 1억이므로 해당값 = 104×1억 = 1억 4백만이다. 따라서 옳지 않다.

정답 (X, O, X)

문 2. (민 14-10)

다음 〈표〉는 2013년 11월 7개 도시의 아파트 전세가격 지수 및 전세수급 동향 지수에 대한 자료이다. 이에 관한 〈보기〉의 설명 중 옳은 것만을 모두 고르면?

① 자료 파악
전세가격 지수 및 동향지수

〈표〉 아파트 전세가격 지수 및 전세수급 동향 지수

도시 \ 지수	면적별 전세가격 지수			전세수급 동향 지수
	소형	중형	대형	
서울	115.9	112.5	113.5	114.6
부산	103.9	105.6	102.2	115.4
대구	123.0	126.7	118.2	124.0
인천	117.1	119.8	117.4	127.4
광주	104.0	104.2	101.5	101.3
대전	111.5	107.8	108.1	112.3
울산	104.3	102.7	104.1	101.0

② 선지 재구성
1. 13년 전세 모두 증가?
2. 중형 아파트 대구의 상승액 가장 커?

$$\text{※ 2013년 11월 전세가격 지수} = \frac{\text{2013년 11월 평균 전세가격}}{\text{2012년 11월 평균 전세가격}} \times 100$$

1. 2012년 11월에 비해 2013년 11월 7개 도시 모두에서 아파트 평균 전세가격이 상승하였다.
(O, X)

2. 중형 아파트의 2012년 11월 대비 2013년 11월 평균 전세가격 상승액이 가장 큰 도시는 대구이다. (O, X)

▶ 자료통역사의 관점 적용하기

외적구성: 전세가격 지수 → 지수자료이다.
내적구성 + 추가 정보: 기준값은 해당 지역, 해당 아파트 규모의 12년 11월 평균 전세가격이다.
(※ 기준값만 보면 헷갈릴 수 있다. 그러나 자료해석에 나오는 자료는 현실을 반영한 자료라는 것을 감안하면 기준값을 헷갈리지 않을 것이다. 예를 들어, 서울의 소형 아파트보다 중형 아파트가 더 비쌀 것이다. 따라서 각 유형의 기준값이 다를 것이라고 예상할 수 있다.)

1. (O)
평균전세가격(A)에 대한 대소비교이다. (case.1)
case. 1 A와 B (A = A$_{지수}$ × A$_{기준값}$) 중 대소비교: 기준값이 동일한 경우에만 지수를 통한 대소비교가 가능하다.
모두 해당지역의 해당 아파트 규모와 비교하고 있으므로 기준값이 동일하다.
지수의 크기가 모두 100보다 크다. 따라서 7개 도시 모두 상승하였다.

2. (X)
평균전세가격 상승액 (A±B)에 대한 대소비교이다. (case.2)
case. 2 A±B (A±B = (A$_{지수}$ × A$_{기준값}$) ± (B$_{지수}$ × B$_{기준값}$)) 중 대소비교: 기준값이 동일한 경우에만 지수를 통한 대소비교가 가능하다.
다른 지역끼리 비교하고 있다. 따라서 비교할 수 없다.

정답 (O, X)

다음 〈그림〉은 F 국제기구가 발표한 2014년 3월 ~ 2015년 3월 동안의 식량 가격지수에 대한 자료이다. 이에 대한 설명으로 옳지 않은 것은?

① 자료 파악
  식량 가격지수

〈그림〉 식량 가격지수

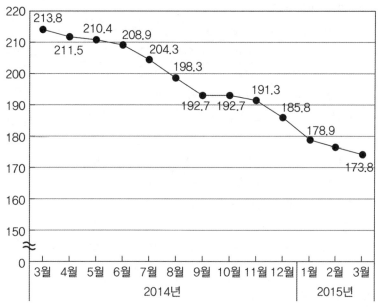

② 선지 재구성
  1. 14년 3월 대비 15년 3월 식량가격 15% 이상 하락했어?

※ 기준년도인 2002년의 가격지수는 100임.

1. 2015년 3월의 식량 가격은 2014년 3월에 비해 15% 이상 하락했다. (O, X)

▶ 자료통역사의 관점 적용하기

외적구성: 식량 가격지수 → 지수자료이다.
내적구성 + 추가 정보: 기준값은 2002년의 식량 가격이다.

1. (O)

감소율($\frac{B}{A}$)에 대한 특정한 값과의 비교이다. (case.4)

case. 4 $\frac{B}{A}$ ($\frac{B}{A} = \frac{B_{지수} \times B_{기준값}}{A_{지수} \times A_{기준값}}$) 특정값과 비교: 기준값이 동일한 경우에만 지수를 통한 대소비교가 가능하다.

식량 가격지수의 기준값은 매년 동일하므로 지수를 통한 비교가 가능하다.

$\frac{173.8}{213.8} = \frac{170 + 3.8}{200 + 13.8}$ 〈 0.85 이므로 15% 이상 하락하였다.

정답 (O)

문 4. (민 17-20)

다음 〈표〉와 〈그림〉은 2009 ～ 2012년 도시폐기물량 상위 10개국의 도시폐기물량지수와 한국의 도시폐기물량을 나타낸 것이다. 이에 대한 〈보기〉의 설명 중 옳은 것만을 모두 고르면?

① 자료 파악
도시 폐기물량

〈표〉 도시폐기물량 상위 10개국의 도시폐기물량지수

순위	2009년		2010년		2011년		2012년	
	국가	지수	국가	지수	국가	지수	국가	지수
1	미국	12.05	미국	11.94	미국	12.72	미국	12.73
2	러시아	3.40	러시아	3.60	러시아	3.87	러시아	4.51
3	독일	2.54	브라질	2.85	브라질	2.97	브라질	3.24
4	일본	2.53	독일	2.61	독일	2.81	독일	2.78
5	멕시코	1.98	일본	2.49	일본	2.54	일본	2.53
6	프랑스	1.83	멕시코	2.06	멕시코	2.30	멕시코	2.35
7	영국	1.76	프랑스	1.86	프랑스	1.96	프랑스	1.91
8	이탈리아	1.71	영국	1.75	이탈리아	1.76	터키	1.72
9	터키	1.50	이탈리아	1.73	영국	1.74	영국	1.70
10	스페인	1.33	터키	1.63	터키	1.73	이탈리아	1.40

② 선지 재구성
1. 11년 러시아 8천 이상이야?
2. 12년 미국이 일본의 4배 이상이야?

※ 도시폐기물량지수 = $\dfrac{\text{해당년도 해당 국가의 도시폐기물량}}{\text{해당년도 한국의 도시폐기물량}}$

〈그림〉 한국의 도시폐기물량

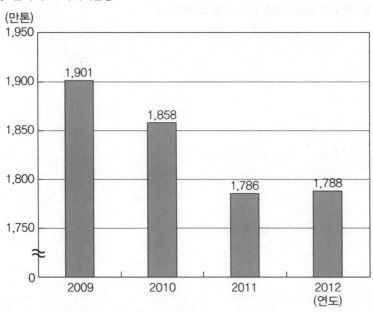

1. 2011년 러시아의 도시폐기물량은 8,000만톤 이상이다. (O, X)

2. 2012년 도시폐기물량은 미국이 일본의 4배 이상이다. (O, X)

◉ 자료통역사의 관점 적용하기

외적구성: 도시폐기물량지수 → 지수자료이다.
내적구성 + 추가 정보: 기준값은 해당년도 한국의 도시폐기물량이며, 〈그림〉으로 주어졌다.

1. (X)

도시폐기물량(A)에 대한 특정한 값과의 비교이다. (case.1)
case. 1 A와 B (A = A$_{지수}$ × A$_{기준값}$) 중 특정값과 비교: 해당값 또는 기준값에 대한 정보가 필요하다.
기준값 = 한국의 도시폐기물량
2011년 러시아 = 3.87×1786 〈 8,000이므로 8,000만톤 이하이다.

2. (O)

도시폐기물량(A)에 대한 대소비교이다. (case.1)
case. 1 A와 B (A = A$_{지수}$ × A$_{기준값}$) 중 대소비교: 기준값이 동일한 경우에만 시수를 통한 내소비교가 가능하다.
기준값이 동일(2012년 한국의 도시폐기물량)하므로 지수를 통한 대소비교가 가능하다.
따라서 미국(12.73)은 일본(2.53)의 4배 이상이다.

정답 (X, O)

문 5. (제작문제)

다음 〈표〉는 A와 B국의 연도별 최저임금 지수에 대한 자료이다.

〈표〉 연도별 최저임금 지수

연도 \ 국가	A국	B국
2014	100	100
2015	105	108
2016	110	116
2017	115	120
2018	120	120
2019	130	125

※ 1) 최저임금 지수 $= \dfrac{\text{당해년도 해당국가의 최저임금}}{\text{2014년 해당국가의 최저임금}}$

　2) 2014년 A국의 최저임금은 B국 보다 100원 많음.

1. A국과 B국의 최저임금의 차이는 2016년이 2015년보다 크다. (O, X)

2. 2018년 A국과 B국의 최저임금 차이는 120원이다. (O, X)

① 자료 파악
　최저 임금지수

② 선지 재구성
　1. A국과 B국의 최저
　　임금 차이 16년이
　　15년보다 커?
　2. 18년 최저임금차이
　　120원이야?

Q ▷ 2019년의 A국과 B국
　의 차이값은 125원
　이상일까?

A ▷ 그렇다.

▶ 자료통역사의 관점 적용하기

　외적구성: 최저임금 지수 → 지수자료이다.
　내적구성 + 추가 정보: 기준값은 2014년 해당국가의 최저임금이다.

1. (X)

　최저임금 차이(A−B)에 대한 대소 비교이다. (case.2)
　case. 2 A±B (A±B = (A$_{지수}$ × A$_{기준값}$) ± (B$_{지수}$ × B$_{기준값}$)) 대소비교: 기준값이 동일한 경우에만 지수를 통한 대소비교가 가능하다. 기준값이 동일하지 않으므로 대소비교를 할 수 없다.

2. (O)

　최저임금 차이(A−B)에 대한 특정한 값과의 비교이다. (case.2)
　case. 2 A±B (A±B = (A$_{지수}$ × A$_{기준값}$) ± (B$_{지수}$ × B$_{기준값}$)) 특정값과 비교: 해당값 또는 기준값에 대한 정보가 필요하다. 이 경우는 A국과 B국의 지수의 증가율이 동일한 특별한 경우이다.
　A국과 B국의 최저임금의 차이가 100이라면 A−B = 100원이다. 2018년의 지수는 120이므로 A국과 B국의 최저임금이 모두 20%증가하였다. 따라서 1.2×A − 1.2×B = 1.2×(A−B) = 120원이다.

정답 (X, O)

다음 〈표〉는 일제강점기 8개 도시의 기간별 물가와 명목임금 비교지수에 관한 자료이다. 이에 대한 〈보기〉의 설명 중 옳은 것만을 모두 고르면?

〈표 1〉 일제강점기 8개 도시의 물가 비교지수

기간＼도시	경성	대구	목포	부산	신의주	원산	청진	평양
1910 ~ 1914년	1.04	0.99	0.99	0.95	0.95	1.05	1.06	0.97
1915 ~ 1919년	0.98	1.03	0.99	0.96	0.98	1.03	1.03	1.00
1920 ~ 1924년	1.03	1.01	1.01	1.03	0.96	0.99	1.05	0.92
1925 ~ 1929년	1.05	0.98	0.99	0.98	0.98	1.04	1.05	0.93
1930 ~ 1934년	1.06	0.96	0.93	0.98	1.06	1.00	1.04	0.97
1935 ~ 1939년	1.06	0.98	0.94	1.01	1.02	0.99	1.02	0.98

※ 기간별 각 도시의 물가 비교지수는 해당 기간 8개 도시 평균 불가 대비 각 노시 물가의 비율임.

〈표 2〉 일제강점기 8개 도시의 명목임금 비교지수

기간＼도시	경성	대구	목포	부산	신의주	원산	청진	평양
1910 ~ 1914년	0.92	0.83	0.89	0.96	1.01	1.13	1.20	1.06
1915 ~ 1919년	0.97	0.88	0.99	0.98	0.92	1.01	1.32	0.93
1920 ~ 1924년	1.13	0.93	0.97	1.05	0.79	0.96	1.32	0.85
1925 ~ 1929년	1.05	0.83	0.91	0.98	0.95	1.05	1.36	0.87
1930 ~ 1934년	1.06	0.86	0.84	0.96	0.96	1.01	1.30	1.01
1935 ~ 1939년	0.99	0.85	0.85	0.95	1.16	1.04	1.10	1.06

※ 기간별 각 도시의 명목임금 비교지수는 해당 기간 8개 도시 평균 명목임금 대비 각 도시 명목임금의 비율임.

1. 경성보다 물가가 낮은 도시는 '1910 ~ 1914년' 기간에는 5곳이고 '1935 ~ 1939년' 기간에는 7곳이다. (O, X)

2. '1910 ~ 1914년' 기간보다 '1935 ~ 1939년' 기간의 명목임금이 경성은 증가하였으나 부산은 감소하였다. (O, X)

① 자료 파악
  물가지수

② 선지 재구성
  1. 경성보다 물가 낮은 도시 10~14엔 5개고, 35~39는 7개야?
  2. 명목임금, 경성은 증가했고, 부산은 감소했어?

Q 〉 5개와 7개를 더 쉽게 생각하는 방법은 없을까?

A 〉 아닌 것의 개수를 확인하자.

▶ 자료통역사의 관점 적용하기

외적구성: 물가지수, 명목임금지수 → 지수자료이다.
내적구성 + 추가 정보: 기준값 해당기간의 8개 도시의 평균이다. → 기간별로 기준값이 동일하다.

1. (O)
  물가(A)에 대한 대소 비교이다. (case.1)
  case. 1 A와 B (A = A$_{지수}$ × A$_{기준값}$) 대소비교: 기준값이 동일한 경우에만 지수를 통한 대소비교가 가능하다.
  동일한 기간(기준값 동일)에 대한 비교이므로 지수를 통한 대소비교가 가능하다.
  10~14년, 경성 물가지수(1.04)보다 낮은 도시는 5개(대구, 목포, 부산, 신의주, 평양)
  35~39년, 경성 물가지수(1.06)보다 낮은 도시는 7개(대구, 목포, 부산, 신의주, 원산, 청진, 평양)

2. (X)
  명목임금(A)에 대한 대소 비교이다. (case.1)
  case.1의 대소비교의 경우: 기준값이 동일한 경우에만 지수를 통한 대소비교가 가능하다.
  동일한 기준값 간의 비교가 아니다. 따라서 지수만으로는 비교할 수 없다.

정답 (O, X)

다음 〈표〉는 A국의 농·축·수산물 안전성 조사결과에 관한 자료이다. 이에 대한 〈보기〉의 설명 중 옳은 것만을 모두 고르면?

① 자료 파악
안정성 조사결과

〈표 1〉 2014년 A국의 단계별 농·축·수산물 안전성 조사결과

(단위: 건)

구분 단계	농산물		축산물		수산물	
	조사건수	부적합건수	조사건수	부적합건수	조사건수	부적합건수
생산단계	91,211	1,209	418,647	1,803	12,922	235
유통단계	55,094	516	22,927	106	8,988	49
총계	146,305	1,725	441,574	1,909	21,910	284

② 선지 재구성
1. 12년 증가량 수산물이 농산물보다 많아?
2. 생산단계 조사건수 매년 증가해?
3. 가정형

〈표 2〉 A국의 연도별 농·축·수산물 생산단계 안전성 조사결과

(단위: 건)

구분 연도	농산물		축산물		수산물	
	조사 실적 지수	부적합건수	조사 실적 지수	부적합건수	조사 실적 지수	부적합건수
2011	84	( )	86	( )	84	( )
2012	87	( )	92	( )	91	( )
2013	99	( )	105	( )	92	( )
2014	100	1,209	100	1,803	100	235

※ 1) 해당년도 조사실적지수 $= \dfrac{\text{해당년도 조사건수}}{\text{2014년 조사건수}} \times 100$

단, 조사실적지수는 소수점 첫째 자리에서 반올림한 값임.

2) 부적합건수비율(%) $= \dfrac{\text{부적합건수}}{\text{조사건수}} \times 100$

1. 2011년 대비 2012년 생산단계 조사건수 증가량은 수산물이 농산물보다 많다. (O, X)

2. 2012~2014년 동안 농·축·수산물 각각의 생산단계 조사건수는 전년대비 매년 증가한다. (O, X)

3. 2013년 생산단계 안전성 조사결과에서, 농산물 부적합건수비율이 축산물 부적합건수비율의 10배라면 부적합건수는 농산물이 축산물의 2배 이상이다. (O, X)

▶ 자료통역사의 관점 적용하기

외적구성: ⟨표2⟩는 지수자료이다.

내적구성 + 추가 정보: ⟨표 2⟩ 조사실적지수의 기준값은 2014년 생산단계 조사건수이다.

기준값 = ⟨표 1⟩의 생산단계 조사건수

1. (X)

증가량(A−B)에 대한 대소 비교이다. (case.2)

case. 2 A±B (A±B = (A$_{지수}$ × A$_{기준값}$) ± (B$_{지수}$ × B$_{기준값}$)) 중 대소비교: 기준값이 동일한 경우에만 지수를 통한 대소비교가 가능하다.

지수만을 이용해서는 비교는 불가능하다.

수산물 → 2012년(91×12,922), 2011년(84×12,922) → 증가량 7×12,922

농산물 → 2012년(87×91,211), 2011년(84×91,211) → 증가량 3×91,211

농산물의 증가량이 더 많다.

2. (X)

조사건수(A)에 대한 대소 비교이다. (case.1)

case. 1 A와 B (A = A$_{지수}$ × A$_{기준값}$) 중 대소비교: 기준값이 동일한 경우에만 지수를 통한 대소비교가 가능하다.

기준값이 동일한 경우의 비교이므로 지수를 이용 → 축산물은 105 → 100 감소하였다.

3. (O)

농산물이 축산물의 10배라면 $\dfrac{\text{농산물 부적합건수}}{\text{농산물 조사건수}} = 10 \times \dfrac{\text{축산물 부적합건수}}{\text{축산물 조사건수}}$

$\rightarrow 10 = \dfrac{\text{축산물 조사건수}}{\text{농산물 조사건수}} \times \dfrac{\text{농산물 부적합건수}}{\text{축산물 부적합건수}}$

2013년 축산물 조사건수(418,647×105)가 농산물 조사건수(91,211×99)의 5배↓이다.

따라서 농산물 부적합건수는 축산물 부적합건수의 2배↑이어야 한다.

정답 (X, X, O)

문 8. (입 09-19)

다음 〈표〉는 각국의 물가지수에 대한 자료이다. 이에 대한 설명으로 옳은 것을 〈보기〉에서 모두 고르면?

〈표〉 연도별 각국의 물가지수

국가＼연도	2003	2004	2005	2006	2007
한국	100	100	100	100	100
일본	217	174	145	129	128
프랑스	169	149	127	127	143
터키	88	78	84	77	106
캐나다	138	124	126	114	131
멕시코	96	81	84	76	77
미국	142	118	116	106	107
체코	86	76	69	72	91
독일	168	149	128	128	139
헝가리	86	85	72	75	91
영국	171	145	127	132	141

※ 물가지수 $= \dfrac{\text{해당국가의 물가}}{\text{한국 물가}}$

1. 2005~2006년 동안 한국과 프랑스의 물가변동률은 같다. (O, X)

2. 2003~2007년 동안 헝가리와 영국의 물가의 변화 방향은 매년 동일하다. (O, X)

3. 2003~2007년 동안 한국이 매년 3%의 물가상승률을 기록하였다면 2003년 대비 2007년에 한국보다 더 높은 물가상승률을 보인 나라는 3개국이다. (O, X)

① 자료 파악
국가별 물가지수

② 선지 재구성
1. 한국과 프랑스 물가 변동률 같아?
2. 헝가리와 영국의 물가변화방향 같아?
3. 가정형

Q 〉 한국이 매년 5%씩의 물가상승률을 기록하였다면 프랑스 물가는 2003년 대비 2007년에 증가하였는가?

A 〉 그렇다.

● 자료통역사의 관점 적용하기

외적구성: 물가지수 → 지수자료이다.
내적구성 + 추가 정보: 해당연도 한국 물가가 기준값이다.

1. (O)

물가변동률($\frac{B}{A}$)에 대한 대소 비교이다. (case.4)

case. 4 $\frac{B}{A}$ ($\frac{B}{A} = \frac{B_{지수} \times B_{기준값}}{A_{지수} \times A_{기준값}}$) 대소비교: 지수를 통한 대소비교가 가능하다.

05년 ~ 06년 동안 프랑스의 물가지수는 127로 동일하다.
따라서 한국의 물가변동률과 프랑스의 물가변동률은 동일하다.
(※ $\frac{B \times (1 \pm B의\ 변화율)}{A \times (1 \pm A의\ 변화율)}$ 의 크기가 동일하기 위해서는 A의 변화율과 B의 변화율이 같아야함.)

2. (X)

조사건수(A)에 대한 대소 비교이다. (case.1)
case. 1 A와 B (A = $A_{지수} \times A_{기준값}$) 대소비교: 기준값이 동일한 경우에만 지수를 통한 대소비교가 가능하다.
동일한 연도간의 비교가 아니므로 지수를 통한 비교는 불가능하다.
(※ 해당국가의 물가 = 물가지수 × 한국 물가로 구성되므로 해당국가의 물가 변화는 물가지수뿐만 아니라 한국 물가의 변화에도 영향을 준다.)

3. (O)

물가상승률($\frac{B}{A}$)에 대한 대소 비교이다. (case.4)

case. 4 $\frac{B}{A}$ ($\frac{B}{A} = \frac{B_{지수} \times B_{기준값}}{A_{지수} \times A_{기준값}}$) 대소비교의: 지수를 통한 대소비교가 가능하다.

$\frac{07년\ 물가지수}{03년\ 물가지수}$>1인 국가는 터키, 체코, 헝가리 3개국이다.
(※ 1번처럼 물가지수가 변화하지 않았을 때, 한국의 물가상승률과 동일하다.)

정답 (O, X, O)

내적구성

내적구성은
치킨박스를 열어 내용물을 확인할 때,
그 치킨이 프라이드치킨인지, 양념치킨인지 확인하는 것과 같다.
외적구성이 동일하더라도
내적구성에 따라 자료를 통해 파악 할 수 있는 내용이 달라진다.

1 내적구성

1 내적구성이란?

〈표〉 '갑'국의 연도별 대졸 취업률

Q. 위 〈표〉 제목만으로 '갑'국의 2020년 대졸의 취업률을 알 수 있을까?

알 수 없다.

이처럼 외적 구성만으로는 주어진 자료가 담고 있는 내용이 정확히 무엇인지는 알 수 없다.

따라서 우리는 내적구성을 살펴봐야 한다.

내적구성은 자료가 담고 있는 내용이 무엇인지 정확하게 알려주는 부분이다.

〈표〉와 〈그림〉에 따라 내적구성을 표현하는 방법이 나뉜다.

〈표〉의 경우, '구분'을 통해 내적구성을 나타내고,

〈그림〉의 경우, '축'과 '범례'를 통하여 내적구성을 나타낸다.

❷ 〈표〉와 〈그림〉의 내적구성 알아보기

〈표〉의 내적구성: 구분
'구분'은 파란 글씨 부분을 의미한다. 〈표〉에서 구분이 나타내는 것은 다음과 같다.
① 제공하는 정보의 이름 ② 정보의 크기

〈표〉 국가별 인구와 1인당 GDP

국가＼구분	GDP	1인당 GDP
A	100	180
B	150	200
C	200	220

① (A~C국)과 (GDP와 1인당 GDP) 정보를 제공하였다.
② A국의 1인당 GDP가 궁금하다면 A국의 가로선과 1인당 GDP에의 세로선이 만나는 180이다.

〈그림〉의 내적구성: 범례와 축
범례는 파란 상자 부분을 의미하며, ① 제공하는 정보의 이름을 알려준다.
(※ 제공하는 정보가 1개일 때는 범례가 생략될 수 있다.)
축은 회색 상자 부분을 의미하며, ② 해당 정보의 크기를 알려준다.
단, 축을 확인할 때는 2가지를 주의해야 한다.
1) 축의 생략 2) 1칸의 크기
(※ 축의 생략과 1칸의 크기는 후에 추가정보에서 배울 가시성에 영향을 준다.

〈그림〉 짜장면, 짬뽕의 가격

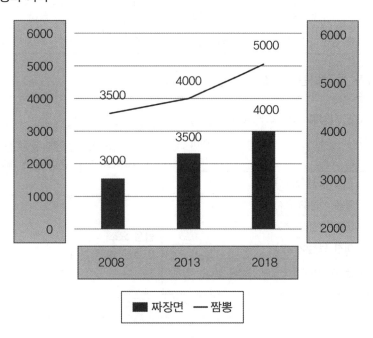

① 범례를 통하여 짜장면과 짬뽕의 정보가 꺾은선인지, 막대인지 알려준다.
② 축을 통하여 짜장면과 짬뽕의 연도별 가격을 제공한다. 좌측 축은 짬뽕 가격, 우측 축은 짜장면 가격이다. 또, 우측 축에는 생략이 존재한다.

❸ 대료 자료 유형별 빈출선지와 험정

＊시계열 :시간의 흐름에 따라 변화하는 정보를 나타내는 자료

정순	2009년	2010년	2011년
2009년	( )	( )	( )
2010년	( )	( )	( )
2011년	( )	( )	( )

빈출 선지
1) 전년대비 폭폭폭은?
2) 전년대비 율율율은?
3) 연도별 증감은?

역순	2015년	2014년	2013년
2017년	( )	( )	( )
2015년	( )	( )	( )
2014년	( )	( )	( )
2013년	( )	( )	( )

함정 요소
1) 역순 함정
2) 알 수 없는 연도 함정
　① 불연속적 시간을 주고 매년에 대해 묻기
　② 과거값이 없는데, 전년대비에 묻기

＊합계: 합계가 주어진 자료

〈표〉 '갑'시의 인구 구성

남성	여성	전체 인구
984,321	1,114,343	2,098,664

빈출 선지
1) 비중의 크기 및 대소비교
2) 교집합과 합집합

〈표〉 '갑'시의 인구 구성

유소년	생산 가능	전체 인구
629,599	1,309,867	2,098,664

※ 유소년은 0~14세, 생산 가능은 15~64세를 의미함.

함정 요소
1) 자료와 합계의 불일치 함정
　① 여집합 사용 시 주의
　② 뺄셈법 사용 시 주의

＊순위: 순위가 등장하는 자료

〈표〉 개그리그 6월 시청률 상위 4개 코너

순위 구분	6월(시청률)	전월 대비 순위 상승폭
1위	천사 참견(27.5%)	0
2위	열분 생존(25.3%)	1
3위	마트 남남(23.2%)	2
4위	미친 보컬(21.3%)	4

※ 개그리그의 코너는 10개뿐이며, 6월에 신설된 코너는 없음.

빈출 선지
1) 1부 극단으로 순위에 관한 선지
2) 주어지지 않은 순위 정보 추론

함정 요소
1) 추론 불가 선지

❹ **대표문제 같이 풀어보기**

〈표〉 '갑'사의 직원의 2008년, 2012년 통신사 사용현황

2012년＼2008년	K	J	I	합
K	280	100	20	400
J	120	300	80	500
I	100	200	100	400
계	500	600	200	1300

1. 2008년에 K통신사를 사용하던 인원 중 2012년에 J통신사로 변경한 인원은 100명이다. (O, X)

▶ 자료통역사의 관점 적용하기

1. (X)

2008년에 K통신사를 사용한 인원

2012년＼2008년	K	J	I	합
K	280	100	20	400
J	120	300	80	500
I	100	200	100	400
계	500	600	200	1300

2012년에 J통신사를 사용하는 인원

2012년＼2008년	K	J	I	합
K	280	100	20	400
J	120	300	80	500
I	100	200	100	400
계	500	600	200	1300

두 선이 겹치는 부분의 인원은 120명이다. 따라서 120명이다.

⑤ 기출문제와 제작문제에 관점 적용해보기

문 1. (행 17-30)

다음 〈표〉는 A∼F로만 구성된 '갑'반 학생의 일대일채팅방 참여 현황을 표시한 자료이다. 〈보기〉의 설명 중 〈표〉와 〈규칙〉에 근거하여 옳은 것만을 모두 고르면?

〈표〉 '갑'반의 일대일채팅방 참여 현황

학생	F	E	D	C	B
A	0	1	0	0	1
B	1	1	0	1	
C	1	0	1		
D	0	1			
E	0				

※ 학생들이 참여할 수 있는 모든 일대일채팅방의 참여 여부를 '0'과 '1'로 표시함.

─── 〈규칙〉 ───

• 서로 다른 두 학생이 동일한 일대일채팅방에 참여하고 있으면 '1'로, 그 이외의 경우에는 '0'으로 나타내며, 그 값을 각 학생이 속한 행 또는 열이 만나는 곳에 표시한다.

• 학생 수가 n일 때 학생들이 참여할 수 있는 모든 일대일채팅방의 개수는 $\frac{n(n-1)}{2}$이다.

• 일대일채팅방 밀도 = $\dfrac{\text{학생들이 참여하고 있는 일대일채팅방의 개수}}{\text{학생들이 참여할 수 있는 모든 일대일채팅방의 개수}}$

1. 참여하고 있는 일대일채팅방의 수가 가장 많은 학생은 B이다. (O, X)

2. '갑'반으로 전학 온 새로운 학생 G가 C, D와만 각각 일대일채팅방에 참여한다면 '갑'반의 일대일채팅방 밀도는 낮아진다. (O, X)

① 자료 파악
일대일 채팅방 현황

② 선지 재구성
1. B보다 많은 학생 있어?
2. 가정형

Q ▷ 일대일채팅방의 개수를 구할 때, $\frac{n(n-1)}{2}$를 이용해야할까?

A ▷ 그렇지 않다.

▶ 자료통역사의 관점 적용하기

1. (O)

좌측 B에서 오른쪽으로 직선을 긋고, 상측 B에서 아래쪽으로 직선을 긋자. 이 선들이 지나가는 부분이 B와 다른 학생들의 채팅방 현황을 나타낸다.

학생	F	E	D	C	B
A					1
B	1	1	0	1	

B는 F, E, C, A(4개)와의 일대일 채팅방에 참여 중이다. 즉, B의 채팅방 개수가 가장 많다.

2. (O)

G의 전학으로 인해 추가로 생기는 방의 개수는 6개이다. (A∼F와 각각 1개씩 개설)

G가 이 중 2개의 채팅방에만 참여하므로 일대일채팅방밀도는 $\frac{y+2}{x+6}$이다. ($\frac{y}{x}$는 기존밀도)

기존 채팅방 밀도($\frac{8}{15}$)는 $\frac{1}{3}$보다 높다. 따라서 G가 전학오면 채팅방 밀도는 낮아진다. (※ 소금물에 물 넣기)

정답 (O, O)

다음 〈표〉는 인공지능(AI)의 동물식별 능력을 조사한 결과이다. 이에 대한 〈보기〉의 설명으로 옳은 것만을 모두 고르면?

〈표〉 AI의 동물식별 능력 조사 결과

(단위: 마리)

AI 식별 결과 / 실제	개	여우	돼지	염소	양	고양이	합계
개	457	10	32	1	0	2	502
여우	12	600	17	3	1	2	635
돼지	22	22	350	2	0	3	399
염소	4	3	3	35	1	2	48
양	0	0	1	1	76	0	78
고양이	3	6	5	2	1	87	104
전체	498	641	408	44	79	96	1,766

1. 실제 여우 중 AI가 여우로 식별한 비율은 실제 돼지 중 AI가 돼지로 식별한 비율보다 낮다. (O, X)

2. 전체 동물 중 AI가 실제와 동일하게 식별한 비율은 85% 이상이다. (O, X)

① 자료 파악
AI 동물식별 결과

② 선지 재구성
1. $\dfrac{\text{실제} \cap AI \text{ 여우}}{\text{실제여우}}$ 가 $\dfrac{\text{실제} \cap AI \text{ 돼지}}{\text{실제돼지}}$ 보다 낮아?
2. 전체 식별율 85% 이상이야?

Q ▷ 좌측과 상측에 구분에 동일한 단어가 있는 자료에서 중요한 포인트는 어디일까?

A ▷ 좌측과 상측의 단어가 동일한 부분

▶ 자료통역사의 관점 적용하기

1. (X)

실제 여우 중 AI가 여우로 식별 $= \dfrac{\text{실제} \cap AI \text{ 여우}}{\text{실제여우}} = \dfrac{600}{635}$

실제 돼지 중 AI가 돼지로 식별 $= \dfrac{\text{실제} \cap AI \text{ 돼지}}{\text{실제돼지}} = \dfrac{350}{399}$

$\dfrac{600}{635} > \dfrac{350}{399}$ 이다. 따라서 옳지 않다.(※ 잘 보이지 않는다면 여집합으로 접근하자.)

2. (O)

AI가 각 동물들을 실제와 동일하게 식별한 비율이 85% 이상이라면 전체도 85% 이상이다.

개($\dfrac{457}{502}$), 여우($\dfrac{600}{635}$) 돼지($\dfrac{350}{399}$) 염소($\dfrac{35}{48}$), 양($\dfrac{76}{78}$), 고양이($\dfrac{87}{104}$)

이중, 염소와 고양이는 85%가 되지 않을 것으로 보인다.

'계산이 아닌 가공'으로 접근하여 여우의 분자값을 염소와 고양이에게 나누어준다고 생각하자.

여우의 분자에서 50 정도 감소해도 85% 이상이다. 이를 염소와 고양이에게 나누어주자.

가공을 통해 모든 동물을 85% 이상으로 만들 수 있다. 따라서 전체도 85% 이상이다.

(※ 85%를 읽어내기 힘들면 여집합으로 생각하자.)

정답 (X, O)

문 3. (민 17-16)

다음 〈표〉는 5개 팀으로 구성된 '갑'국 프로야구 리그의 2016 시즌 팀별 상대전적을 시즌 종료 후 종합한 것이다. 이에 대한 설명으로 옳지 않은 것은?

〈표〉 2016 시즌 팀별 상대전적

팀 \ 상대팀	A	B	C	D	E
A	–	(가)	( )	( )	( )
B	6-10-0	–	( )	( )	( )
C	7-9-0	8-8-0	–	8-8-0	( )
D	6-9-1	8-8-0	8-8-0	–	( )
E	4-12-0	8-8-0	6-10-0	10-6-0	–

※ 1) 표 안의 수는 승리-패배-무승부의 순으로 표시됨.
　　ex), B팀의 A팀에 대한 전적(6-10-0)은 6승 10패 0무임.

　2) 팀의 시즌 승률(%) = $\dfrac{\text{해당 팀의 시즌 승리 경기수}}{\text{해당 팀의 시즌 경기수}} \times 100$

1. (가)에 들어갈 내용은 10-6-0이다. (O, X)

2. B팀의 시즌 승률은 50% 이하이다. (O, X)

3. 시즌 전체 경기 결과 중 무승부는 1경기이다. (O, X)

---

① 자료 파악
시합의 승무패 결과

② 선지 재구성
　1. (가) 10-6-0이야?
　2. B팀 승률 50% 이하야?
　3. 무승부 1번 뿐이야?

Q 〉 전체 경기 수와 팀 전적의 합은 어떠한 관계를 이루는가?

A 〉 2배 관계이다.

▶ 자료통역사의 관점 적용하기

　A팀이 B팀에 승리 = B팀은 A팀에 패배
　A팀과 B팀 무승부 = B팀과 A팀 무승부
　대각선(↘)을 기준으로 승리수와 패배수의 위치가 바뀐다. 무승부는 그대로이다.

1. (O)

(가)의 경우 팀B: 상대팀A의 승리수와 패배수의 위치가 바뀐 형태이므로 10-6-0이다.

2. (O)

B팀과 A팀과의 경기 결과는 6승 10패로 승률은 50% 이하이다.
B가 상대팀인 경우에 대한 결과는 팀(C, D, E)와 모두 8승 8패로 승률이 50%이다.
50%와 50% 이하가 만났다. 따라서 전체 승률은 50% 이하이다.
(※ 소금에 물 넣기)

3. (O)

대각선(↘)을 기준으로 좌하향에 있는 값 중, 무승부를 기록한 값은 오직 팀D: 상대팀A 1 경기뿐이다.

정답 (O, O, O)

문 4. (입 12-06)

〈그림〉은 1986년, 1993년, 2000년, 2007년에 전 세계에 설치된 컴퓨팅기기의 연도별 정보처리능력용량을 그래프로 나타낸 것이며, 〈표〉는 각 조사년도의 컴퓨팅기기별 정보처리능력용량의 비율을 나타낸 것이다. 이에 대한 설명으로 옳은 것을 〈보기〉에서 모두 고르면?

〈그림〉 컴퓨팅기기의 연도별 정보처리능력용량

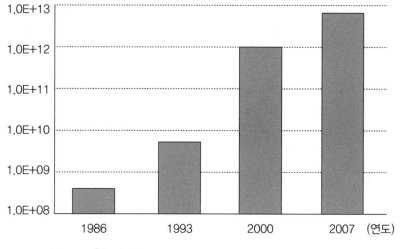

※ 1.0E+n은 1.0×10^n을 나타냄.

1. 1993년과 2000년의 컴퓨팅기기 정보처리능력용량의 합은 2007년보다 크다. (O, X)

2. 컴퓨팅기기의 2000년 정보처리능력용량은 1993년의 100배 이상이다. (O, X)

① 자료 파악
   정보처리능력용량

② 선지 재구성
   1. 93 + 00이 07
      보다 커?
   2. 00이 93년의
      100배 이상이야?

Q ❯ 왜 로그스케일의
      축을 사용했을까?

A ❯ 가시성을 위해서

▶ 자료통역사의 관점 적용하기

정보처리능력용량 축을 확인하면 축에 생략이 존재하며, 1칸 당 10배씩 증가한다.

1. (X)

1칸당 10배씩 증가하므로 2007년의 크기가 1993년과 2000년의 합보다 크다.

2. (O)

1칸 당 10배 증가하는데 2000년과 1993년은 2칸이 차이난다. 따라서 100배 이상 차이난다.

정답 (X, O)

문 5. (입 08-32)

다음 〈그림〉은 1980년부터 2005년까지 우리나라 연도별 1인당 연간 쌀 및 밀가루 소비량의 시계열 자료이다. 이에 대한 설명으로 옳은 것을 〈보기〉에서 모두 고르면?

① 자료 파악
1인당 쌀과 밀가루 소비량

〈그림〉 연도별 1인당 연간 쌀 및 밀가루 소비(1980년~2005년)

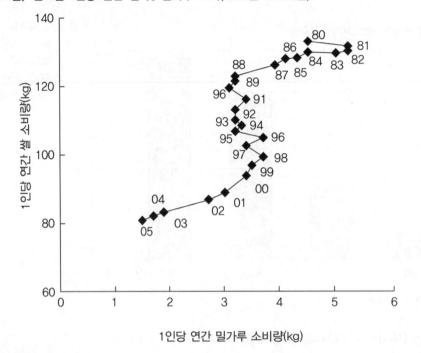

1인당 연간 밀가루 소비량(kg)

1. 1980년~2005년 기간의 1인당 연간 밀가루 소비와 쌀 소비의 감소량은 유사하다. (O, X)

② 선지 재구성
1. 밀가루 쌀 감소량 유사해?

Q ▶ 쌀과 밀의 소비량 차이가 가장 큰 연도도 알 수 있을까?

A ▶ 알 수 없다.

▶ 자료통역사의 관점 적용하기

y축은 1인당 쌀 소비량으로 1칸 당 20kg을 의미한다. 그리고 축에 생략구간이 있다.
x축은 1인당 밀가루 소비량으로 1칸 당 1kg을 의미한다.

1. (X)

80년에서 05년에 이르기까지 x값과 y값은 약 3칸씩 줄어들었다.
그러나 쌀의 1칸 크기는 밀가루 1칸 크기의 20배이다. 따라서 감소량은 유사하지 않다.

정답 (X)

다음 〈그림〉은 1991년부터 2004년 동안 어느 도시의 전년대비 아황산가스(SO_2)와 질소산화물(NO_x)의 농도증가율을 나타낸 것이다. 이에 대한 설명으로 옳은 것을 〈보기〉에서 모두 고르면?

① 자료 파악
SO_2와 NO_x 증가율

〈그림〉 전년대비 아황산가스(SO_2)와 질소산화물(NO_x) 농도증가율(%)

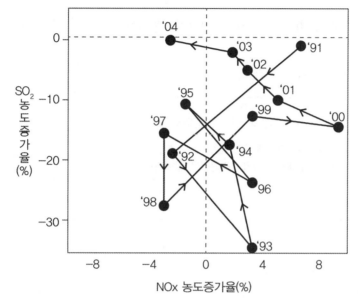

NOx 농도증가율(%)

② 선지 재구성
1. SO_2 지속적으로 감소?
2. NO_x 증감반복후 00년 이후 감소?

※ 1) SO_2 농도증가율$(\%) = \dfrac{(\text{해당년도 } SO_2 \text{농도} - \text{전년도 } SO_2 \text{농도})}{(\text{전년도 } SO_2 \text{농도})} \times 100$

2) NO_X 농도증가율$(\%) = \dfrac{(\text{해당년도 } NO_X \text{농도} - \text{전년도 } NO_X \text{농도})}{(\text{전년도 } NO_X \text{농도})} \times 100$

1. SO_2 농도는 조사기간 동안 지속적으로 감소하였다. (O, X)

2. NO_x 농도는 증감을 반복하다가 2000년 이후부터는 지속적으로 감소하는 추세를 보였다. (O, X)

Q ➤ SO_2의 전년대비 감소 폭은 00년과 01년 중 어느 것이 더 클까?

A ➤ 00년

▶ 자료통역사의 관점 적용하기

x축과 y축 모두 증가율의 값으로 구성되어 있다.

1. (O)

SO_2농도의 경우, 매년 증가율이 0보다 작다. 따라서 매년 감소하였다.

2. (X)

NO_x농도의 경우, 2000년 이후의 증가율이 지속적으로 감소하는 추세인 것이지 NO_x농도가 감소한 것은 아니다.
(※ 2001년~2003년 NO_x농도 증가율은 양수이다.)

정답 (O, X)

2 기본 통계량

❶ 기본 통계량이란?

Q. 혹시 평균, 중앙값, 최빈값, 편차라는 단어를 들어본 적이 있는가?

위에 Q에 등장하는 평균, 중앙값, 최빈값, 편차라는 단어는 통계를 분석하기 위해 사용되는
가장 기본적인 단어들이다.
각각의 단어들의 정의를 알아보면 아래와 같다.

평균: $\dfrac{총합}{개수}$ (※ 수치가 너무 크거나 작은 이상값이 없다면, 중앙값, 최빈값과 유사함)

중앙값: 주어진 값을 크기순으로 나열할 때 가운데 있는 값
　　　　(※ 만약 자료의 개수가 짝수 개라면 두 개의 평균값을 말한다)

최빈값: 자료에서 가장 많이 존재하는 값

편차: 해당 값과 평균과의 차이값

---

❷ 기본 통계량별 특징

〈표〉'갑' 회사의 인원별 월급

A	B	C	D	E	F	G	합계
220	220	220	240	270	330	6,900	8,400

평균: $\dfrac{8,400}{7} = 1,200$

→ 평균의 함정: 주어진 자료처럼 매우 크거나 작은 경우, 자료를 대표할 수 없다.

하지만, 매우큰 값인 G를 제외한 평균($\dfrac{1,500}{6} = 250$)은 자료를 대표 할 만하다.

중앙값: 가운데 있는 값: D = 240(G를 제외한 중앙값: C와 D의 평균 = 230)

최빈값: 가장 많이 존재하는 값 = 220

D의 편차: 평균 1,200과 240의 차이 값인 960이다.

③ 대표문제 같이 풀어보기

〈표〉 외판원 '갑~무'의 판매량

구분 〱 외판원	갑	을	병	정	무	평균	중앙값	최빈값
판매량(개)	300	( )	( )	( )	( )	500	500	800

※ 1) 병과 정은 을보다 판매량이 많음.
   2) 무의 판매량이 가장 적음.

1. 병의 판매량은 800개이다. (O, X)

2. 을의 판매량은 500개이다. (O, X)

3. 무의 판매량은 100개이다. (O, X)

▶ 자료통역사의 관점 적용하기

주어진 기본 통계량을 이용하여 판매량으로 가능한 구성에 대해서 확인해보자.
평균이 500이라고 하였으므로 갑~무의 합계는 2,500이다.
중앙값이 500이라고 하였으므로, 5개 중 2개는 500보다 크고, 2개는 500보다 작다.
→ ?, ?, 500, 300, ?
최빈값이 800이라고 하였으므로, 800은 적어도 2개 이상 존재해야 한다.
→ 800, 800, 500, 300, ?
평균이 500이므로 갑~무의 합계는 2,500이다.
→ 800, 800, 500, 300, 100

5개의 판매량을 각주에 맞게 배치하면
무의 판매량이 가장 적으므로 무 = 100개, 병과 정이 을보다 판매량이 많으므로 병과 정 = 800개, 을 = 500개이다.

구분 〱 외판원	갑	을	병	정	무	평균	중앙값	최빈값
판매량(개)	300	500	800	800	100	500	500	800

※ 1) 병과 정은 을보다 판매량이 많음.
   2) 무의 판매량이 가장 적음.

1. (O), 2. (O), 3. (O)

❹ 기출문제와 제작문제에 관점 적용해보기

문 1. (행 18-29)

다음 〈표〉와 〈그림〉은 2015 ～ 2017년 '갑'국 철강산업의 온실가스 배출량에 관한 자료이다.

① 자료 파악
　온실가스 배출량

〈표〉 업체별 · 연도별 온실가스 배출량

(단위: 천tCO₂eq.)

구분 업체	배출량				예상 배출량
	2015년	2016년	2017년	3년 평균 (2015 ～ 2017년)	2018년
A	1,021	990	929	980	910
B	590	535	531	552	524
C	403	385	361	383	352
D	356	( )	260	284	257
E	280	271	265	272	241
F	168	150	135	151	132
G	102	101	100	( )	96
H	92	81	73	82	71
I	68	59	47	58	44
J	30	29	28	( )	24
기타	28	27	20	25	22
전체	3,138	2,864	( )	2,917	2,673

② 선지 재구성
　1. 상위 2개업체 매년
　　50% 이상이야?

1. 2015 ～ 2017년 동안 매년 온실가스 배출량 기준 상위 2개 업체가 해당년도 전체 온실가스 배출량의 50% 이상을 차지하고 있다. (O, X)

Q 〉 2017년 전체 온실가스의 실제값을 구하지 않고 정오를 판단할 순 없을까?

A 〉 가능하다.

▶ 자료통역사의 관점 적용하기

1. (O)

상위 2개 업체가 차지하는 비율은 15년과 16년 모두 50% 이상이다.
(※ 50% 이상의 의미는 전체 〈 해당값×2와 같은 의미이다.)
17년의 비중을 알기 위해 17년 전체 배출량을 구해보자.
17년 전체 배출량을 구하기 위하여 공통소거(2,900)를 이용하자.
15년에서 100을 16년에 넘겨주고, 2,900을 소거하면
15년 = 138, 16년 = 64 17년 = ? , 평균 = 17 (총합 = 51)
총합이 51이다. 그런데 15년과 16년에 넘치는 양이 약 200이다. 따라서 17년은 2800 이하이다.
상위 2개 업체의 합이 1,400 이상이므로 차지하는 비율은 50% 이상이다.

정답 (O)

다음 〈표〉는 '갑' 기관의 10개 정책(가 ~ 차)에 대한 평가결과이다. '갑' 기관은 정책별로 심사위원 A ~ D의 점수를 합산하여 총점이 낮은 정책부터 순서대로 4개 정책을 폐기할 계획이다. 폐기할 정책만을 모두 고르면?

① 자료 파악
　 정책 평가결과

〈표〉 정책에 대한 평가결과

정책 ＼ 심사위원	A	B	C	D
가	●	●	◐	○
나	●	●	◐	●
다	◐	○	●	◐
라	( )	●	◐	( )
마	●	( )	●	◐
바	◐	◐	◐	●
사	◐	◐	◐	◐
아	◐	◐	●	( )
자	◐	◐	( )	●
차	( )	●	◐	○
평균(점)	0.55	0.70	0.70	0.50

※ 정책은 ○(0점), ◐(0.5점), ●(1.0점)으로만 평가됨

① 가, 다, 바, 사
② 나, 마, 아, 자
③ 다, 라, 바, 사
④ 다, 라, 아, 차
⑤ 라, 아, 자, 차

Q ＞ 평균이 2.45점인데, 하위 4개에 2.5점이 포함되는 것이 가능할까?

A ＞ 확률적으로 힘들다.

● 자료통역사의 관점 적용하기

평균은 매우 크거나 매우 작은 값이 없는 경우에는 자료의 전체적인 중앙값을 알려준다.

즉, 심사위원 A~D의 평균점수의 합 2.45(=0.55+0.70+0.70+0.50)점보다 총점이 더 낮은 정책이 폐기될 확률이 높은 정책이다.

빈칸이 없는 정책 중 다 항목은 2점이므로 폐기 확률이 높다.

선지에 의하면 ②과 ⑤번에는 다가 없다. ②와 ⑤가 정답이 되려면 모든 항목이 2점보다 낮아야 한다. 그런데 가의 경우 2.5점, 아의 경우 2점↑이다.

동점에 대한 조건이 존재하지 않으므로 2점으로 폐기된다면 다가 폐기되지 않는 이유에 대한 설명이 필요하다.

이 논리로 생각할 때, ①, ③이 답이라면 바나 사가 폐기될 때 차(1.5~2.5)가 폐기되지 않는 이유에 대한 설명이 필요하다.

정답 ④

문 3. (행 18-01)

다음 〈표〉는 '갑' ~ '무'도시에 위치한 두 브랜드(해피카페, 드림카페)의 커피전문점 분포에 대한 자료이다. 이에 대한 〈보기〉의 설명으로 옳은 것만을 모두 고르면?

① 자료 파악
커피전문점 분포

〈표〉 '갑' ~ '무'도시별 커피전문점 분포

(단위: 개)

브랜드	구분	갑	을	병	정	무	평균
해피카페	점포수	7	4	2	( )	4	4
	|편차|	3	0	2	1	0	( )
드림카페	점포수	( )	5	( )	5	2	4
	|편차|	2	1	2	1	2	1.6

※ |편차|는 해당 브랜드 점포수 평균에서 각 도시의 해당 브랜드 점포수를 뺀 값의 절댓값임.

1. '갑'도시의 '드림카페' 점포수와 '병'도시의 '드림카페' 점포수는 다르다. (O, X)

2. '무'도시에 있는 '해피카페' 중 1개 점포가 '병'도시로 브랜드의 변경 없이 이전할 경우, '해피카페' |편차|의 평균은 변하지 않는다. (O, X)

② 선지 재구성
1. 갑 드림과 병 드림 점포수 달라?
2. 가정형

Q ▷ 편차의 합은 얼마 일까?

A ▷ 0

▶ 자료통역사의 관점 적용하기

편차 = |점포수 - 평균|

1. (O)

'갑'도시의 드림카페 → 2 = |x-4| → x = 6 또는 2
'병'도시의 드림카페 → 2 = |y-4| → y = 6 또는 2
드림카페의 평균이 4이므로 점포의 합은 20이다. 즉, $x + y$ = 8이다. → x와 y는 다르다.

2. (O)

'무'도시의 해피카페 점포가 '병'도시로 이전한다면
'무'도시의 편차는 1증가하고, '병'도시의 편차는 1감소한다. 즉, 편차의 평균은 그대로 유지된다.
(※ 총합과 평균의 관계에 따라 총합이 변화하지 않으면 평균도 변화하지 않는다.)

정답 (O, O)

다음 〈표〉는 '갑'대학교 정보공학과 학생 A ~ I의 3개 교과목 점수에 관한 자료이다. 이에 대한 〈보기〉의 설명 중 옳은 것만을 모두 고르면?

〈표〉 학생 A ~ I의 3개 교과목 점수

(단위: 점)

학생＼교과목	인공지능	빅데이터	사물인터넷	평균
A	( )	85.0	77.0	74.3
B	( )	90.0	92.0	90.0
C	71.0	71.0	( )	71.0
D	28.0	( )	65.0	50.0
E	39.0	63.0	82.0	61.3
F	( )	73.0	74.0	( )
G	35.0	( )	50.0	45.0
H	40.0	( )	70.0	53.3
I	65.0	61.0	( )	70.3
평균	52.4	66.7	74.0	( )
중앙값	45.0	63.0	74.0	64.0

※ 중앙값은 학생 A ~ I의 성적을 크기순으로 나열했을 때 한가운데 위치한 값임.

1. 각 교과목에서 평균 이하의 점수를 받은 학생은 각각 5명 이상이다. (O, X)

2. 교과목별로 점수 상위 2명에게 1등급을 부여할 때, 1등급을 받은 교과목 수가 1개 이상인 학생은 4명이다. (O, X)

① 자료 파악
  학생별 교과목 점수

② 선지 재구성
  1. 평균 이하 각각 5명 이상이야?
  2. 1등급 교과목수 1개 이상 4명이야?

▶ 자료통역사의 관점 적용하기

1. (O)

중앙값은 9명 중 중앙인 5등의 성적이다.
인공지능, 빅데이터, 사물인터넷 모두 평균≥중앙값이다. 즉, 평균 이하 성적을 받은 학생은 5명 이상이다.

2. (O)

계산의 2단계에 따라 빈칸을 채우기 전 교과목별 상위 2명을 확인하자.
인공지능 = C(71)와 I(65), 빅데이터 = A(85)와 B(90), 사물인터넷 = B(92)와 E(82)이다.
평균은 자료의 전체적인 중앙값을 알려준다.
즉, 평균점수가 높은 학생의 경우, 각 과목 점수 또한 높을 확률이 있다.
각 교과목의 상위 점수보다 평균점수가 높은 학생의 경우, 더 높은 점수를 받았을 확률이 있다.
평균점수가 71점 이상인 A(74.3)와 B(90)의 빈칸만 고려해보자.
A의 인공지능 = 71↓이고, B의 인공지능은 71↑이다.
1등급을 받는 학생은 A(빅데이터), B(3과목), C(인공지능), E(사물인터넷)으로 총 4명이다.

정답 (O, O)

3 분수구조

❶ 분수구조란?

〈표〉 '갑'대학교 재학 인원 및 흡연율

구분	재학인원	흡연율
'갑' 대학교	16,850	22.0%

※ 흡연율 = $\dfrac{흡연인원}{재학인원}$

Q. '갑'대학교의 흡연인원을 구할 수 있는가?

흡연율이 $\dfrac{흡연인원}{재학인원}$으로 구성되어 있으므로 재학인원을 곱하면 흡연인원을 구할 수 있다.

위 〈표〉처럼 내적구성에 분수 구조($\dfrac{B}{A}$)가 존재하는 자료를 분수구조 자료라고 한다.

위 Q처럼 분수 구조자료에서는 새로운 정보를 도출할 수 있는지에 대하여 물어본다.

새로운 정보를 도출하기 위해서는 공식의 변형과 분수값의 변화에 대해서 알아야한다.

❷ 공식변형의 기초

㉠ 이항

분자는 분모로 이항되고, 분모는 분자로 이항된다.

$A = \dfrac{C}{B}$ → $\dfrac{A}{1} = \dfrac{C}{B}$ (아래 1이 숨어있다는 사실을 기억하자.)

B를 좌변으로 이항하면 $A \times B = C$

C를 좌변으로 이항하면 $\dfrac{A}{C} = B$

A를 우변으로 이항하면 $1 = \dfrac{C}{B \times A}$

㉡ 대입

두 개의 식을 연결하고 싶을 때는 대입하여 하나의 식으로 만들자.

ex) $x = \dfrac{B}{A}$와 $y = \dfrac{A}{C}$ 연결하기

두 식에는 모두 A가 존재하므로 하나의 식을 A에 관하여 정리하자.

$y = \dfrac{A}{C}$ → C를 좌변으로 이항하자 → $y \times C = A$

$A = y \times C$를 $x = \dfrac{B}{A}$에 대입하자. → $x = \dfrac{B}{y \times C}$

❸ 공식변형 연습해보기

＊시계열 :시간의 흐름에 따라 변화하는 정보를 나타내는 자료

〈표〉 국가별 인구와 1인당 GDP		
국가＼구분	GDP	1인당 GDP
A	100	180
B	150	200
C	200	220

1) 인구 구하기

$$1인당\ GDP = \frac{GDP}{인구}$$

인구를 좌변으로 이항하고,
1인당 GDP는 우변으로 이항한다.

$$\rightarrow 인구 = \frac{GDP}{1인당\ GDP}$$

〈표〉 국가별 인구 만명당 범죄건수 및 인구		
국가＼구분	인구 만명당 범죄건수	인구(만명)
A	0.78	1,500
B	0.31	4,100
C	0.15	5,220

2) 범죄건수

$$인구\ 만명당\ 범죄건수(A) = \frac{범죄건수}{인구 / 10,000}$$

인구/10,000을 좌변으로 이항한다.

$$\rightarrow 범죄건수 = \frac{A \times 인구}{10,000}$$

❹ 분수값의 변화

㉠ **분수와 분자는 비례한다. → 비중처럼, 지수처럼 생각하기**

$A = \dfrac{C}{B}$일 때,

B의 크기가 변화하지 않는다면 A와 C는 비례한다.

㉡ **분수 값이 같다면 → 분자의 증가율과 분모의 증가율은 같다.**

$\dfrac{100}{200}$, 분자와 분모가 모두 50%증가한다면 $\dfrac{150}{300}$, 분수값은 변화하지 않는다.

분수 값이 커졌다면 → 분자의 증가율이 분모의 증가율보다 크다.

$\dfrac{100}{200}$, 분자는 50%, 분모는 20%증가한다면 $\dfrac{150}{240}$, 분수값은 커진다.

분수 값이 작아졌다면 → 분자의 증가율이 분모의 증가율보다 작다.

$\dfrac{100}{200}$, 분자는 20%, 분모는 50%증가한다면 $\dfrac{120}{300}$, 분수값은 작아진다.

⑤ 기출문제와 제작문제에 관점 적용해보기

문 1. (행 16-09)

다음 〈표〉는 2012년 어린이집 및 유치원의 11개 특별활동프로그램 실시 현황에 관한 자료이다.

〈표〉 어린이집 및 유치원의 11개 특별활동프로그램 실시 현황

(단위: %, 개, 명)

구분 특별활동 프로그램	어린이집			유치원		
	실시율	실시 기관 수	파견 강사 수	실시율	실시 기관 수	파견 강사 수
미술	15.7	6,677	834	38.5	3,250	671
음악	47.0	19,988	2,498	62.7	5,294	1,059
체육	53.6	22,794	2,849	78.2	6,600	1,320
과학	6.0	( )	319	27.9	( )	471
수학	2.9	1,233	206	16.2	1,366	273
한글	5.8	2,467	411	15.5	1,306	291
컴퓨터	0.7	298	37	0.0	0	0
교구	15.2	6,464	808	15.5	1,306	261
한자	0.5	213	26	3.7	316	63
영어	62.9	26,749	6,687	70.7	5,968	1,492
서예	1.0	425	53	0.6	51	10

※ 1) 해당 특별활동프로그램 실시율(%) = $\dfrac{\text{해당 특별활동프로그램 실시 어린이집(유치원)수}}{\text{특별활동프로그램 실시 전체 어린이집(유치원)수}} \times 100$

2) 어린이집과 유치원은 각각 1개 이상의 특별활동프로그램을 실시하며, 2012년 특별활동프로그램 실시 전체 어린이집 수는 42,527개이고, 특별활동프로그램 실시 전체 유치원 수는 8,443개임.

1. 특별활동프로그램 중 '과학' 실시기관 수는 유치원이 어린이집보다 많다. (O, X)

① 자료 파악
어린이집, 유치원
특활현황

② 선지 재구성
1. 과학은 유치원이
어린이집보다
많아?

Q 〉 각주(※)2가 없다면
어떻게 푸는 것이
좋을까?

▶ 자료통역사의 관점 적용하기

1. (X)

실시 기관수 = 실시율 × 전체 기관 수
유치원 과학: 27.9× 8,443
어린이집 과학: 6.0×42,527
전체 기관수는 5배 이상 차이 나는데, 실시율은 5배 이하 차이난다. 따라서 어린이집이 더 크다.

정답 (X)

다음 〈표〉는 2009년 8개 지역의 상·하수도 보급 및 하수도요금 현황에 대한 자료이다.

〈표 1〉 지역별 상·하수도 보급 현황

구분 / 지역	인구 (천명)	상수도			하수도	
		급수인구 (천명)	보급률 (%)	1일급수량 (천 m³)	처리인구 (천명)	보급률 (%)
전국	50,642	47,338	93.5	15,697	45,264	89.4
강원	1,526	1,313	86.0	579	1,175	( )
충북	1,550	1,319	85.1	477	1,208	77.9
충남	2,075	1,483	71.5	526	1,319	( )
전북	1,874	1,677	89.5	722	1,486	79.3
전남	1,934	1,426	73.7	497	1,320	( )
경북	2,705	2,260	83.5	966	1,946	71.9
경남	3,303	2,879	87.2	1,010	2,732	82.7
제주	568	568	100.0	196	481	84.7

※ 1) 상수도 보급률(%) = $\dfrac{\text{상수도 급수인구}}{\text{인구}} \times 100$

2) 하수도 보급률(%) = $\dfrac{\text{하수도 처리인구}}{\text{인구}} \times 100$

1. 상수도 보급률이 가장 낮은 지역이 하수도 보급률도 가장 낮다. (O, X)

① 자료 파악
상·하수도 보급현황

② 선지 재구성
1. 상수도 보급률 최하
가 하수도 최하야?

Q ▷ 급수인구와 처리인
구의 차이값을 이
용할 순 없을까?

● 자료통역사의 관점 적용하기

1. (O)

상수도 보급률이 가장 낮은 지역 = 충남. 그렇다면 충남의 하수도 보급률은 가장 낮은가?

상수도 보급률과 하수도 보급률의 분모는 동일하다 → 비중처럼 생각하자.

충남의 처리인구는 급수인구의 0.9배 이하이므로 하수도 보급률도 상수도 보급률의 0.9배 이하이다.

하수도 보급률 = 64%↓

다른 지역 중 64%보다 작은 지역은 존재하지 않는다. 따라서 하수도 보급률도 충남이 가장 낮다.

정답 (O)

문 3. (행 13–26)

다음 〈표〉는 A ~ E 마을 주민의 재산상황을 나타낸 자료이다. 이에 대한 〈보기〉의 설명 중 옳은 것을 모두 고르면?

〈표〉 A ~ E 마을 주민의 재산상황

(단위: 가구, 명, ha, 마리)

마을	가구 수	주민 수	경지		젖소		돼지	
			면적	가구당 면적	개체 수	가구당 개체 수	개체 수	가구당 개체 수
A	244	1,243	( )	6.61	90	0.37	410	1.68
B	130	572	1,183	9.10	20	0.15	185	1.42
C	58	248	( )	1.95	20	0.34	108	1.86
D	23	111	( )	2.61	12	0.52	46	2.00
E	16	60	( )	2.75	8	0.50	20	1.25
전체	471	2,234	( )	6.40	150	0.32	769	1.63

※ 소수점 아래 셋째 자리에서 반올림한 값임.

1. 젖소 1마리당 경지면적과 돼지 1마리당 경지면적은 모두 D 마을이 E 마을보다 좁다. (O, X)

2. C 마을의 경지면적은 D 마을과 E 마을 경지면적의 합보다 크다. (O, X)

① 자료 파악
마을 주민별 재산상황

② 선지 재구성
1. 젖소와 돼지당 경지 면적 D가 E보다 작아?
2. C 경지면적 D + E 보다 커?

Q › 비중처럼 생각하며 풀어보는 것은 어떨까?

● 자료통역사의 관점 적용하기

1. (O)

동일한 마을의 가구당~ 을 보면 마을의 가구수(분모)가 동일하다. 즉, 비중 또는 지수와 같다.
따라서 비중 또는 지수의 아이디어를 그대로 사용 할 수 있다.
동물 마리당 경지면적($\frac{B}{A} = \frac{경지면적}{동물\ 수}$)을 묻는다. 가구당 면적과 가구당 개체 수를 이용해보자.
D는 $\frac{2.61}{0.52}$(젖소)과 $\frac{2.61}{2.00}$(돼지), E는 $\frac{2.75}{0.50}$(젖소)와 $\frac{2.75}{1.25}$(돼지)이다.
두 경우 모두 D의 분모는 크고, 분자는 작기에 젖소와 돼지당 경지면적 모두 D가 좁다.

2. (O)

경지 면적 = 가구당 경지면적 × 가구수
C: 1.95 × 58 D: 2.61 × 23 E: 2.75 × 16
D와 E의 합 = 2.61 × 23 + 2.75 × 16
→ 가구수를 밑변으로 생각하여 가중평균으로 접근하자.
D와 E의 합 = 2.61 × 23 + 2.75 × 16 → (2.61~2.75) × 39
(※ D의 가구수가 더 많으므로 2.61에 더 가까울 것이다.)
가구수(39→58)는 약 1.5배가 차이 나는데 가구당 경지면적은(1.95→2.75) 1.5배 이하 차이가 난다.
따라서 C가 더 크다.

정답 (O, O)

다음 〈표〉는 2016 ～ 2018년 A국 10대 수출품목의 수출액에 관한 자료이다.

① 자료 파악
수출액 비중과 세계
시장 점유율

〈표 1〉 A국 10대 수출품목의 수출액 비중과 품목별 세계수출시장 점유율(금액기준)

(단위: %)

구분 / 품목 \ 연도	A국의 전체 수출액에서 차지하는 비중			품목별 세계수출시장에서 A국의 점유율		
	2016	2017	2018	2016	2017	2018
백색가전	13.0	12.0	11.0	2.0	2.5	3.0
TV	14.0	14.0	13.0	10.0	20.0	25.0
반도체	10.0	10.0	15.0	30.0	33.0	34.0
휴대폰	16.0	15.0	13.0	17.0	16.0	13.0
2,000 cc 이하 승용차	8.0	7.0	8.0	2.0	2.0	2.3
2,000 cc 초과 승용차	6.0	6.0	5.0	0.8	0.7	0.8
자동차용 배터리	3.0	4.0	6.0	5.0	6.0	7.0
선박	5.0	4.0	3.0	1.0	1.0	1.0
항공기	1.0	2.0	3.0	0.1	0.1	0.1
전자부품	7.0	8.0	9.0	2.0	1.8	1.7
계	83.0	82.0	86.0	—	—	—

② 선지 재구성
1. 항공 세계규모, A국
전체 15배 이상
이야?
2. 16, 18년 선박 세계
규모 같아?

※ A국의 전체 수출액은 매년 변동 없음.

1. 2018년 항공기 세계수출시장 규모는 A국 전체 수출액의 15배 이상이다. (O, X)

2. 2016년과 2018년 선박의 세계수출시장 규모는 같다. (O, X)

▶ 자료통역사의 관점 적용하기

$$\text{A국 전체 수출액에서 차지하는 비중(X)} = \frac{\text{해당품목 } A\text{국 수출액}}{A\text{국 전체 수출액}}$$

$$\text{품목별 세계수출시장에서 A국 점유율(Y)} = \frac{\text{해당품목 } A\text{국 수출액}}{\text{해당품목 세계수출시장 규모}}$$

1. (O)

A국 전체 수출액과 항공기 세계수출시장 규모를 비교하므로

→ A국 전체 수출액 대비 항공기 품목 세계수출 시장규모 $= \dfrac{\text{항공기 세계수출시장 규모}}{A\text{국 전체 수출액}}$

$$\frac{\text{항공기 세계수출시장 규모}}{A\text{국 전체 수출액}} = \frac{X}{Y}$$

2018년 항공기: 3.0/0.1 = 30이므로 항공기 세계수출시장규모가 A국 전체 수출액의 15배 이상이다.

2. (X)

A국 전체 수출액은 변화하지 않는다. 따라서 $\dfrac{\text{해당품목 세계수출시장 규모}}{A\text{국 전체 수출액}}$ 를 통하여 비교할 수 있다.

$$\frac{\text{해당품목 세계수출시장 규모}}{A\text{국 전체 수출액}} = \frac{X}{Y}$$ 2016년 선박 = 5/1 2018년 선박 = 3/1 → 규모가 변화하였다.

정답 (O, X)

문 5. (외 13-03)

다음 〈표〉는 2011년 주요 국가별 의사 수 및 인구 만명당 의사 수에 대한 자료이다. 이에 대한 〈보기〉의 설명 중 옳은 것을 모두 고르면?

〈표〉 2011년 주요 국가별 의사 수 및 인구 만명당 의사 수

(단위: 명, %)

국가	의사 수	전년대비 증감률	인구 만명당 의사 수	전년대비 증감률
A	12,813	0.5	29	2.1
B	171,242	1.5	18	3.3
C	27,500	1.0	31	1.5
D	25,216	2.0	35	0.5
E	130,300	1.5	33	0.5
F	110,124	3.0	18	0.4
G	25,332	1.5	31	−0.5
H	345,718	3.3	60	5.5

※ 인구 만명당 의사 수는 소수점 아래 첫째 자리에서 반올림함.

1. 2011년 기준 C, D, E 3개국 중 인구가 가장 적은 국가는 D이다. (O, X)

2. 2011년 인구가 2010년보다 많은 국가의 수는 4개이다. (O, X)

① 자료 파악
   의사와 인구 만명당
   의사 수

② 선지 재구성
   1. 11년 CDE 중 D
      인구 제일 적어?
   2. 10 대비 11년 인구
      많은 국가 4개야?

⏵ 자료통역사의 관점 적용하기

1. (O)

인구당 의사수 = $\frac{의사수}{인구}$ → 인구 = $\frac{의사수}{인구당 \ 의사수}$

D($\frac{25,216}{35}$)는 C,D,E 중 인구당 의사수(분모)는 가장 크고, 인구수(분자)는 가장 작다.
따라서 인구수가 가장 적다.

2. (O)

10년 인구수 = $\frac{10년 \ 의사수}{10년 \ 인구당 \ 의사수}$ = $\frac{11년 \ 의사수/(1+증감율)}{11년 \ 인구당 \ 의사수/(1+증감율)}$

→ 10년 인구수 = 11년 인구수$\frac{(1+인구당 \ 의사증감율)}{(1+의사증감율)}$

$\frac{1+인구당 \ 의사증감율}{1+의사증감율}$ 이 1보다 크다면 10년 인구가 11년 인구보다 많다.

따라서 11년 인구가 10년 인구보다 많다는 것은, $\frac{1+인구당 \ 의사증감율}{1+의사증감율}$ 이 1보다 작다는 것이고, 인구당 의사 증가율 < 의사 증가율인 국가를 찾아보면 D,E,F,G로 4개국이다.

정답 (O, O)

다음 〈표〉는 병원이용과 관련된 설문조사에 참여한 개인들의 고혈압과 당뇨에 관한 응답을 정리한 자료이다. 이에 대한 〈보기〉의 설명 중 옳은 것만을 모두 고르면?

① 자료 파악
  고혈압 및 당뇨
  환자 수

〈표〉 성별·연령별 고혈압 및 당뇨 환자(2010년·2015년)

(단위: 명, %)

구분		고혈압				당뇨	
		2010년		2015년		2010년	2015년
		환자수	비율	환자수	비율	환자수	환자수
성별	남성	989	11.0	1,187	13.1	411	547
	여성	1,234	13.8	1,347	14.9	425	524
연령	29세 이하	2	( )	7	( )	7	4
	30~39세	56	1.9	46	1.6	24	29
	40~49세	227	7.3	230	7.4	94	115
	50~59세	562	23.2	608	20.6	213	260
	60~69세	681	44.0	691	41.6	250	299
	70~79세	570	54.6	656	59.1	205	257
	80세 이상	125	49.3	296	61.1	43	107
	65세 미만	1,168	7.4	1,239	7.8	450	555
	65세 이상	1,055	51.9	1,295	55.9	386	516

② 선지 재구성
  1. 15년 응답자 중
    당뇨 환자 비율
    여성이 남성보다
    높아?

※ 비율은 성별 및 연령별 환자수를 해당 성별 및 연령별 응답인원으로 나눈 것임.

예를 들어 2010년도 80세 이상 응답인원은 $\frac{125명}{49.3\%} = 254$ 명임

※ 설문조사의 항목은 성별, 연령, 고혈압 유무, 당뇨 유무로 구성되었음

1. 2015년 조사에서 여성응답자 중 당뇨환자의 비율이 남성응답자 중 당뇨환자의 비율보다 높다. (O, X)

Q ❯ 60~64세의 고혈압
  환자수를 구할 수
  있을까?

A ❯ 구할 수 있다.

▶ 자료통역사의 관점 적용하기

1. (X)

고혈압 환자 비율 = $\frac{환자수}{응답자}$

2015년 남성 고혈압환자 대비 여성 고혈압환자 ($\frac{1,347}{1,187} ≒ 1.1$)와

남성비율 대비 여성비율 $\frac{14.9}{13.1} ≒ 1.1$으로 유사하다.

분수간의 배수와 분자간의 배수가 유사하다는 것은, 분모의 크기가 유사하다는 것을 말한다.
(※ 분모가 동일할 때, 비중(분수) ∝ 해당값(분자)의 아이디어를 사용하는 것을 반대로 생각해보자.)
남성 응답자와 여성 응답자가 크게 차이 나지 않는다.
따라서 2015년의 남성 당뇨 환자가 여성보다 많으므로 당뇨 환자 비율도 남성이 더 높다.

정답 (X)

문 7. (7급 21-03)

다음 〈그림〉은 2014 ~ 2020년 연말 기준 '갑'국의 국가채무 및 GDP에 관한 자료이다. 이에 대한 〈보기〉의 설명 중 옳은 것만을 모두 고르면?

① 자료 파악
GDP와 채무현황

〈그림 1〉 GDP 대비 국가채무 및 적자성채무 비율 추이

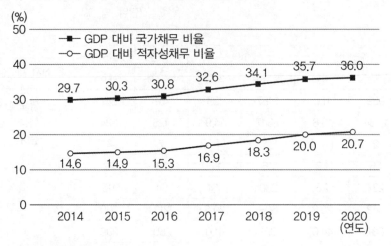

② 선지 재구성
1. 금융성채무 매년 50% 이상?
2. GDP 대비 금융성 채무 매년 증가?

※ 국가채무 = 적자성채무 + 금융성채무

〈그림 2〉 GDP 추이

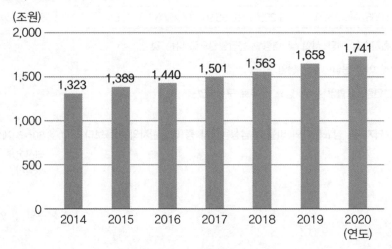

1. 금융성채무는 매년 국가채무의 50% 이상이다. (O, X)

Q 〉 〈그림 1〉을 이용하여 적자성채무와 금융 성채무의 증가율을 비교할 수 있을까?

2. GDP 대비 금융성채무 비율은 매년 증가한다. (O, X)

A 〉 가능하다.

▶ 자료통역사의 관점 적용하기

1. (X)

국가채무는 적자성채무와 금융성채무로 구성된다. 동일 연도끼리의 GDP의 크기는 동일하다.

■ (GDP 대비 국가채무 비율)−○(GDP 대비 적자성채무 비율) = GDP 대비 금융성채무 비율이다.

매년 금융성 채무가 국가채무의 50% 이상이라면 적자성채무는 50% 미만이어야 한다. (※ 여집합)

2020년의 경우, $\dfrac{20.7}{36.0}$ 이다. 즉, 적자성 채무가 50% 이상을 차지하고 있으므로 옳지 않다.

(※ 50% 이하가 가장 아닐 것 같은 연도를 이용하면 더 빠르게 풀 수 있다.)

2. (X)

■ (GDP 대비 국가채무 비율)−○(GDP 대비 적자성채무 비율) = GDP 대비 금융성채무 비율이다.

매년 GDP 대비 금융성 채무가 증가하려면

■의 증가폭이 ○의 증가폭보다 커야한다.

2019년의 경우, ■의 증가폭은 1.6인데 ○의 증가폭은 1.70이다. 따라서 GDP 대비 금융성 채무가 매년 증가하는 것은 아니다.

정답 (X, X)

문 8. (7급 모-23)

다음 〈그림〉은 '갑'국의 2003~2019년 교통사고 현황에 관한 자료이다. 이를 근거로 2003년 인구와 2019년 인구 1만명당 교통사고 건수를 바르게 나열한 것은?

① 자료 파악
교통사고, 교통사고 사망자, 인구당 교통사고 사망자

〈그림 1〉 교통사고 건수 및 교통사고 사망자 수

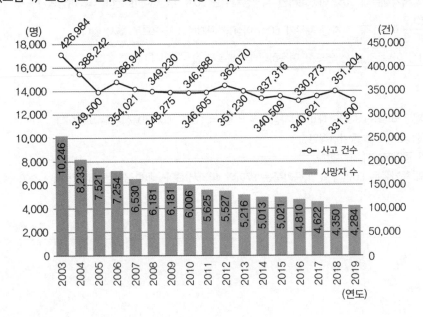

〈그림 2〉 인구 10만명당 교통사고 사망자 수

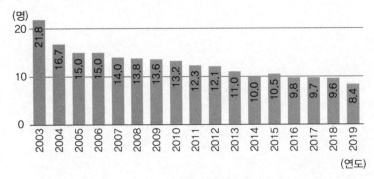

	2003년 인구(백만명)	2019년 인구 1만명당 교통사고 건수(건)
①	44	65
②	44	650
③	47	65
④	47	650
⑤	49	65

Q ▶ 인구 10만명당과 같은 분수식은 왜 사용 하는 것일까?

A ▶ 너무 작거나 크면 인식이 어렵기 때문

▶ 자료통역사의 관점 적용하기

2013년 인구 구하기

1) 인구당 교통사고 사망자 = $\dfrac{교통사고\ 사망자}{인구}$

  → 인구 = $\dfrac{교통사고\ 사망자}{인구당\ 교통사고\ 사망자}$

2003년 = $\dfrac{10,246}{21.8}$ = 470이다. 단위로 인하여 변화하는 것은 0의 개수뿐이므로 인구는 47백만명이다.

2) 2019년 인구 1만명당 교통사고 건수 구하기

   인구 1만명당과 인구 10만명당을 동일한 단위로 맞춰주자.

   2019년 인구 10만명당 교통사고 사망자 수가 8.4라면 인구 1만명당은 0.84가 된다.

   분모값이 동일한 형태가 되었으므로 비중처럼 취급할 수 있다.

   (※ 비중처럼 취급한다는 것은, 비중(분수) ∝ 해당값(분자)의 아이디어를 사용 할 수 있다는 것이다.)

   분자의 관계를 보면 사망자수(4,284)와 사고건수(331,500)는 100배 이하 차이가 난다.

   그렇기에 분수의 관계도 인구 1만명당 교통사고 건수는 0.84×100↓이다.

   선지에 의하면 0.84×100↓ 인 것은 65뿐이다. 따라서 답은 ③번이다.

 ③

3 추가정보

추가 정보란

자료 안에 직접 담기 어려운 형태의 정보를 발문,
각주, 〈그림〉의 가시성, 다중자료의 관계를 통하여
제공하는 정보이다.

1 발문

❶ 발문이란?

───────〈정의〉───────

발문: 다음 〈표〉는 '갑'시의 거주구역별 성별 인구분포에 관한 자료이다. '갑'시의 남성 인구는 200명, 여성인구는 300명
    일 때, 이에 대한 〈보기〉의 설명 중 옳은 것만을 모두 고르면? (민경채 15-06)

Q. '갑'시의 남성의 숫자와 여성의 숫자는 얼마인가?

현재 〈표〉나 〈자료〉 등 어떠한 것도 주어지지 않았다. 그러나 단지 발문만으로 Q의 답을 해결할 수 있다. 이처럼 발문은
우리에게 추가 정보를 제공하는 요소로 사용되기도 한다.
발문은 총 3가지로 구성된다.

┌───
│ • 발문의 구성
│ ① 자료에 대한 설명: 모든 자료에서 등장하나 크게 의미 있는 내용이 적힌 부분은 아니다.
│ ② 추가정보 제공: 대부분의 문제에서 제공되지 않으나, 존재하는 경우 풀이의 핵심이 되는 부분이다.
│ ③ 지시 사항: 해당 문제에서 무엇을 해야 하는지 지시하는 부분이다.
│   이에 따라 문제 유형이 구분된다. 유형마다 각각의 전략적 접근을 이용한다면 시간을 단축 할 수 있다.
└───

위의 발문은 3가지 요소를 기준하여 분류하면 아래와 같다.

┌───
│ • 다음 〈표〉는 '갑'시의 거주구역별 성별 인구분포에 관한 자료이다.
│   → 아래의 나올 자료는 〈표〉이며, '갑'시의 인구분포에 대한 자료이다.
│ • '갑'시의 남성 인구는 200명, 여성인구는 300명일 때,
│   → 추가정보를 제공해준 부분이며, 매우 중요한 부분이다.
│ • 이에 대한 〈보기〉의 설명 중 옳은 것만을 모두 고르면?
│   → 해당 문제의 유형은 〈보기〉의 정오를 판단하는 유형이다.
└───

철수는 어느 날 밤 A회사의 택시가 사고를 내고 도주하는 것을 목격하고 그 택시 색깔을 파란색으로 판정하였다. 철수가 야간에 초록색과 파란색을 구분하는 능력에 관한 실험 결과인 다음 〈표〉를 이용할 때, 이에 대한 〈보기〉의 설명 중 옳은 것을 모두 고르면? (단, A회사 택시는 총 500대로 400대는 초록색, 나머지 100대는 파란색이다)

〈표〉 철수가 야간에 색깔을 구분하는 능력에 관한 실험 결과

(단위: 회)

철수의 판정 실제 택시 색깔	초록색	파란색	합
초록색	64	16	80
파란색	4	16	20
계	68	32	100

1. 실험에서 철수가 초록색으로 판정한 택시가 실제 초록색일 확률은 0.80이다. (O, X)

2. A회사의 초록색 택시가 300대이고 파란색 택시가 200대였다면 사고에 대한 철수의 판정이 맞을 확률은 높아진다. (O, X)

① 자료 파악
　철수의 색상 구분
　능력

② 선지 재구성
　1. 철수는 초록색으로
　　 판단한 것 중 맞춘
　　 비율 0.80이야?
　2. 가정형

Q ▷ 가중평균으로 생각
　할 수 있는가?

▶ 자료통역사의 관점 적용하기

발문에서, 추가로 제공해준 정보는
① 철수가 파란색으로 판정하였다.
② A회사의 택시는 400대는 초록색 100대는 파란색이다.

1. (X)

철수가 초록색으로 판정한 차량 중 실제로 초록색이 차량은 $\frac{64}{68}$으로 0.80이 아니다.

2. (O)

철수의 판정이 맞다는 것은
철수가 파란색으로 판정한 차량 중 실제로 파란색이 차량인 경우를 의미한다.
우리 극단적으로 생각해보자.
만약, A회사의 택시가 모두 파란색이라면 철수의 판정이 맞을 확률을 얼마일까? → 100%
만약, A회사의 택시가 모두 초록색이라면 철수의 판정이 맞을 확률은 얼마일까? → 0%
그렇다면 초록색은 줄고, 파란색은 늘어난다면 철수의 판정이 맞을 확률은 어떻게될까?
당연히 증가한다. 초록색은 300대, 파란색은 200대가 되면 철수의 판정이 옳을 확률이 높아진다.

정답 (X, O)

문 2. (행 13-02)

다음 〈그림〉은 2010년 세계 인구의 국가별 구성비와 OECD 국가별 인구를 나타낸 자료이다. 2010년 OECD 국가의 총 인구 중 미국 인구가 차지하는 비율이 25%일 때, 이에 대한 〈보기〉의 설명 중 옳은 것을 모두 고르면?

① 자료 파악
세계 인구 및 OECD 인구

〈그림 1〉 2010년 세계 인구의 국가별 구성비

(단위: %)

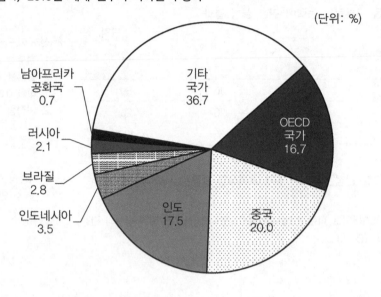

② 선지 재구성
1. 세계인구 70억 이상이야?
2. 터키인구 OECD 5% 이상이야?

〈그림 2〉 2010년 OECD 국가별 인구

(단위: 백만명)

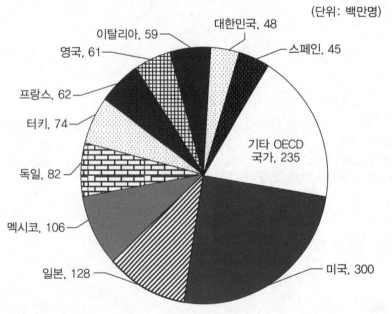

1. 2010년 세계 인구는 70억명 이상이다. (O, X)

2. 2010년 OECD 국가의 총 인구 중 터키 인구가 차지하는 비율은 5% 이상이다. (O, X)

Q ▶ 발문의 정보를 보지 못했다면 어떻게 풀어야 할까?

A ▶ 미국의 원형에서의 각도를 이용하여 어림셈

● 자료통역사의 관점 적용하기

1. (O)

발문에서 미국 인구(3억명)가 OECD의 25%($\frac{1}{4}$)라고 하였으므로 OECD 전체 인구는 1,2억명

전세계에서 OECE가 차지하는 비율이 16.7%($\frac{1}{6}$)이므로 전세계인구는 72억명이다.

2. (O)

미국의 300이 25%이므로 OECD인구에서 5%는 60이다. 즉, 터키는 74이므로 5% 이상이다.
(※ 해당값 ∝ 비중이므로 25%가 300이라면 5%는 60이다.)

정답 (O, O)

문 3. (행 21-17)

다음 〈설명〉과 〈표〉는 2019년 12월 31일 기준 우리나라 행정구역 현황에 관한 자료이다. 〈설명〉, 〈표〉와 다음 〈우리나라 행정구역 변천사〉를 이용하여 2012년 6월 30일 광역지방자치단체의 하위 행정구역인 시, 군, 구의 수를 바르게 나열한 것은?

① 자료 파악
우리나라 행정구역 현황

〈설명〉

• 광역지방자치단체는 특별시, 광역시, 특별자치시, 도, 특별자치도로 구분된다.
• 기초지방자치단체는 시, 군, 구로 구분된다.
• 특별시는 구를, 광역시는 구와 군을, 도는 시와 군을 하위 행정구역으로 둔다. 단, 도의 하위 행정구역인 시에는 하위 행정구역으로 구를 둘 수 있으나, 이 구는 기초지방자치단체에 해당하지 않는다.
• 특별자치도는 하위 행정구역으로 시를 둘 수 있으나, 이 시는 기초지방자치단체에 해당하지 않는다.
• 시와 구는 읍, 면 동을, 군은 읍, 면을 하위 행정구역으로 둔다.

〈표〉 2019년 12월 31일 기준 우리나라 행정구역 현황

(단위: 개, km², 세대, 명)

행정구역	시	군	구	면적	세대수	공무원수	인구	여성
서울특별시	0	0	25	605.24	4,327,605	34,881	9,729,107	4,985,048
부산광역시	0	1	15	770.02	1,497,908	11,591	3,413,841	1,738,424
대구광역시	0	1	7	883.49	1,031,251	7,266	2,438,031	1,232,745
인천광역시	0	2	8	1,063.26	1,238,641	9,031	2,957,026	1,474,777
광주광역시	0	0	5	501.14	616,485	4,912	1,456,468	735,728
대전광역시	0	0	5	539.63	635,343	4,174	1,474,870	738,263
울산광역시	0	1	4	1,062.04	468,659	3,602	1,148,019	558,307
세종특별자치시	0	0	0	464.95	135,408	2,164	340,575	170,730
경기도	28	3	17	10,192.52	5,468,920	45,657	13,239,666	6,579,671
강원도	7	11	0	16,875.28	719,524	14,144	1,541,502	766,116
충청북도	3	8	4	7,406.81	722,123	10,748	1,600,007	789,623
충청남도	8	7	2	8,245.55	959,255	14,344	2,123,709	1,041,771
전라북도	6	8	2	8,069.13	816,191	13,901	1,818,917	914,807
전라남도	5	17	0	12,345.20	872,628	17,874	1,868,745	931,071
경상북도	10	13	2	19,033.34	1,227,548	21,619	2,665,836	1,323,799
경상남도	8	10	5	10,540.39	1,450,822	20,548	3,362,553	1,670,521
제주특별자치도	2	0	0	1,850.23	293,155	2,854	670,989	333,644
계	77	82	101	100,448.22	22,481,466	239,310	51,849,861	25,985,045

```
┌─────────────────── 〈우리나라 행정구역 변천사〉 ───────────────────┐
│ · 2012년 1월 1일 당진군이 당진시로 승격하였다.                          │
│ · 2012년 7월 1일 세종특별자치시가 출범하였다. 이로 인하여 충청남도 연기군이 폐지되어 │
│   세종특별자치시로 편입되었다.                                        │
│ · 2013년 9월 23일 여주군이 여주시로 승격되었다.                        │
│ · 2014년 7월 1일 청원군은 청주시와의 통합으로 폐지되고, 청주시에 청원구, 서원구가  │
│   새로 설치되어 구가 4개가 되었다.                                    │
│ · 2016년 7월 4일 부천시의 3개 구가 폐지되었다.                         │
└──────────────────────────────────────────────────────────┘
```

※ 2012년 1월 1일 이후 시, 군, 구의 설치, 승격, 폐지를 모두 포함함.

	시	군	구
①	74	86	100
②	74	88	100
③	76	85	102
④	76	86	102
⑤	78	83	100

▶ 자료통역사의 관점 적용하기

발문에서 12년 6월 30일의 결과 값을 구하라고 지시하였다.
해당 〈표〉는 19년 12월 31일에 대한 자료이며, 〈변천사〉는 12년 1월 1일 이후에 대한 정보이다.
발문에서 요구한 12년 6월 30일까지만 뒤로 돌아가면서 생각해야한다.
변천사 조건 중 12년 1월 1일 당진군이 당진시로 승격하였다를 제외하고 모두 고려하면
시 1개 감소, 군 3개 증가 구 1개 증가로 정답은 ③번이다.

정답 ③

2 각주

❶ 각주란

〈표〉 '갑'사의 신규채용인원

구분	계약직 채용인원(명)	계약직 채용비율(%)
'갑'사	1,918	68.5

※ 1) '갑'사는 계약직과 정규직만 채용함.

　2) 계약직 채용비율(%) = $\dfrac{\text{계약직 채용인원}}{\text{정규직 채용인원} + \text{계약직 채용인원}} \times 100$

Q. 위 주어진 계약직 채용비율을 보고 혹시 떠오른 것은 없는가?

위 계약직 채용비율 식의 형태는 $\dfrac{A}{A+B}$의 형태의 구조이다. $\dfrac{A}{A+B}$의 형태의 식은 총 2가지로 볼 수 있다.

1) A+B가 전체이다. 즉, 비중으로 바라보자.

2) $\dfrac{A}{A+B}$을 $\dfrac{A+0}{A+B}$으로 생각하자. 즉, 가중평균으로 바라보자.

처음에 계약직 채용비율을 보면 어렵게 느껴지거나, 어떻게 처리할지 떠오르지 않을 수도 있다. 그러나 등장하는 대부분의 식 형태는 이미 우리가 배운 것에서 크게 다르지 않다.

따라서 두렵다고 생각하지 말고, 내가 배운 기존 지식을 최대한 이용하여 자료를 포섭하자.

각주에 글이 등장하면 이미 내가 알고 있는 지식과 대입해보자.

→ ① 지식의 포섭

각주에 식이 등장하면 식의 구성요소를 글자가 아니라 △(세모), □(네모), ○(동그라미) 등 하나의 '이미지'로 인식하자. 또한, 주어진 식의 구조가 내가 알고 있는 구조와 같지는 않은지 파악하자.

→ ② 공식의 포섭

❷ 지식 포섭 같이해보기

〈표〉 '갑'국의 연도별 무역현황

구분　　　　　　연도	2008	2009	2010
수출액	984	1,415	2,215
수입액	684	1,082	1,522

※ 1) 수출액－수입액 = 무역수지

　2) 무역수지가 0보다 크면 무역흑자, 0보다 적으면 무역 적자임.

지식의 포섭

→ 무역 흑자란 수출액이 수입액보다 많은 것을 의미한다. → 수출액 〉 수입액

→ 무역 적자란 수입액이 수출액보다 많은 것을 의미한다. → 수입액 〉 수출액

❸ 자료해석에 자주 나오는 단골 지식

1) 무역

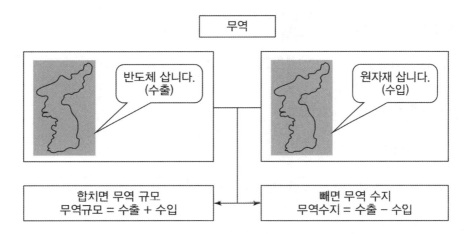

• 관련공식

① 무역규모 = 수출 + 수입

② 무역수지 = 수출 - 수입

③ 무역특화지수 = $\dfrac{무역수지}{무역규모} = \dfrac{수출-수입}{수출+수입} \propto \dfrac{수출}{수입}$

(※ 가중평균을 이용한 간단증명)

높이 = $1(\dfrac{수출}{수출})$과 $-1(\dfrac{-수입}{수입})$ → 수출 = 채워주는 역할, 수입은 채움 받는 역할

수출↑ → 무역특화지수 ↑, 수입 ↓ → 무역특화지수 ↑ → 무역특화지수 $\propto \dfrac{수출}{수입}$

2) 인구

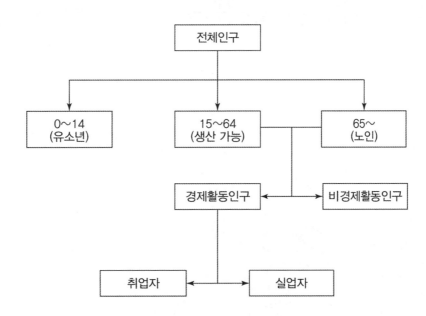

① **인구 통계 (전체 인구 = 0~14세(유소년) + 15~64세(생산가능) + 65세 이상(노인))**

    ㉠ 유소년인구 비중 $= \dfrac{유소년}{전체}$

    ㉡ 생산가능인구 비중 $= \dfrac{생산가능}{전체}$

    ㉢ 65세 이상인구 비중 $= \dfrac{65세이상}{전체}$

    ㉣ 유소년 부양비 $= \dfrac{유소년}{생산가능}$

    ㉤ 노인(노년)부양비 $= \dfrac{노인}{생산가능}$

    ㉥ 총부양비(유소년부양 + 노인부양) $= \dfrac{유소년+노인}{생산가능} \propto \dfrac{1}{생산가능인구\ 비중}$

    ㉦ 노령화지수 $= \dfrac{노인}{유소년}$

② **고용 통계 (전체인구 = 0~14세 + 15세 이상인구)**

    ㉠ 15세 이상인구 = 경제활동인구 + 비경제활동인구

    ㉡ 경제활동인구 = 취업자 + 실업자

    ㉢ 경제활동참가율 $= \dfrac{경제활동인구}{15세이상인구} = \dfrac{경제활동인구}{경제활동인구+비경제활동인구}$

    ㉣ 고용률 $= \dfrac{취업자}{15세이상인구}$

    ㉤ 취업률 $= \dfrac{취업자}{경제활동인구} = \dfrac{취업자}{취업자+실업자}$ (고용률 ≤ 취업률)

    ㉥ 실업률 $= \dfrac{실업자}{경제활동인구} = \dfrac{실업자}{취업자+실업자}$ (취업률+실업률 = 100%)

❹ 공식의 포섭

앞에서 배운 공식의 구조를 정리하자.
만약 각주에 해당 공식의 구조가 보인다면 해당 공식으로 포섭하자.

㉠ 증가율과 감소율

증가율 $= \dfrac{\text{현재값} - \text{과거값}}{\text{과거값}} = \dfrac{B-A}{A}$ → $\dfrac{B-A}{A}$의 형태가 나오면 증가율로 포섭하자.

$\dfrac{B-A}{A}$의 형태가 나오면 생각해야 할 것

· $\dfrac{B-A}{A} \propto \dfrac{B}{A}$ 2) $\dfrac{B}{A} = (1 + \text{증가율})$

감소율 $= \dfrac{\text{과거값} - \text{현재값}}{\text{과거값}} = \dfrac{A-B}{A}$ → $\dfrac{A-B}{A}$의 형태가 나오면 감소율로 포섭하자.

$\dfrac{A-B}{A}$의 형태가 나오면 생각해야 할 것

· $\dfrac{A-B}{A} \propto \dfrac{A}{B}$ 2) $\dfrac{B}{A} = (1 - \text{감소율})$

㉡ 가중평균

가중평균 $= \dfrac{C+D}{A+B}$ → $\dfrac{C+D}{A+B}$의 형태가 나오면 가중평균으로 포섭하자.

(※ $\dfrac{C}{A+B} = \dfrac{C+0}{A+B}$으로 생각하여, 가중평균으로 포섭이 가능하다.)

$\dfrac{C+D}{A+B}$의 형태가 나오면 생각해야 할 것

· 넘치는 넓이가 부족한 넓이를 채워준다는 사고
· 전체 높이는 밑변이 더 긴 쪽의 높이와 가깝다는 사고

㉢ 전체와 비중 (여집합)

전체 $= A+B$의 형태가 나오면 비중으로 포섭하자.

(특히, $\dfrac{A}{A+B}$와 같은 형태가 나오면 비중으로 포섭하자.)

전체 $= A+B$의 형태가 나오면 생각해야 할 것

· 여집합을 이용한 사고
· 뺄셈법을 이용한 사고

❺ 기출문제와 제작문제에 관점 적용해보기

문 1. (민 14-10)

다음 〈표〉는 2013년 11월 7개 도시의 아파트 전세가격 지수 및 전세수급 동향 지수에 대한 자료이다. 이에 관한 〈보기〉의 설명 중 옳은 것만을 모두 고르면?

① 자료 파악
아파트 전세 및 동향 지수

〈표〉 아파트 전세가격 지수 및 전세수급 동향 지수

지수 \ 도시	면적별 전세가격 지수			전세수급 동향 지수
	소형	중형	대형	
서울	115.9	112.5	113.5	114.6
부산	103.9	105.6	102.2	115.4
대구	123.0	126.7	118.2	124.0
인천	117.1	119.8	117.4	127.4
광주	104.0	104.2	101.5	101.3
대전	111.5	107.8	108.1	112.3
울산	104.3	102.7	104.1	101.0

② 선지 재구성
1. 부족이 충분보다 많아?
2. 대구의 공인중개사 60% 이상 부족이라고 응답했어?

※ 1) 2013년 11월 전세가격 지수 $= \dfrac{2013년\ 11월\ 평균\ 전세가격}{2012년\ 11월\ 평균\ 전세가격} \times 100$

2) 전세수급 동향 지수는 각 지역 공인중개사에게 해당 도시의 아파트 전세공급 상황에 대해 부족·적당·충분 중 하나를 선택하여 응답하게 한 후, '부족'이라고 응답한 비율에서 '충분'이라고 응답한 비율을 빼고 100을 더한 값임.
예 : '부족' 응답비율 30%, '충분' 응답비율 50%인 경우 전세수급 동향 지수는 (30 − 50) + 100 = 80

3) 아파트는 소형, 중형, 대형으로만 구분됨.

1. 각 도시에서 아파트 전세공급 상황에 대해 '부족'이라고 응답한 공인중개사는 '충분'이라고 응답한 공인중개사보다 많다. (O, X)

2. 대구의 공인중개사 중 60% 이상이 대구의 아파트 전세공급 상황에 대해 '부족'이라고 응답하였다. (O, X)

▶ 자료통역사의 관점 적용하기

공인중개사의 대답은 부족 + 적당 + 충분으로 구성됨. 전세수급 동향 지수 = 100 + (부족 − 충분)으로 구성됨.
(※ 부족이 많을수록 커지고, 충분이 많을수록 작아짐)
→ 미지수는 3개인데, 식이 2개이므로 부정방정식이다. 즉, 범위성 정보이다.

1. (O)
부족이 충분보다 많다면 전세수급 동향지수는 100보다 커야한다. 모든 도시에서 100보다 크다.

2. (X)
대구의 전세수급 동향 지수는 124.0이다. 범위성 정보이므로 60%보다 낮게 만들 수 있는지를 확인하자.
부족 24%, 적당 76%, 충분 0%로 구성됐다면 전세수급 동향지수가 124가 나온다.
60% 보다 낮아질 수 있으므로 옳지 않다.

정답 (O, X)

다음 〈표〉는 A ～ D국의 성별 평균소득과 대학진학률의 격차지수만으로 계산한 '간이 성평등지수'에 관한 자료이다. 이에 대한 〈보기〉의 설명 중 옳은 것만을 모두 고르면?

① 자료 파악
성평등지수

〈표〉 A ～ D국의 성별 평균소득, 대학진학률 및 '간이 성평등지수'

(단위: 달러, %)

항목 국가	평균소득			대학진학률			간이 성평등 지수
	여성	남성	격차 지수	여성	남성	격차 지수	
A	8,000	16,000	0.50	68	48	1.00	0.75
B	36,000	60,000	0.60	( )	80	( )	( )
C	20,000	25,000	0.80	70	84	0.83	0.82
D	3,500	5,000	0.70	11	15	0.73	0.72

② 선지 재구성
1. 가정형
2. 가정형

※ 1) 격차지수는 남성 항목값 대비 여성 항목값의 비율로 계산하며, 그 값이 1을 넘으면 1로 함.
2) '간이 성평등지수'는 평균소득 격차지수와 대학진학률 격차지수의 산술 평균임.
3) 격차지수와 '간이 성평등지수'는 소수점 셋째자리에서 반올림한 값임.

1. A국의 여성 평균소득과 남성 평균소득이 각각 1,000달러씩 증가하면 A국의 '간이 성평등지수'는 0.80 이상이 된다. (O, X)

Q ▷ 성격차지수(GGI)에 대해서 알고 있는가?

(삭제가능)

2. B국의 여성 대학진학률이 85%이면 '간이 성평등지수'는 B국이 C국보다 높다. (O, X)

▶ 자료통역사의 관점 적용하기

격차지수 = $\dfrac{\text{여성}}{\text{남성}}$, 단 여성이 더 높은 경우는 1로 산정함

간이 성평등지수 = 평균소득의 격차지수와 대학진학률의 격차지수의 평균(합)임.

1. (X)

간이 성평등지수가 0.8이라면 평균소득 격차지수와 대학진학률의 격차지수의 합이 1.6보다 커야한다.
대학 진학률의 격차지수가 1이므로 평균소득의 격차지수가 0.6보다 큰지에 대해서 물어보는 것이다.

$$\frac{8,000+1,000}{16,000+1,000} = \frac{6,000+3,000}{10,000+7,000} \langle \ 60\%$$ 이므로 0.6보다 작다.

2. (X)

C국의 격차지수의 합은 1.62이므로 B국이 1.62 이상 될 수 있는지 생각해보자.
격차지수는 최대 1이므로 B국은 평균소득의 격차지수가 변화하지 않는한, 1.62 이상이 될 수 없다.

정답 (X, X)

문 3. (행 09–03)

다음 〈표〉는 2005 ~ 2007년도의 지방자치단체 재정력지수에 대한 자료이다. 이 〈표〉에 대한 설명으로 옳은 것은?

① 자료 파악
재정력 지수

〈표〉 지방자치단체 재정력지수

지방 자치단체 \ 연도	2005	2006	2007	평균
서울	1.106	1.088	1.010	1.068
부산	0.942	0.922	0.878	0.914
대구	0.896	0.860	0.810	0.855
인천	1.105	0.984	1.011	1.033
광주	0.772	0.737	0.681	0.730
대전	0.874	0.873	0.867	0.871
울산	0.843	0.837	0.832	0.837
경기	1.004	1.065	1.032	1.034
강원	0.417	0.407	0.458	0.427
충북	0.462	0.446	0.492	0.467
충남	0.581	0.693	0.675	0.650
전북	0.379	0.391	0.408	0.393
전남	0.319	0.330	0.320	0.323
경북	0.424	0.440	0.433	0.432
경남	0.653	0.642	0.664	0.653

② 선지 재구성
1. 지방교부세 안 받은 지역 서울 인천 경기 3곳이야?
2. 충북이 전남보다 기준재정 수입액 많아?
3. 지방교부세 가장 많이 지원받은 지역 전남이야?
4. 가정형

※ 1) 매년 지방자치단체의 기준재정수입액이 기준재정수요액에 미치지 않는 경우, 중앙정부는 그 부족분만큼의 지방교부세를 당해년도에 지급함.

  2) 재정력지수 = $\dfrac{기준재정수입액}{기준재정수요액}$

1. 3년간 지방교부세를 지원받은 적이 없는 지방자치단체는 서울, 인천, 경기 3곳이다.

(O, X)

Q ▷ 05년~07년의 재정력지수의 산술평균 값은 자료에 주어진 평균값과 같을까? 같지 않다면 왜 그럴까?

2. 3년간 충북은 전남보다 기준재정수입액이 매년 많았다. (O, X)

3. 3년간 지방교부세를 가장 많이 지원받은 지방자치단체는 전남이다. (O, X)

4. 3년간 대전과 울산의 기준재정수입액이 매년 서로 동일하다면 기준재정수요액은 대전이 울산보다 항상 크다. (O, X)

A ▷ 기준재정수요액이 매년 다르기 때문.

▶ 자료통역사의 관점 적용하기

지수 자료이므로 기준값이 동일한 것을 찾아야한다. 기준재정수입액 〈 기준재정수요액의 경우 지방교부세를 받는다.
→ 재정력지수가 1보다 작다면 지방교부세를 받는다.

1. (X)

매년 재정력지수가 1보다 큰 지역은 서울과 경기뿐이다.

2. (X)

충북의 재정력지수는 전남보다 크지만 기준값(기준재정수요액)이 다르기 때문에 비교할 수 없다.
(지수에서의 case.1)

3. (X)

기준값도, 해당값도 주지 않은 자료이기에 비교할 수 없다.
(case.1 or case.2)

4. (X)

기준재정수입액(분모)가 같을 때, 기준재정수요액(분모)이 더 크다는 것은 재정력지수가 작다는 것이다.

분모가 커질수록 분수는 작아진다. (※ $\dfrac{A}{B\uparrow} \to C\downarrow$)

재정력지수는 매년 대전이 울산보다 크므로 기준재정수요액은 매년 대전이 울산보다 작다.

정답 (X, X, X, X)

문 4. (행 20-18)

다음 〈그림〉과 〈정보〉는 A 해역의 해수면온도 변화에 따른 α 지수, 'E 현상' 및 'L 현상'에 관한 자료이다.

① 자료 파악
해수면 온도와 α지수

〈그림〉 기준 해수면온도와 α 지수

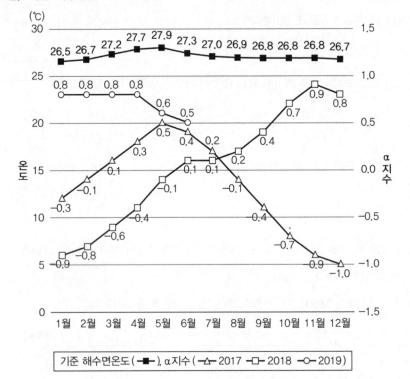

기준 해수면온도 (■), α지수 (△ 2017 □ 2018 ○ 2019)

② 선지 재구성
1. 기준 해수면온도 8월이 가장 높아?
2. 해수면온도 6월까 지만 관측했어?
3. E현상 8개월, L현상 7개월간 있었어?
4. 가정형

─── 〈정보〉 ───

• '기준 해수면온도'는 1985 ~ 2015년의 해당월 해수면온도의 평균임.
• '해수면온도 지표'는 해당월에 관측된 해수면온도에서 '기준 해수면온도'를 뺀 값임.
• α 지수는 전월, 해당월, 익월의 '해수면온도 지표'의 평균값임.
• 'E 현상'은 α 지수가 5개월 이상 계속 0.5 이상일 때, 0.5 이상인 첫 달부터 마지막 달까지 있었다고 판단함.
• 'L 현상'은 α 지수가 5개월 이상 계속 -0.5 이하일 때, -0.5 이하인 첫 달부터 마지막 달까지 있었다고 판단함.

1. '기준 해수면온도'는 8월이 가장 높다. (O, X)

2. 해수면온도는 2019년 6월까지만 관측되었다. (O, X)

3. 'E 현상'은 8개월간 있었고, 'L 현상'은 7개월간 있었다. (O, X)

4. 월별 '기준 해수면온도'가 1℃ 낮았더라도, 2017년에 'L 현상'이 있었다. (O, X)

Q ▷ 엘리뇨(El Niño)와 라니냐(La Niña)에 대하여 알고 있는가?

● 자료통역사의 관점 적용하기

기준 해수면온도: 85년~15년 해수면 평균온도

해수면 온도 지표: 평균과의 차이값 (관측온도 - 기준 해수면온도)

α지수: 해수면온도 지표의 3달(전월,해당월,익월)의 평균값

E현상: α지수가 5개월 이상 0.5 이상일 때, 그 기간동안 E현상이 있다고 판단

L현상: α지수가 5개월 이상 -0.5 이하일 때, 그 기간동안 L현상이 있다고 판단

1. (X)

■ (기준 해수면온도)이 가장 높은 달은 5월이다.

2. (X)

α지수를 알기 위해서는 다음달에 대한 측정이 필요하다. 2019년 7월의 α지수에 대한 정보가 존재하므로 19년 7월의 관측결과도 필요하다.

3. (X)

E 현상은 α지수가 5달 연속 0.5 이상이여야 한다. α지수는 18년10월~19년6월(9개월) 0.5 이상이다.

L 현상은 α지수가 5달 연속 -0.5 이하여야 한다. α지수는 17년10월~18년3월(6개월) -0.5 이하이다.

4. (X)

기준 해수면 온도가 1℃ 낮아지면 α지수는 1℃ 높아지므로 L현상은 발생하지 않는다.

정답 (X, X, X, X)

문 5. (행 14~17)

다음 〈표〉는 동일한 산업에 속한 기업 'A~E'의 소유구조에 관한 자료이다.

〈표 1〉 A~E의 소유구조

(단위: %, 명, 천주, 억원)

구분 기업	대주주		소액주주		기타주주		총발행 주식수	시가 총액
	지분율	주주수	지분율	주주수	지분율	주주수		
A	40	3	40	2,000	20	20	3,000	900
B	20	1	50	2,500	30	30	2,000	500
C	50	2	20	4,000	30	10	10,000	500
D	30	2	30	3,000	40	10	1,000	600
E	15	5	40	8,000	45	90	5,000	600

※ 1) 해당 주주의 지분율(%) = $\frac{해당\ 주주의\ 보유주식수}{총발행주식수} \times 100$

2) 시가총액 = 1주당 가격 × 총발행주식수
3) 해당 주주의 주식시가평가액 = 1주당 가격 × 해당 주주의 보유주식수
4) 전체 주주는 대주주, 소액주주, 기타주주로 구성함.

1. B의 대주주의 보유주식수는 400,000주이다. (O, X)

2. 기타주주 주식시가평가액의 합은 A가 D보다 크다. (O, X)

① 자료 파악
기업의 소유구조

② 선지 재구성
1. B의 대주주 보유주식수 40만이야?
2. 기타주주 주식 평가액 A가 D보다 크다.

Q 〉 주식에 대하여 알고 있는가? 만약, 주식에 대해서 모른다면 지분율을 무엇으로 포섭하면 좋을까?

A 〉 비중

▶ 자료통역사의 관점 적용하기

지분율 = 전체 주식 중 해당주주가 가지고 있는 주식수
시가 총액 = 1주당 가격 × 총발행주식수 → 시가총액은 전체 주식(100%)의 가치
주식시가평가액 = 1주당 가격 × 보유 주식수 → 주식시가평가액은 주식 보유만큼(지분율)의 가치

1. (O)

B의 대주주의 지분율 = 20%
전체 주식수 = 2,000(천주)이므로 B의 보유 주식수 = 400(천주)이므로 400,000주이다.

2. (X)

기타주주의 주식시가평가액
A의 기타주주의 지분율 = 20%, 시가총액 = 900 → 주식시가평가액 = 180
D의 기타주주의 지분율 = 40%, 시가총액 = 600 → 주식시가평가액 = 240
A가 D보다 작다.

정답 (O, X)

다음 〈표〉는 6건의 거래에 대한 판매상품 목록이다. 아래 〈정의〉를 적용했을 때, 이에 대한 설명으로 옳지 않은 것은?

① 자료 파악
일자별 판매상품

〈표〉 거래일자별 판매상품 목록

거래일자	판매상품
2월 1일	소주, 콜라, 맥주 각 1병
2월 2일	소주, 콜라, 와인 각 1병
2월 3일	소주, 주스 각 1병
2월 4일	콜라, 맥주 각 1병
2월 5일	소주, 콜라, 맥주, 와인 각 1병
2월 6일	주스 1병

② 선지 재구성
1. s(A→B) = s(B→A)
야?
2. r(A→B) = r(B→A)
야?

──── 〈정의〉 ────

- 서로 다른 두 상품 A와 B에 대해, 'A의 B에 대한 지지도'는 $s(A \to B)$로 표기하고, 다음과 같이 정의됨.

$$s(A \to B) = \frac{\text{상품 A와 상품 B가 동시에 포함된 거래수}}{\text{전체 거래수}}$$

예를 들어, $s(\text{소주} \to \text{콜라}) = \frac{3}{6}$임.

- 서로 다른 두 상품 A와 B에 대해, 'A의 B에 대한 신뢰도'는 $r(A \to B)$로 표기하고, 다음과 같이 정의됨.

$$r(A \to B) = \frac{\text{상품 A와 상품 B가 동시에 포함된 거래 수}}{\text{상품 A가 포함된 거래 수}}$$

예를 들어, $r(\text{소주} \to \text{콜라}) = \frac{3}{4}$임.

1. $s(A \to B)$는 $s(B \to A)$와 항상 같다. (O, X)

2. $r(A \to B)$는 $r(B \to A)$보다 항상 크거나 같다. (O, X)

Q ▷ 논리학을 배운 적이 있는가?

● 자료통역사의 관점 적용하기

주어진 A와 B는 미지수이기 때문에 A와 B에 무엇이 들어가던 아무런 문제가 없다.
즉, A와 B의 위치가 변화해도 아무런 문제가 없다는 것이다.

1. (O)

$s(A \to B)$의 주어진 정의에 따르면 A와 B의 위치는 공식에 아무런 변화를 주지못한다.

2. (X)

$r(A \to B)$에서 A와 B는 미지수이므로 그 순서가 변화해도 문제가 없다. 즉, $r(A \to B)$는 $r(B \to A)$보다 항상 크거나 같다는 문장이 참이라면 $r(B \to A)$는 $r(A \to B)$보다 항상 크거나 같다는 문장도 참이어야 한다.
둘다 참인 경우는 오직, $r(A \to B)$는 $r(B \to A)$보다 같은 경우뿐이다. 그런데, $r(A \to B)$의 정의에 따르면 A와 B의 위치에 따라서 분모의 크기 (상품A가 포함된 거래 수)의 변화가 생긴다.
A와 B의 위치에 따라서 분모의 크기가 변화하므로 $r(A \to B)$는 $r(B \to A)$는 항상 같을 수 없다.

정답 (O, X)

문 7. (행 16-22)

다음 〈그림〉은 A국의 세계시장 수출점유율 상위 10개 산업에 관한 자료이다. 이에 대한 〈보기〉의 설명 중 옳은 것만을 모두 고르면?

〈그림 1〉 A국의 세계시장 수출점유율 상위 10개 산업(2008년)

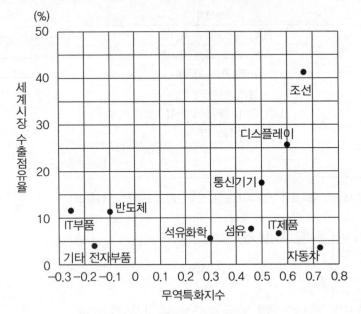

〈그림 2〉 A국의 세계시장 수출점유율 상위 10개 산업(2013년)

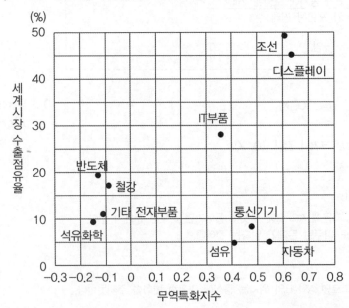

1. 세계시장 수출점유율 상위 10개 산업 중에서 A국 수출액보다 A국 수입액이 큰 산업은 2008년에 3개, 2013년에 4개이다. (O, X)

2. 2008년 세계시장 수출점유율 상위 10개 산업 중에서 2013년 세계시장 수출점유율이 2008년에 비해 하락한 산업은 모두 3개이다. (O, X)

① 자료 파악
수출 점유율

② 선지 재구성
  1. 수입액이 더 큰
     산업 3개, 4개야?
  2. 점유율 감소 기업
     3개야?

Q ▶ 유사 단어가 등장할 때는 어떻게 접근해야 할까?

A ▶ 차이에 집중한다.

● 자료통역사의 관점 적용하기

1. (O)

수출액보다 수입액이 크다면 무역수지는 적자가 될 것이고, 무역특화지수 $= \dfrac{무역수지}{무역규모}$ 이므로 음수가 된다.

무역특화지수가 음수인 산업은 08년에는 IT부품, 기타전자부품, 반도체 3개이고, 13년에는 석유화학, 반도체, 기타전자부품, 철강 4개이다.

2. (O)

2008년 세계시장 수출점유율 상위 10개 산업 중 시장점유율이 하락한 산업은
통신기기, 섬유, IT제품으로 3개이다.

정답 (O, O)

문 8. (민 18-19)

다음 〈표〉는 2000년과 2013년 한국, 중국, 일본의 재화 수출액 및 수입액 자료이고, 〈용어 정의〉는 무역수지와 무역특화지수에 대한 설명이다. 이에 대한 〈보기〉의 설명 중 옳은 것만을 모두 고르면?

① 자료 파악
　한중일의 수출과 수입

〈표〉 한국, 중국, 일본의 재화 수출액 및 수입액

(단위: 억 달러)

연도	재화	국가 수출 입액	한국		중국		일본	
			수출액	수입액	수출액	수입액	수출액	수입액
2000	원자재		578	832	741	1,122	905	1,707
	소비재		117	104	796	138	305	847
	자본재		1,028	668	955	991	3,583	1,243
2013	원자재		2,015	3,232	5,954	9,172	2,089	4,760
	소비재		138	375	4,083	2,119	521	1,362
	자본재		3,444	1,549	12,054	8,209	4,541	2,209

② 선지 재구성
　1. 한중일 모두 원자재
　　적자야?
　2. 자본채 수출경쟁률
　　일본이 한국보다 커?

─── 〈용어 정의〉 ───

- 무역수지 = 수출액 − 수입액
  무역수지 값이 양(+)이면 흑자, 음(−)이면 적자이다.
- 무역특화지수 = $\dfrac{수출액 - 수입액}{수출액 + 수입액}$
  무역특화지수의 값이 클수록 수출경쟁력이 높다.

1. 2013년 한국, 중국, 일본 각각에서 원자재 무역수지는 적자이다. (O, X)

2. 2013년 자본재 수출경쟁력은 일본이 한국보다 높다. (O, X)

▶ 자료통역사의 관점 적용하기

1. (O)

무역수지가 적자라는 것은, 수출액 〈 수입액이라는 것을 의미한다.
2013년 원자재의 경우 한중일 모두 수출액 〈 수입액이므로 모두 적자이다.

2. (X)

무역특화지수 $= = \dfrac{수출-수입}{수출+수입} \propto \dfrac{수출}{수입}$ 이므로 2013년 일본의 자본재($\dfrac{4,541}{2,209}$)는 한국의 자본재($\dfrac{3,444}{1,549}$)보다 작다.
따라서 수출경쟁률도 일본이 한국보다 낮다.

정답 (O, X)

문 9. (행 06-31)

다음 〈표〉는 3개 지역의 인구수와 부양비를 조사한 자료이다.

〈표〉 지역별 인구수와 부양비

① 자료 파악
   인구수와 부양비

(단위: 명, %)

지역	총인구수	총부양비	유년부양비
A	4,000	60	30
B	6,000	20	15
C	3,500	40	20

② 선지 재구성
   1. 노령화 지수 A와 C
      가 같아?
   2. A지역 15~64세 인
      구 3천명이야?
   3. 15~64세 비중 B가
      가장 높아?

※ 1) 총부양비 $= \dfrac{0 \sim 14\text{세 인구} + 65\text{세 이상 인구}}{15 \sim 64\text{세 인구}} \times 100$

2) 유년부양비 $= \dfrac{0 \sim 14\text{세 인구}}{15 \sim 64\text{세 인구}} \times 100$

3) 노년부양비 $= \dfrac{65\text{세 이상 인구}}{15 \sim 64\text{세 인구}} \times 100$

4) 노령화지수 $= \dfrac{65\text{세 이상 인구}}{0 \sim 14\text{세 인구}} \times 100$

1. A지역과 C지역의 노령화지수는 같다. (O, X)

2. A지역의 15~64세인구는 3,000명이다. (O, X)

3. 15~64세인구의 비중이 가장 높은 지역은 B지역이다. (O, X)

▶ 자료통역사의 관점 적용하기

   총부양비 = 노년부양비 + 유년부양비로 구성되므로 노년부양비 = 총부양비 - 유년부양비이다.

1. (O)

   노령화지수 $= \dfrac{\text{노년}}{\text{유년}} \propto \dfrac{\text{노년} + \text{유년}}{\text{유년}} = \dfrac{\text{총부양비}}{\text{유년부양비}}$ (※ 비중에서 배운 case.4)

   A지역$\left(\dfrac{60}{30}\right)$과 C지역$\left(\dfrac{40}{20}\right)$은 같다.

2. (X)

   총부양비 $= \dfrac{\text{유년} + \text{노년}}{\text{생산가능}} = \dfrac{60}{100}$ (※전체인구 = 유년 + 생산가능 + 노년)

   전체에서 생산가능은 $\dfrac{100}{160} = \dfrac{5}{8}$ 이므로 A지역의 15~64세 인구는 2,500명이다.

   (※ 전체 인구를 8덩이로 생각했을 때, 그중에 5덩이이므로)

3. (O)

   총부양비 $= \dfrac{\text{유년} + \text{노년}}{\text{생산가능}} \propto \dfrac{\text{전체인구}}{\text{생산가능}}$ 이므로

   총부양비가 가장 낮은 지역(B지역)이 15~64세 인구 비중이 가장 높다.

정답 (O, X, O)

문 10. (민 12-20)

다음 〈그림〉은 2011년 어느 회사 사원 A ~ C의 매출에 관한 자료이다.2011년 4사분기의 매출액이 큰 사원부터 나열하면?

① 자료 파악
　사원 매출액

〈그림 1〉 2011년 1사분기의 사원별 매출액

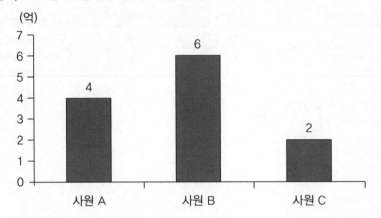

〈그림 2〉 2011년 2 ~ 4사분기 사원별 매출액 증감계수

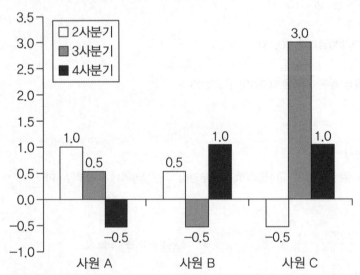

※ 해당 사분기 매출액 증감계수

$$= \frac{\text{해당 사분기 매출액 } - \text{ 직전 사분기 매출액}}{\text{직전 사분기 매출액}}$$

① A, B, C 　　　　② A, C, B 　　　　③ B, A, C

④ B, C, A 　　　　⑤ C, A, B

▶ 자료통역사의 관점 적용하기

$$\frac{해당\ 사분기\ 매출액\ -\ 직전\ 사분기\ 매출액}{직전\ 사분기\ 매출액} = \frac{B-A}{A}의\ 형태$$

즉, 증가율이다.

지식을 포섭하여 변환하면 $\frac{현재(현재\ 분기)}{과거(직전\ 분기)} = 1 + 증감계수$이다.

다수의 증가율이 영향을 주기 때문에, 연속적 율율율을 생각하자.

사원 A의 경우 4×(1+1)×(1+0.5)×(1−0.5) = 4×2×1.5×0.5 = 6 (※2×0.5 = 1이다.)

사원 B의 경우 6×(1+0.5)×(1−0.5)×(1+1) = 6×1.5×0.5×2 = 9

사원 C의 경우 2×(1−0.5)×(1+3)×(1+1) = 2×0.5×4×2 = 8

4사분기 매출액이 큰 순서는 B, C, A이므로 ④번이다.

정답 ④

문 11. (행 21-04)

다음 〈표〉는 2020년 12월 '갑'공장 A ~ C 제품의 생산량과 불량품수에 대한 자료이다. 이에 대한 설명으로 옳지 않은 것은?

① 자료 파악
A~C제품의 생산량과 불량품수

〈표〉 A ~ C 제품의 생산량과 불량품수

(단위: 개)

구분＼제품	A	B	C	전체
생산량	2,000	3,000	5,000	10,000
불량품수	200	300	400	900

② 선지 재구성
1. 가정형
2. 가정형
3. 가정형

※ 1) 불량률(%) = $\frac{불량품수}{생산량} \times 100$

2) 수율(%) = $\frac{생산량 - 불량품수}{생산량} \times 100$

1. 제품별 생산량 변동은 없고 불량품수가 제품별로 100%씩 증가한다면 전체 수율은 82%이다. (O, X)

2. 제품별 불량률 변동은 없고 생산량이 제품별로 100%씩 증가한다면 전체 수율은 기존과 동일하다. (O, X)

3. 제품별 불량률 변동은 없고 생산량이 제품별로 1,000개씩 증가한다면 전체 수율은 기존과 동일하다. (O, X)

▶ 자료통역사의 관점 적용하기

수율 = $\frac{생산량-불량품수}{생산량} = \frac{A-B}{A}$ → 감소율로 생각하자.

$\frac{B}{A}$ = (1-감소율)이므로 → 불량률 = (1-감소율)로 생각하자.

(※ 불량률=할인율로 포섭하는 방법도 좋다. 그 경우, 수율은 할인되고 남은 비율이 된다.)

1. (O)

불량품수가 100%씩 증가한다면 전체 불량품수는 1,800이 된다.
10,000 → 1,800이므로 82%가 감소하였으므로 수율 = 82%이다.

2. (O)

전체 수율은 (A,B,C)수율의 가중평균의 결과이다.
생산량(밑변)이 동일한 비율로 모두 증가하였다면 전체 수율은 그대로이다.

3. (X)

전체 수율은 (A,B,C)수율의 가중평균의 결과이다.
생산량(밑변)이 동일한 길이가 증가하였다면 전체 수율은 변화한다.

정답 (O, O, X)

다음 〈표〉는 산림경영단지 A ~ E의 임도 조성 현황에 관한 자료이다. 이 경우 면적이 가장 넓은 산림경영단지는?

① 자료 파악
산림경영단지에 대한
자료

〈표〉 산림경영단지 A ~ E의 임도 조성 현황

(단위: %, km, km/ha)

구분 산림경영단지	작업임도 비율	간선임도 길이	임도 밀도
A	30	70	15
B	20	40	10
C	30	35	20
D	50	20	10
E	40	60	20

※ 1) 임도 길이(km) = 작업임도 길이 + 간선임도 길이

2) 작업임도 비율(%) = $\dfrac{\text{작업임도 길이}}{\text{임도 길이}} \times 100$

3) 간선임도 비율(%) = $\dfrac{\text{간선임도 길이}}{\text{임도 길이}} \times 100$

4) 임도 밀도(km/ha) = $\dfrac{\text{임도 길이}}{\text{산림경영단지 면적}}$

① A   ② B   ③ C
④ D   ⑤ E

▶ 자료통역사의 관점 적용하기

임도 길이 = 작업임도 + 간선임도 → 전체 = A+B로 포섭하자.
작업임도 비율과 간선임도 비율은 서로 여집합 관계임.
여집합 관계를 이용하여 간선임도 비율 = 1-작업임도비율

	A	B	C	D	E
간선임도 비율	70	80	70	50	60
간선임도 길이	70	40	35	20	60
임도 길이	100	50	50	40	100

산림경영단지 면적 = $\dfrac{\text{임도 길이}}{\text{임도 밀도}}$ 이므로

면적이 가장 넓기 위해서는 임도 길이는 길고, 밀도는 낮아야 한다.

면적이 가장 넓은 산림경영단지는 A($\dfrac{100}{15}$=6.666)이다.

정답 ①

문 13. (행 09-11)

다음 〈표〉는 7개 기업의 1997년도와 2008년도의 주요 재무지표를 나타낸 자료이다.

① 자료 파악
재무지표

〈표〉 7개 기업의 1997년도와 2008년도 주요 재무지표

(단위: %)

기업 \ 재무 지표 연도	부채비율 1997	부채비율 2008	자기자본비율 1997	자기자본비율 2008	영업이익률 1997	영업이익률 2008	순이익률 1997	순이익률 2008
A	295.6	26.4	25.3	79.1	15.5	11.5	0.7	12.3
B	141.3	25.9	41.4	79.4	18.5	23.4	7.5	18.5
C	217.5	102.9	31.5	49.3	5.7	11.7	1.0	5.2
D	490.0	64.6	17.0	60.8	7.0	6.9	4.0	5.4
E	256.7	148.4	28.0	40.3	2.9	9.2	0.6	6.2
F	496.6	207.4	16.8	32.5	19.4	4.3	0.2	2.3
G	654.8	186.2	13.2	34.9	8.3	8.7	0.3	6.7
7개 기업의 산술평균	364.6	108.8	24.7	53.8	11.0	10.8	2.0	8.1

② 선지 재구성
  1. 부채구성비율이 산술
    평균보다 더 높은 기
    업 3개
  2. 가정형

※ 1) 총자산 = 부채 + 자기자본

2) 부채구성비율(%) = $\dfrac{부채}{총자산} \times 100$

3) 부채비율(%) = $\dfrac{부채}{자기자본} \times 100$

4) 자기자본비율(%) = $\dfrac{자기자본}{총자산} \times 100$

5) 영업이익률(%) = $\dfrac{영업이익}{매출액} \times 100$

6) 순이익률(%) = $\dfrac{순이익}{매출액} \times 100$

1. 1997년도 부채구성비율이 당해년도 7개 기업의 산술평균보다 높은 기업은 3개이다. (O, X)

2. 기업의 매출액이 클수록 자기자본비율이 동일한 비율로 커지는 관계에 있다고 가정하면 2008년도 순이익이 가장 많은 기업은 A이다. (O, X)

Q > 7개 기업의 산술평균
부채비율×자기자본
비율을 이용해서 구
할 수 있을까?

A > 구할 수 없다.

▶ 자료통역사의 관점 적용하기

1. (O)

총자산 = 부채+자기자본 → 전체 = A+B로 포섭하자.
부채구성비율과 자기자본비율은 서로 여집합 관계이다.
부채구성비율이 높다. → 자기자본비율이 낮다.
97년 7개 기업의 자기자본비율의 산술평균보다 낮은 기업은 D,F,G로 3개이다.

2. (X)

매출액이 클수록 자기자본비율이 크다 → 자기자본비율이 크면 매출액이 많다.
순이익 = 순이익률 × 매출액 ∝ 순이익률 × 자기자본비율
A의 순이익 ∝ 79.1×12.3, B의 순이익 ∝ 79.4×18.5이므로 A가 가장 많지 않다.

정답 (O, X)

문 14. (행 09-36)

다음 〈표〉는 성별 독서 실태와 평균 독서량을 조사한 자료이다. 도서를 연간 1권도 읽지 않은 사람을 제외한 남성 독서자와 여성 독서자의 1인당 연간 독서량은? (단, 결과는 소수점 첫째자리에서 반올림함)

① 자료 파악

  응답자 독서 실태

〈표 1〉 응답자의 연간 성별 독서 실태

(단위: %)

구분	전체	성별	
		남성	여성
0권	23.3	23.2	23.4
1~2권	9.3	9.5	9.1
3~5권	19.6	19.6	19.6
6~10권	18.7	19.4	18.0
11~15권	8.9	8.3	9.5
16권 이상	20.2	20.0	20.4
계	100.0	100.0	100.0

〈표 2〉 응답자의 성별 구성 및 평균 독서량

(단위: 명, 권)

구분	남성	여성
응답자 수	505	495
평균 독서량	8.0	10.0

※ 1) 평균 독서량은 도서를 1권도 읽지 않은 사람까지 포함한 1인당 연간 독서량을 의미함.
  2) 독서자는 1년 동안 도서를 1권 이상 읽은 사람임.

	남성 독서자	여성 독서자
①	9권	13권
②	10권	12권
③	10권	13권
④	11권	12권
⑤	11권	13권

▶ 자료통역사의 관점 적용하기

평균 독서량 = $\dfrac{\text{전체독서량}}{\text{전체인구}}$ = $\dfrac{\text{독서자 독서량 + 비독서자 독서량}}{\text{독서자 + 비독서자}}$ (※ 비독서자의 독서량 = 0권임.)

$\dfrac{C+D}{A+B}$ 의 식의 형태이므로 가중평균으로 생각하자.

부분의 넓이(밑변×높이)의 합은 전체의 넓이(밑변×높이)와 같으므로

전체 인구×전체 평균독서량 = 독서자×독서자 평균독서량 + 비독서자×0

(독서자는 전체중 비독서자(0권)을 제외한 값이므로 100%-0권의 비율이다.)

남성의 경우, 100%×8 = 76.7%(=100%-23.2%) × ? → ? = 10.4, 반올림하면 남성 = 10권

여성의 경우, 100%×10 = 76.6%(=100%-23.4%) × ? → ? = 13.1, 반올림하면 여성 = 13권

정답 ③

문 15. (입 18-08)

다음 〈표〉는 2013년부터 2016년까지의 A병원 재무정보이다. 이에 대한 설명 중 옳지 않은 것은?

〈표〉 A병원의 재무상태표

(단위: 억원)

구분		2013년	2014년	2015년	2016년
자산총계		22,000	22,500	26,000	27,000
	유동자산	3,000	3,500	5,000	5,500
	비유동자산	19,000	19,000	21,000	21,500
부채총계		10,000	11,000	15,000	16,000
	유동부채	3,000	3,000	4,000	4,000
	비유동부채	4,000	5,000	6,000	7,000
	고유목적사업준비금	3,000	3,000	5,000	5,000
자본총계		12,000	11,500	11,000	11,000

※ 1) 유동비율(%) $= \dfrac{\text{유동자산}}{\text{유동부채}} \times 100$

2) 자기자본비율(%) $= \dfrac{\text{자본총계}}{\text{자산총계}} \times 100$

3) 수정자기자본비율(%) $= \dfrac{\text{자본총계} + \text{고유목적사업준비금}}{\text{자산총계}} \times 100$

4) 부채비율(%) $= \dfrac{\text{부채총계}}{\text{자본총계}} \times 100$

5) 수정부채비율(%) $= \dfrac{\text{부채총계} - \text{고유목적사업준비금}}{\text{자본총계} + \text{고유목적사업준비금}} \times 100$

6) 단, 제시된 연도만을 고려함.

1. A병원의 수정부채비율이 50% 미만인 연도는 없다. (O, X)

① 자료 파악
   재무상태

② 선지 재구성
   1. 수정부채비율 50% 미만인 연도는 없다.

Q 〉 고유목적사업준비금의 여집합은 무엇인가?

A 〉 유동부채 + 비유동부채

▶ 자료통역사의 관점 적용하기

1. (X)

수정부채비율의 경우 $\dfrac{C+D}{A+B}$ 식의 형태이므로 가중평균으로 생각하자.

50%를 기준으로 부채비율($\dfrac{\text{부채총계}}{\text{자본총계}}$)이 $-1(\dfrac{-\text{고목사}}{\text{고목사}})$을 채워준다고 생각하자.

2013년 넘치는 넓이 $= (\dfrac{10,000}{12,000} - 50\%) \times 12,000$ 부족한 넓이 $= -1.5(=-1-50\%) \times 3,000$

$\dfrac{10,000}{12,000} = \dfrac{5}{6} = 83.33$이므로 넘치는 넓이가 부족한 넓이보다 작다.

(※ 연습을 위해서, 다른 연도도 확인해보자.)

정답 (X)

다음 〈표〉는 고속도로 입지 선정을 위한 후보지별 사업성 평가 점수이다. 고속도로 입지 선정 우선순위가 〈후보지 사업성 가중표준지수 산정규칙〉에 따라 결정될 때, 우선순위가 2위와 4위인 후보지를 바르게 짝지은 것은?

① 자료 파악
   사업성 평가점수

〈표〉 후보지별 고속도로 사업성 평가점수

(단위: 점)

후보지 \ 평가항목	경제성	사업안정도	지역낙후도
A	85	60	75
B	95	60	80
C	75	70	85
D	75	80	85
E	95	80	75
평균	85	70	80
범위	20	20	10

※ 가중표준지수가 높을수록 고속도로 입지 후보지 우선순위가 높음.

┌─────── 〈후보지 사업성 가중표준지수 산정규칙〉 ───────┐

• 각 후보지의 개별 평가항목에 대한 표준지수 = $\dfrac{\text{평가점수} - \text{평균}}{\text{범위}}$

• 후보지별 가중표준지수 = (0.4 × 경제성 표준지수) + (0.4 × 사업안정도 표준지수) + (0.2 × 지역낙후도 표준지수)

└──┘

	2위	4위
①	D	A
②	D	B
③	D	C
④	E	A
⑤	E	B

▶ 자료통역사의 관점 적용하기

평가항목별 범위와 가중치를 확인해보면

	경제성	사업안정도	지역낙후도
범위	20	20	10
가중치	0.4	0.4	0.2

$\dfrac{\text{가중치}}{\text{범위}}$의 크기가 모두 동일하다. 즉, 공통이므로 무시하자. 표준지수 $\propto \sum$ (평가점수-평균)인데, 이 중 평균 또한 공통이므로 무시하자. 즉, 표준지수 $\propto \sum$ (평가점수)이다.

평가점수의 합이 높은 순서대로 나열하면 E, D, B, C, A이다. 따라서 2위 = D 4위 = C이다.

정답 ③

문 17. (행 14~10)

다음 〈표〉는 '갑' 아파트 '가' 세대의 관리비 부과내역, 전기, 수도, 온수 사용량과 세대별 일반관리비 산출근거를 나타낸 자료이다. 이에 대한 설명으로 옳지 않은 것은?

〈표 1〉 2013년 8월, 9월 '가' 세대의 관리비 상세 부과내역

(단위: 원)

항목	8월	9월
전기료	93,618	52,409
수도료	17,595	27,866
일반관리비	33,831	36,187
경비비	30,760	33,467
장기수선충당금	20,502	20,502
급탕비	15,816	50,337
청소비	11,485	12,220
기타	18,413	17,472
합계	242,020	250,460

〈표 2〉 세대별 관리비 상세 부과내역 중 일반관리비 산출근거 자료

세대유형	세대별 면적(m^2)	세대 수	세대유형총 면적 (m^2)
A	76.3	390	( )
B	94.9	90	( )
C	104.8	210	( )
D	118.9	90	10,701
E	146.4	180	( )
합계	–	960	97,359

※ 1) 세대유형 총 면적(m^2) = (해당 세대유형)세대별 면적 × (해당 세대유형)세대 수

2) 단위면적당 일반관리비(원/m^2) = $\dfrac{\text{아파트일반관리비 총액}}{\text{세대유형 총 면적의 합계}}$

3) 세대별 일반관리비(원) = 단위면적당 일반관리비 × 세대별 면적

4) 세대별 면적은 소수점 아래 둘째 자리에서 반올림함.

1. 2013년 9월 '갑' 아파트 일반관리비 총액이 24,065,198원이면 '가' 세대의 세대 유형은 D 이다. (O, X)

2. C의 세대유형 총 면적은 세대유형 총 면적의 합계의 25% 이하이다. (O, X)

① 자료 파악
  세대의 관리비

② 선지 재구성
  1. 가정형
  2. C의 면적 25% 이하인가?

Q 〉 '단위면적당'은 어떤 의미일까?

● 자료통역사의 관점 적용하기

1. (X)

세대별 일반관리비 = 단위면적당 일반관리비 × 세대별 면적 (※ 각주 2를 대입하자.)

→ 세대별 일반관리비 = $\dfrac{\text{아파트일반관리비 총액}}{\text{세대유형 총 면적의 합계}}$ × 세대별 면적

→ $\dfrac{\text{세대별 일반관리비}}{\text{아파트일반관리비 총액}} = \dfrac{\text{세대별 면적}}{\text{세대유형 총 면적의 합계}}$

→ 즉, 전체면적에서 세대가 차지하는 면적(비중)과 관리비에서 차지하는 비중이 같다.

표 2에 의하여 전체 면적은 97,359이고, 표 1에 의하여 '가'세대의 일반관리비 36,187원이다.

전체 일반관리비 총액이 24,065,198에서 36,187은 0.15%를 차지하므로

'가'세대의 면적은 '갑'아파트의 전체 면적(97,359)에서 0.15% 정도를 차지해야한다.

따라서 약 150의 면적을 차지하는 세대유형 E가 '가'세대이다.

2. (O)

C세대 유형의 총면적은 105×210, 210에서 5% 정도 증가하였으므로 22,000이다.

$\dfrac{22,000}{97,359}$ 이므로 25% 이하이다.

정답 (X, O)

문 18. (행 19~34)

다음 〈표〉는 3D기술 분야 특허등록건수 상위 10개국의 국가별 영향력지수와 기술력지수를 나타낸 자료이다. 이에 대한 〈보기〉의 설명 중 옳은 것만을 모두 고르면?

① 자료 파악
3D기술 분야 특허 관련 자료

〈표〉 3D기술 분야 특허등록건수 상위 10개국의 국가별 영향력지수와 기술력지수

국가 ＼ 구분	특허등록 건수(건)	영향력지수	기술력지수
미국	500	( )	600.0
일본	269	1.0	269.0
독일	( )	0.6	45.0
한국	59	0.3	17.7
네덜란드	( )	0.8	24.0
캐나다	22	( )	30.8
이스라엘	( )	0.6	10.2
태국	14	0.1	1.4
프랑스	( )	0.3	3.9
핀란드	9	0.7	6.3

② 선지 재구성
1. 영향력지수 캐나다가 미국보다 커?
2. 한국 피인용건수 3등이야?

※ 1) 해당국가의 기술력지수 = 해당국가의 특허등록건수 × 해당국가의 영향력지수

2) 해당국가의 영향력지수 = $\dfrac{\text{해당국가의 피인용비}}{\text{전세계 피인용비}}$

3) 해당국가의 피인용비 = $\dfrac{\text{해당국가의 특허피인용건수}}{\text{해당국가의 특허등록건수}}$

4) 3D기술 분야의 전세계 피인용비는 10임.

1. 캐나다의 영향력지수는 미국의 영향력지수보다 크다. (O, X)

2. 특허등록건수 상위 10개국 중 한국의 특허피인용건수는 네 번째로 많다. (O, X)

▶ 자료통역사의 관점 적용하기

공식에서 주어진 정보 = 특허등록건수, 영향력지수, 기술력지수
공식에서 미지수 = 해당국가 피인용비, 전세계 피인용비, 해당국가 특허피인용건수
각주4에 의하여 전세계 피인용비 = 10이다.
각주 2에 각주 3을 대입 (해당국가 피인용비), 전세계 피인용비에 10을 대입

해당국가의 영향력지수 = $\dfrac{1}{10} \times \dfrac{\text{해당국가의 특허피인용건수}}{\text{해당국가의 특허등록건수}}$

미지수인 해당국가 특허피인용 건수를 기준으로 정리하면 (※ 분모의 10과 해당국가 특허등록건수를 좌변으로 이항)
해당국가의 특허피인용건수 = 10 × 해당국가의 영향력지수 × 해당국가의 특허등록건수
　　　　　　　　　　　　　= 10 × 해당국가의 기술력지수

1. (O)

영향력지수를 기준으로 식을 정리하면(※ 각주1에서 특허등록건수를 좌변으로 이항)
영향력지수 = $\dfrac{\text{기술력지수}}{\text{특허등록건수}}$ 캐나다($\dfrac{30.8}{22}$)가 미국($\dfrac{600}{500}$=1.2)보다 크다.
(※ 캐나다의 정확한 크기는 몰라도, 미국의 1.2보다 크다는 것은 쉽게 알 수 있다.)

2. (X)

해당국가의 특허피인용건수 = 10 × 해당국가의 기술력지수이므로 한국의 특허피인용건수가 네 번째로 많다면 기술력지수도 4번째로 커야한다. 그러나 한국의 기술력지수보다 큰 국가는 3개보다 많다.

정답 (O, X)

3 가시성

❶ 가시성이란?

가시성이란 〈그림〉으로 주어진 자료가 제공하는 또 하나의 추가정보이다.

가시성을 이용하면 실제 값의 크기를 계산하지 않고, 눈짐작으로 어림셈을 할 수 있다. 비록 정확한 값을 알려 주지는 않지만 자료해석에서 요구하는 '비교'를 위한 용도로써는 훌륭한 요소이다.

가시성이 무엇인지 알아보기 위해서 같이 아래의 문제를 풀어보자.

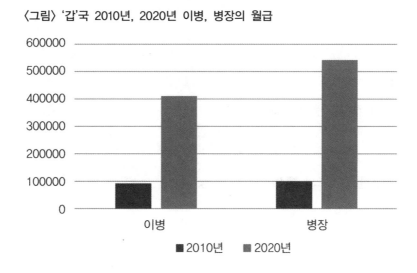

〈그림〉 '갑'국 2010년, 2020년 이병, 병장의 월급

Q. 2010년 대비 2020년 월급의 증가율은 이병과 병장 중 더 클까?

위 Q를 해결하기 위해 주어진 〈그림〉을 확인하였는데 주어진 숫자값이 없어 당황하였는가?
하지만 왠지 병장의 임금이 더 많이 증가하지 않았을까? 하는 생각이 내심 들지 않는가?
또는, 왠지 그럴 거 같은데, 확신은 못하고 있을 수도 있다.
그 왠지 모를 '추측'을 이용하는 것이 가시성이다.

하지만 '추측'으로만 접근한다면 문제가 발생 할 수 있다.
추측을 확신으로 바꾸기 위해 같이 가시성의 종류와 사용방법을 배우자.

❷ 가시성 미리보기

〈그림〉 자료에서 사용할 수 있는 가시성 요소는 아래와 같다.

㉠ 막대그래프와 꺾은선 그래프

- 차이값 비교
- 분수값 비교

㉡ x–y평면

- 기준선 (차이값)
- 기울기
- 넓이

㉢ 원형 그래프

- 넓이와 호의 길이를 통한 비교

㉣ 순서도

- 결론을 이용한 순서도의 해석

1) 막대와 꺾은선

❶ 막대와 꺾은선의 가시성이란?

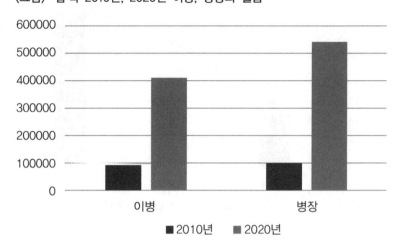

〈그림〉 '갑'국 2010년, 2020년 이병, 병장의 월급

Q. 2010년 대비 2020년 월급의 증가율은 이병과 병장 중 더 클까?

하지만 왠지 병장의 임금이 더 많이 증가한 것 같은데, 라는 추측을 같이 확신으로 만들어보자.

확신으로 만들기 위해서 알아야한 것은 어느 경우에 가시성을 사용 할 수 있는지를 알아야 한다.

막대 또는 꺾은선에서 비교에 활용 가능한 가시성은 2가지이다.

㉠ 차이값 또는 폭폭폭 (B–A)

㉡ 분수값 또는 율율율 ($\frac{B}{A}$)

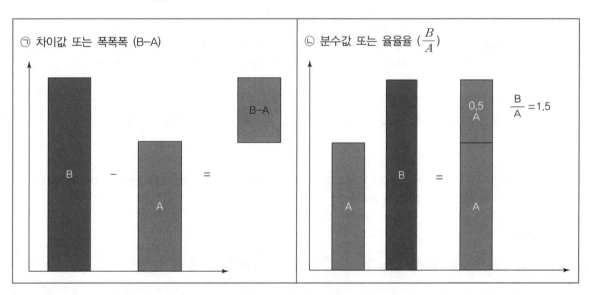

※ 주의 사항

• 가시성은 비교를 위한 용도이지 실제 크기를 파악하기 위한 용도는 아니다.

• 차이값 또는 폭폭폭의 경우, 축이 다른 경우에 사용할 수 없다.

• 분수값 또는 율율율의 경우, 축이 생략된 경우나 증가가 균일하지 않은 경우 사용할 수 없다.

❷ 대표문제 같이 풀어보기

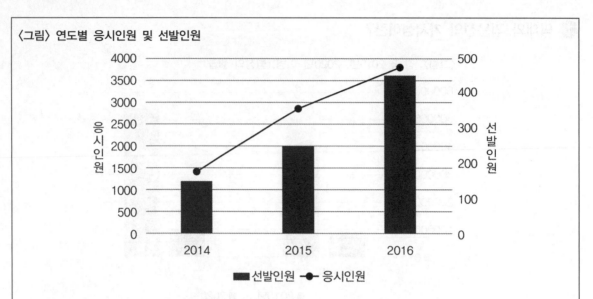

〈그림〉 연도별 응시인원 및 선발인원

1. 2015년 전년대비 증가율은 응시인원이 선발인원보다 크다. (O, X)
2. 선발인원의 전년대비 증가폭은 2016년이 가장 크다. (O, X)
3. 선발인원과 응시인원의 차이값은 2015년이 가장 크다. (O, X)
4. 선발인원 대비 응시인원은 2015년이 가장 크다. (O, X)

◉ 자료통역사의 관점 적용하기

1. (O)

증가율에 대한 배수비교법은 $\frac{\text{현재값}}{\text{과거값}}$으로 구성된다. ($\frac{B}{A}$ 이므로 가시적 접근)

응시인원의 경우 2015년 안에 2014년이 2개 정도 들어갈 것 같고, 선발인원의 경우 2015년 안에 2014년이 2개가 못 들어가므로, 응시인원의 증가율이 더 크다. (※ 실제 증가율의 크기는 정확하게 알 수 없다.)

2. (O)

선발인원의 경우 축의 크기가 동일하므로, 가시적으로 더 많이 커진 2016년의 증가폭이 더 크다.

3. (X)

선발인원과 응시인원의 축의 크기가 다르므로 가시적으로 비교할 수 없다. 2015년의 경우 3000-250, 2016년의 경우 3500-500 이므로 2016년이 더 크다.

4. (O)

선발인원 대비 응시인원은 $\frac{\text{응시인원}}{\text{선발인원}}$으로 구성된다. ($\frac{B}{A}$ 이므로 가시적 접근)

2015년의 경우 응시인원안에 선발인원 막대가 1.3개정도는 들어갈 것 같은데, 다른 연도는 그러지 못하므로, 2015년이 가장 크다.

❸ 기출문제와 제작문제에 관점 적용해보기

문 1. (행 17-22)

다음 〈그림〉은 2012 ~ 2015년 '갑'국 기업의 남성육아휴직제 시행 현황에 관한 자료이다. 이에 대한 설명으로 옳은 것은?

① 자료 파악
   남성 육아 휴직제

〈그림〉 남성육아휴직제 시행기업수 및 참여직원수

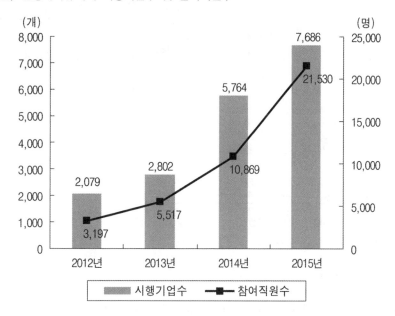

② 선지 재구성
  1. 시행기업당 참여직 원수 15년이 가장 커?
  2. 13년 대비 15년 증 가율 시행기업이 참여직원 보다 커?

1. 시행기업당 참여직원수가 가장 많은 해는 2015년이다. (O, X)

2. 2013년 대비 2015년 시행기업수의 증가율은 참여직원수의 증가율보다 높다. (O, X)

Q ▷ 보기 2를 해결 할 때, 가시성을 다른 방법 으로 이용 할 순 없을까?

▶ 자료통역사의 관점 적용하기

1. (O)

시행기업당 참여직원수 = $\dfrac{참여직원수}{시행기업당}$ → 막대그래프 안에서의 ■위치

2015년이 막대그래프 안에서 ■의 위치가 비율적으로 가장 높으므로 2015년이 가장 크다.

2. (X)

증가율에 대한 비교는 배수비교법($\dfrac{현재값}{과거값}$)으로 가능하다. 따라서 가시적으로 접근하자.

시행기업수는 2015년 안에 2013년이 2~3개가 들어가는 반면,
참여직원수는 2015년 안에 2013년이 3~4개가 들어간다.
시행기업수의 증가율이 참여직원수 보다 낮다.

정답 (O, X)

문 2. (행 15-09)

다음 〈표〉와 〈그림〉은 2008 ～ 2011년 연도별 노인돌봄종합서비스 이용 및 매출 현황을 나타낸 자료이다. 이에 대한 설명으로 옳지 않은 것은?

〈그림〉 연도별 전국 노인돌봄종합서비스 매출 현황

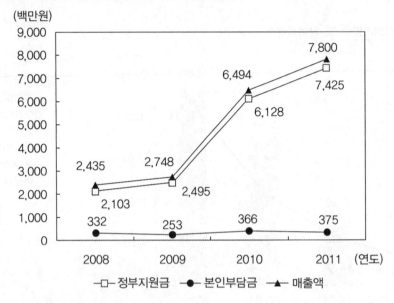

※ 매출액 = 정부지원금 + 본인부담금

1. 전국 노인돌봄종합서비스 매출액에서 본인부담금이 차지하는 비중은 매년 감소하였다.
(O, X)

① 자료 파악
   노인돌봄종합서비스
   매출

② 선지 재구성
   본인부담금 비율 매년
   감소해?

Q > 본인 부담금이 가시
    적으로 잘 보이지 않
    는다면 어떻게 해야
    할까?

A > 여집합을 이용해
    본다.

▶ 자료통역사의 관점 적용하기

1. (O)

전체에서 본인부담금이 차지하는 비중 = $\dfrac{본인부담금}{매출액}$

가시적으로 매년 매출액에서 본인부담금이 위치하고 있는 비율이 감소하였다.

정답 (O)

문 3. (행 19-19)

다음 〈그림〉과 〈표〉는 '갑'국의 재생에너지 생산 현황에 관한 자료이다. 이에 대한 〈보기〉의 설명 중 옳은 것만을 모두 고르면?

① 자료 파악
   재생 에너지 생산량

〈그림〉 2011 ~ 2018년 재생에너지 생산량

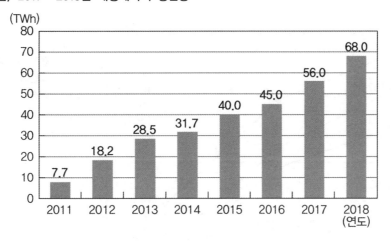

② 선지 재구성
   생산량 매년 10%
   이상 증가했어?

1. 2012 ~ 2018년 재생에너지 생산량은 매년 전년대비 10% 이상 증가하였다. (O, X)

Q〉 특정값과의 비교 시 가
   시성은 어떤 용도로
   사용 될 수 있을까?

▶ 자료통역사의 관점 적용하기

1. (O)

가시성을 통해서는 증가율의 정확한 크기를 구할 수 없으므로 막대그래프에 적혀있는 값을 이용하자.
10%가 안될 것 같은 연도를 위주로 확인해야 계산량을 줄일 수 있다.
증가율이 가장 작을 것 같은 연도는 2014년이므로 2014년의 증가율을 확인하자.

확인법에 의하여 $\frac{317}{285} = \frac{330-13}{300-15} > 1.1$이므로 매년 10% 이상 증가하였다.

정답 (O)

문 4. (민19-14)

다음 〈그림〉은 한국, 일본, 미국, 벨기에의 2010년, 2015년, 2020년 자동차 온실가스 배출량 기준에 관한 자료이다. 〈그림〉에 대한 설명 중 옳은 것은?

① 자료 파악
자동차 온실가스
배출량

〈그림〉 자동차 온실가스 배출량 기준

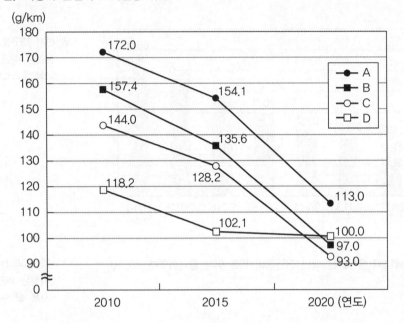

② 선지 재구성
10년대비 20년 감소율
가장 높은 국가 B야?

1. 2010년 대비 2020년 자동차 온실가스 배출량 기준 감소율이 가장 높은 국가는 B국이다.

(O, X)

Q ⟩ 축의 생략이 없다면
감소율은 가시적으로
어떻게 비교해야
할까?

A ⟩ 배수비교법

Q ⟩ 가시성을 이용 할 방
법은 없는가?

A ⟩ 폭을 이용하면 된다.

▶ 자료통역사의 관점 적용하기

1. (O)

축에 생략 구간이 있으므로 가시성(분수값 또는 율율율)을 이용 할 수 없다.

감소율의 정의($\frac{감소폭}{과거값}$)에 의하여, 감소율이 더 높기 위해서는, 감소폭이 더 크거나, 과거값이 더 작아야 한다.

축에 생략이 있더라도, 가시성(차이값과 폭폭폭)은 이용 가능하다.

A, B, C의 차이값이 가시적으로 유사해 보인다.

즉, B보다 과거값이 더 작은 C와 비교해보자. (비교이므로 배수비교법)

$B(\blacksquare) = \frac{135.6}{97}$, $C(\circ) = \frac{128.2}{93}$

기울기 테크닉을 이용하면 $\frac{135.6 - 128.2}{97 - 93} = \frac{7.4}{4}$,

C의 기울기보다 더 큰 기울기로 나갔으므로 B의 기울기가 C의 기울기 보다 크다.

정답 (O)

2) x-y기준선

1 x-y기준선이란?

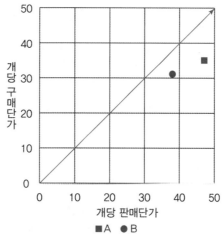

개
당
구
매
단
가

개당 판매단가

■ A ● B

※ 개당 판매이익 = 개당 판매단가 - 개당 구매단가

Q. 어떤 물건을 판매할 때, 개당 판매이익이 클까?

주어진 식에 개당 판매단가와 구매단가를 직접 대입하여 풀려고 했는데, 그 값이 존재하지 않아서 당황하였는가? 이럴땐, 어떻게 해결해야할까?

주어진 1개당 판매이익에 대한 식을 살펴보면 개당 판매단가 - 개당 구매단가로 구성됐으며, 판매단가는 x, 구매단가는 y이므로 각각의 기호를 x와 y로 변경하면 개당 판매이익 = x-y로 구성된다.

자료에 그어진 파란색 선은 개당 판매이익이 0원이 되는 선이다. 해당 선을 기준선이라고 하자.

정확한 값을 알 순 없지만, 해당 기준선에서 물건 A와 물건 B가 떨어진 거리를 확인해보면 A가 더 많이 떨어져 있는 것이 보일 것이다. 그것을 통하여 A의 개당 판매이익이 더 크다.

하지만 단순히 감각적으로만 접근한다면 문제가 발생 할 수 있다.

그러므로 우리는 이것을 확신으로 만들기 위해, 기준선과 점 사이의 거리를 파악하는 방법을 배워보자.

2 기준선과 점 사이의 거리

첫 번째로 기준선과 점사이의 거리를 파악하는 방법은, 기준선에서 점과의 거리가 얼마인지 측정하는 방법이다.

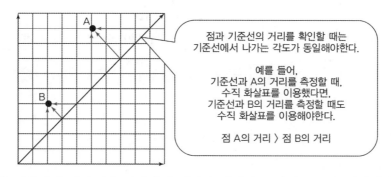

점과 기준선의 거리를 확인할 때는
기준선에서 나가는 각도가 동일해야한다.

예를 들어,
기준선과 A의 거리를 측정할 때,
수직 화살표를 이용했다면,
기준선과 B의 거리를 측정할 때도
수직 화살표를 이용해야한다.

점 A의 거리 〉 점 B의 거리

※ 기준선을 평행 이동하며 기준선과 점사이의 거리를 파악하는 방법도 좋은 방법이다.

❸ 대표문제 같이 풀어보기

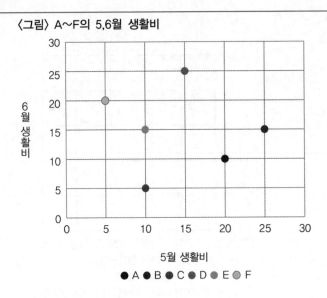

〈그림〉 A~F의 5,6월 생활비

● A ● B ● C ● D ● E ● F

1. 생활비가 5월에 비하여 6월에 가장 많이 증가한 사람은 F이다. (O, X)

▶ 자료통역사의 관점 적용하기

1. (O)

6월 생활비 증가액 = 6월 생활비 − 5월 생활비 → A = Y−X → Y=X+A (A↑ = 좌상향)

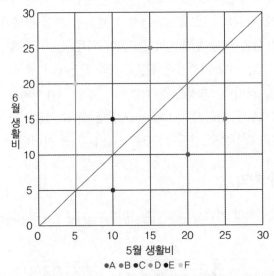

● A ● B ● C ● D ● E ● F

F의 거리가 기준선으로부터 가장 멀리 떨어져 있으므로 가장 많이 증가한 사람은 F이다.

❹ 기출문제와 제작문제에 관점 적용해보기

문 1. (5급 14-30)

다음 〈그림〉은 2000 ~ 2009년 A국의 수출입액 현황을 나타낸 자료이다. 이에 대한 설명으로 옳지 않은 것은?

① 자료 파악
　수출입액 현황

〈그림〉 A국의 수출입액 현황 (2000 ~ 2009년)

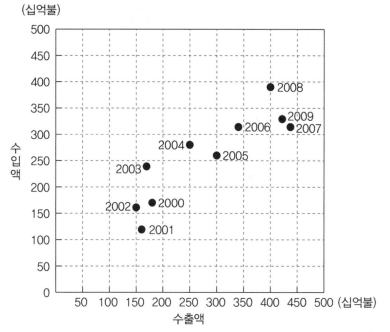

※ 1) 무역규모 = 수출액 + 수입액
　　2) 무역수지 = 수출액 − 수입액

② 선지 재구성
　1. 무역규모 가장 큰 해,
　　작은 해 언제야?
　2. 적자폭, 흑자폭 가장
　　큰 해 언제야?

1. 무역규모가 가장 큰 해는 2008년이고, 가장 작은 해는 2001년이다. (O, X)

2. 무역수지 적자폭이 가장 큰 해는 2003년이며, 흑자폭이 가장 큰 해는 2007년이다.

(O, X)

Q ▷ 함수식을 만드는 것
　　이 어렵다면 어떤
　　식으로 접근하는 것
　　이 좋을까?

A ▷ 점을 2개 찍는다.

● 자료통역사의 관점 적용하기

1. (O)

　무역규모 = X+Y → Y=−X+A
　무역규모가 크다 = A가 크다 = 우상향 → 2008년
　무역규모가 작다 = A가 작다 = 좌하향 → 2001년

2. (O)

　무역수지 = X−Y → Y=X−A
　무역수지가 적자다 = A가 크다 = 좌상향 → 2003년
　무역수지가 흑자다 = A가 작다 = 우하향 → 2007년

정답 (O, X)

문 2. (행 15-37)

다음 〈그림〉은 A산림경영구의 벌채 예정 수종 현황에 대한 자료이다.

① 자료 파악
벌채 예정 수종 현황

〈그림〉 A산림경영구의 벌채 예정 수종 현황

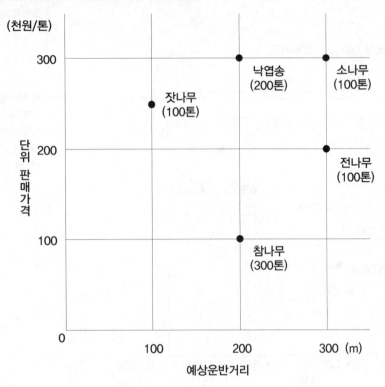

※ (   )안의 숫자는 벌채예정량을 나타냄.

② 선지 재구성
1. 잣나무, 낙엽송 벌채가능?
2. 소나무 벌채예정량 2배 되면 벌채가능?
3. 가정형 끊어서 해석하자.

─〈수종별 벌채 가능 판단기준〉─
• 예상이익금이 0원을 초과하면 벌채 가능하다.
• 예상이익금(천원) = 벌채예정량(톤) × 단위 판매가격(천원/톤) − 예상운반비(천원)
• 예상운반비(천원) = 벌채예정량(톤) × 예상운반거리(m) × 운반비 단가(천원/(톤·m))
• 운반비 단가는 1천원/(톤·m) 이다.

Q ▶ 판단기준의 단위조절시 어려움이 있었는가?
왜 어려웠는가?

1. 벌채 가능한 수종은 잣나무, 낙엽송뿐이다. (O, X)

2. 소나무의 경우 벌채예정량이 2배가 되면 벌채 가능하다. (O, X)

3. 운반비 단가가 2천원/(톤·m)이라면 벌채 가능한 수종은 잣나무뿐이다. (O, X)

● 자료통역사의 관점 적용하기

예상이익금 = 벌채 예정량 × Y − 벌채 예정량 × X × 1

→ 예상이익금 = 벌채 예정량 (Y−X)

예상이익금이 0원을 초과시 벌채가능하다. → Y−X 〉 0이면 벌채 가능하다.

→ Y−X 〉 0 → Y 〉 X → Y=X의 좌상향에 위치한 수종만 벌채 가능하다.

1. (O)

Y=X보다 좌상향에 위치한 수정은 잣나무와 낙엽송뿐이다.

2. (X)

벌채예정량은 예상이익금과 아무 관련이 없다.

3. (O)

운반비 단가가 2천원/(톤·m)이 되면 Y−2X 〉 0 이상인 수종만 벌채 가능하므로

Y=2X의 좌상향에 위치한 수종만 벌채 가능하므로 잣나무 뿐이다.

정답 (O, X, O)

3) x-y기울기

❶ x-y기울기란?

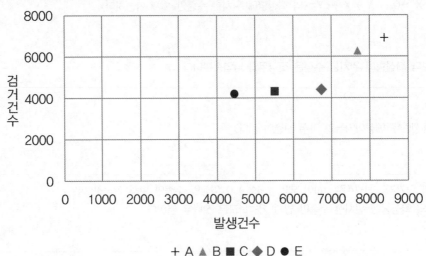

〈그림〉 범죄 A~E의 검거건수 및 발생건수

$$※ \ 검거율 = \frac{검거건수}{발생건수}$$

Q. 위의 범죄중 검거율이 가장 높은 범죄는 무엇일까?

검거율을 구하기 위해서 주어진 좌표의 x값(=발생건수)과 y값(=검거건수)를 모두 분수식에 넣어서 계산하였는가? 혹시 배우고 있는 유형이 '가시성'이므로 이것을 이용할 방법이 없을까를 고민하진 않았는가? 만약 고민하였다면 가시성, 기울기에 대해서 배워보겠다.

1권의 기울기 테크닉에서 말한 것처럼, 분수는 기울기와 같다고 말하였다.

이것을 정확하게 쓰자면 $\frac{B}{A}$꼴의 분수는 x-y평면에서 x는 A만큼 y는 B만큼 움직인것과 같다.

즉, $\frac{검거건수}{발생건수}$의 실제 크기를구하는 것이 아니라,

원점(0,0)으로부터 해당 좌표까지의 기울기를 비교하므로써, 검거율을 비교할 수 있다.

만약, x-y평면에서 $\frac{y}{x}$의 크기의 크기를 비교한다면 기울기를 통하여 비교하자.

또한, $\frac{x}{y}$의 크기에 대해서 물어본다면 기울기와 반비례한다는 사실을 이용하자.

(※ 주의 사항, $\frac{y}{x}$ 또는 $\frac{x}{y}$는 단순히 분수식을 의미하는 것이 아니라, x축과 y축을 의미한다.)

❷ 기울기 이용해보기

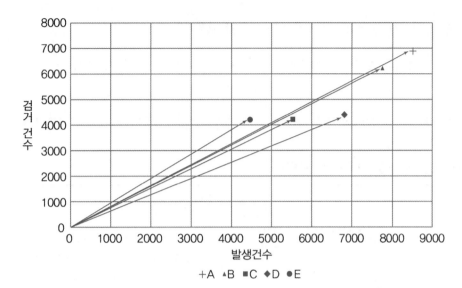

※ 검거율 = $\dfrac{검거건수}{발생건수}$

Q. 위의 범죄 중 검거율이 가장 높은 범죄는 무엇일까?

원점으로부터의 해당 점으로 선을 그려보면 위의 그림과 같다.
각각의 기울기를 확인해보면 점 E를 향해 그어진 선의 기울기가 가장 가파르다.
즉, 검거율이 가장 높은 범죄는 E이다.

❸ 원점이 생략된 경우의 기울기 크기 비교

$\dfrac{B}{A}$의 값을 기울기가 대신하기 위해서는 원점이 필요하다.

그런데, 주어진 x-y평면에서 원점(0,0)이 생략됐다면 기울기가 $\dfrac{B}{A}$를 대신해줄 수 없다.

그럴 땐, 비교하고 싶은 두 점을 연결하는 직선을 그어서 기울기의 대소를 비교하자.

㉠ x축 또는 y축을 이용하는 방법

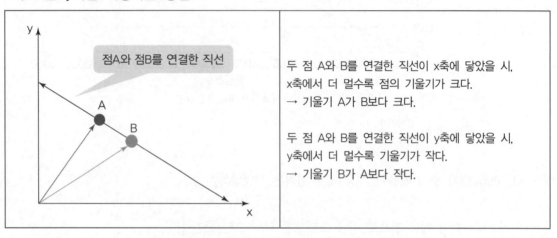

㉡ 원점에서 시작된 선을 이용하는 방법

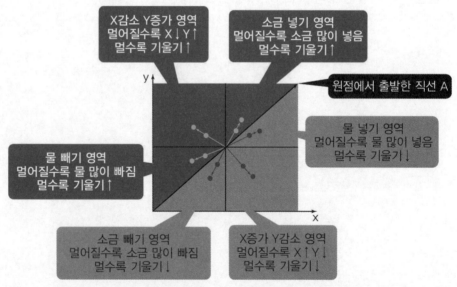

비교하고 싶은 두 점을 연결한 직선(A)과 원점에서 시작된 선을 비교하는 방법이다.
두 점을 연결한 직선과 직선 A가 닿았을시, 파란색 영역에서는 멀리 있는 점의 기울기가 더 크고,
회색 영역에서는 가까이 있는 점의 기울기가 더 작다.

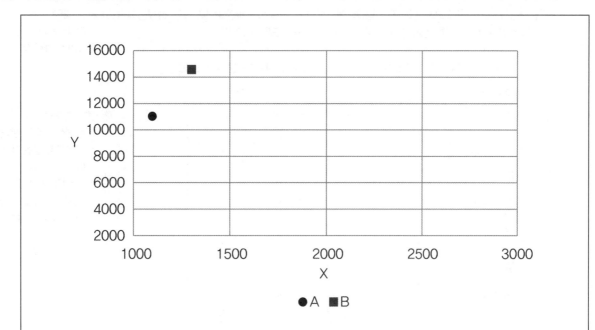

1. Y/X값은 A가 더 크다. (O, X)

▶ 자료통역사의 관점 적용하기

1. (X)

축에 생략 구간이 있으므로 원점에서 시작되는 선과의 비교를 해야한다.

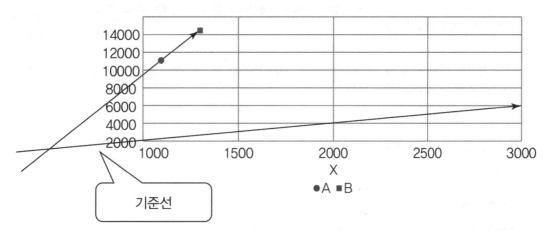

기준선

두 점을 연결한 직선(A)과 원점에서 시작된 기준선(원점을 지나는 기울기가 2인선)과 비교해보면 파란색 영역에 존재하며, B가 더 멀리 떨어져 있으므로 B의 기울기가 더 크다.

문 1. (행 18-29)

다음 〈표〉와 〈그림〉은 2015 ~ 2017년 '갑'국 철강산업의 온실가스 배출량 및 철강 생산량에 관한 자료이다. 이에 대한 〈보기〉의 설명 중 옳은 것만을 모두 고르면?

① 자료 파악
철강생산량과
온실가스 배출량

〈그림〉 업체 A ~ J의 3년 평균(2015 ~ 2017년) 철강 생산량과 온실가스 배출량

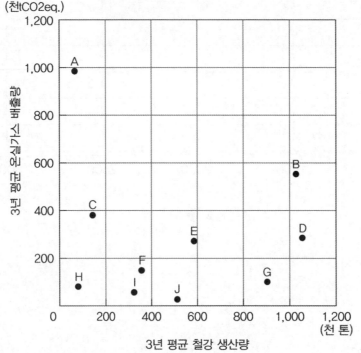

※ 온실가스 배출 효율성 = $\dfrac{\text{3년 평균 철강 생산량}}{\text{3년 평균 온실가스 배출량}}$

② 선지 재구성
1. 효율성 가장 낮은거 J고 가장 높은거 A 야?
2. D업체는 E업체보다 철강생산시 온실가스 50% 더 배출해?

1. 업체 A ~ J 중 2015 ~ 2017년의 온실가스 배출 효율성이 가장 낮은 업체는 J이고, 가장 높은 업체는 A이다. (O, X)

2. 3년 평균을 기준으로 할 때, D업체는 E업체에 비하여 철강 1톤을 생산하는 데 50% 이상의 온실가스를 더 배출하였다. (O, X)

Q 〉 선지 2.를 해결하기 위해서 기울기를 사용하는 것이 유용할까?

▶ 자료통역사의 관점 적용하기

1. (X)

배출 효율성 = $\dfrac{X}{Y}$

배출 효율성이 가장 높다 → 기울기가 가장 작다 = J
배출 효율성이 가장 낮다 → 기울기가 가장 크다 = A

2. (X)

철강 생산량 당 온실가스 배출량 = $\dfrac{Y}{X}$

D업체가 E업체보다 더 많은 온실가스를 배출 하였다고 하였는데, 기울기의 경우 D업체가 E업체보다 완만하다.

정답 (X, X)

다음 〈그림〉은 1~7월 동안 A사 주식의 이론가격과 시장가격의 관계에 대한 자료이다. 이에 대한 〈보기〉의 설명 중 옳은 것만을 모두 고르면?

〈그림〉 A사 주식의 이론가격과 시장가격의 관계

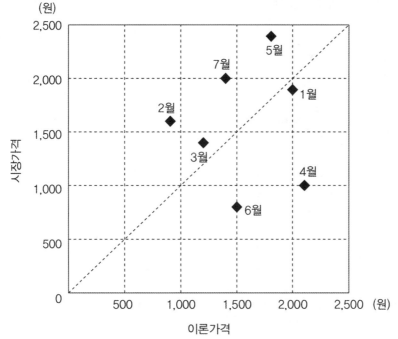

※ 해당 월 가격 괴리율(%) $= (\dfrac{\text{해당 월 시장가격} - \text{해당 월 이론가격}}{\text{해당 월 이론가격}}) \times 100$

1. 가격 괴리율이 0% 이상인 달은 4개이다. (O, X)

2. 전월대비 가격 괴리율이 증가한 달은 3개 이상이다. (O, X)

① 자료 파악
주식의 이론가격과 시장가격

② 선지 재구성
1. 가격괴리율이 0% 이상 인 달은 4개이다.
2. 전월대비 가격괴리율이 증가한 달은 3개 이상이다.

▶ 자료통역사의 관점 적용하기

가격 괴리율 $= \dfrac{B-A}{A}$ 이다. 증가율로 포섭하자.

증가율의 배수비교법에 의하여 $\dfrac{B(\text{현재})}{A(\text{과거})} = \dfrac{B(\text{시장가격} = y)}{A(\text{이론가격} = x)}$

가격괴리율은 기울기를 통하여 비교가능하다.

1. (O)

가격 괴리율이 0% 이상이다. → 증가율이 0% 이상이다.

→ $\dfrac{\text{현재}}{\text{과거}}$ 가 1 이상이다. → $\dfrac{y}{x}$ (기울기)가 1 이상이다. → 2,3,5,7 4개이다.

2. (O)

가격 괴리율이 증가하였다. → 기울기가 증가하였다. → 2월, 5월, 7월 3개이며,
1월의 전년대비에 대한 결과는 알 수 없으므로 3개 이상이다.

정답 (O, O)

문 3. (행20-34)

다음 〈그림〉은 2013 ~ 2019년 '갑'국의 건설업 재해에 관한 자료이다. 〈그림〉을 바탕으로 건설업의 재해건당 재해손실일수가 가장 큰 연도와 가장 작은 연도를 바르게 나열한 것은?

① 자료 파악
환산도수율과
환산강도율

〈그림〉 연도별 건설업의 환산도수율과 환산강도율

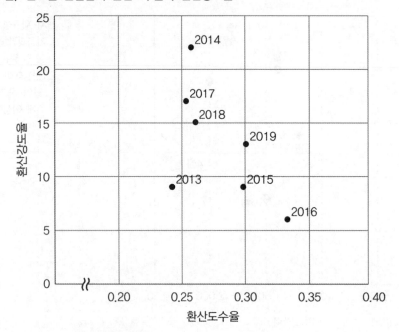

※ 1) 환산도수율 = $\dfrac{재해건수}{총\ 근로시간} \times 100,000$

　2) 환산강도율 = $\dfrac{재해손실일수}{총\ 근로시간} \times 100,000$

	가장 큰 연도	가장 작은 연도
①	2013년	2014년
②	2013년	2016년
③	2014년	2013년
④	2014년	2016년
⑤	2016년	2014년

▶ 자료통역사의 관점 적용하기

재해건당 재해손실일수 = $\dfrac{환산강도율}{환산도수율} = \dfrac{Y}{X}$

재해건당 재해손실일수가 크면 기울기가 크다.
x축에 생략 구간이 존재하지 않으므로 원점에서의 기울기는 사용 할 수 없다.
y축에 생략 구간이 존재하지 않으므로 두 점을 연결하는 직선을 그려
x축에 닿게 된다면 멀리 있는 점의 기울기가 크다.
기울기가 가장 큰 연도 = 2014년도 기울기가 가장 작은 연도 = 2016년

정답 ④

문 4. (행 16–10)

다음 〈그림〉과 〈표〉는 2000 ～ 2009년 A기업과 주요 5개 기업의 택배평균단가와 A기업 택배물량에 대한 자료이다. 이에 대한 설명으로 옳은 것은?

〈그림〉 A기업과 주요 5개 기업의 택배평균단가

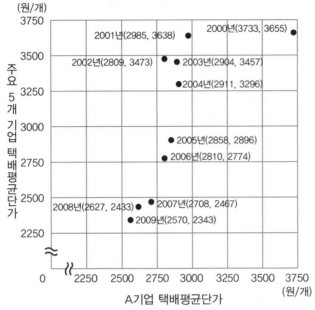

※ 1) 택배평균단가 (원/개) = $\dfrac{택배매출액}{택배물량}$

2) A기업 택배평균단가 비교지수 = $\dfrac{A기업\ 택배평균단가}{주요\ 5개\ 기업\ 택배평균단가} \times 100$

3) 주요 5개 기업에 A기업은 포함되지 않음.

4) (,) 안의 수치는 각각 A기업 택배평균단가, 주요 5개 기업 택배평균단가를 의미함.

1. 2000 ～ 2009년 동안 A기업 택배평균단가 비교지수가 가장 작은 해는 2002년이다. (O, X)

① 자료 파악
   택배 평균 단가

② 선지 재구성
   택배평균단가 비교지수 가장 작은 해 2002년 이야?

▶ 자료통역사의 관점 적용하기

1. (O)

A기업의 택배평균단가 = $\dfrac{X}{Y}$(기울기 역수)

A기업의 택배평균단가가 가장 작은해 = 기울기가 가장 큰 해 원점에서 출발한 선을 하나 그리자.

(2,250, 2,250) → (3,750, 3,750) (원점에서 출발한 기울기가 1인 선)

2002년의 점과 다른 연도의 점을 연결해서 선을 그어 보면 원점에서 출발한 선을 기준으로 2002년이 다른 연도보다 더 멀리 존재한다. (빨간 영역 → 멀어지면 멀어질수록 기울기 ↑)

즉, 2002년의 기울기가 가장 크다.

정답 (O)

4) x-y넓이

❶ x-y넓이란?

혹시 '사각형의 넓이'하면 무엇이 떠오르는가?

이제는 하도 자주 나와서 밑변 × 높이 = 넓이가 떠오르리라고 믿는다.

여기서 밑변을 x, 높이를 y라고 생각하면

사각형의 넓이를 x-y평면에 그대로 적용할 수 있다.

즉, x-y평면자료에서

x×y의 크기를 비교한다면 실제로 곱하기를 하는 것이 아니라 사각형의 넓이를 비교하면 된다.

사각형의 넓이는 앞에서 배운 사각테크닉을 생각하여 공통은 넓이는 소거하고, 차이가 나는 부분의 넓이만을 고려하자.

만약, 넓이가 같은 지점이 필요하다면 그때는 $y = \dfrac{B}{x}$의 곡선의 그리자.

(※ 넓이가 같은 지점끼리 연결하면 $B = xy$이고, 이것을 y에 대해 정리한 식이 위의 식이다.)

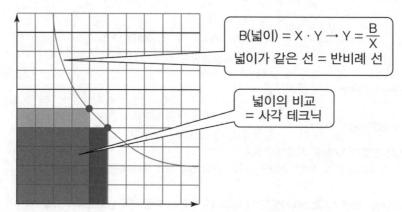

B(넓이) = X · Y → Y = $\dfrac{B}{X}$
넓이가 같은 선 = 반비례 선

넓이의 비교
= 사각 테크닉

※ 만약 축에 생략 구간이 있다면 생략된 축의 넓이 부분을 상상하여 같이 고려하자.

② 기출문제와 제작문제에 관점 적용해보기

다음 〈그림〉은 기업 A, B의 2014 ~ 2017년 에너지원단위 및 매출액 자료이다. 이에 대한 〈보기〉의 설명 중 옳은 것만을 모두 고르면?

〈그림〉 기업 A, B의 2014 ~ 2017년 에너지원단위 및 매출액

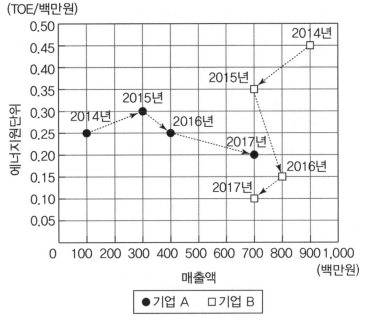

① 자료 파악
　에너지원단위 및
　매출액

② 선지 재구성
　1. A 에너지소비량
　　매년증가?
　2. 16년 에너비소비량
　　B가 A보다 커?

※ 에너지원단위(TOE/백만원) = $\dfrac{\text{에너지소비량}(TOE)}{\text{매출액}(\text{백만원})}$

1. 기업 A의 에너지소비량은 매년 증가하였다. (O, X)

2. 2016년 에너지소비량은 기업 B가 기업 A보다 많다. (O, X)

▶ 자료통역사의 관점 적용하기

에너지소비량 = 에너지원단위 × 매출액 = X × Y(넓이)

1. (O)
사각테크닉으로 바라보면 기업A의 넓이는 매년 증가한다.

2. (O)
사각테크닉으로 바라보면 2016년 기업B의 넓이가 기업 A 보다 크다.

정답 (O, O)

문 2. (민18-16)

다음 〈그림〉은 OECD 국가의 대학졸업자 취업에 관한 자료이다. A~L 국가 중 '전체 대학졸업자' 대비 '대학졸업자 중 취업자' 비율이 OECD 평균보다 높은 국가만으로 바르게 짝지어진 것은?

① 자료 파악
취업률과 경제활동
인구 비중

〈그림〉 OECD 국가의 대학졸업자 취업률 및 경제활동인구 비중

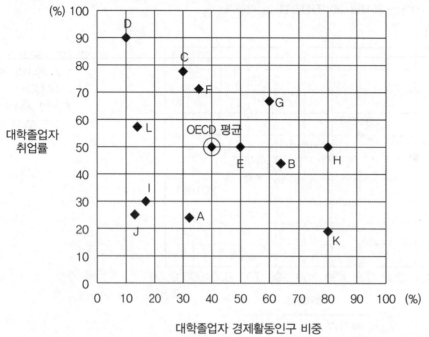

Q ▶ 쌍곡선을 그리는 것
이 어렵다면, 어떻게
풀어야할까?

※ 1) 대학졸업자 취업률(%) = $\dfrac{\text{대학졸업자 중 취업자}}{\text{대학졸업자 중 경제활동인구}} \times 100$

2) 대학졸업자의 경제활동인구 비중(%) = $\dfrac{\text{대학졸업자 중 경제활동인구}}{\text{전체 대학졸업자}} \times 100$

① A, D   ② B, C
③ D, H   ④ G, K
⑤ H, L

▶ 자료통역사의 관점 적용하기

전체 대학 졸업자 중 취업자 = 대학졸업자 취업률 × 대학졸업자중 경제활동인구 비중
OECD 평균과 넓이가 같은선 (반비례곡선)을 그리면
B, C, E, F, H만 OECD평균 넓이보다 더 크다는 것을 알 수 있다.

정답 ②

다음 〈그림〉은 5개의 A~E의 재무상태에 대한 자료이다. 다음 자료를 이용해 대기업을 자산 규모가 큰 순서대로 바르게 나열한 것은?

① 자료 파악
  재무상태

〈그림〉 5개 대기업의 재무상태

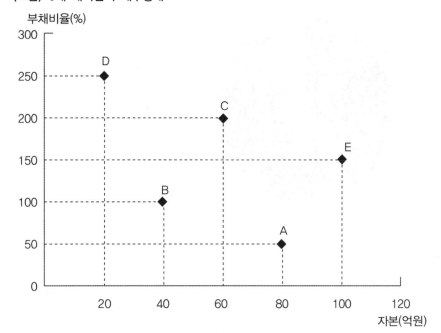

Q ❯ 만약 공식의 가공을 하지 못하여 사각형의 넓이인 것을 파악하지 못하였다면 어떤 식으로 풀어야 할까?

※ 1) 자산 = 부채 + 자본

  2) 부채비율(%) = $\dfrac{부채}{자본} \times 100$

① E - C - A - B - D
② E - A - C - D - B
③ A - E - D - B - C
④ A - B - C - D - E
⑤ B - E - A - C - D

▶ 자료통역사의 관점 적용하기

자산 = 부채 + 자본
주어진 〈그림〉에는 자본과 부채 비율뿐이므로 부채를 부채비율로 변환시키자.
→ 자산 = 자본×부채비율 + 자본 = 자본 × (부채비율+1)
자산은 자본 × (부채비율+100%)의 넓이와 같다.
E가 가장 크고, 그다음은 C가 크다.

정답 ①

5) 원형의 가시성

❶ 원형의 가시성이란?

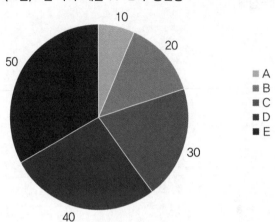

〈그림〉 '갑'사의 제품 A~E의 생산량

원그래프를 보면 무엇이 보이는가?

숫자가 클수록 차지하는 영역이 크다는 것을 볼 수 있을 것이다.

그렇다, 원그래프는 비중 또는 구성비를 표현하기 위한 그림자료이다.

앞의 비중(= $\dfrac{\text{해당값}}{\text{전체값}}$)에서 배운 것처럼 비중의 크기와 해당값은 비례한다.

즉, 원그래프에서 차지하는 넓이는 비중과 같으므로 자료의 크기와 비례한다.

(※ 참고로 원의 넓이가 크면 각도도 커지고, 호의 길이도 길어진다.)

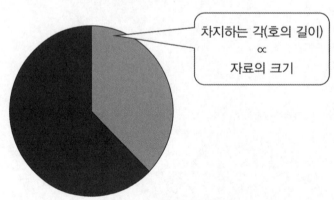

차지하는 각(호의 길이)
∝
자료의 크기

❷ 기출문제와 제작문제에 관점 적용해보기

문 1. (민14-14)

다음 〈그림〉은 2013년 전국 지역별, 월별 영상회의 개최실적에 관한 자료이다. 이에 대한 설명으로 옳지 않은 것은?

① 자료 파악
    영상회의 건수

〈그림 1〉 전국 지역별 영상회의 개최건수

(단위: 건)

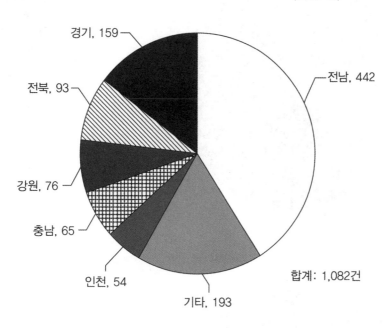

② 선지 재구성
    1. 전남이 가장 많아?
    2. 강원, 전북, 전남이
       50% 이상이야?

1. 영상회의 개최건수가 가장 많은 지역은 전남이다. (O, X)

2. 강원, 전북, 전남의 영상회의 개최건수의 합은 전국 영상회의 개최건수의 50% 이상이다.
(O, X)

▶ 자료통역사의 관점 적용하기

1. (O)
    가시적으로 확인하였을 때, 전남이 가장 큰 각도(호의 길이)를 차지하고 있다.

2. (O)
    강원,전북,전남의 각도의 합은 180°가 넘어가므로 50% 이상이다.

정답 (O, O)

문 2. (민19-14)

다음 〈그림〉은 국내 발전기에 대한 자료이다. 이에 대한 설명으로 옳은 것은?

〈그림〉 2012년 국내 발전기 총용량 및 대수

발전기 총용량

(단위: MW)

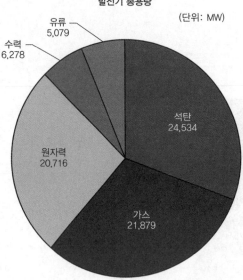

발전기 대수

(단위: 대)

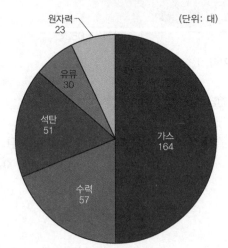

※ 발전기 총용량은 최대 생산가능 용량을 의미함.

1. 각 자원별 발전기 1대당 평균 용량$\left(= \dfrac{발전기\ 총용량}{발전기\ 대수}\right)$을 큰 순서로 나열하면 원자력-석탄-가스-유류-수력 순이다. (O, X)

① 자료 파악
　국내 발전기 현황

② 선지 재구성
　평균 용량 큰순서대 나열하면 원-석-가-유-수 순이야?

▶ 자료통역사의 관점 적용하기

1. (X)

　가시성 (각도)를 이용해보면 가스 → 유류
　가스의 경우 분모인 발전기 대수는 180°이고, 분자인 총용량은 90°보다 조금 크다.
　유류의 경우, 분모와 분자가 각각 차지하는 각도의 크기가 비슷하므로 가시적으로 가스가 유류보다 작다.

정답 (X)

다음 〈그림〉은 '갑' 자치구의 예산내역에 관한 자료이다. 이에 대한 〈보기〉의 설명 중 옳은 것만을 모두 고르면?

① 자료 파악
   예산 내역

〈그림〉 '갑' 자치구 예산내역

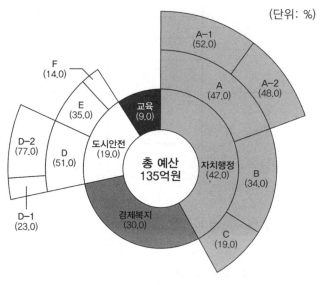

(단위: %)

※ 1) 괄호 안의 값은 예산 비중을 의미함.
   2) 예를 들어, A(47.0)은 A 사업의 예산이 '자치행정' 분야 예산의 47.0%임을 나타내고, D-1 사업의 예산은 3.0억 원임.

② 선지 재구성
   1. 예산 C사업이 D사업보다 적어?
   2. 예산 경제복지가 B+C보다 커?

1. C 사업 예산은 D 사업 예산보다 적다. (O, X)

2. '경제복지' 분야 예산은 B 사업과 C 사업 예산의 합보다 많다. (O, X)

● 자료통역사의 관점 적용하기

1. (O)
   원의 중심에서의 각도를 생각하면 C산업의 각도는 D산업의 각도보다 작다.

2. (O)
   원의 중심에서의 각도를 생각하면 경제복지의 각도는 B산업 C산업이 차지하는 각도보다 크다.

정답 (O, O)

6) 순서도의 가시성

① 순서도의 가시성이란?

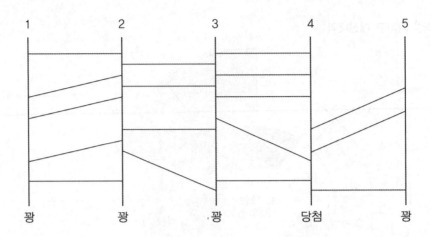

Q. 위의 사다리에서 당첨이 되는 번호는 몇 번일까?

혹시 당첨되는 번호를 찾기 위해서 1~5번을 모두 확인했는가?
우리가 찾고 싶은 것은 오직 당첨된 번호 뿐이다. 즉, 당첨이라고 적힌 부분에서 역으로 올라가는 방법을
사용한다면 훨씬 빠르게 해당 번호가 5번임을 확인 할 수 있게 된다.
이번에 배울 유형인 순서도가 위의 사다리와 같다. 우리가 궁금한 것은 당첨, 즉 '결론'이다.
'결론'을 가시적으로 확인하여, 결론에 집중하며 순서도를 풀어내자.

② 결론의 위치

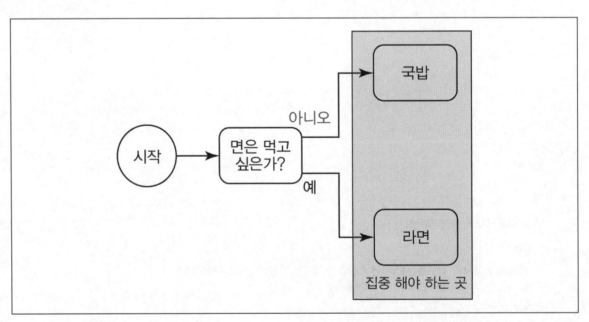

순서도에서 결론분이란 가시적으로 더 이상 화살표가 출발하지 않는 곳이다.

❸ 기출문제와 제작문제에 관점 적용해보기

문 1. (민 20-24)

다음 〈그림〉은 '갑'지역의 주민을 대상으로 육교 설치에 대한 찬성 또는 반대 의견을 3차례 조사한 결과이다. 이에 대한 설명으로 옳은 것은?

① 자료 파악
  육교설치 조사 결과

〈그림〉 '갑'지역 육교 설치에 대한 1∼3차 조사 결과

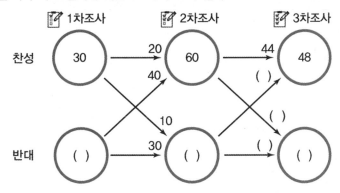

② 선지 재구성
  1. 3차 조사 응답 130명 이상이야?
  2. 2차 반대 중 3차 반대 32명이야?
  3. 1차 반대 중 3차 찬성 45명 이상이야?

※ 1) 1∼3차 조사에 응답한 사람은 모두 같고, 무응답과 복수응답은 없음.

2) 예를 들어, 찬성 ⑳ →²⁰ ㊱ 은 1차 조사에서 찬성한다고 응답한 30명 중 20명이 2차 조사에서도 찬성한다고 응답하였고, 2차 조사에서 찬성한다고 응답한 사람은 총 60명임을 의미함.

1. 3차 조사에 응답한 사람은 130명 이상이다. (O, X)

2. 2차 조사에서 반대한다고 응답한 사람 중 3차 조사에서도 반대한다고 응답한 사람은 32명이다. (O, X)

3. 1차 조사에서 반대한다고 응답한 사람 중 3차 조사에서 찬성한다고 응답한 사람은 45명 이상이다. (O, X)

▶ 자료통역사의 관점 적용하기

순서도의 결론 → 3차 조사 찬성 또는 반대 → 찬성과 반대인원의 합 = 전체인원과 같다.
전체인원 = 1차조사의 찬성 30명과 반대 40+30 = 70명, 전체 인원 = 100명

1. (X)

잔체 인원이 100명이므로 130명 이상일수 없다.

2. (X)

전체 인원이 100명이므로 2차 조사의 반대 인원은 40명이다.
이중 4명은 3차 조사에서 찬성을 하였고, 36명은 반대를 하였으므로 36명이다.

3. (X)

1차 조사에서 반대한 인원 중, 2차 조사에도 반대한 인원이 30명밖에 되지 않는다. 즉, 45명 이상일 수 없다.

정답 (X, X, X)

문 2. (7 모-22)

다음 〈표〉는 제품 A ~ E의 회수 시점의 평가 항목별 품질 상태를 나타낸 자료이다. 〈정보〉에 근거하여 재사용 또는 폐기까지의 측정 및 가공 작업에 소요되는 비용이 가장 적은 제품과 가장 많은 제품을 바르게 나열한 것은?

① 자료 파악
　제품의 품질 및
　가공 작업

〈표〉 제품 A ~ E의 회수 시점의 평가 항목별 품질 상태

제품 ＼ 평가 항목	오염도	강도	치수
A	12	11	12
B	6	8	8
C	5	11	7
D	5	3	8
E	10	9	12

〈정보〉

• 제품 품질 측정 및 가공 작업 공정

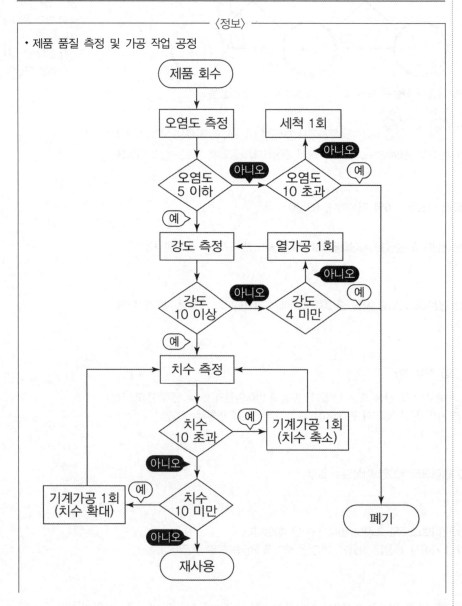

• 단위작업별 내용 및 1회당 비용

(단위: 천 원)

단위작업	내용		비용
측정 작업	오염도 측정		5
	강도 측정		10
	치수 측정		2
가공 작업	세척		5
	열가공		50
	기계가공	치수 확대	20
		치수 축소	10

※ 세척 1회시 오염도 1 감소, 열가공 1회시 강도 1 증가, 기계가공 1회시 치수 1만큼 확대 또는 축소됨.

비용이 가장 적은 제품　비용이 가장 많은 제품

① 　　　A　　　　　　　　B
② 　　　A　　　　　　　　C
③ 　　　C　　　　　　　　E
④ 　　　D　　　　　　　　B
⑤ 　　　D　　　　　　　　C

▶ 자료통역사의 관점 적용하기

순서도의 결론 → 폐기 or 재사용

작업에 소용되는 비용이 적기 위해서는 작업의 양이 적어야 한다.

→ 작업의 양이 적기 위해서는 빠르게 폐기되던가, 대부분의 공정에 만족해야한다.

→ 오염도가 10을 초과하면 바로 폐기된다. → A의 경우 오염도가 10을 초과한다.

→ 비용 가장 적은 제품 = A

작업에 소용되는 비용이 많기 위해서는 작업의 양이 많아야 한다. (선지에 의하여 B or C)

B의 경우 세척 1회, 열가공 2회, 치수 확대 2회, C의 경우 치수 확대 3회

→ B가 더 많은 작업을 하며, 가장 비싼 작업인 열가공도 하므로 B의 비용이 더 비싸다.

정답 ①

문 3. (7 21-05)

다음 〈그림〉은 A사 플라스틱 제품의 제조공정도이다. 1,000 kg의 재료가 '혼합' 공정에 투입되는 경우, '폐기처리' 공정에 전달되어 투입되는 재료의 총량은 몇 kg인가?

① 자료 파악
   제조 공정도

〈그림〉A사 플라스틱 제품의 제조공정도

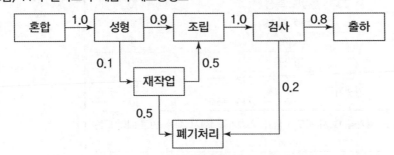

※ 제조공정도 내 수치는 직진율 $\left(= \dfrac{\text{다음 공정에 전달되는 재료의 양}}{\text{해당 공정에 투입되는 재료의 양}} \right)$을 의미함. 예를 들어,

$\boxed{가} \xrightarrow{0.2} \boxed{나}$ 는 해당 공정 '가'에 100 kg의 재료가 투입되면 이 중 20 kg (= 100 kg × 0.2)의 재료가 다음 공정 '나'에 전달되어 투입됨을 의미함.

Q ▶ 출하를 이용하여 폐기처리를 구할 수 있을까?

① 50
② 190
③ 230
④ 240
⑤ 280

A ▶ 그렇다.

● 자료통역사의 관점 적용하기

순서도의 결론 → 폐기 or 출하
폐기처리로 오는 경우는 2가지
① 재작업 → 폐기처리, ② 검사 → 폐기처리
① 재작업 → 폐기처리의 경우
성형작업의 0.1 100kg가 재작업공정으로 오고, 이 중 0.5 50kg이 폐기된다.
② 검사 → 폐기처리
성형작업의 0.9와 재작업공정의 0.5가 조립공정으로 온다. 950kg
조립공정의 1.0이 검사 공정가고 이중 0.2가 폐기처리된다.
950×0.2 = 190kg
전체 폐기처리 되는 재료는 190+50 = 240kg

정답 ④

4 다중자료의 관계

❶ 다중자료의 관계란?

대한민국 국군이 사용하는 기본돌격소총은 K-2이다.

K-2소총에는 2가지 탄약을 사용할 수 있다.

첫 번째는 .223 레밍턴탄이다. 레밍턴탄의 유효사거리는 460m이고, 최대사거리는 2,653m이다.

두 번째는 5.56 NATO탄이다. NATO탄의 유효사거리는 600m이고, 최대사거리는 3,300m이다.

Q. 대한민국 국군이 사용하는 기본돌격소총에 5.56 NATO탄을 사용할 때 유효사거리는 얼마인가?

위 Q를 해결하는데 아무런 어려움 없이 600m라고 답하였을 것이다.

어떻게 그럴 수 있었을까?

"대한민국 국군이 사용하는 기본돌격소총은 K-2이다." 라는 문장과 "K-2소총에는 2가지 탄약을 사용할 수 있다."는 문장을 연결하면, "대한민국 국군이 사용하는 기본돌격소총에는 2가지 탄약을 사용 할 수 있다."라는 정보를 추론할 수 있기 때문이다. 그리고 2가지 탄약 중 문제에서 제시한 5.56 NATO탄의 유효사거리가 600m라는 정보와 연결하여 이를 해결할 수 있다.

자료해석에서도 위 질문처럼 자료와 자료 사이의 연결 관계를 파악해야 하는 경우들이 있다.

그러나 자료간의 관계에서는 위 글과 달리 생략이 존재하지 않는다.

따라서 외적구성과 내적구성에 존재하는 동일 단어를 이용하여 자료 간의 관계를 파악할 수 있다. 그렇게 파악한 관계를 이용하여 추가적인 정보를 추론하면 된다.

※ 다중자료는 토익의 PART.7의 다중 지문과 같다.

　　모든 보기나 선지가 다중자료의 관계를 통해 정오판단을 요구하지는 않는다.

　　즉, 각각의 자료를 통하여 정오를 판단해야 하는 보기나 선지가 존재한다.

② 다중자료의 관계 같이 알아보기

〈표〉 '갑'국의 군대의 계급별 인원

(단위: 천명)

계급 \ 구분	육군	해군	공군
병사	515.2	52.3	10.1
부사관	110.2	12.0	5.2
사관	20.5	1.1	0.3

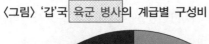

〈그림〉 '갑'국 육군 병사의 계급별 구성비

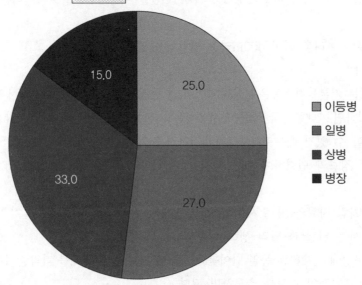

- 이등병
- 일병
- 상병
- 병장

주어진 〈표〉의 육군 병사부분이 〈그림〉의 육군 병사와의 연결점이다.

예를 들어 '갑'국 육군 이등병 인원은 〈표〉와 〈그림〉간의 관계를 통해서 구할 수 있다.

'갑'국 육군 이등병 인원: 515.2(천명)×25% = 128.8(천명) = 128,800명

다음 〈표〉는 2011 ~ 2013년 개인정보분쟁조정위원회에 접수된 개인정보에 대한 분쟁사건 접수유형 및 조정결정 현황에 관한 자료이다.

① 자료 파악
   개인정보 분쟁사건

〈표 1〉 개인정보에 대한 분쟁사건의 접수유형 구성비
(단위: %)

접수유형 \ 연도	2011	2012	2013
이용자 동의 없는 개인정보수집	9.52	11.89	12.14
과도한 개인정보수집	0.79	0.70	2.89
목적 외 이용 및 제3자 제공	15.08	49.65	24.86
개인정보취급자에 의한 훼손·침해·누설	3.17	1.40	2.31
개인정보보호 기술적·관리적 조치 미비	57.14	13.29	15.03
수집 또는 제공받은 목적 달성 후 개인정보 미파기	3.97	6.99	7.51
열람·정정·삭제 또는 처리정지요구 불응	1.59	0.70	7.51
동의철회·열람·정정을 수집보다 쉽게 해야 할 조치 미이행	0.00	0.70	0.58
개인정보·사생활침해 일반	3.17	3.50	1.73
기타	5.57	11.18	25.44

※ 주어진 값은 소수점 아래 셋째 자리에서 반올림한 값임.

② 선지 재구성
   1. 목적 외 이용~은
      12년이 13년의 2배
      이상이다.

〈표 2〉 개인정보에 대한 분쟁사건 조정결정 현황
(단위: 건)

조정결정 \ 연도			2011	2012	2013
조정 전 합의			21	32	40
위원회 분쟁조정	인용결정	조정성립	30	29	14
		조정불성립	19	15	10
	기각결정		55	20	8
	각하결정		1	47	101
계			126	143	173

※ 조정결정은 접수된 분쟁사건만을 대상으로 하며, 접수된 모든 분쟁사건은 당해년도에 조정결정이 이루어짐.

Q ▷ 건수의 실제 크기 소수점으로 나온다면 어떻게 처리해야할까?

1. '목적 외 이용 및 제3자 제공' 건수는 2012년이 2013년의 2배 이하이다. (O, X)

A ▷ 반올림 처리한다.

⊙ 자료통역사의 관점 적용하기

〈표 1〉는 분쟁사건에 대한 비중 자료이고, 〈표 2〉은 분쟁사건의 건수에 대한 자료이다.
즉, 〈표 1〉의 전체값 = 〈표 2〉 계이다.

1. (O)

목적 외 이용 및 제3자 제공 = 비중 × 전체값으로 구성된다. 2012년(49.65%×143), 2013년(25.44%×173)
비중은 2배 이하이고, 계는 오히려 감소했으므로 2배 이하이다.

정답 (O)

문 2. (행 19-15)

다음 〈표〉는 우리나라 근로장려금과 자녀장려금 신청 현황에 관한 자료이다. 이에 대한 설명으로 옳지 않은 것은?

① 자료 파악
장려금 신청가구 및 금액

〈표 1〉 2011 ~ 2015년 전국 근로장려금 및 자녀장려금 신청 현황

(단위: 천 가구, 십억 원)

구분 / 연도	근로장려금만 신청		자녀장려금만 신청		근로장려금과 자녀장려금 모두 신청			
	가구 수	금액	가구 수	금액	가구 수	금액		
						근로	자녀	소계
2011	930	747	1,210	864	752	712	762	1,474
2012	1,020	719	1,384	893	692	882	765	1,647
2013	1,060	967	1,302	992	769	803	723	1,526
2014	1,658	1,419	1,403	975	750	715	572	1,287
2015	1,695	1,155	1,114	775	608	599	451	1,050

※ 1) 장려금은 근로장려금과 자녀장려금으로만 구성됨.
  2) 단일 연도에 같은 종류의 장려금을 중복 신청한 가구는 없음.

② 선지 재구성
  1. 자녀 장려금 가구는 경기가 20% 이상을 차지해?
  2. 근로장려금 신청한 가구당 신청액 부산이 전국보다 커?

〈표 2〉 2015년 지역별 근로장려금 및 자녀장려금 신청 현황

(단위: 천 가구, 십억 원)

구분 / 지역	근로장려금만 신청		자녀장려금만 신청		근로장려금과 자녀장려금 모두 신청		
	가구 수	금액	가구 수	금액	가구 수	금액	
						근로	자녀
서울	247	174	119	95	83	86	57
인천	105	72	79	52	40	39	30
경기	344	261	282	188	144	144	106
강원	71	44	42	29	23	23	17
대전	58	35	38	26	21	20	16
충북	59	36	41	29	20	20	16
충남	70	43	46	33	24	23	19
세종	4	3	4	2	2	2	1
광주	62	39	43	31	24	23	18
전북	91	59	54	40	31	30	25
전남	93	58	51	38	29	28	24
대구	93	64	59	39	33	32	23
경북	113	75	68	47	36	34	27
부산	126	88	70	45	37	35	26
울산	26	15	20	13	10	10	7
경남	109	74	79	54	40	39	30
제주	24	15	19	14	11	11	9

1. 2015년 자녀장려금만 신청한 가구 중 경기 지역 가구가 차지하는 비중은 20% 이상이다.

(O, X)

Q ▷ 2번에서 가중평균을 이용하는 방법은 없을까?

(삭제가능)

2. 2015년 근로장려금을 신청한 가구의 가구당 근로장려금 신청금액은 부산이 전국보다 크다.

(O, X)

1. (O)

〈표 2〉는 2015년을 지역으로 세부항목으로 표기한 것이므로 〈표1〉의 2015년의 값이 〈표2〉의 전체값이다.

〈표 1〉의 2015년에 자녀장려금만 신청한 가구는 1,114가구이고, 이 중 경기 지역은 282가구이다.

$\frac{282}{1,114}$ 〉 20%이므로 경기지역이 차지하는 비중은 20% 이상이다.

2.(X)

근로장려금을 신청한 = 근로장려금만 신청 + 근로장려금과 자녀장려금 모두 신청

금액의 경우 근로장려금과 자녀장려금 모두 신청에서 근로장려금 부분만 추가한다.

부산 = $\frac{88+35}{126+37} = \frac{123}{163}$, 전국 = $\frac{1,155+599}{1,695+608} = \frac{1,754}{2,303}$

→ 부신과 전국 모두 75% 이상이므로 비교법(뺄셈법)으로 접근하자.

부산 = $\frac{123}{163-123} = \frac{123}{40} \fallingdotseq 3$, 전국 = $\frac{1,754}{2,303-1,754} = \frac{1,754}{549} = 3\uparrow$ 이므로 부산보다 전국이 더 크다.

정답 (O, X)

문 3. (행 18-27)

다음 〈자료〉와 〈표〉는 2017년 11월말 기준 A지역 청년통장 사업 참여인원에 관한 자료이다. 이에 대한 〈보기〉의 설명 중 옳은 것만을 모두 고르면?

① 자료 파악
청년통장 사업 현황

〈자료〉

• 청년통장 사업에 참여한 근로자의 고용형태별, 직종별, 근무연수별 인원

1) 고용형태

(단위: 명)

전체	정규직	비정규직
6,500	4,591	1,909

2) 직종

(단위: 명)

전체	제조업	서비스업	숙박 및 음식점업	운수업	도·소매업	건설업	기타
6,500	1,280	2,847	247	58	390	240	1,438

3) 근무연수

(단위: 명)

전체	6개월 미만	6개월 이상 1년 미만	1년 이상 2년 미만	2년 이상
6,500	1,669	1,204	1,583	2,044

② 선지 재구성
1. 정규직 근로자중 근무연소가 2년 이상 근로자의 비율은 2% 이상이야?
2. 정규직 중 제조업X 서비스업X이 아닌 근로자는 450명이 인가?

〈표〉 청년통장 사업별 참여인원 중 유지인원 현황

(단위: 명)

사업명	참여인원	유지인원	중도해지인원
청년통장 I	500	476	24
청년통장 II	1,000	984	16
청년통장 III	5,000	4,984	16
전체	6,500	6,444	56

1. 청년통장 사업에 참여한 정규직 근로자 중 근무연수가 2년 이상인 근로자의 비율은 2% 이상이다. (O, X)

2. 청년통장 사업에 참여한 정규직 근로자 중 제조업과 서비스업을 제외한 직종의 근로자는 450명보다 적다. (O, X)

Q 〉 교/합집합에 대해서 물어보기 위해서 필요한 것은 무엇일까?

A 〉 2개 이상의 분류기준

▶ 자료통역사의 관점 적용하기

자료와 〈표〉의 합계가 모두 동일하다.

1. (O)

범위성 정보에서 ~이상인지 물었으므로 최소값을 확인하자.

정규직 ∩ 근무연수 2년 이상의 최소값은 2,044-1,909 = 135(※ 비정규직이 모두 2년 이상이라고 생각하자.)

사업에 참여한 정규직 중 135명 이상이므로 $\frac{135}{4,591}$ 〉 2%으로 2% 이상이다.

2. (X)

범위성 정보에서 ~보다 적다고 하였으므로 최댓값을 확인하자. 제조업과 서비스업은 모두 정규직이라고 생각하자.
4,591-1,280-2,847 = 464명이므로 450명보다 많다.

정답 (O, X)

다음 〈표〉는 서울시 10개구의 대기 중 오염물질 농도 및 오염물질별 대기환경지수 계산식에 관한 것이다.

① 자료 파악
지역별 대기오염과
대기환경지수

〈표 1〉 대기 중 오염물질 농도

지역 \ 오염물질	미세먼지($\mu g/m^3$)	초미세먼지($\mu g/m^3$)	이산화질소(ppm)
종로구	46	36	0.018
중구	44	31	0.019
용산구	49	35	0.034
성동구	67	23	0.029
광진구	46	10	0.051
동대문구	57	25	0.037
중랑구	48	22	0.041
성북구	56	21	0.037
강북구	44	23	0.042
도봉구	53	14	0.022
평균	51	24	0.033

② 선지 재구성
1. 중랑구는 미세먼지 랑 통합대기환경지수랑 같아?
2. 통합대기환경지수 용산구가 성동구보다 작아?

〈표 2〉 오염물질별 대기환경지수 계산식

오염물질 \ 계산식	조건	계산식
미세먼지($\mu g/m^3$)	농도가 51 이하일 때	0.9 × 농도
	농도가 51 초과일 때	1.0 × 농도
초미세먼지($\mu g/m^3$)	농도가 25 이하일 때	2.0 × 농도
	농도가 25 초과일 때	1.5 × (농도 − 25) + 51
이산화질소(ppm)	농도가 0.04 이하일 때	1,200 × 농도
	농도가 0.04 초과일 때	800 × (농도 − 0.04) + 51

※ 통합대기환경지수는 오염물질별 대기환경지수 중 최댓값임.

1. 중랑구의 통합대기환경지수는 미세먼지의 대기환경지수와 같다. (O, X)

2. 용산구의 통합대기환경지수는 성동구의 통합대기환경지수보다 작다. (O, X)

▶ 자료통역사의 관점 적용하기

〈표 1〉의 오염물질 농도는 〈표 2〉의 계산식에 따라서 대기환경지수의 점수가 산출된다.
(※ 주어진 계산식을 보면 각각 농도 초과 조건인 경우에 51점 이상을 달성한다.)

1. (X)
중랑구의 오염물질 중 초과 조건을 넘어가는 물질은 이산화질소뿐이다. 즉, 통합대기환경지수는 이산화질소와 같다.

2. (O)
용산구의 오염물질 중 초과 조건을 넘어가는 물질은 초미세먼지뿐이다. 즉, 통합대기환경지수는 1.5×(35−25)+51 = 66
성동구의 오염물질 중 초과 조건을 넘어가는 물질은 미세먼지뿐이다. 즉, 통합대기환경지수는 1.0×67 = 67
용산구의 통합대기환경지수는 용산구가 성동구보다 작다.

정답 (X, O)

문 5. (민 19-09)

다음 〈표〉와 〈그림〉은 2018년 A 대학의 학생상담 현황에 대한 자료이다. 이에 대한 〈보기〉의 설명 중 옳은 것만을 모두 고르면?

① 자료 파악
  학생 상담 건수

〈표〉 상담자별, 학년별 상담건수

(단위: 건)

상담자＼학년	1학년	2학년	3학년	4학년	합
교수	1,085	1,020	911	1,269	4,285
상담직원	154	97	107	56	414
진로컨설턴트	67	112	64	398	641
전체	1,306	1,229	1,082	1,723	5,340

② 선지 재구성
  1. 가정형
  2. 2회 이상 상담 받은 학생의 상담건수 비율이 30% 이상 이야?

〈그림 1〉 상담횟수별 학생 수

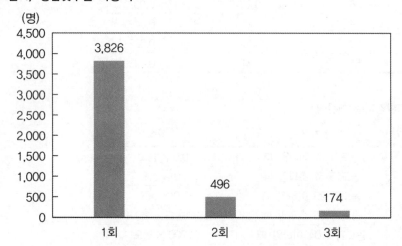

〈그림 2〉 전체 상담건수의 유형별 구성비

(단위: %)

1. '진로컨설턴트'가 상담한 유형이 모두 진로상담이고, '상담직원'이 상담한 유형이 모두 생활상담 또는 학업상담이라면 '교수'가 상담한 유형 중 진로상담이 차지하는 비중은 30% 이상이다. (O, X)

2. 전체 상담건수 중 2회 이상을 상담받은 학생이 차지하는 상담건수의 비율은 30% 이상이다.

(O, X)

〈표〉의 경우 상담 건수에 대한 내용이고, 〈그림 1〉의 경우 학생별 상담횟수에 대한 내용이다.

즉, 〈그림 1〉의 학생들이 받은 전체 상담 건수는 〈표〉의 합계와 같아진다.

〈그림 2〉의 경우 상담건수에 대한 구성비($\frac{해당값}{전체값}$)이므로 〈표〉의 계가 〈그림 2〉의 전체값이 된다.

1. (O)

진로 컨설턴트는 모두 진로상담을 하였다.

→ 45%중에서 10%↑($\frac{641}{5,340}$)는 진로컨설턴트의 상담이다. → 남은 상담 = 35%↓

상담직원은 모두 생활상담 또는 학업상담을 하였다.

→ 55%중에서 10%↓($\frac{414}{5,340}$)는 상담직원의 상담이다. → 남은 상담 = 45%↑

교수의 상담은 진로상담 (45-10↑)% 나머지는 (55-10↓)%으로 구성된다.

교수의 상담 중 진로상담의 비율은 $\frac{35↓}{80}$이므로 당연히 30% 이상이다.

2. (X)

2회 이상 상담을 받은 학생의 상담건수는 〈그림 1〉에 의하여 496×2 + 174×3이다.

상담횟수는 1,2,3회로만 구성되었으므로 여집합으로 접근해보자. 1회 학생의 비중은 $\frac{3,826}{5,340}$으로 70% 이상이므로 2회 이상 상담 받은 학생이 차지하는 상담건수의 비율은 30% 이하이다.

정답 (O, X)

문 6. (행 13-17)

다음 〈표〉는 1901 ~ 2010년 동안 A상의 수상 결과와 1981 ~ 2010년 동안 분야별 수상자 현황을 나타낸 자료이다. 〈보기〉의 ㄱ ~ ㄷ에 해당하는 값을 바르게 나열한 것은?

① 자료 파악
A상의 수상 횟수 및 수상자 수

〈표 1〉 1901 ~ 2010년 기간별·분야별 A상의 수상 결과

(단위: 회, %)

기간＼구분	전체 수상 횟수	분야별 공동 수상 횟수				공동 수상 비율
		생리·의학상	물리학상	화학상	합	
1901 ~ 1910	30	2	3	0	5	16.7
1911 ~ 1920	15	0	1	1	2	13.3
1921 ~ 1930	27	3	2	1	6	22.2
1931 ~ 1940	24	3	3	4	10	41.7
1941 ~ 1950	24	6	0	2	8	33.3
1951 ~ 1960	30	6	8	3	17	56.7
1961 ~ 1970	( )	9	5	4	18	60.0
1971 ~ 1980	30	9	9	5	23	76.7
1981 ~ 1990	30	8	8	6	22	73.3
1991 ~ 2000	30	8	8	6	22	73.3
2001 ~ 2010	( )	9	10	8	27	90.0
계	300	63	57	40	160	( )

※ 1) 공동 수상 비율(%) = $\dfrac{\text{공동 수상 횟수}}{\text{전체 수상 횟수}} \times 100$

2) 공동 수상 비율은 소수점 아래 둘째자리에서 반올림한 값임.

3) 모든 수상자는 연도 및 분야에 관계없이 1회만 수상함.

〈표 2〉 1901 ~ 2010년 분야별 A상의 공동 수상 결과

(단위: 회)

구분		수상분야			합
		생리·의학상	물리학상	화학상	
전체 수상 횟수		100	100	100	300
공동 수상 횟수	2인 공동 수상	31	29	22	82
	3인 공동 수상	32	28	18	78
	소계	63	57	40	160

〈표 3〉 1981 ~ 2010년 기간별·분야별 A상의 수상자 현황

(단위: 명)

기간＼구분	분야별 수상자 수			합
	생리·의학상	물리학상	화학상	
1981 ~ 1990	23	23	19	65
1991 ~ 2000	21	22	20	63
2001 ~ 2010	27	29	25	81
계	71	74	64	209

```
                         ───── 〈보기〉─────
ㄱ. 1981 ~ 1990년 동안 전체 공동 수상자 수
ㄴ. 2001 ~ 2010년 동안 전체 단독 수상자 수
ㄷ. 1901 ~ 2010년 동안 물리학상 전체 수상자 수
```

	ㄱ	ㄴ	ㄷ
①	55	3	189
②	57	5	185
③	55	5	189
④	57	3	189
⑤	57	3	185

▶ 자료통역사의 관점 적용하기

〈표 1〉과 〈표 2〉는 수상 횟수를 기준으로 한 자료이고, 〈표 3〉은 수상자 수를 기준으로 한 자료이다.

ㄱ → 1981~1990년 전체 수상자 수는 〈표3〉에 의하여 65명이고, 〈표1〉에 의하여 이중 단독 수상자가 8명이므로 공동 수상자는 65-8 = 57명이다.

ㄴ → 2001~2010 단독 수상자 〈표1〉에 의하면 공동수상횟수가 27회이고 이것이 90%이므로 전체 수상횟수는 30회이고, 이중 3회가 단독수상횟수이므로 단독수상자는 3명이다.

ㄷ → 1901~2010 〈표2〉에 의하면 물리학의 전체수상횟수는 100회인데, 이 중 29회는 2인 공동수상, 28회는 3인 공동수상이므로 단독수상은 43회이다. 전체 수상자수는 43×1 + 29×2 + 28×3 = 1850이다.

정답 ⑤

문 7. (행 18-32)

다음 〈표〉와 〈그림〉은 기계 100대의 업그레이드 전·후 성능지수에 관한 자료이다. 이에 대한 설명으로 옳은 것은?

① 자료 파악
업그레이드 전후의 성능

〈표〉 업그레이드 전·후 성능지수별 대수

(단위: 대)

구분 　 성능지수	65	79	85	100
업그레이드 전	80	5	0	15
업그레이드 후	0	60	5	35

※ 성능지수는 네 가지 값(65, 79, 85, 100)만 존재하고, 그 값이 클수록 성능지수가 향상됨을 의미함.

② 선지 재구성
1. 65→100 65 중에 15%야?
2. 100아닌 것중 향상폭 0 있어?

〈그림〉 성능지수 향상폭 분포

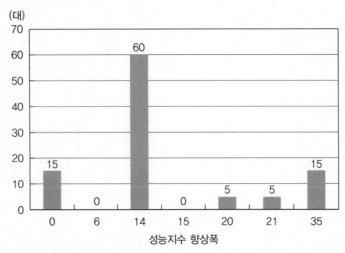

※ 1) 업그레이드를 통한 성능 감소는 없음.
　 2) 성능지수 향상폭 = 업그레이드 후 성능지수 − 업그레이드 전 성능지수

1. 업그레이드 전 성능지수가 65이었던 기계의 15%가 업그레이드 후 성능지수 100이 된다.

(O, X)

2. 업그레이드 전 성능지수가 100이 아니었던 기계 중, 업그레이드를 통한 성능지수 향상폭이 0인 기계가 있다. (O, X)

▶ 자료통역사의 관점 적용하기

〈표〉에 의하면 기계가 가능한 점수 향상의 폭은
65 → 79 14점, 65 → 85 20점, 65 → 100 35점, 79 → 85 6점, 79 → 100 21점, 85 → 100 15점
6가지로 구성되며, 〈그림〉을 이용하여 각각의 기계 대수를 알 수 있다.
14점이 60대이므로 65 → 79 60대, 20점이 5대이므로 65 → 85 5대, 21점이 5대이므로 79 → 100 5대,
35점이 5대이므로 65 → 100 15대이다. 즉, 업그레이드전 65, 79점 인 기계는 모두 점수가 올랐다.

1. (X)
65였던 기계 중 100점이 된 기계는 15대이므로 $\frac{15}{80}$는 15%가 아니다.

2. (X)
65점과 79점인 기계는 모두 향상되었다.

정답 (X, X)

문 8. (행 17–18)

다음 〈표〉는 2013 ~ 2015년 기업역량개선사업에 선정된 업체와 선정 업체의 과제 이행 실적에 대한 자료이다. 이에 대한 〈보기〉의 설명 중 옳은 것만을 모두 고르면?

① 자료 파악
　선정 업체 및 과제
　이행 실적 건수

〈표 1〉 산업별 선정 업체 수

(단위: 개)

연도＼산업	엔지니어링	바이오	디자인	미디어
2013	3	2	3	6
2014	2	2	2	6
2015	2	5	5	3

※ 기업역량개선사업은 2013년 시작되었고, 전 기간 동안 중복 선정된 업체는 없음.

② 선지 재구성
　1. 상위 15개 업체
　　80% 이상 차지해?
　2. 13년 실전 1건도 없
　　는 업체 3개 이상
　　이야?

〈표 2〉 선정 업체의 연도별 과제 이행 실적 건수

(단위: 건)

연도	2013	2014	2015	전체
과제 이행 실적	12	24	19	55

※ 선정 업체가 이행하는 과제 수에는 제한이 없음.

〈표 3〉 선정 업체의 3년 간(2013 ~ 2015년) 과제 이행 실적별 분포

(단위: 개)

과제 이행 실적	없음	1건	2건	3건	4건	5건	전체
업체 수	15	11	4	9	1	1	41

1. 전체 선정 업체 중 3년 간 과제 이행 실적 건수 상위 15개 업체의 과제 이행 실적 건수는 전체 과제 이행 실적 건수의 80%를 차지하였다. (O, X)
2. 2013년 선정 업체 중 당해 연도 과제 이행 실적이 한 건도 없는 업체는 3개 이상이다. (O, X)

▶ 자료통역사의 관점 적용하기

　〈표1〉은 업체수에 대한 자료, 〈표2〉는 과제이행 실적에 대한 자료, 〈표3〉은 업체의 과제 이행 실적에 대한 정보로 〈표1〉과 〈표2〉를 〈표3〉이 이어준다.

1. (O)

　이행 실적 상위 15개 업체는 〈표3〉의 이행실적 건수가 많은 순서대로 15개의 업체이다.
　즉, 5건(1), 4건(1), 3건(9), 2건(4)의 업체를 의미한다.
　전체 실적건수는 〈표 2〉에 의하여 55건이고 여집합으로 생각하면 나머지 업체가 20%를 차지했는지 확인해보자.
　나머지 업체의 경우 1건을 한 11개의 업체이므로 $\frac{11}{55}$=20%이다. 즉, 상위 15개 업체가 80%를 차지하였다.

2. (O)

　이행 실적이 없는 업체를 3개보다 적게 만들 수 있는 지 생각해보자. 이행 실적이 없는 업체가 많아지려면 어떻게 해야할까? → 과제를 이행한 업체 각각이 이행한 과제수가 적어야한다.
　〈표1〉에 의하여 2013년의 업체는 3+2+3+6 = 14개이고, 〈표2〉에 의하여 12건을 이행하였다.
　〈표3〉에 의하여 1건을 이행한 업체는 최대 11개로 14개중 11개의 업체가 1건을 이행했다고 가정하면 12건을 채울 수 없다. 1건 이행 업체 10개, 2건 이행 업체 2건으로 구성되었다고 가정했을 때가, 이행 실적이 없는 업체의 최소값 (14–10–1=3)이다. 최소가 3개이므로 업체는 3개 이상이다.

정답 (O, O)

문 9. (행 21-20)

다음 〈표〉는 2020년 1~4월 애니메이션을 등록한 회사의 애니메이션 등록 현황에 관한 자료이다. 이에 대한 〈보기〉의 설명 중 옳은 것만을 모두 고르면?

〈표 1〉 월별 애니메이션 등록 회사와 유형별 애니메이션 등록 현황

(단위: 개사, 편)

월	회사	국내단독	국내합작	해외합작	전체
1	13	6	6	2	14
2	6	4	0	2	6
3	( )	6	4	1	11
4	7	3	5	0	8

※ 애니메이션 1편당 등록 회사는 1개사임.

〈표 2〉 1~4월 동안 2편 이상의 애니메이션을 등록한 회사의 월별 애니메이션 등록 현황

(단위: 편)

회사	유형	월 1	2	3	4
아트팩토리	국내단독	0	1	1	0
꼬꼬지	국내단독	1	1	0	0
코닉스	국내단독	0	0	1	1
제이와이제이	국내합작	1	0	0	1
유이락	국내단독	2	0	3	1
한스튜디오	국내합작	1	0	1	2

1. 1월에 국내단독 유형인 애니메이션을 등록한 회사는 5개사이다. (O, X)

2. 3월에 애니메이션을 등록한 회사는 9개사이다. (O, X)

3. 1~4월 동안 1편의 애니메이션만 등록한 회사는 20개사 이상이다. (O, X)

① 자료 파악
가구당 월평균 교육비

② 선지 재구성
1. 1월 국내 단독 유형 5개사야??
2. 3월 애니메이션 등록 9개사야?
3. 1편의 애니메이션 등록 회사 20개 사 이상이야?

Q > 애니메이션 등록 회사를 월별로 나누어 확인해야 할까?

A > 그렇지 않다.

▶ 자료통역사의 관점 적용하기

표1에서는 월별 애니메이션을 등록한 회사의 수와 등록된 애니메이션의 수를 알려주고,
표2에서는 1~4월동안 2편 이상의 애니메이션을 등록한 회사의 현황에 대해서 알려준다.
예를들어서 1월의 경우 13개의 회사가 14편의 애니메이션을 등록했으며, 이 중 꼬꼬지, 제이와이제이, 한스튜디오은
1편의 애니메이션을 유이락의경우 2편의 애니메이션을 등록했다.

1. (O)

1월의 국내단독으로 등록된 애니메이션은 총 6편인데, 이중 2편은 유이락이라는 1개의 회사에서 등록했으므로 1편의
애니메이션을 등록한 4개의 회사와 2편의 애니메이션을 등록한 유이락으로 총 5개사이다.

2. (O)

3월의 경우, 총 11편의 애니메이션이 등록되었다.
이 중 여러작품을 등록한 회사는 3편을 등록한 유이라 뿐이다. 즉, 3편의 에니메이션을 등록한 유이락과 1편의 애니메
이션을 등록한 회사들이 총 11편의 애니메이션을 제작하였다. 11 = 3×1 + 1×? 이므로 ?은 8이다. 즉, 1편의 애니메이
션을 등록한 회사는 8개와 유이락을 합쳐 총 9개사가 3월의 애니메이션을 등록하였다.

3. (O)

1~4월동안 2편 이상의 애니메이션을 등록한 회사는 모두 〈표 2〉에 기입되므로 6개의 회사를 제외한 나머지 회사는
모두 중복된 회사가 아니다.
1월의 경우 꼬꼬지, 제이와이제이, 유이락, 한스튜디오를 제외한 9개의 회사
2월의 경우 아트팩토리와 꼬꼬지를 제외한 4개의 회사
3월의 경우 아트팩토리, 코닉스, 유이락, 한스튜디오를 제외한 5개의 회사
4월의 경우 코닉스, 제이와이제이, 유이락, 한스튜디오를 제외한 3개의 회사
총 21개(9+4+5+3) 회사에서 애니메이션을 등록하였다.

정답 (O, O, O)

문 10. (7급 21–19)

다음 〈조건〉과 〈표〉는 2018 ~ 2020년 '가'부서 전체 직원 성과급에 관한 자료이다. 이를 근거로 판단할 때, '가'부서 전체 직원의 2020년 기본 연봉의 합은?

① 자료 파악
가 부서의 직원
성과급

─────〈조건〉─────

• 매년 각 직원의 기본 연봉은 변동 없음.
• 성과급은 전체 직원에게 각 직원의 성과등급에 따라 매년 1회 지급함.
• 성과급 = 기본 연봉 × 지급비율
• 성과등급별 지급비율 및 인원 수

구분＼성과등급	S	A	B
지급비율	20%	10%	5%
인원 수	1명	2명	3명

〈표〉 2018 ~ 2020년 '가'부서 전체 직원 성과급

(단위: 백만원)

직원＼연도	2018	2019	2020
갑	12.0	6.0	3.0
을	5.0	20.0	5.0
병	6.0	3.0	6.0
정	6.0	6.0	12.0
무	4.5	4.5	4.5
기	6.0	6.0	12.0

① 430백만원　　② 460백만원
③ 490백만원　　④ 520백만원
⑤ 550백만원

▶ 자료통역사의 관점 적용하기

연도별로 S는 1명뿐이다. 즉, S인 사람을 찾자. 연봉은 변화가 없고, S, A, B가 2배씩 차이 난다. 즉, 4배가 차이 나는 성과급이 있다면 S급이다.
2018년의 S = 갑, 2019년의 S = 을
S는 연도별로 단 1명만 가능하므로 2020년의 직원성과급이 다른 연도보다 높아야한다.
2020년의 S가 가능한 직원은 정 또는 기이다. 나머지 직원들의 연도별 등급을 채우면

	갑	을	병	정	무	기
2018	S	B	A	B(A)	B	A(B)
2019	A	S	B	B(A)	B	A(B)
2020	B	B	A	A(S)	B	S(A)

각 직원들의 A등급일 때의 성과급을 모두 더하면

갑	을	병	정	무	기	합
6	10	6	12(6)	9	6(12)	49

기본연봉의 10%의 합이 49백만원이므로 기본연봉의 합은 490만원이다.

정답 ③

수포자도 이해하는 PSAT 자료해석

초판발행 | 2021년 12월 01일
편 저 자 | 김은기
발 행 처 | 오스틴북스
인   쇄 | 영피앤피
등록번호 | 제 396-2010-000009호
주   소 | 경기도 고양시 일산동구 백석동 1351번지
전   화 | 070-4123-5716
팩   스 | 031-902-5716

정   가 | 23,000원
I S B N | 979-11-88426-31-7(13320)